부모교육 및 상담

박응임 · 김지신 · 전은다 · 안지영

이주연 · 이선희 · 이은경 · 박서영

교육과학사

머리말

현대사회는 기술과 정보의 혁신 속에서 급격히 변화하고 있다. 이러한 변화는 가족 구조와 부모역할에도 지속적으로 매우 큰 영향을 미치며, 부모와 자녀의 관계 및 상호작용의 중요성을 재조명하고 있다. 맞벌이 가정의 증가, 다양한 가족 형태의 출현, 그리고 디지털 전환과 인공지능 기술의 확산은 가족 내 소통방식과 부모가 자녀를 양육하고 교육하는 방식에 새로운 도전과 기회를 동시에 제공하고 있다. 이러한 맥락에서 부모와 자녀가 건강한 관계를 형성하고 긍정적으로 성장할 수 있도록 돕는 부모교육과 상담의 중요성은 점차 커지고 있다.

부모교육과 상담 현장에서 활동할 전문가를 양성하는 대학에서 부모교육과 상담을 함께 다루는 전문서적이 없어 교육하는 데 늘 어려움을 겪어왔다. 부모교육 전문서적은 다수 있었지만, 부모상담을 함께 다룬 전문서적은 드물어, 부모교육 전문서적을 주교재로 하고 부모상담에 관한 부분은 참고자료를 활용해왔다. 이러다 보니 학생들에게 부모교육과 상담을 포괄하는 전문적 지식을 체계적으로 전달하는 데 한계가 있었다. 이에 대해 늘 아쉬움을 느끼고 있었던 저자들이 함께 뜻을 모아 『부모교육 및 상담』을 집필하게 되었다.

이 책은 부모와 자녀의 관계를 이해하고, 부모역할 수행 및 부모 상담에 필요한 이론적 기초와 실질적 지식을 제공한다. 부모교육과 상담의 기초부터 발달단계별 부모 역할, 다양한 상담 이론, 그리고 실제적인 부모교육 및 상담 프로그램에 이르기까지 현장감 있는 사례와 최신 연구 결과를 반영한 폭넓고 심층적인 내용을 체계적으로 다루었다. 이를 통해 현대 부모들이 자녀 양육에서 직면하는 다양한 도전 과제에 대한 전문적이고 실천적인 해결책을 제시하고자 한다. 이 책은 부모교육 및 상담을 공부하는 대학생과 대학원생뿐만 아니라 현장에서 활동하는 상담자, 교육자, 사회복지사 등 관련 전문가들에게도 유용한 자료로 활용될 것이다.

이 책은 총 4부로 구성되어 있다. 1부에서는 부모역할의 기초로 부모됨과 부모역할의 의미와 특성, 부모역할에 관한 다양한 이론들을 체계적으로 소개한다. 또한, 실제 양육 현장에서 부모역할을 수행할 때 나타나는 양육유형을 알아보고, 부모의 양육에 영향을 미치는 다양한 요인들을 심도 있게 논의한다.

2부에서는 자녀의 발달단계에 따라 변화하는 부모역할을 다룬다. 부모-자녀관계는 상호작용하는 역동적 관계이므로 자녀의 발달적 변화를 이해하고 이를 지원하는 부모역할의 중요성을 강조한다. 즉 태내기부터 청소년기까지 자녀의 주요 발달적 변화에 따라 달라지는 부모역할과 양육방식의 변화, 그리고 부모-자녀관계의 변화를 체계적으로 설명한다.

3부는 부모교육과 상담의 다양한 이론적 배경을 다룬다. 부모교육 및 상담 현장에서 부모들이 호소하는 부모-자녀관계 문제를 다룰 때, 부모교육자와 상담자가 부모교육 및 상담에 근거가 되는 이론을 잘 숙지하고 이를 실천에 적용함으로써 부모교육 및 상담의 효과를 극대화할 수 있다. 이에 3부에서는 부모교육과 상담의 이론적 근간을 형성하는 로저스의 인간중심상담 이론, 아들러의 개인심리학, 애착이론, 행동수정이론, 그리고 번의 교류분석 이론을 심도 있게 다룬다. 각 이론의 발달 배경, 주요 개념, 그리고 상담목표, 상담 과정 및 기법을 구체적이고 명확하게 논의하여 이론의 실제적 활용 가능성을 높이고자 한다.

마지막으로 4부에서는 이론적 기초를 바탕으로 부모교육과 상담을 실천하는 데 필요한 구체적인 방법과 프로그램을 제시한다. 여기서는 부모들이 자녀의 행동을 이해하고 효과적으로 지도할 수 있는 실용적인 도구를 제공하는 다양한 부모교육 프로그램을 소개한다. 그리고 부모상담의 실제에 적용 가능한 부모상담자의 태도와 역할, 부모상담의 유형, 자녀의 발달단계별 문제 유형과 부모상담에 활용 가능한 구체적인 기술과 전략을 제시하여 각 상황에 맞는 적절한 해결책을 모색할 수 있도록 돕고자 한다.

앞서 밝힌 바와 같이 이 책은 부모교육과 상담을 공부하는 대학생 및 대학원생에게 부모교육과 상담 분야의 이론과 실제를 통합적으로 학습할 기회를 제공하며, 부모-자녀관계의 본질을 이해하고, 시대적 요구에 부응하는 전문 역량을 갖추어 부모교육과 상담의 전문가로 성장할 수 있도록 지원할 것이다. 또한, 더 나은 부모가 되기 위해 부모교육 및 상담에 관심을 가진 부모들에게 부모-자녀 관계의 본질을 이해하고 부모로서 해야 할 역할을 보다 효과적으로 수행할 수 있도록 돕는 유용한 자료가 될 것이다. 동시에 이 책이 독자들에게 부모교육과 상담에 대한 깊이 있는 통찰과 실질적인 도움을 제공하기를 바라며, 변화하는 사회 속에서 부모와 자녀가 함께 성장하며, 건강하고 행복한 가족을 이루는 데 소중한 길잡이가 되기를 바란다.

끝으로 이 책의 출간을 지원해 주신 교육과학사의 한정주 사장님, 정경식 부장님, 그리고 이정호 편집실장님의 노고에 깊이 감사드린다.

2024년 12월

저자 일동

차례

제 1 부

부모교육 및 상담의 이해

부모는 아동발달에 있어 생의 시작 순간부터 전생애를 통해 가장 큰 영향을 미치는 존재로 여겨진다. 1부에서는 부모역할에 대한 기초적인 지식으로서 부모됨과 부모역할의 의미와 특성, 부모역할에 대한 이론들을 소개하고자 한다. 또한 실제 양육현장에서 부모역할을 수행할 때 나타나는 양육유형을 알아보고, 부모의 양육에 영향을 미치는 다양한 요인들을 정리하였다.

제1장 부모교육 및 상담의 기초

현대사회는 부모들의 자녀양육에 대한 관심과 기대수준이 높아져 부모역할과 관련된 수많은 지식과 정보가 넘쳐나고 있지만, 부모는 역할 수행에 여전히 어려움을 경험하고 있다. 이에 부모교육과 부모상담과 같은 전문적 접근에 대한 필요성과 중요성은 더 강조되고 있다. 본 장에서는 부모교육과 부모상담에 대한 기초로 부모교육 및 상담의 개념과 함께 이러한 전문적 접근이 필요한 배경으로 부모됨과 부모역할의 특성에 대해 살펴본다.

1. 부모교육 및 상담의 개념과 필요성

1) 부모교육

(1) 부모교육의 개념

부모교육(parent education)은 널리 사용하는 보편적인 용어이나 그 개념은 접근방식과 대상 등에 따라 다양하게 사용되고 있다. 일반적으로 부모교육은 교사나 전문가가 부모에게 자녀양육에 필요한 지식을 교육하는 과정에서부터 부모를 능동적이고 적극적으로 자녀양육을 담당하도록 전문가 수준의 지식과 기술을 갖추게 하는 입장까지 그 내용과 수준은 다양하다(박성연 외, 2014).

부모교육에 대한 정의로 퍼슨과 로빈(Pherson & Robin, 1990)은 부모-자녀 간 상호작용의 질을 개선하고, 부모와 자녀의 행동을 긍정적으로 변화시키기 위한 의식적이고 목적 지향적인 학습활동으로 제시한다. 이재연과 김경희(1992)에 의하면 부모교육은 부모에게 자녀에 대한 이해와 지식을 증진시켜 사고와 감정, 행동에서 습관적인 방법을 검토하도록 함과 동시에 자녀를 양육하는 새로운 방법을 습득하도록 도와주는 다양한 교육적 경험으로 본다. 더불어 부모교육은 아동의 정서적, 사회적 부적응을 방지하기 위한 '일차적인 예방'의 수단으로 사용된다고 설명한다. 또한, 이숙과 동료들(2002)은 부모교육이란 부모가 자녀 이해를 위해 필요한 지식, 능력, 태도 등을 학습하게 하고 자녀의 성장과 발달, 교육에 대해 올바르게 이해하고 적절한 지식과 기술을 습득하도록 하며, 부모 자신의 자아존중감을 증진시켜 부모와 자녀에게 변화를 주는 것으로 제시하였다. 이외에 부모교육은 부모, 예비 부모, 조부모와 자녀뿐 아니라 부모교육자 등을 대상으로 부모교육 문제와 자녀교육 문제를 내용으로 모든 교육적인 방법을 동원하여 교육하는 활동으로 정의하기도 한다(한국부모교육학회, 1997).

한편, 부모교육과 심리치료는 둘 다 관찰 가능한 부모의 행동 변화를 통해 좋은 부모역할을 하는 것을 목표로 하는데, 심리치료는 내담자의 인성구조에 변화가 일어나는 과정을 중점으로 하고, 부모교육은 좋은 부모역할을 위해 필요한 정보와 기술을 전해주는 과정으로 구분하여 제시하고 있다(Fine & Henry, 1991).

이상에서 부모교육은 대상, 내용 등에 따라 다양한 정의가 가능하다. 부모교육의 대상은 부모뿐 아니라 예비 부모 및 청소년, 조부모도 대상으로 하며, 교사 및 상담 관련 종사자도 포함이 된다. 또한 부모-자녀관계 개선 프로그램에서는 자녀도 교육에 참여한다. 부모교육의 내용은 자녀의 발달과 교육에 필요한 다양한 주제들로 구성되며, 부모역할을 효과적으로 수행하기 위한 지식과 기술교육뿐 아니라 구체적인 지도와 기술훈련, 실습 과정까지도 포함한다. 또한, 부모가 되기 전 부모됨의 선택과 부모 준비의 내용을 포함하기도 한다. 부모교육은 부모-자녀 간 바람직한 관계 형성을 지원하며, 궁극적으로 부모역할의 효능감과 자아존중감 향상 및 부모역량을 강화하는 교육활동의 성격을 가지며, 부모의 양육 문제해결능력을 향상시키는 것뿐 아니라 부적응을 예방하는 수단이 된다.

(2) 부모교육의 필요성

현대사회는 빠른 변화와 복잡한 사회 문화를 배경으로 부모에게 새로운 역할을 요구하는 데 비해, 부모들은 이에 대한 준비와 지원이 부족하여 부모됨에서 어려움을 겪고 있다. 또한, 많은 전문적인 역할에서 준비와 교육이 필수적으로 인식되는 것과 달리, 부모됨은 자연스러운 과정과 사적인 영역으로 간주됨에 따라 결혼과 부모됨에 대한 준비 교육은 필수로 인식되지 않는 경우가 많다.

부모-자녀관계에 대한 이론들에 의하면 부모역할은 자녀의 발달뿐 아니라 부모 개인의 발달도 중요하다고 강조하고 있다. 이에 따라 부모교육의 필요성을 제시하면 다음과 같다.

- 부모 측면: 부모교육을 통해 부모는 자녀 발달에 미치는 영향을 이해하고, 양육에 필요한 지식과 기술을 습득하여 부모역할에 대한 준비를 하도록 돕는다. 부모는 자녀와의 관계에서 다양한 문제를 해결하는 방법을 배우고, 사회 변화와 부모-자녀관계의 변화에 적응을 돕는다. 주요 교육내용에는 아동발달 이해, 훈육 방법, 자존감, 건강, 의사소통기술, 부모기 단계, 일과 가정의 균형, 갈등해결, 특별한 요구를 가진 부모, 지역사회와의 협력 등의 주제가 포함된다(정현숙, 2016).
- 자녀 측면: 부모교육은 아동 발달과 사회화를 담당하는 부모의 영향을 통해 아동의 발달에 긍정적으로 영향을 미치게 된다. 부모는 부모교육을 통해 자녀발달에 미치는 부모의 영향력을 인식하고, 자녀의 발달에 따라 보호자, 양육자, 교육자로서의 역할을 적절하게 수행하여 자녀의 긍정적인 발달에 기여하도록 돕는다.
- 사회적 측면: 부모교육은 부모됨의 어려움과 부모역할의 부담을 감소하는 데 기여하며, 나아가 부적절한 양육에 의한 문제를 감소하는 데 기여한다. 이는 부모와 자녀 개인의 행복뿐 아니라 사회복지적 차원에서도 중요한 역할을 한다.

부모교육의 전반적인 목표는 다음과 같이 제시할 수 있다(정옥분, 정순화, 2008).
첫째, 부모의 자아존중감과 부모 자신의 발달적 욕구를 우선적으로 고려한다.

둘째, 부모역할을 수행하는 역량을 배양하여 부모역할에 대한 자신감을 갖게 한다.

셋째, 부모역할에 대한 가치관이나 신념의 확립을 우선적으로 고려한다.

넷째, 부모교육이 부모-자녀관계라는 좁은 의미에서 벗어나 가족기능의 강화와 사회발전에 기여하는 거시적인 인간관계의 차원에서 진행할 필요가 있다.

다섯째, 빠른 사회변화를 고려한 미래지향적 부모교육을 통해 급변하는 사회에 효율적으로 대처하는 인간상에 초점을 맞출 필요가 있다.

한편, 부모교육의 목표는 다음과 같은 하위목표로 구분할 수 있다(Fine & Henry, 1991).

- 정보 나누기(information sharing): 부모교육을 통해 자녀양육과 교육에 도움이 되는 정보와 지식을 습득하도록 정보를 나눈다.
- 기술훈련하기(skill building): 부모에게 자녀양육에 필요한 기술훈련의 기회를 제공한다.
- 자기인식하기(self-awareness): 부모가 자신의 양육방식, 부모세대의 영향, 자신의 가치관에 대해 스스로 알아차리는 것을 돕는다.
- 문제해결하기(problem-solving): 자녀양육, 자녀발달, 부모역할과 관련된 문제해결의 지식, 정보, 방법을 가르쳐 부모의 문제해결능력 증진을 돕는다.

(3) 부모교육의 효과

부모교육은 부모의 역할에 대한 이해를 높이고, 아동발달과 부모-자녀관계에 대한 새로운 지식과 기술을 제공하여 가족의 기능과 만족도에도 긍정적인 영향을 미치는 것으로 알려진다. 부모교육의 효과에 대해서는 측정이나 평가에 따라 달라질 수 있으나 전반적인 효과는 부모와 자녀를 구분하여 살펴볼 수 있다.

부모는 부모교육을 통해 자녀양육과 관련된 정보를 제공받음으로써 부모역할에 대한 자신감과 자녀와의 의사소통 능력이 향상된 것으로 제시된다. 특히 영유아기 자녀의 부모는 자녀에 대한 태도에서 수용적이고 민주적으로 변화되며, 자녀의 문제행동에 보다 효율적으로 대처하는 것으로 나타났다(정옥분, 정순화,

2008). 교류분석 기반의 집단 부모교육 프로그램은 어머니의 정서적 표현능력과 부모효능감 변화에 효과적인 것으로 보고한다(류재연, 2019). 또한, 부모교육으로 부모들은 부모역할에 대한 자신감과 만족감과 의사소통기술의 향상을 나타내었으며(김향은, 정옥분, 1999), 부모역할 훈련 프로그램은 어머니와 자녀의 상호작용능력과 바람직한 양육환경 조성, 영아 발달에 긍정적인 영향을 미쳤다(한경자 외, 2001).

부모교육은 자녀에게도 긍정적인 영향을 미치는데, 부모교육에 참여한 부모의 자녀는 대부분 자아존중감이 향상되고 긍정적인 자아개념을 나타내었으며(김향은, 정옥분, 1999), 사회적 능력과 학업성취 능력의 향상 등의 긍정적인 효과를 보였다.

한편, 부모교육은 대상이 되는 부모와 자녀뿐 아니라 부부관계의 향상과 배우자의 자녀양육에도 긍정적인 영향을 미치며(박재희, 1997), 이 효과는 가족을 넘어 주위에 확산되기도 한다.

현대사회에서 부모역할의 많은 어려움은 부모역할에 대한 준비 부족에 기인하는 면이 있으므로, 부모교육은 부모역할 준비와 수행에 필수적인 과정이며, 부모교육의 중요성은 더욱 강조된다.

2) 부모상담

(1) 부모상담의 개념

상담(counseling)은 사전적으로 상담자와 내담자 간의 수용적이고 구조화된 관계를 통해 내담자가 자신과 환경에 대한 이해를 증진하도록 하여 내담자 스스로 효율적인 의사결정과 긍정적 방향의 심리적 변화를 일으키는 과정으로 설명한다(홍길회 외, 2022). 심리학에서 상담은 '심리적인 문제나 고민이 있는 사람에게 실시하는 상담 활동'으로, 상담자가 전문적인 입장에서 조언/지도를 하거나 공감적인 이해를 보여 심리적 상호교류를 함으로써 내담자의 문제를 해결하거나 심리적 성장을 돕는 것으로 정의하고 있다(이규미, 2017).

부모상담은 이러한 상담 개념을 부모에게 적용한 것으로, 부모가 자녀양육에서 경험하는 부담과 어려움을 완화하고, 부모역할에 대한 전문가의 안내 및 교육을 통해 부모역할 수행에 정보와 조언을 제공하여 문제해결을 위해 함께 조력하는 과정(강영식 외, 2023)이다. 부모상담은 목적에 따라 구분할 수 있는데, 자녀 문제의 해결을 위한 상담은 자녀양육에서 당면한 문제를 다루며 정보교환이나 대처방안 제시, 부모훈련이 포함되며, 부모 개인의 문제해결을 위한 상담은 부모역할에서의 어려움이나 부모 자신의 심리적 문제를 다루게 된다(강혜선, 2019; 염은선, 2020).

(2) 부모상담의 필요성

자녀의 성장과정에서 나타나는 다양한 문제 해결을 위해 부모는 상담을 통해 자녀의 문제를 파악하고 대처방법을 알아가며 양육태도의 개선에 도움을 얻는다. 아동과 청소년을 대상으로 하는 부모상담의 필요성은 다음과 같이 정리할 수 있다(김영경 외, 2022).

① 자신이 부모에게 경험하거나 책으로 접하는 것 외에는 부모역할에 대해 직접적으로 교육받을 기회가 적어 부모상담이 필요하다.

② 자녀의 눈높이에 맞는 부모역할을 점검하고 배우기 위해 부모상담이 필요하다.

③ 자녀의 욕구를 채워주는 방법을 자녀와 함께 배우기 위해서 부모상담이 필요하다.

④ 부모로서 자기점검을 위해서 필요하다.

⑤ 상담 시 내담자를 만나는 것은 주 1회 정도이고, 부모가 가정에서 관찰할 기회가 많기 때문에 상담의 효과성을 높이기 위해 협력을 목적으로 부모상담을 진행한다.

⑥ 건강한 부모역할을 수행하기 위한 부부의 역할을 점검하기 위해 부모상담이 필요하다.

부모상담의 목적은 치료적 측면에서 자녀와의 관계에서 어려움을 경험하는 부모를 대상으로, 자녀의 변화를 촉진하고 조력할 수 있는 부모의 능력 향상과 자녀와의 관계 개선 및 부모 자신의 긍정적 변화이다. 상담과정에서 현재 부모들이

처한 상황에 대한 공감을 통해 부모를 이해하고, 새로운 관점과 경험을 갖도록 지원하여 부모에게 자녀와의 문제를 해결할 수 있다는 자신감을 가지도록 도와주게 된다.

부모상담의 목표를 세부적으로 서술하면 다음과 같다(홍길회 외, 2022).

① 자녀에 대한 이해

부모상담을 통해 아동의 연령에 따른 발달특성과 신체, 운동, 언어, 인지, 정서 및 사회성 특성에 대해 이해하는 것이 중요하다.

② 자녀양육에 필요한 다양한 지식 제공

부모상담에서 자녀양육을 위한 실질적인 지식, 기술, 태도 등을 제공하여 바람직한 양육기술을 적용하도록 돕는다.

③ 부모 행동양식의 변화

부모 자신의 양육태도, 양육신념 및 가치관, 행동양식들을 객관적으로 살펴보고 자녀에게 적절한 행동양식의 변화에 대해 다룬다.

④ 전문가와 부모의 동반자적 관계

부모역할에 관련된 전문가, 교육자, 상담자는 부모와 동반자적인 관계를 형성하여 상호 신뢰감을 바탕으로 상담이 진행된다.

⑤ 다양한 가족과 부모의 이해

가족의 개념과 인식이 확장되어 감에 따라 다양한 특징을 가진 가족, 부모와의 효과적인 소통을 위해서는 이를 반영한 지식과 이해가 요구된다.

(3) 부모상담의 효과

놀이치료를 비롯한 아동상담 분야 전문가들은 부모상담이 아동의 치료에서 기본적 요소라고 강조한다(전혜리, 2010). 구체적으로 부모들은 자녀와의 소통방법, 문제행동에 대한 대처, 양육스트레스의 감소, 부모 자신의 문제해결, 치료 조력자로서의 훈련 등의 유익을 얻을 수 있다. 또한 아동상담은 대부분 부모에 의해 의

뢰되는 경우가 많으며, 부모는 자녀의 문제해결을 위한 치료 대행자의 역할을 담당하여 문제해결에 도움을 줄 수 있다(조미영, 김광웅, 2016).

부모상담을 통해 부모는 자녀에 대한 새로운 이해와 자녀의 문제에 대한 적절한 대처법, 부모 자신의 문제 다루기, 치료 조력자로서의 훈련 등이 효과적이었다고 보고한다(유미숙 외, 2013). 또한, 게임 과몰입, 등교거부, 부모폭력 등의 문제를 가진 자녀의 부모상담에서 부모 자신의 내적인 변화와 부부관계의 개선과 함께, 상담에 참여하지 않은 자녀와의 관계 및 자녀의 증상 개선 등의 긍정적인 변화를 보고하였다(염은선, 전영주, 2019).

이상에서 부모상담은 자녀의 문제 및 부모 자신의 문제에 대한 대처와 가족관계 개선에 효과적이며, 그 효과는 지속적으로 유지되는 것으로 나타난다.

2. 부모됨과 부모역할

1) 부모됨의 의미

전통적으로 결혼과 자녀 출산은 자연스러운 인생 과정으로 여겨졌으며, 부모가 되는 것은 성인으로 인정받는 중요한 조건 중 하나였다. 결혼의 결과로 부모됨이 당연하게 기대되었고, 특히 여성에게는 자녀 출산과 양육이 중요한 역할로 요구되었다. 부모의 어원인 라틴어 parens는 '출산하다(give birth)'라는 의미를 지니며, 부모됨은 '아기 낳음'으로 생물학적 의미에서 자녀 출산을 통해 얻는 지위를 포함한다.

한편, 현대적 의미에서 부모됨은 과거에 비해 선택이 강조되어, 결혼을 비롯한 일련의 선택 과정을 통해 부모가 된다. 이는 개인과 가족에게 큰 변화를 가져오는 결정이며, 부모됨을 위한 준비가 강조된다. 부모됨은 단순히 자녀를 출산하는 것 이상을 의미하여, 태어난 자녀가 독립된 인간으로 성장할 수 있도록 돕는 역할을 수행해야 한다. 이상에서 부모는 전 생애에 걸쳐서 양육, 보호, 교육을 통해 아동의 모든 영역의 발달을 증진시키는 사람으로 정의할 수 있다(Hamner & Turner,

2001).

부모됨은 성인기 발달과업 중 하나로, 부모는 부모됨을 통해 만족과 행복을 경험하는 동시에 많은 희생과 스트레스가 수반되며, 자녀양육과 관련되는 물질적, 심리·정서적, 경제적 역할까지 포함하는 모든 역할을 수행한다.

부모됨과 관련된 용어로는 부모역할(parenting)과 부모기(parenthood) 등이 있다(박성연 외, 2014; 정현숙 외, 2002). 부모역할은 부모로서 다양한 역할을 수행하는 상태나 과정으로, 자녀를 양육하고 보호하며 지도하는 과정을 의미하는데, 어머니 역할(mothering)과 아버지 역할(fathering)로 구분할 수 있다. 부모기는 부모역할을 하는 시기로서, 임신을 선택하는 순간부터 부모역할을 수행하는 전 기간에 해당하며, 부모역할을 하는 시기는 한 시점에 제한되는 것이 아니라 자녀와 부모의 전 인생과정(process)을 통해서 이루어진다.

이상에서 부모는 자녀를 갖기로 선택하는 순간부터 전 생애에 걸치는 기간 동안 부모역할을 하며, 자녀를 출산하는 생물학적 의미를 넘어, 부모로서 자녀를 보호하고 양육을 책임지는 역할을 통해 자녀의 발달을 증진시키는 광범위한 의미를 갖는다. 또한, 자녀의 출산과 양육을 통해 부모로서 사회적 기대에 부응하고 개인적 성취와 성장을 경험하는 동시에, 다양한 책임과 압력을 수반하는 역할이라고 할 수 있다.

2) 부모역할의 내용

부모역할은 출산과 자녀를 보살피는 욕구에 초점이 맞춰진 가치, 신념, 규범, 행동에 기반한 사회적 제도이며(LaRossa, 1986), 이는 집단과 세대를 통해 전수되어 부모의 사고, 행동에 영향을 주게 된다.

부모역할은 문화와 시대에 따라 다르지만, 르빈(Levine, 1988)은 부모역할의 공통적 목표를 다음과 같이 제시한다. 첫째, 부모역할의 일차적 목표로 자녀가 성장하여 성인이 될 때까지 생존과 건강을 유지하도록 지원하는 생존목표이다. 둘째, 경제적 목표로 자녀가 성인이 되어 경제적으로 독립하고 부양자로서의 능력을 갖도록 기술과 행동을 가르치는 것이다. 셋째, 부모역할의 궁극적인 목표는 자녀의 자기실현 욕구를 충족시켜 주는 것으로, 이를 위해 신체적인 안전 등 기본적 욕구의 충족에서부터 정신적, 경제적으로 독립적인 한 개인으로 성장시키는 것이다.

또한, 부모에게 요청되는 역할은 가정의 기능을 강화하고 자녀의 발달과 사회적응을 지원하는 다양한 내용을 포함한다(Bigner, 2005).

1. 출산 및 양육의 책임자 역할: 출산을 통해 부모됨의 생물학적 개념을 강조하는 의미로, 사회 인구를 유지하는 재생산과 함께 태어난 자녀를 건전한 사회인으로 양육하는 책임을 갖는다.
2. 보호자 및 훈육자 역할: 부모는 자녀가 성숙한 나이가 될 때까지 적절한 양육을 통해 자녀의 신체적·심리적 건강과 전인적인 성장을 돕는다. 또한 부모는 가치관과 도덕적 기준을 제시하고 모범을 보이는 역할을 한다.
3. 교육자 역할: 부모는 자녀의 사회화를 위해 사회의 규칙과 역할을 가르치고 교육을 담당한다. 또한, 부모는 자녀의 개성과 재능에 적합하고 발달을 촉진하는 교육의 기회를 제공하여 강점과 재능을 발전시킨다.
4. 동일시 모델 역할: 부모는 자녀가 가장 가까이에서 보고 배우는 중요한 모델로, 최선을 다하여 살아가는 모습을 보여줌으로써 자녀들이 신뢰하고 존경하며 따르는 대상이 된다.
5. 상담자 및 친구 역할: 자녀가 문제가 있을 때 의지하고 도움을 청할 수 있도록 평소에 친밀하고 신뢰할 만한 관계 형성이 필요하다. 또한 자녀 발달에서 발생하는 문제에 객관적인 지식과 열린 마음으로 도움을 줄 수 있어야 한다.

이상에서 부모역할은 출산을 통한 재생산의 측면 이외에도 자녀의 행복과 복지에 대한 책임을 가지고, 자녀의 성장과 발달을 지원하기 위해 다양한 역할 수행이 필요함을 알 수 있다.

3) 부모역할의 시대적 변화

가족은 사회문화적인 다양한 요인에 의해 영향을 받아 변화하고 있다. 현대사회의 급격한 산업화와 정보화 등의 흐름은 가족과 부모역할에도 큰 영향을 미치고 있어 시대적 변화를 보여준다.

전통사회에서 부모됨은 생물학적 측면에서 자녀 출산과 사회문화적 측면에서 가계의 대를 이어가고 노동력을 충원하는 의미가 강조되었다. 전통적인 부모역할은 부모가 자녀의 도덕적 본성과 좋은 습관을 발달시키고, 아동의 욕구를 충족시키며 좋은 환경을 제공하고 유전적 소질을 발달시키는 역할이 제시된다. 이는 부모가 자녀에게 절대적으로 중요한 영향을 준다는 점에서 부모가 자녀 발달을 촉진하는 일방적인 영향과 큰 책임을 강조하고 있다(Hamner & Turner, 2001).

한편, 현대사회에서는 빠르고 복잡한 사회변화와 다양한 요인에 의해 부모역할 수행은 갈수록 어려워지고 있다. 현대사회에서의 부모역할의 특징은 다음과 같이 제시할 수 있다.

- 부모됨이 선택의 대상이 되었다.
- 애정이 부모-자녀관계의 핵심으로 중시되었다.
- 부모는 자녀양육, 교육에서 과거보다 큰 영향력을 행사하고 있지만, 과거처럼 친족이나 이웃, 공동체의 도움을 받지 못한다.
- 부모는 자녀의 지위 획득을 위한 많은 노력과 경제적 부담을 느낀다.
- 부모는 자녀의 심리적·정신적 발달을 책임지며 부담을 느낀다.
- 부모역할은 가족을 둘러싸고 있는 거시적·사회구조적인 요인과 관련지어 이해해야 한다.
- 부모가 자녀에게 일방적으로 영향을 주는 관계가 아닌 상호적으로 영향을 주고받는 양방향적 관계이다.
- 자녀의 발달단계에 따라 관계가 지속적으로 변화한다.

이상의 부모역할의 시대적 변화에 대한 배경으로 다음을 고려할 수 있다(정현숙 외, 2002). 첫째, 아동에 대한 관점의 변화로, 전통적으로 아동은 성인의 축소판으로 여겨졌으나, 17~18세기 이후 '아동기의 발견'을 통해 아동기를 독립된 발달단계로 인식하며, 성인의 보호와 영향을 받는 존재로 보게 되었다. 1차 세계대전 이후 전쟁고아와 아동노동문제 등이 대두되면서, 아동도 인간으로서의 존엄과 인격을 보장받아야 한다는 관점이 생기며, 특히 1989년 UN 아동권리협약은 '아동 최선의 이익' 원리에 따라 생존, 보호, 발달, 참여 권리를 명문화하였다. 최근에는 아동의 행복에 대한 관심이 높아짐에 따라 아동의 놀 권리 보장 등을 위한 노력이 요청된다.

둘째, 부모역할의 변화로, 19세기까지 부모는 자녀생존을 위한 보호와 양육 제공자 역할에 초점을 두었다. 20세기에는 다양한 발달이론의 영향에 따라 부모는 적절한 양육을 통해 좋은 습관을 형성하고, 발달에 적절한 경험을 제공하는 것이 강조되었다.

현대에는 맞벌이 증가로 부모가 일과 가정을 양립하며 자녀양육을 감당할 수 있도록 사회 제도와 기업 협력, 사회적 인식의 변화가 요청되며, 보육기관을 비롯한 복수의 양육 주체가 아동발달 및 가족에 미치는 영향에 대해서도 지속적인 관심이 필요하다. 한편, 최근 4차 산업혁명시대, 정보화 사회로의 변화는 부모역할에서 새로운 변화와 도전을 요구하고 있다. 넘치는 자녀양육 관련 정보들은 부모역할에 도움이 되거나 스트레스의 원인이 되며, 특히 아동의 미디어와 디지털 기기 사용이 일상화되면서, 부모는 디지털 환경에서 자녀의 안전한 미디어 사용과 사회성 발달을 지도하고, 위험에서 보호하는 등의 새로운 역할이 필요하다.

4) 상호적 관계

부모-자녀관계에 대한 많은 연구들이 부모가 자녀에게 영향을 준다는 큰 전제를 바탕으로 부모가 자녀의 사회화에 미치는 일방향적 영향(uni-directional socialization effect)을 강조해왔다. 부모는 사회에서 요구되는 행동, 가치, 태도를 자녀에게 가르치고 전수하는 교사와 양육자 역할을 통해 자녀가 성공적인 사회구성원으로 성장하도록 기여한다. 즉 모든 정보와 영향력의 방향이 부모로부터 자녀에게로 향하며 부모가 자녀의 성장과 발달에 중요한 영향을 미친다고 설명한다.

최근에는 자녀가 부모에게 미치는 영향력에 대해서도 관심 있게 다루어지는데, 부모-자녀관계는 양방향적으로 영향(bi-directional socialization effect)을 주고받는 상호적인 관계 특성을 강조한다(Bigner, 2005). 아동의 성과 기질, 연령, 출생순위 등의 특성은 부모에게도 영향을 주어 자녀의 특성에 따라 부모역할을 수행하는 데 능동적으로 작용한다. 유아기 자녀에게 효과적이었던 부모의 양육방식은 초등학생으로 성장한 자녀에게는 다른 방식으로 변화가 필요하게 된다. 또한 활동성이 높고 까다로운 기질 특성을 보이는 영아는 부모에게 스트레스를 유발하며, 부모가 자녀에게 강압적인 양육행동을 할 가능성이 높아진다(Clark, Kochanska, & Ready, 2000).

결과적으로 가족의 하위체계로서 부모와 자녀는 서로 영향을 주고받는 상호적 관계를 형성하며, 이러한 양방향적 상호작용은 자녀의 성장발달에 따라서 부모의 규칙, 상호작용방식, 양육목표 등이 변화하게 된다.

5) 생애주기에 따른 발달적 특성

부모는 자녀와 양방적이며, 상호적인 영향을 주고받는데, 부모역할은 고정되기보다 자녀의 발달단계에 따라 부모역할과 부모-자녀관계에도 변화가 요청된다. 갈린스키(Galinsky, 1987)는 자녀의 성장에 따라 부모에게 요청되는 역할을 기준으로 부모기의 단계를 구분하였다. 부모기 단계는 자녀의 발달적 변화에 대응하여 부모의 자녀양육에서도 성장하고 변화하는 상호적 관계와 역할을 제시하고 있다.

(1) 1단계 이미지 형성 단계(Image-making stage): 태내기

이 단계에게서는 자신이 부모가 되는 이미지와 자신이 되고자 하는 부모의 모습을 발달시킨다. 임신 이후 부모역할에 대한 준비는 더욱 강조되는데, 특히 여성에게 임신은 신체적, 심리적으로 많은 변화를 경험하게 된다. 첫 임신의 경우 부모됨으로 전환하는 새로운 변화를 예상해 본다.

(2) 2단계 양육 단계(nurturing stage): 영아기

새로 태어난 영아와 애착을 형성하는 주요 과제와 함께 어떤 부모가 될지에 대한 주제 이외에 부부관계, 원가족, 일과 친구 등에 대한 재정립 과정이 요청된다.

(3) 3단계 권위 단계(authority stage): 유아기

자녀에게 옳은 것과 적절한 것을 알려주고 결정해 주는 권위자로서의 부모역할을 수행하며 변화된 양육기술이 필요하다.

(4) 4단계 해석 단계(interpretive stage): 아동기

자녀의 질문에 대해 부모는 자신이 지닌 세계관과 가족의 가치를 자녀에게 전달하며 의사결정을 돕는 역할을 한다.

(5) 5단계 상호의존 단계(interdependent stage): 청소년기

자녀의 독립 요구가 커지는 가운데 부모의 권위와 통제의 방법에 조정이 필요하며, 협상과 대화를 통해 관계의 재정의와 적응이 필요하다.

(6) 6단계 떠나보내는 단계(departure stage): 청년기

부모는 자녀를 독립된 성인으로 인정하여 떠나보내며, 부모-자녀관계는 성인 대 성인으로 전환된다.

한편, 갈린스키의 부모기 단계는 자녀가 부모 곁을 떠나는 시기까지 제시되고 있으나 실제 부모역할은 자녀가 성인이 된 이후에도 지속된다. 중년기 부모와 성인기 자녀는 상호의존적 관계를 유지하며, 이후 노년기 부모는 자녀에 대한 의존성이 증가하고 자녀가 노부모의 보호자로 역할 전환이 일어나게 된다(Anderson & Subatelli, 1999).

이상에서 부모역할은 자녀의 발달과 함께 부모역할에서 변화가 요청되고, 부모 개인도 성장하는 과정이며, 부모와 자녀의 발달적 요구를 조화시키면서 수행하는 것이 필요하다(정현숙, 유계숙, 2001).

6) 사회문화적 영향

현대사회에서 부모됨의 선택과 부모역할에 어려움으로 작용하는 가족을 둘러싼 사회문화적 요인들에 대해 우리나라 상황의 예시와 함께 살펴보겠다.

(1) 현대가족의 변화

① 가족구조 및 가치관의 변화

급격한 현대화 및 사회변화로 인해 가족구조는 크게 변화하여 확대가족과 직계가족은 감소하고 핵가족이 증가하였으며, 최근에는 가족규모 축소와 출산율 하락으로 자녀 수와 가구원도 감소하는 추세이다.

결혼과 가족에 대한 가치관은 결혼과 출산을 선택사항으로 받아들이는 경향이 커지고, 자녀에 대한 인식도 과거에는 가족 유지에 필수적이며 기쁨과 축복의 존재로 여겼으나, 현재는 부모에게 보상과 애정의 대상으로 변화하였으며, 최근에는 '양육비 부담'과 '부모의 자유 제한' 등 부정적인 인식도 함께 나타나고 있다(보건복지부, 2020). 과거 부모와 자녀 중심의 수직적 가족관계는 수평적인 부부관계 중심으로 전환되었으며, 부부 개인의 삶을 중시하는 경향이 강화되면서 자발적 무자녀 부부도 증가하고 있다.

② 가족유형의 변화

최근 우리나라의 혼인건수는 2023년 기준 10년 전에 비해 40% 감소하였고, 비혼의 경우는 증가하고 있다. 무자녀를 희망하는 부부의 증가로 2022년 기준 청년 부부의 무자녀 비율은 27%에 이르렀다. 또한 결혼연령도 계속 높아져 2023년 평균 초혼연령은 남성 34.0세, 여성 31.5세로 10년 전에 비해 각각 1.8세와 1.9세 상승하였다. 평균 출산연령은 2023년 기준 33.6세로 늦어지며, 저출산의 원인으로 작용하여 합계 출산율은 지난 2017년 1명 이하로 내려간 이후 2023년 0.72명으로 역대 최저를 기록했다(통계청, 2023).

가족유형도 다양화 되어 1인 가구의 비율은 2015년 27.2%에서 2023년 35.5%로 증가하여 점차 큰 비중을 차지하고 있다. 또한, 이혼 증가로 한부모가족과 재혼가족은 증가하는 경향인데, 과거에 비해 이혼에 대한 태도가 수용적으로 변화함을 보여준다. 외국인과의 혼인 건수는 급속도로 증가하여 다문화가족은 증가하는 추세이다. 한편, 우리나라 전체 입양 아동 수는 해마다 감소하는 경향이다(신용주, 김혜수, 2021).

③ 가족기능과 관계의 변화

과거 가족은 성 및 애정, 재생산, 자녀교육 및 사회화, 생산 및 소비, 정서적 안정, 생활유지 및 복지 등 다양한 기능을 담당했다. 이에 비해 현대 가족은 교육기능이 감소하고 자녀양육과 정서적 지지 제공기능은 더 강화되었다. 또한, 개인주의와 자아실현에 대한 욕구가 커지며 부모됨보다는 부부관계와 개인의 삶이 중시되면서 부모로서의 역할 수행이 점차 어려워지고 있다.

현대 가족의 다양한 변화에 따라 부모역할 수행의 어려움은 더 커지는 상황에서 다양한 부모역할의 특수성이 반영된 부모교육 및 상담의 필요성이 더욱 강조되고 있다.

(2) 현대사회의 특성과 부모역할의 어려움

① 부모됨의 선택의 어려움

현대사회의 젊은 세대는 본인의 결혼과 자녀출산, 출산 시기 및 자녀 수 등 결혼 및 부모됨과 관련되는 여러 선택에 직면하게 된다. 부모됨의 다양한 장점에도 불구하고, 과도한 경쟁 중심의 사회구조에서 결혼과 자녀양육에 대한 경제적 부담과 불평등, 미래에 대한 불안으로 인해 자녀출산과 양육이 부담으로 인식되고 있다.

특히 출산과 양육을 실질적으로 담당하는 여성에게 부모됨은 큰 변화와 책임을 수반하는 선택이 되며, 경력 단절과 일과 육아 양립의 어려움, 자녀양육에 대한 경제적 부담 등으로 부모됨을 비용으로 인식하여 부모됨 결정을 어렵게 만드는 중요한 요인으로 작용하고 있다.

② 여성의 역할 변화로 인한 어려움

기혼 여성의 경제활동 참가는 지속적으로 증가하여 맞벌이 가구 비율은 2023년 기준 48.2%로 나타난다(여성가족부, 2024). 그러나 여성의 직업역할 변화에도 불구하고 자녀 출산과 양육은 여전히 여성의 주요 책임으로 남아서, 부모역할 수행에서 어려움으로 작용하고 있다. 여성의 직업포기에 대한 주된 사유로 '자녀출산 및 육아'가 가장 높은 순위로 나타나며, 여성이 비혼과 무자녀를 희망하는 비율이 남성에 비해 더 높게 나타나고 있어(세계일보, 2024.03.27.), 여성의 부담이 확인된다.

또한, 남성의 육아휴직비율은 2023년 28%로 지속적으로 증가하고 있지만(여성가족부, 2024), 남편의 가사 및 육아참여는 여전히 낮은 수준으로, 우리나라 미취학 아동 양육시간에서 아내는 남편에 비해 약 3배 많은 시간을 담당하는 것으로 나타난다(통계청, 2020). 자녀양육은 여전히 어머니의 역할로 강조되고 있어, 여성에게 부모역할과 직장역할에서 과중한 부담은 부모됨과 부모역할의 선택, 일·가정의 양립에 큰 부담으로 작용하고 있다.

③ 사회의 기대에 대한 부담감

현대사회에서 가족의 정서적 기능이 강화되면서 가정은 '따뜻한 안식처'라는 인식도 부모역할을 어렵게 하는 요인으로 작용한다. 또한 전통적으로 우리나라 가족에서 자녀는 부부관계보다 중요한 가치로 여겨져서 사회적 기대는 자녀양육에서 역할 수행이 소홀해질 경우 죄책감을 유발하는 압력으로 작용하여 부모역할을 더 어렵게 만든다.

한편, 자녀 수 감소로 부모는 1~2명의 자녀를 특별하게 잘 키워야 한다는 부담을 가지며, 자녀의 성취를 부모 자신과 연결시켜 입시 경쟁 등에서 압박을 경험하기도 한다. 이러한 과도한 사회적 기대는 부모역할의 어려움을 가중시키는 요소로 작용하고 있다.

④ 사회정책 및 지원의 부재

우리나라 여성의 취업 포기 이유로 자녀양육과 교육의 문제가 가장 큰 비중을 차지하며, 이는 여성이 비혼 및 무자녀를 희망하는 주요 요인으로 작용하고 있다. 이를 통해 맞벌이 가정의 자녀양육을 위한 사회적 정책과 지원이 아직 충분하지 않음을 알 수 있다. 영아 보육서비스, 출산·양육 휴가 및 휴직, 남성 육아휴직 등 부모역할을 지원하는 실질적 제도의 보완이 필요하며, 자녀출산과 부모역할이 부담이 되지 않도록 일·가정 양립이 가능한 환경 조성이 요청되고 있다.

최근 저출산에 대한 대책으로 많은 정책과 막대한 예산이 투자되고 있으나, 실제 체감 효과를 얻기까지 시간이 필요할 것으로 보인다.

⑤ 새로운 부모역할 모델에 대한 요구

과거에는 가족전체로서 규범적인 성격이 강했고 부모역할에 대해 윗 세대로부터 전수받았으나, 현대사회에서는 부모-자녀관계가 개인적이고 상호관계로 변화하면서 적절한 부모역할 모델을 찾고 배우는 것이 어려워지고 있다.

과거에 비해 부모는 권위가 낮아지고, 가족에서 자녀가 중심이 될 뿐 아니라 과잉보호와 학업성취에 치중하는 양육으로 공동체 의식이 결여되고 가족이기주의가 나타나기도 한다. 또한 정보화 시대에 수많은 정보와 이론들 가운데서 적절한 부모역할에 대한 기준과 신념을 확립해야 하는 과제가 있으며, 이를 위해 부모교육과 상담의 중요성이 더욱 강조되고 있다.

3. 부모역할의 중요성

자녀양육에서 어머니와 아버지는 역할의 비중과 내용에서 차이를 보이는데, 보편적으로 어머니가 아버지에 비해 부모역할에 더 많은 시간과 노력을 투자하며 부담을 가진다. 전통적으로 어머니는 1차 양육자로 자녀에게 양육과 애정을 제공하는 역할을, 아버지는 2차 양육자이며 통제적 역할을 담당해 왔다.

최근에는 자녀양육에서 부, 모 역할의 명확한 구분보다는 부모 공동의 책임과 보완적인 역할로 변화하는 경향으로, 양성적 양육은 부모가 함께 참여하며 양육에 대한 책임을 동등하게 하는 것을 의미한다(Bigner, 2005). 임신과 모유수유를 제외한 대부분의 양육역할은 부, 모가 공유할 수 있으며, 아버지도 후천적으로 양육기술을 배우고 습득할 수 있어 역할은 제한적이지 않다. 아버지 양육은 아동발달에도 중요한 영향을 미치는 것으로 나타나, 아버지가 양육자로서 전적으로 양육에 참여해야 할 필요성을 강조하고 있다.

1) 어머니 역할

많은 이론과 연구들은 아동의 출생과 발달에 어머니의 역할이 절대적인 영향을 미친다고 주장한다. 대표적으로 프로이트(Freud, 1933)는 영아의 구강적 욕구를 충족시키는 역할이 주로 어머니이기 때문에 아버지보다 자녀의 성장에 더 많은 영향을 미친다고 보았다. 또한 볼비(Bowlby, 1969)는 애착이론을 통해 생애 초기 애착형성에 주양육자로서 어머니 역할을 강조하였다. 어머니의 역할은 주로 정서적 측면과 양육자 및 보호자 역할을 강조하는데, 민감하고 온정적인 어머니 양육이 아동발달에 긍정적인 영향을 미친다고 본다.

(1) 신체발달

어머니의 역할 중 중요한 부분은 자녀의 생존과 신체발달과 관련된 것이다. 인간의 아기는 작고 미숙한 상태로 태어나며, 오랜 기간 생존을 위해 의존이 필요하다. 어머니는 생물학적으로 임신과 출산을 통해 아동이 출생하기 이전부터 모든 발달에 관여하며, 출산 후에는 수유와 돌봄을 통해 생존의 욕구를 충족시킨다. 또한, 신체적 접촉을 통해 만족과 안정을 제공하는 등 기본적 욕구를 충족시키는 과정을 통해 아동의 건강과 신체적 보호를 책임지는 역할을 담당한다.

(2) 정서발달

어머니는 아동의 정서발달에 다양한 경로로 영향을 미치는데, 임신 중 어머니의 정서상태는 태아의 정서 안정과 연관되어, 어머니의 스트레스 수준은 태아의 움직임과 심장박동에 영향을 미친다. 또한 생애 초기에 형성되는 애착 관계는 이후 부모-자녀관계와 자녀의 정서발달에 장기적인 영향을 미친다. 어머니의 정서적 민감성과 애정적인 반응은 영아의 부정적 정서를 완화하고 정서조절능력을 발달시키는 것으로 보고된다(Park et al., 2012).

(3) 사회성 발달

에릭슨(Erikson, 1950)의 심리사회적 발달이론에서 초기에 어머니와 형성하는 기본적 신뢰감은 이후 세상에 대한 신뢰감을 형성하는 기초가 된다고 설명하며, 애착이론에서는 초기 주양육자와 형성한 애착은 전 생애에 걸쳐 지속적으로 영향을 미친다고 하였다. 어머니의 민감하고 반응적이고 애정적인 양육은 자녀와 안정된 애착을 형성하고, 이후 자녀의 긍정적인 또래관계와 사회관계에 영향을 주었다(Schneider et al., 2001).

이외에도 많은 이론과 연구들은 어머니의 민감하고 온정적인 양육이 최적의 아동발달을 촉진한다고 강조하여, 어머니 역할이 자녀발달에서 중요한 비중을 차지함을 보여준다. 한편, 자녀발달에 대한 과도한 책임이 어머니에게 부여될 때 부담감과 죄책감으로 작용할 수 있어서, 자녀의 필요에 민감하게 반응하는 측면과 어머니 자신에 대한 돌봄에서 균형도 필요하다(정현숙 외, 2002). 특히 직업을 가진 어머니의 역할은 일과 가정에서의 역할 과중과 부담으로 죄책감과 갈등으로 나타나며, 어머니 자신과 자녀에 대한 역할, 가정과 직업에서의 역할을 양립하기 위해 가족과 사회가 책임을 공유하는 것이 요청된다.

2) 아버지 역할

역사적으로 어머니는 주양육자로, 아버지는 이차적인 역할로 인식되어 왔다. 20세기 아버지 역할은 시기에 따라 경제적 부양자(1940년대 이전), 성역할 모델(1970년대까지), 양육자로서의 역할(1970년대 중반 이후)로 특징이 구분된다(Pleck, 1987). 최근 램(Lamb, 1975/1995)은 아버지가 어머니를 대체하는 역할이 아닌, 아버지의 독립적 역할에 주목하여 아버지 양육의 중요성을 강조하였다. 또한, 파크(Parke, 1995)는 '아버지 효과(father's effect)'를 통해 아버지의 적극적 양육 참여가 자녀의 성장과 발달에 긍정적 영향을 끼친다고 주장했다. 아버지는 어머니가 바람직한 양육을 하도록 지원과 지지를 통해 양육에 간접적인 영향을 주고, 직접적으로는 자녀와의 놀이와 상호작용을 통해 어머니와는 다른 방식으로 양육에 기여한다.

(1) 성역할 발달

자녀의 성역할 발달에서 아버지는 어머니보다 더 큰 영향을 미치는데, 특히 남아에게 중요한 역할을 한다. 남근기는 동성부모를 동일시하는 시기로, 남아의 아버지는 역할을 동일시하는 모델로서 중요한 역할을 하게 된다. 최근에는 전통적인 남성의 역할보다는 적절하고 융통성 있는 성역할 모델을 학습하고 제공하는 것이 요청된다.

(2) 사회성 발달

아동의 사회성 발달에서 어머니는 민감한 상호작용을 통해 애착을 형성하는 반면, 아버지는 높은 에너지의 놀이를 통해 신뢰감을 형성하고 자녀에게 사회화 과정을 가르쳐준다. 연구에 따르면, 아버지의 놀이친구 역할은 자녀의 자율성 증진에 기여하며, 아버지와 밀접한 관계인 남아의 경우 낯선 사람과의 관계에서 우호적이고 활발하였다(Parke, 1995). 또한 아버지가 자녀양육에 적극적으로 참여할수록 자녀의 사회적 유능성은 높은 것으로 나타났다(Torres et al., 2014).

이외에도 아버지가 양육에 적극적으로 참여할수록 자녀의 수면시간은 더 길었고(Bernier et al., 2017), 자녀의 학습동기와 학습태도에 긍정적인 영향을 미친다(한누리, 문혁준, 2014). 또한 아버지가 한계를 설정하고 온정적이고 양육적인 특성을 보일 때 아동의 창의성, 독립성, 관대함, 민첩성의 발달이 촉진된다(Mussen, Conger, Kagan, & Huston, 1990). 우리나라 조사에서도 어린 자녀의 연령에 상관없이 아버지가 육아휴직을 사용하거나 아버지 교육을 받은 경우, 초과근무가 적은 경우는 그렇지 않은 경우에 비해 양육역량 점수가 높았다. 이는 자녀와 함께 시간을 많이 보내고 양육에 관심이 높은 아버지들이 양육역량이 높다는 것을 실증적으로 보여준다(이윤진, 2017).

이상에서 아버지의 양육참여는 단순히 자녀를 돌보거나 어머니를 보조하는 역할이 아니라, 적극적으로 자녀를 양육하는 아버지 역할을 담당하도록 요청된다(Hamner & Turner, 2001). 아버지의 양육참여를 증진시키기 위해서는 사회적, 직장 내 제도와 양육문화 개선이 필요하며, 아버지 대상의 교육프로그램과 양성적 역할 모델이 요구된다.

3) 공동양육

자녀양육에서 아버지와 어머니 역할은 엄격하게 구분되기보다는 유연하고 양성적인 접근이 확대되어 부, 모 역할의 차이가 점차 줄어들고 있다. 최근 부부 공동양육의 개념이 강조되어 자녀양육에 부모가 공동으로 참여하고 책임을 담당하는 것은 자녀발달에 긍정적인 영향을 미친다고 알려진다. 부부 공동양육은 협의를 통해 일관된 양육으로 자녀의 안정적 성격 형성에 도움을 주며, 자녀의 자아탄력성, 정서조절능력, 사회적 유능성 등에 긍정적인 영향을 미친다(박잎새, 남은영, 2015; 이미나 외, 2016).

또한, 아버지와 어머니의 공동양육을 촉진하는 요소로 '어머니 문지기 역할(maternal gatekeeper)'이 있다. 이는 어머니가 자녀양육에 아버지의 양육 참여를 제한하거나 지지하는 행동을 의미하는데(Allen & Hawkins, 1999), 남편의 양육 참여를 적극적으로 지지하고 양육자로서 남편을 신뢰하는 어머니의 문열기 행동은 아버지의 양육 참여, 양육효능감과 만족감 증가에 기여한다(조윤진, 임인혜, 2016). 따라서 부부 공동양육을 위해서는 부부간 상호작용이 중요하며, 어머니가 자녀양육에서 과도한 책임감을 나누고 아버지의 양육방식을 지지하며, 아버지가 적극적인 자녀양육을 담당할 때 장기적으로 공동양육을 더욱 효과적으로 만들 수 있다.

제2장 부모역할에 대한 이론적 접근

발달심리학과 아동학 및 가족학 등의 학문분야에서는 아동의 발달에 중요한 영향을 미치는 부모의 역할에 대해 다양한 관점에서 이론적·경험적 연구를 수행하였다. 본 장에서는 부모역할을 설명하는 대표적인 이론들을 소개하고, 각 이론들이 부모-자녀관계 및 부모역할에 주는 시사점에 대해 알아보고자 한다. 또한 부모역할이 실현되는 자녀양육 과정에 영향을 미치는 요인과 자녀양육 유형에 대해 살펴보고자 한다.

1. 부모역할 관련 이론

1) 정신분석학적 관점

(1) 프로이트의 심리성적 이론

① 프로이트 이론의 특징

프로이트(Freud, 1923/1960)는 인간이 사회 속에서 살아갈 수 있도록 생물학적 욕구를 가지고 태어난다고 믿었으며, 성적 본능의 성숙이 인간의 성격발달에 기초가 된다고 보았다. 프로이트는 성격을 구성하는 3가지 요소로 원초아(id), 자아(ego), 초자아(super ego)를 제시하였다. 원초아는 출생 시 타고나며, 생물학적 본능을 즉각적으로 만족시키는 쾌락주의 원리를 따른다. 원초아는 성격을 구성함에 있어 인간 무의식의 대부분을 차지한다. 이와 달리 자아는 2세경 발달하는 요소로 현실적이고 합리적인 원리를 따른다. 자아는 본능을 충족시킬 수 있는 사회적으로 용인된 방법을 찾는 기능을 하며, 의식의 세계에서 작용한다. 마지막으로 초자아는 성격구조 중 의식, 전의식, 그리고 무의식의 모든 영역에 위치한다. 초자아는 양심의 영역으로 이상적인 원리를 따르며 부모의 도덕적 가치를 내재화하는 과정에서 획득된다. 이러한 성격 요소들의 차이에 의해 인간은 삶에서 본능을 추구하는 원초아와 도덕적인 이상을 추구하는 초자아 간에 갈등을 경험하게 된다. 그리고 자아는 이러한 갈등을 현실적으로 중재하는 역할을 하게 된다(Shaffer & Kipp, 2019).

프로이트는 성격의 형성이 5개의 심리성적 단계를 통해 나타난다고 설명하였다(〈표 2-1〉). 즉 성적 욕구로 발현되는 삶의 에너지인 리비도(libido)가 인간의 발달과정에서 특정 신체 영역에 집중되는데, 성적 욕구를 충족시키거나 좌절하는 경험이 단계에 따라 변화하며, 이를 통해 성격이 형성된다고 보았다.

〈표 2-1〉 Freud의 성격발달 5단계

단계	연령	내용
구순기 (Oral stage)	출생~1세	• 성적본능이 입에 집중 • 빨고, 씹고, 깨무는 구순행동들을 통해 쾌락을 느낌
항문기 (Anal stage)	1~3세	• 자발적인 배뇨 및 배변을 통해 성적 욕구를 충족 • 배변훈련은 이 시기 부모-자녀 간의 주요 갈등원인임
남근기 (Phallic stage)	3~6세	• 성기를 자극함으로써 쾌락을 느낌 • 이성부모에 대한 근친상간적 욕구에 의해, 남아는 오이디푸스 콤플렉스(Oedipus complex), 여아는 일렉트라 콤플렉스(Electra complex)가 나타남 • 동성부모에 대한 동일시로 부모의 성역할 및 도덕적 가치를 내재화
잠복기 (Latency stage)	6~11세	• 남근기 정신적 외상으로 성적인 갈등이 억압되는 시기 • 학교에서 문제해결능력을 키우고 사회적 가치 내재화
성기기 (Genital stage)	12세 이후	• 사춘기로 인해 성적인 욕구가 다시 깨어남 • 사회가 수용하는 방식으로 성적 욕구를 표현하는 방법을 배워야 함

② 부모-자녀관계 및 부모역할에 대한 시사점

프로이트의 이론은 성격 형성에 있어 부모와의 초기 경험의 중요성을 강조한다는 점에서 부모역할에 대한 시사점이 크다.

첫째, 구순기 동안 빠는 행동은 영아의 만족을 충족시켜 주는 중요한 행위이다. 따라서 이 시기 어머니의 수유행동은 어머니와 자녀 간의 관계 형성에 중요한 요인으로 작용한다.

둘째, 항문기 배변훈련을 통한 부모의 통제는 아동의 본능적 욕구충족을 제한한다는 점에서 아동에게 부정적 경험일 수 있다. 실제로 가정에서의 지나친 배변훈련은 아동으로 하여금 해당 단계에 대한 고착을 야기하여 결벽증이나 혹은 지저분한 성격을 형성하게 할 수 있어 부모의 적절한 통제가 요구된다.

셋째, 남근기에 나타나는 초자아는 동성부모에 대한 동일시 과정에서 부모의 역할과 가치관을 내재화하면서 형성된다. 이는 부모의 생각과 가치관, 성역할 등이 자녀에게 전달되는 과정을 설명한다는 점에서 성격발달은 물론 아동의 전반적인 가치관 형성에 대한 부모의 영향력을 강조한다.

(2) 에릭슨의 심리사회적 이론

① 에릭슨 이론의 특징

에릭슨(Erikson, 1950/1993)은 성격발달에 있어 사회의 영향을 강조함으로써 프로이트의 이론을 수정·확장하였다. 즉 프로이트의 심리성적(psychosexual) 이론과 달리, 에릭슨은 발달의 원천을 성적 욕구와 같은 내적인 측면 외에 개인에게 중요한 주변 사람 및 사회문화와의 상호작용에 두었다. 이러한 점에서 에릭슨의 이론을 심리사회적(psychosocial) 이론이라 칭한다. 또한 에릭슨은 성격이 출생부터 사망까지 전생애를 통해 8개의 단계를 거쳐 발달한다는 전생애적 관점을 소개하였다([그림 2-1] 참조).

에릭슨에 의하면, 각 단계마다 발달과업을 수행하면서 성격발달에 위기를 경험하게 되는데, 발달과업에 대한 긍정적 성향과 부정적 성향의 균형적인 경험을 통해 건강한 자아를 발달시키고 위기를 극복함으로써 단계별 발달과업을 완수하게 된다고 설명한다. 에릭슨은 각 단계마다 발달과업을 경험하는 과정에 주요한 사회적 상호작용 집단을 제시하였다. 전생애 8개의 단계 중, 특히 출생부터 유아기까지에 해당하는 1단계부터 3단계의 경우, 주요한 사회적 관계로 각각 주양육자,

부모, 가족 등을 명시하였다. 이는 아동이 학교라는 사회적 집단에 속하기 전 1차 적 사회집단으로의 가정의 중요성을 강조하며, 특히 생애 초기 발달에 있어 부모의 영향을 강조한다.

단계	주요한 사회적 관계
Stage 1 신뢰감 대 불신감(출생~1세)	주양육자
Stage 2 자율성 대 수치심과 회의감(1~3세)	부모
Stage 3 주도성 대 죄책감(3~6세)	가족
Stage 4 근면성 대 열등감(6~12세)	교사, 또래, 학교
Stage 5 정체감 대 역할혼돈(12~20세)	또래집단, 영향력 있는 사람
Stage 6 친밀감 대 고립감(20~40세, 성인초기)	연인, 배우자, 가까운 친구
Stage 7 생산성 대 침체감(40~65세, 성인중기)	배우자, 자녀, 지역사회
Stage 8 자아통합 대 절망감(성인후기, 노년기)	사회, 세상

[그림 2-1] 에릭슨의 성격발달 8단계

② 부모-자녀관계 및 부모역할에 대한 시사점

에릭슨의 심리사회적 이론에서는 각 발달단계에 따라 부모의 주요 역할이 달라져야 함을 시사하며, 특히 영유아기 부모의 중요성을 강조한다.

전생애 발달단계 중 1단계에서 아동이 경험하는 신뢰감과 불신감은 대개 주양육자와의 상호작용 과정에서 나타난다. 따라서 건강한 자아의 발달을 위해 자녀에게 일관되고 애정적인 양육을 통한 신뢰감 형성의 경험을 제공하는 것은 영아기 부모의 주된 역할이다.

자율성 대 수치심의 2단계 발달에서 아동은 자신을 통제하는 것과 자신이 통제할 수 있는 것에 대해 관심을 가진다. 따라서 주변의 많은 것을 조작하고 영향을 끼치려는 시도를 통해 자신의 자율성을 경험하기도 하고 반대로 자율성에 도전을 받기도 한다. 이 시기 과보호적인 부모는 아동의 자율성 시도를 방해하여 발달에 부정적 영향을 미칠 수 있다.

주도성 대 죄책감의 3단계 발달에서 역시 부모는 가장 중요한 사회적 관계 주체로서 아동과 상호작용한다. 부모는 자녀가 안전한 생활환경에서 다양한 시도를 할 수 있도록 허용하고 지지함으로써 아동 스스로 시행착오를 통해 주도성을 경험할 수 있도록 지원해야 한다.

2) 동물행동학적 관점

(1) 할로우의 동물행동학

① 할로우 이론의 특징

할로우(Harlow, 1971)는 원숭이 실험을 통해 사랑의 본질과 사회적 상호작용의 역할에 대해 연구하였다. 새끼 원숭이에게 젖병이 달린 철사로 만든 어미 원숭이 모형과 헝겊으로 만든 어미 원숭이 모형을 제시하였을 때 새끼 원숭이가 무엇을 선호하는지를 관찰하였다. 이러한 연구는 새끼 원숭이가 어미 인형(또는 양육자)으로부터 추구하는 바가 음식인지 혹은 안정감인지를 단적으로 보여준다. 그 결과, 새끼 원숭이는 대부분의 시간을 헝겊 인형에 매달려 있었을 뿐 아니라 위급한 상황이나 불안한 상황에서도 헝겊 어미 인형을 선호한다는 것을 발견하였다.

할로우의 원숭이 실험은 자녀에 대한 사랑표현을 감상적인 것으로만 격하하였던 당시의 심리학계의 주장에 반향을 일으켰다. 또한 어머니와 자녀 간의 관계형성이 수유나 음식제공에 기반한다는 기존 설명을 반박하는 결과이기도 하다.

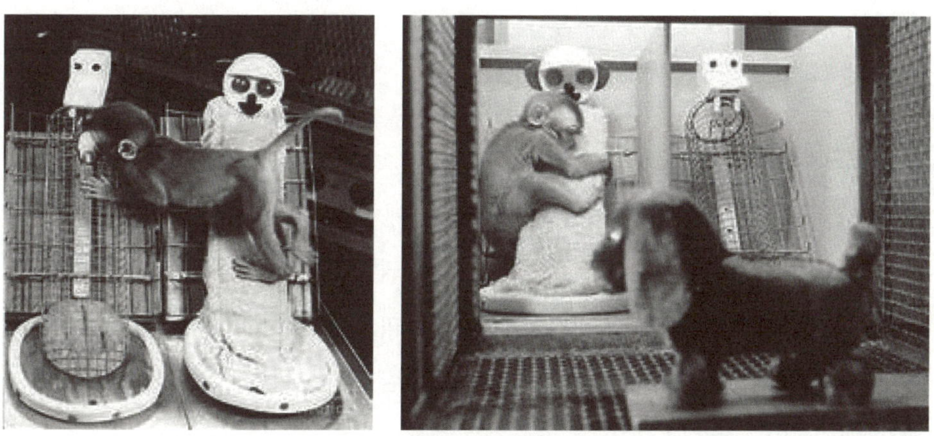

[그림 2-2] 할로우의 원숭이 실험

② 부모-자녀관계 및 부모역할에 대한 시사점

할로우는 부모의 존재와 역할에 대한 기존의 인식이 틀렸음을 과학적 실험을 통해 증명하면서, 발달에 있어 정서적 지원과 애정의 중요성을 강조하였다는 점에서 시사점이 크다.

구체적으로 첫째, 부모는 자녀에게 수유나 음식제공을 통해 생물학적 생존 욕구를 충족시켜 주는 역할뿐 아니라 신체적 접촉과 그것을 통한 정서적 안정의 욕구를 충족시켜 주는 역할을 한다. 할로우의 실험은 음식보다 정서적 안정이 발달에 더 중요할 수 있으며 정서적 안정과 지지를 위한 접촉이 필요함을 보여준다.

둘째, 할로우의 또 다른 원숭이 실험(1958)에서 새끼 원숭이는 위험하거나 불안한 상황에 노출될 때, 헝겊 어미 인형에게서 안정감을 찾으려 하였다. 이는 새끼 원숭이가 양육자를 안전기지(secure base)로 여긴다는 것을 의미한다. 마찬가지로 부모는 아동이 주변환경을 탐색하고 낯선 상황에 적응하는 데에 안전기지로서 역할한다.

셋째, 헝겊 인형의 부재 시 새끼 원숭이는 탐색활동을 덜 하거나 신체적·심리적 장애를 보였는데, 이는 양육자 또는 부모의 부재가 자녀의 발달에 부정적인 영향을 미칠 수 있음을 시사한다.

이처럼 할로우의 원숭이 실험은 주양육자인 부모의 존재가 자녀발달에 필수적 요인임을 보여준다. 또한 돌봄과 사랑의 본질적 행위는 접촉을 통한 정서적 위안과 지지, 안정감의 제공임을 시사한다.

(2) 볼비의 애착이론

① 볼비 이론의 특징

볼비(Bowlby, 1983)의 애착이론은 진화론에 바탕을 둔다. 아동은 다른 사람과 애착을 형성하도록 생물학적으로 프로그램화되어 있으며, 이는 애착이 아동의 신체적, 심리사회적인 생존을 촉진하기 때문이라고 설명한다. 애착이란 영아와 양육자 간의 상호적이고 지속적인 정서적 유대를 의미하는데, 이는 영아와 양육자 간 관계의 질에 공헌한다.

볼비(1988)는 애착의 작용과 효과에 주목하였다. 어머니와의 상호작용 동안 아기는 어머니로부터 기대되는 것에 대한 '작동모델'을 형성하고, 어머니가 동일한 방식으로 지속적으로 행동할 때, '내적작동모델(internal working model)'이 형성된다. 애착의 내적작동모델이란 자기와 타인 및 대인관계에 대한 정신적 표상을 의미한다. 안정적으로 애착된 아기는 양육자를 신뢰할 뿐 아니라 요구하는 것을 얻을 수 있는 그들 자신의 능력에 대해 신뢰하게 된다. 애착의 내적작동모델은 모든 사회적 관계의 원형이 되어 다른 사람과의 상호작용을 예측, 제어, 조작할 수 있게 한다(Bretherton, 1985). 애착이론에서는 초기 주양육자와의 관계에서 형성된 내적작동모델이 인생의 모든 대인관계에 지속적으로 영향을 미친다는 경험적 연구결과들을 통해 초기 애착의 장기적 효과를 증명하였다.

애인스워스(2015)는 영아와 성인 사이의 애착유형을 측정하기 위해 '낯선 상황' 실험을 고안하였다. 낯선 상황에서 어머니와의 분리 및 재결합 시 보이는 영아의 반응을 기초로 안정애착, 불안정 회피애착, 불안정 양가애착 등 3가지의 애착유형을 발견하였다. 그리고 이후 연구에서는 혼란애착유형이 추가되었다(〈표 2-2〉).

〈표 2-2〉 **애착유형 분류**

애착유형	특성
안정애착	• 엄마를 탐색활동을 위한 안전기지로 이용함 • 분리 시 울거나 울지 않음 • 재결합 시 엄마에게 달려가 안기고, 쉽게 달래짐
불안정 회피애착	• 엄마가 있어도 별 반응이 없으며 떠나도 괴로워하지 않음 • 낯선 이에게도 엄마와 비슷하게 행동함 • 재결합 시 엄마를 피하거나 마지못해 반김 • 안으면 매달리지 않음
불안정 양가애착	• 분리 전에도 엄마에게 가까이 있으려 해서 탐색하지 못함 • 재결합 시 엄마에게 화를 내고 저항하거나 때리고 밀치는 행동을 함 • 안아주어도 계속 울고 쉽게 달래지지 않음
혼란애착	• 가장 불안정한 애착으로 재결합 시 비조직적이고 모순된 행동을 보임

② 부모-자녀관계 및 부모역할에 대한 시사점

볼비의 애착이론은 부모-자녀관계의 본질, 관계 형성 과정, 그리고 관계의 효과 등 다양한 측면에서 부모-자녀관계 및 인간발달에 시사하는 바가 매우 크다.

첫째, 볼비는 주양육자와 영아 간의 애착을 통한 관계 형성이 본능적임을 언급하며 이와 함께 관계의 상호성을 강조한다. 이는 부모-자녀의 관계 형성이 부모 또는 자녀의 일방적인 의도나 필요에 의해 이루어지는 것이 아님을 의미한다.

둘째, 부모-자녀관계의 핵심은 정서적 유대감으로, 이러한 정서적 특성은 내적작동모델을 통해 자신과 타인에 대한 전반적인 인식과 기대의 근간을 이룬다. 안정된 애착을 형성한 아동은 높은 자아존중감을 보이며 타인과의 관계에서도 자신감과 긍정적 기대를 바탕으로 원만한 관계를 유지하는 것으로 보고된다(Martorell et al., 2021). 또한 생애 초 형성되는 애착이 이후 관계에 지속적인 영향력을 미치는 장기적 효과를 보인다는 점에서 생애 초 부모와의 관계는 인간의 전 생애에 걸친 사회정서적 적응에 매우 중요한 요인으로 이해된다.

셋째, 부모와 영아 간 관계에 대한 관찰 결과에 의하면, 안정애착 영아의 어머니들은 상대적으로 자녀에게 더 민감하게 반응한다. 민감성이란 영아의 신호를 인식하는 것으로, 영아의 신호에 대한 정확한 해석, 적절한 반응, 그리고 즉각적인 반응을 포괄한다. 민감성은 자녀가 안정된 애착을 형성할 수 있도록 돕는 부모의 양육기술로 이해된다.

3) 행동주의 및 사회학습적 관점

(1) 왓슨의 행동주의 이론

① 왓슨 이론의 특징

행동주의는 발달을 설명함에 있어 선천적인 요인이나 유전 요인 등의 생물학적 요인은 물론 무의식이나 정신적 작용과정 등에 대한 부분을 배제한 환경적 요인의 역할을 강조한다. 행동주의는 관찰 가능한 행동을 연구대상으로 하며, 행동에 영향을 미치는 환경의 예측가능한 역할을 탐구하는 기계론적 관점의 이론이다.

행동주의의 대표적 학자인 왓슨(Watson, 1913, 1927)은 파블로프(Pavlov)의 고전적 조건화 개념에 기초한 자극-반응이론을 아동에게 적용하여 아동의 행동이 형성되는 과정을 설명하였다. 행동에 대한 과학적 연구를 강조한 왓슨은 '꼬마 알

버트(little Albert)' 실험을 통해 두려움의 감정이 어떻게 조건화될 수 있는지를 증명하였다. 어린 영아를 대상으로 부정적 감정을 생성했던 실험은 환경의 영향력을 극단적으로 보여주는 실험이지만 연구윤리의 문제로 크게 비판받았다. 왓슨은 자극과 반응 원리를 바탕으로 아동양육 과정에 적용할 수 있는 다양한 학습원리를 소개하여 당시 부모들의 양육에 실제적 영향을 미쳤다(Bigelow & Morris, 2001). 그리고 행동치료의 기본 개념으로 현재까지도 상담 및 치료현장에서 활용되고 있다.

② 부모-자녀관계 및 부모역할에 대한 시사점

왓슨의 이론은 긍정적인 아동발달에 대한 환경의 영향을 강조한다. 따라서 아동을 둘러싼 1차적 환경으로서의 부모는 아동발달에 매우 중요한 존재로 이해된다. 왓슨은 아동의 긍정적 행동발달을 위한 부모의 역할에 대해 구체적인 실천사항 및 양육전략을 제공하였다. 특히 아동의 부정적인 감정 반응, 잘못된 행동, 사랑과 애정, 일상생활 등 다양한 양육 주제에 대해 조언함으로써 바람직한 부모-자녀관계나 부모역할의 방향성만을 제시하였던 학문중심의 다른 이론들과 차별성을 가진다.

구체적으로, 아동의 부정적인 감정 반응을 최소화하기 위해 부모는 긍정적이고 위협적이지 않은 가정환경을 유지해야 하며, 자녀의 잘못된 행동은 벌보다는 예방이 효과적임을 지적하였다. 그리고 자녀에게 지나친 애정을 표현하는 것은 과잉보호로 이어질 수 있고 자녀로 하여금 부모에게 정서적으로 의존하게 함으로써 독립성을 발달시키는 데에 방해가 될 수 있다고 주의시켰다. 왓슨은 특히 바람직한 습관 형성을 위해서는 취침시간, 식사시간, 놀이시간 등의 일상생활과 활동에 공식적인 루틴을 적용할 필요가 있음을 조언하였다(Bigelow & Morris, 2001).

(2) 스키너의 조작적 조건형성 이론

① 스키너 이론의 특징

스키너(Skinner)는 심리학의 목표가 행동을 예측하고 통제하는 것이어야 한다는 방법론적 행동주의를 강조하였으며, 동시에 관찰 가능한 행동만을 연구하는 것에서 확장하여 인간의 생각, 감정과 같은 내부적 사건이 행동과정에 영향을 미친다는 점을 강조한 급진적 행동주의의 대표 학자이다(Moore, 2013).

스키너(1976)는 동물실험을 통해 조작적 조건화의 개념을 소개하였다. 조작적 조건화란 파블로프의 고전적 조건화와 구별되는 개념으로, 행동의 결과로써 이루어지는 학습을 말한다. 즉 고전적 조건화에서는 외부의 자극이 유기체의 반응을 유도한다고 설명하는 반면, 조작적 조건화는 유기체의 (우연한) 반응이 (이후의) 자극을 유도한다는 점을 강조한다. 스키너는 행동형성 과정에서 강화(reinforcement)와 벌(punishment)의 개념을 소개하였다(〈표 2-3〉 참조). 즉 유기체는 강화를 받는 반응을 반복하며 벌받는 반응은 억제하는 경향이 있음을 주장하였으며, 스키너 박스(Skinner box)를 활용한 다양한 동물실험을 통해 이를 증명하였다. 조작적 조건화는 행동치료 과정에서 부적절한 행동을 제거하고 긍정적 행동을 증가시키는 방법론적 전략으로 활용되는 행동수정기법의 핵심 개념이다.

〈표 2-3〉 강화와 벌의 유형

구분		설명
강화	정적 강화	유쾌자극(예: 칭찬)을 제시하여 바람직한 행동을 증가
	부적 강화	혐오자극(예: 두려움)을 제거하여 바람직한 행동을 증가
벌	정적 벌	유쾌자극(예: TV시청)을 제거하여 바람직하지 않은 행동을 감소
	부적 벌	혐오자극(예: 잔소리)을 제시하여 바람직하지 않은 행동을 감소

② 부모-자녀관계 및 부모역할에 대한 시사점

조작적 조건화 원리를 기초로 하는 강화와 벌이 양육 현장에서 자주 사용되는 효과적인 양육전략이라는 점에서 스키너의 이론은 부모들의 일상적인 훈육과정에 실질적인 영향을 미친 것으로 이해된다. 강화를 활용한 대표적인 양육 및 교육기술로 토큰법(Token economy)을 들 수 있다. 토큰법은 목표 행동이 토큰(2차 강화물)으로 강화되고 후에 보상(1차 강화물)으로 교환되는 시스템으로, 칭찬 스티커를 활용한 긍정적 행동 강화를 예로 들 수 있다.

한편, 강화와 벌의 효과성에 대한 연구들은 벌보다는 강화가 더 효과적임을 보고한다(Heath, 2013). 벌의 경우 다양한 부정적인 결과를 야기할 수 있기 때문에 사용에 주의가 필요하다. 또한 자녀의 바람직한 행동을 늘리고 바람직하지 않은 행동을 줄이기 위해 부모는 개별 아동의 성향과 선호 등에 따라 상황에 맞는 적절한 강화 및 벌의 방법을 사용할 필요가 있다. 강화의 효과를 촉진하는 2가지 요건으로 첫째, 강화되는 결과가 아동에게 정확히 인식될 수 있어야 하며 아동의 관심을 끌 수 있어야 한다. 둘째, 구체적이고 세밀한 행동을 강화하기 위해서는 강화행동이 일관되게 이루어져야 한다.

(3) 반두라의 사회학습이론

① 반두라 이론의 특징

행동주의와 달리 사회학습이론에서는 발달의 원동력이 인간에게 있으며 인간은 환경을 통제할 수 있다고 설명한다. 따라서 사회학습이론에서는 인간의 행동이 외부로부터의 자극에 의해 형성된다는 것과 함께 관찰과 모방을 통해서도 학습된다는 점을 주장한다. 이러한 모델링(modeling)과 관찰학습(observational learning)은 인간을 대상으로 하는 다양한 실험을 통해 증명되었다. 반두라(Bandura, 1989)는 모델링이 이루어지기 위해 자극과 반응 사이의 인지적 과정으로 주의집중(attention), 저장(retention), 운동재생(motor reproduction), 동기화(motivation)의 4단계를 제시하였다([그림 2-3]). 즉 관찰학습이 성공적으로 이루어지기 위해서는 먼저 모델의 행동에 주의집중해야 하고, 그것을 기억하여야 한다. 그리고 기억했던 내용을 행동으로 표현할 수 있어야 한다. 모방의 마지막 단계로 행동 수행을 위한 동기가 있어야 실제 행동으로 나타난다고 설명하였다. 그리고 이때, 만약 모델이 해당 행동을 함으로써 강화받는 것을 아동이 본다면 행동의 수행 동기는 매우 높아질 수 있다.

반두라(1989)는 고전적 사회학습이론을 수정하여 사회인지이론을 발전시켰다. 사회인지이론에서 인지적 과정은 발달의 중심으로 인식된다. 즉 인지적 과정은 인간이 모델을 관찰하고, 행동방식을 학습하고, 그러한 방식으로 새로운 행동패턴을 형성하는 모든 과정에서 중요하게 작용한다. 기존의 사회학습이론이 관찰과 모방이라는 행동주체의 기여활동에 집중하였다면, 사회인지이론은 그러한 관찰과 모방이 일어나는 과정에 집중한다. 반두라의 사회인지이론은 행동과 환경, 그리고 개인의 인지적 요소들 간의 상호적인 영향력을 강조한다는 점에서 행동주의와 인지학습이론의 통합적 관점으로 이해될 수 있다.

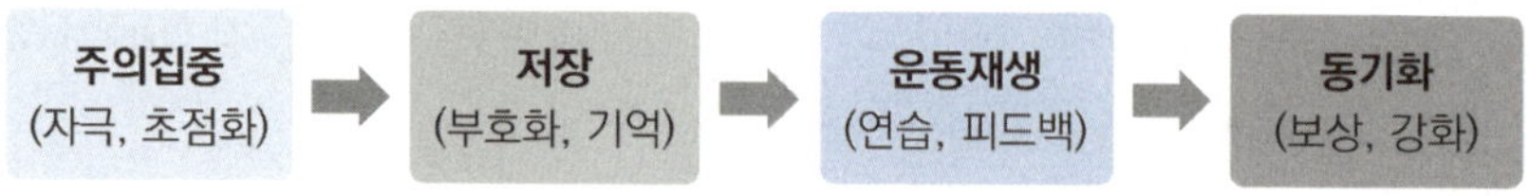

[그림 2-3] 모델링의 과정

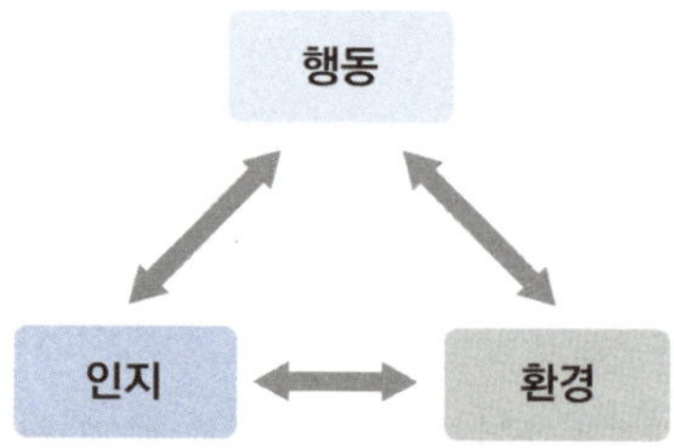

[그림 2-4] 사회인지이론에서의 인간행동 결정요소

② 부모-자녀관계 및 부모역할에 대한 시사점

사회학습이론과 사회인지이론은 부모의 역할 및 양육과정에 활용할 수 있는 구체적 기술과 전략에 대한 지식과 정보를 제공한다. 학습과정에서 아동은 능동적 역할을 한다. 따라서 부모는 자녀를 직접 가르치고 자녀와 상호작용하는 역할뿐 아니라 자녀의 능동적인 관찰학습을 위한 모델로서 역할한다. 아동은 특히 부모의 행동을 모방하는 경우가 많은데, 모델과 관찰자 사이의 유사성, 모델의 지위와 능력, 모델에 대한 친밀감과 신뢰감 등이 모델 선택의 중요한 기준으로 보고된다. 이러한 기준하에서 아동은 더 친밀한 부모, 권위(결정권)와 능력이 더 있는 부모, 그리고 동성부모를 모델로 삼아 그들의 행동을 모방하는 경향이 높다. 따라서 부모는 자녀의 바람직한 행동 형성을 위해 행동과 태도, 사고방식에서 모범이 되어야 한다.

모방을 통한 학습효과를 높이기 위해서는 첫째, 자녀가 부모의 행동에 주목하고 인지하도록 해야 한다. 둘째, 언어를 사용하여 주의집중시키거나 행동을 설명하는 등 직접적인 가이드를 제공할 수 있다. 셋째, 해당 행동을 자녀가 직접 해보도록 격려한다. 넷째, 새로운 행동을 모방하게 하려면 기존에 배운 행동으로부터 심화시키는 방식이 효과적이다. 마지막으로 모방 행동이나 상황에 대한 지속적인 노출은 모델링의 효과를 높일 수 있다.

반두라 외(2003)에 의하면 자기효능감이 높은 사람은 스트레스 상황에서도 이를 낮게 인지하며 또한 적극적으로 대처하기 때문에 전반적으로 높은 심리적 웰빙과 만족감을 보고한다. 따라서 부모는 자녀가 높은 자기효능감을 발달시킬 수 있도록 양육하는 것이 바람직하다. 구체적으로, 칭찬과 격려를 통해 자신감을 향상시켜 주고, 직접 성취감을 경험할 수 있도록 과업의 난이도를 조절하여 제공할 필요가 있다. 또한 타인의 성공경험을 간접적으로 체험할 수 있는 기회를 마련해 주는 것이 좋다.

4) 인지적 관점

(1) 피아제의 인지발달이론

① 피아제 이론의 특징

피아제(Piaget)의 인지발달이론은 발생학적 인식론으로, 1960년대에 시작된 구성주의의 중심이론이다. 피아제(1969)는 인지발달이 환경에 적응하는 타고난 능력에서 시작된다고 설명하였으며, 아동을 환경과의 상호작용을 통해 스스로 지식을 구성해 가는 능동적 존재로 보았다. 피아제에 의하면, 인지적 성장은 조직, 적응, 평형의 상호관련된 3가지 과정에 의해 발생하며, 인간은 질적으로 다른 4개의 인지발달 단계를 거쳐 성장한다([그림 2-5]).

[그림 2-5] 피아제의 인지발달 단계

출생부터 생후 2년까지에 해당하는 감각운동기에 영아는 감각과 운동능력을 통해 세상을 이해한다. 2세~7세의 전조작기에 유아는 직관적이고 자기중심적인 사고를 하기 때문에 논리적 인과성을 이해하는 데 제한적이다. 그러나 감각운동기에 비해 인지적 성장을 보이는데, 대표적인 능력으로 언어, 수 등의 상징을 이해하고 사용할 수 있게 된다. 구체적 조작기는 7세~11세로, 이 시기 아동은 구체적인 대상에 대해 논리적으로 사고할 수 있게 된다. 이는 사물의 속성과 본질, 관계성, 등급화, 불변성, 단순화, 보존성 등에 관한 인지적 개념을 획득하게 됨으로써 가능해진다. 마지막 단계인 형식적 조작기에는 구체적인 대상뿐 아니라 추상적인 대상에 대해서도 논리적으로 사고할 수 있는 능력이 발달한다. 이로 인해 추론이나 예측, 가설검증 등의 고차원적 사고능력을 사용하게 된다.

피아제의 이론은 발달에 있어서 유전과 환경의 상호작용, 능동적 학습자로서의 아동의 역할, 성인과는 다른 아동의 사고구조, 단계에 따른 인지적 능력 차이 등을 소개함으로써 아동의 인지능력에 대한 구체적이고 경험적인 이해를 가능하게 하였다(Shaffer & Kipp, 2019).

② 부모-자녀관계 및 부모역할에 대한 시사점

피아제의 이론은 자녀양육에서 부모의 역할을 직접적으로 언급하거나 구체적인 양육기술과 전략을 소개하지는 않는다. 그럼에도 불구하고 피아제의 이론은 발달에서의 아동의 역할과 환경의 역할에 대한 제고를 가능하게 하였고, 특히 아동에 대한 이해의 폭을 넓혔다는 점에서 자녀양육에 시사하는 바가 크다.

첫째, 피아제는 인지발달 단계를 소개하며 아동이 성인과는 질적으로 다른 사고를 한다는 점을 강조하였다. 이는 부모들이 자녀의 미성숙하고 비논리적인 행동이나 생각에 대해 어떻게 반응하고 이해해야 하는지를 말해준다.

둘째, 발달연령에 따라 4개의 단계로 인지발달 단계를 설명한 바, 이는 아동의 사고과정이 단계별로 다름을 이해하고 그에 적합한 양육과 교육적 환경을 제공할 필요가 있음을 시사한다.

셋째, 피아제의 의하면 아동은 스스로 환경을 탐색하고 환경과 상호작용하는 것을 통해 학습한다. 즉 아동은 환경에 적응하려는 본질적으로 내재화된 욕구를 가지고 있으며, 동화와 조절이라는 구체적 과정을 통해 끊임없이 환경을 이해함으로써 지식을 구성해 간다. 따라서 부모들은 자녀가 스스로 환경을 탐색할 수 있도록 안전한 범위 내에서 자율성을 부여하고 다양한 환경과 경험을 제공함으로써 자녀의 발달을 지원해야 한다.

(2) 비고츠키의 사회문화적 이론

① 비고츠키 이론의 특징

비고츠키(Vygotsky) 이론은 사회문화적 요인이 아동발달에 미치는 영향을 설명하며 발달 과정에서 사회, 문화, 역사적 복합성을 강조한다(Martorell et al., 2021). 비고츠키는 사회문화적 이론을 적용하여 아동의 인지발달을 설명하였으며, 그 과정에서 특히 아동의 능동적 역할을 강조하였다. 한 사회의 문화와 가치, 신념, 전통 등의 지식은 위 세대에서 아래 세대로 전달되는데, 이는 아동이 성인과 언어적 상호작용을 통해 해당 지식을 내면화하는 과정이기도 하다. 아동의 인지적 성장은 이러한 아동과 환경 간의 협력적 과정에 의해 이루어진다고 주장하였다.

비고츠키의 이론은 아동의 인지발달에서 부모나 다른 성인의 역할을 강조한다. 부모의 핵심적 역할은 근접발달영역(Zone of Proximal Development: ZPD)의 개념으로 설명할 수 있다. 근접발달영역이란 아동이 혼자서 이룰 수 있는 발달의 한계와 도움에 의해 이룰 수 있는 한계 사이의 간격을 의미한다([그림 2-6]). 따라서 아동은 혼자가 아닌 부모나 교사 등 타인의 도움을 통해 더 높은 단계의 발달에 이를 수 있다. 즉 부모나 교사의 역할은 아동이 어떤 발달적 임무를 완수하도록 도와주는 일시적 지원인 비계(scaffolding)가 되어주는 것이다.

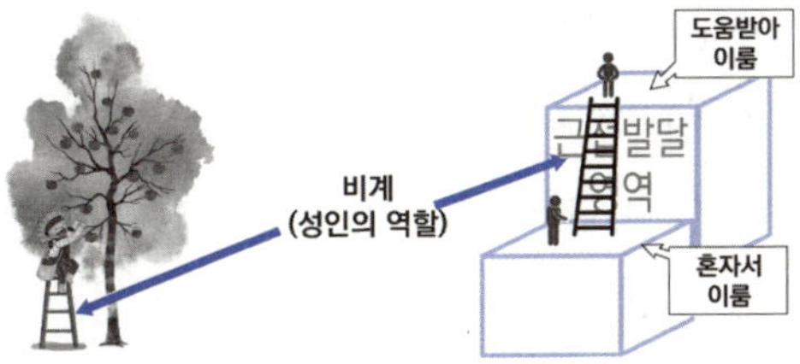

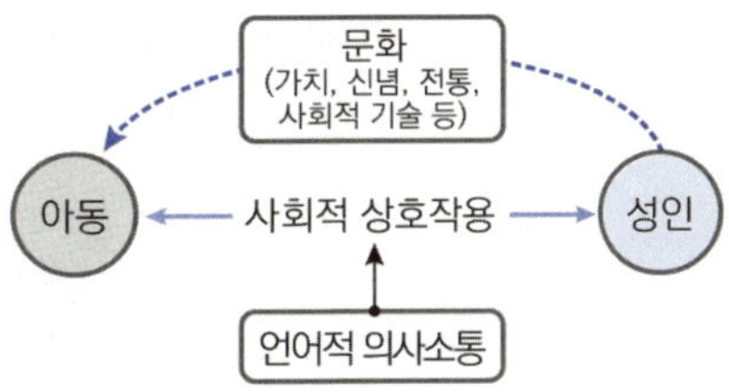

[그림 2-6] 사회문화적 이론에서의 성인의 역할

② 부모-자녀관계 및 부모역할에 대한 시사점

비고츠키 이론에서 지식은 타고나는 것이 아니라 사회적 상호작용을 통해 사회와 문화로부터 전수되는 내용을 내재화하면서 획득된다. 따라서 활발한 사회적 상호작용을 위해서는 두 주체인 아동과 부모의 역할이 모두 중요하다.

특히 부모는 아동이 스스로는 이룰 수 없는 발달의 한계를 넘을 수 있도록 도와주는 존재이며, 따라서 부모역할의 정도와 내용은 자녀의 발달수준을 결정하고 방향성을 제시할 수 있는 중요 요소로 이해된다. 비고츠키는 비계의 역할을 하는 주체로 부모뿐 아니라 교사, 지적으로 우수한 또래를 꼽았다. 그러나 부모는 생애 초기부터 아동과 가장 밀접한 관계를 맺으며 또한 일상에서 가장 자주 접하는 인적 환경이기 때문에 특히 어린 아동에게 있어 부모는 비계 역할을 위한 가장 효과적인 존재라 하겠다.

5) 체계론적 관점

(1) 보웬의 가족체계이론

① 보웬 이론의 특징

보웬(Bowen)의 가족체계이론은 인간을 이해하는 데 있어서 인간관계의 최소 단위인 가족을 하나의 정서적 단위로 접근한다(Brown & Errington, 2024). 즉 가족이 하나의 체계로서 어떻게 기능하는지, 그리고 가족구성원들은 서로 어떻게 상호작용하며 가족의 통합성을 유지하는지를 설명한다.

가족체계이론은 한 가족구성원의 변화가 다른 가족구성원에 영향을 미친다는 기본 전제를 바탕에 둔다. 따라서 개인행동의 역동성을 정확히 평가하기 위해서는 가족구성원들의 관계를 분석하여 정서적 융합과 분화 정도를 파악해야 한다고 본다. 보웬은 가족구성원의 상호작용에 부정적 영향을 미치는 요인으로 불안을 꼽았다. 개인의 불안은 특히 정서적 반응에 영향을 미쳐 체계의 경계를 경직시키거나 불투명하게 만들 수 있다. 따라서 건강한 가족체계를 형성하기 위해서는 개인과 가족 내의 근본적인 불안을 파악하고 이를 해소해야 한다. 가족 구성원들은 정서적으로 매우 밀접하게 서로 얽혀있기 때문에 가족 내 관계는 1:1 양자관계를 넘어 삼각관계를 형성하는데, 삼각관계는 긴장과 갈등을 증폭시키고 장기화시킬 수 있다. 이를 해결하기 위해서는 건강한 의사소통과 직접적인 문제해결이 요구된다.

체계론적 관점의 구조적 가족치료에서는 경계, 하위체계 등의 개념을 들어 가족 내 역동성을 설명한다(Minuchin, 1985). 경계란 체계의 내부와 외부, 또는 체계와 다른 체계를 구분하는 선을 의미하는 것으로, 건강한 가족은 경계가 명확하면서도 융통적이다. 따라서 가족 구성원들 간에 혹은 외부와 의사소통이 없이 경직되거나 반대로 너무 밀착되어 독립성과 자율성이 없는 경우에는 가족문제가 발생할 확률이 높다. 가족의 주요 하위체계로 부부 하위체계, 부모 하위체계, 부모-자녀 하위체계, 형제자매 하위체계 등 4가지 체계를 들 수 있다. 이 중 부모 하위체계와 부모-자녀 하위체계는 자녀의 발달과 양육에 직접적인 관련이 있는 하위체계로 이해된다.

② 부모-자녀관계 및 부모역할에 대한 시사점

보웬의 이론은 부모와 자녀 관계 또는 자녀를 중심에 둔 부와 모의 관계에 대한 지식과 정보를 통해 부모역할에 시사점을 제공한다.

첫째, 가족의 중요 하위체계 중 부모-자녀 하위체계는 세대가 서로 다른 가족원들로 구성되기 때문에 다른 하위체계와 비교할 때 역기능적 문제를 일으킬 가능성이 높다. 따라서 부모는 권위를 가지고 적절한 통제와 허용을 통해 부모-자녀 하위체계가 잘 기능할 수 있도록 하여야 한다.

둘째, 보웬의 이론은 한 가족의 행동패턴이나 관계역학 등이 세대를 통해 전달되는 과정을 강조한다. 이는 가족의 유지, 변화 등 가족역학과 관련된 설명이지만, 자녀양육의 목적과 내용을 시사하기도 한다. 즉 부모는 자녀양육 과정을 통해 이전 세대로부터 전달받은 가족의 행동패턴이나 정서적 반응성, 관계역학을 자녀세대로 전달하며 가족을 유지하고 아동은 그 안에서 발달하게 된다.

셋째, 가족의 하위체계 중 부모하위체계는 자녀의 바람직한 성장과 발달을 지원하는 기능적 체계를 의미한다. 다른 하위체계가 가족구성원 개인과 개인의 직접적 연계를 통해 해당 관계역학에 초점을 두는 것과 달리, 부모하위체계는 제3

자인 자녀를 위해 맺게 되는 관계라는 점에서 차이를 보인다. 이는 자녀양육이 가족의 주요 기능임을 보여주며, 더불어 자녀의 성장과 발달을 위해 부모가 협력해야 함을 의미한다. 부모하위체계의 개념은 특히 공동양육(co-parenting) 상황에서 부모 중 한 사람이 다른 한 사람을 배제시키는 방식으로 자녀와 관계를 맺게 되면 역기능적 가족문제가 발생할 수 있음을 지적한다.

(2) 브론펜브레너의 생태학적 체계이론

① 브론펜브레너 이론의 특징

브론펜브레너(Bronfenbrenner, 1977)는 생태학적 체계이론을 통해 발달하는 아동에게 상호작용적 영향을 미치는 환경적 체계들을 소개하였다. 그에 의하면, 모든 생물학적 유기체는 그들의 성장을 지원하거나 방해하는 생태학적 체계의 맥락 안에서 발달한다. 즉 발달은 발달하는 아동과 일상환경 간의 정규적이고 능동적이며 쌍방향적 상호작용의 복잡한 과정을 통해 발생한다. 따라서 다양한 환경체계는 물론 아동과 환경체계 간의 상호작용을 이해하는 것을 통해 발달을 이해할 수 있다고 보았다.

브론펜브레너는 아동이 상호작용하는 주요한 5개의 맥락적 체계를 설명하였다([그림 2-7]). 아동은 모든 환경의 중심에서 스스로 발달하는 존재로 이해되며, 아동을 둘러싼 가장 밀접한 환경으로 미시체계(Microsystem)를 들었다. 미시체계는 아동과 직접적으로 상호작용하는 환경으로, 부모, 가정, 학교, 또래집단 등을 의미한다. 중간체계(Mesosystem)는 미시체계들 간의 상호작용을 의미하며, 대표적인 예로 부모와 교사 간의 상호작용을 들 수 있다. 다음으로, 외체계(Exosystem)는 아동과 직접 상호작용하지는 않지만, 그들의 발달에 영향을 주는 환경체계로, 부모의 직장, 근무조건 등이 이에 속한다. 거시체계(Macrosystem)는 아동이 살고 있는 사회 전체의 문화적 패턴으로 그 사회문화의 지배적인 가치, 신념, 관습, 경제체제 등을 모두 포괄한다. 마지막 체계인 시간체계(Chronosystem)는 아동을 둘러싼 환경의 변화와 안정 정도를 의미한다. 가족구성원의 변화, 거주지 변화, 전쟁 등은 시간적 차원으로 이해된다.

브론펜브레너는 이러한 환경체계들이 서로 상호연결되어 있으며 아동의 발달에 직·간접적으로 영향을 미친다고 설명하였다. 그의 이론은 기존의 아동발달에 관한 이론들이 아동 개인에 초점을 두었던 것에서 확장하여, 아동을 둘러싼 사회적 요소 및 환경에 대한 풍부한 기술을 제공한다.

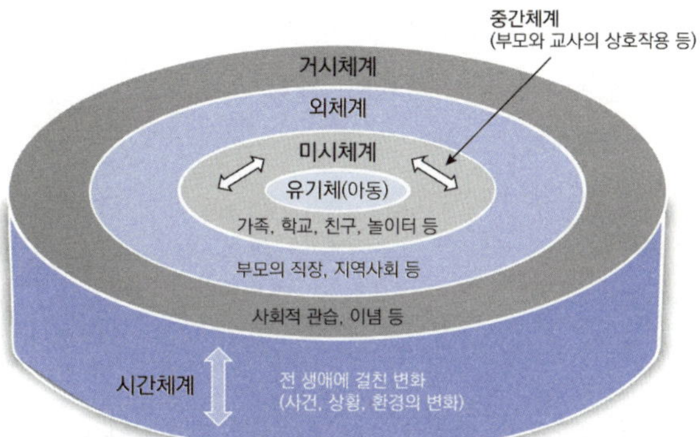

[그림 2-7] 브론펜브레너의 생태학적 체계

② 부모-자녀관계 및 부모역할에 대한 시사점

브론펜브레너의 이론은 발달하는 유기체인 아동이 상호작용하는 다양한 환경체계를 소개한다. 5가지 생태학적 체계 중 부모는 미시체계의 대표적 예라 할 수 있다. 비록 브론펜브레너가 그의 이론에서 부모의 역할에 대해 구체적으로 언급하거나 다른 환경과 차별화하여 설명하지는 않았지만, 일반적으로 부모는 아동이 일생을 통해 경험하는 환경 중 가장 이른 시기부터 가장 오랫동안 경험하는 가장 가깝고 친밀한 1차적 환경으로 이해된다. 이는 부모의 영향력이 그만큼 이른 시기부터 오랫동안 밀접하게 작용할 가능성을 의미하기도 한다.

특히 어린 아동의 발달에 있어 부모의 역할과 영향은 미시체계로서 뿐 아니라 중간체계의 주요한 한 축으로서도 중요하다. 또한 아동과 직접적으로 상호작용하지 않지만 영향을 미치는 외체계 역시, 많은 경우에 그 영향력이 부모를 통해 아동에게 전달된다고 볼 수 있다. 따라서 생태학적 체계이론은 아동발달에 있어 가장 밀접한 환경으로서의 부모가 다양한 체계를 통해서 다양하게 역할하는 존재임을 보여준다고 하겠다.

2. 양육의 영향요인

양육의 질을 결정하는 3가지 요소로 부모의 개인 심리적 특성, 자녀의 특성, 그리고 지원 및 스트레스와 관련된 환경적 특성을 꼽을 수 있다(Belsky, 1984). 이처럼 긍정적인 양육을 통한 바람직한 부모역할을 위해서는 부모 자신뿐 아니라 자녀와 주변환경 등 다양한 요인들이 영향을 미친다. 이 절에서는 부모역할에 영향을 미치는 요인들에 대해 살펴보고자 한다.

1) 부모 관련 요인

(1) 성

부모는 성에 따라 양육에서 차이를 보이는데, 특히 과거 전통적인 사회에서는 일반적으로 자녀양육을 어머니의 역할로 인식하였고 아버지는 부모로서의 권위를 행사하는 역할을 하였다. 선행연구들에서 나타난 부모의 양육차이는 다음과 같다.

어머니들은 자녀에게 돌봄과 보살핌, 위로, 정서적 안정을 제공한다. 구체적으로, 어머니는 자녀와 언어적, 감정적으로 의사소통하는 경향이 있어 더욱 친밀한 정서적 유대감을 형성한다. 그리고 적극적인 경청이나 공감을 통한 지원을 제공하는 것으로 보고된다(Liu, 2023). 반면, 아버지는 신체활동과 재미를 통한 상호작용을 주로 한다. 거친 놀이 또는 게임을 함께 하거나 탐색활동 등을 통해 문제해결기술을 가르쳐주고 독립심을 장려하는 양육을 제공한다(Cabrera, 2019). 양육태도에 있어서도 어머니는 자녀의 정서발달, 친밀감 등의 발달에 초점을 두는 반면, 아버지는 자녀의 자기조절능력, 성취, 책임감 등을 주요한 발달특성으로 본다(Holden, 2020).

부모의 성에 따른 양육에서의 차이는 사회적인 기대와 가치관, 문화적 규범에서 기인한다. 아버지와 어머니의 역할과 기능을 분리하는 사회와 문화의 성역할 고정관념은 실제 양육과정에서 성차로 나타나게 된다. 반면, 맞벌이 가정, 한부모 가정 또는 이혼가정이 증가하는 등 현대사회의 변화는 성에 따른 차별화된 부모의 역할을 약화시키고 있다.

(2) 심리적 특성

부모의 정신건강상태, 성격, 자기효능감 등의 심리적 특성은 건강한 관계 형성의 핵심 요소라는 점에서 자녀와의 관계 형성이나 실제적 양육행동에 주요한 영향요인으로 언급된다. 부모의 양육행동에 영향을 미치는 몇가지 대표적인 심리적 특성을 살펴보면 다음과 같다.

① 양육효능감

양육효능감은 반두라의 자기효능감 개념에서 확장된 것으로, 부모가 자녀의 행동을 조절하고 자녀에게 긍정적 영향을 미치는 등 양육에서 중요한 역할을 수행하여 성공적으로 양육할 수 있다고 믿는 부모의 신념을 의미한다(Dumk et al., 1996). 양육효능감에 관한 연구들은 부모의 양육효능감이 높을수록 양육에 더 적극적으로 참여하고 양육정보를 적극적으로 탐색하며 자녀에게 일관되게 반응하고 자녀의 독립성과 자율성을 더 격려하는 등 아동발달에 긍정적 영향을 주는 것으로 일관되게 보고한다(김상희 외, 2018; Johnston & Mash, 1989).

이처럼 부모의 양육효능감은 실제 자녀와의 상호작용 및 양육과정에서 자녀를 대하는 태도나 행동으로 나타난다. 이와 더불어 부모의 바람직하지 않은 양육태도나 미숙한 양육행동을 변화시키고자 할 때에도 중요한 원동력이 된다(Holden, 2020). 즉 양육효능감이 높은 부모는 양육에 대한 기대와 자신감에 의해 양육에서의 변화를 긍정적인 시도나 도전으로 받아들이는 반면, 양육효능감이 낮은 부모들은 잘못된 양육방식을 인정하고 수정하는 것을 거부하는 경향이 있다.

② 정신건강

정신건강 및 내면화 문제를 포함한 부모의 심리적 웰빙과 성숙은 긍정적 양육의 기초가 된다(Belsky & Barends, 2002). 부모의 정신건강과 양육 간의 관계에 대한 연구들에 의하면, 부모의 우울감은 양육과정에서 부모의 낮은 온정성 및 높은 적대감에 대해 종단적 효과를 갖는다(Forehand et al., 2012). 또한 부모의 불안은 낮은 양육참여나 지원과 관련이 있다(Root et al., 2016).

특히 어머니의 우울증 증상과 양육에 대한 연구가 다수 이루어졌는데, 이들 연구에 의하면 어머니의 우울증은 감수성, 반응성, 참여도의 감소 및 가혹성과 경직성의 증가 등 부정적인 양육행동을 통해 자녀의 웰빙에 장기적 영향을 미친다(Albright & Tamis-LeMonda, 2002; Guyon-Harris et al., 2022). 그러나 우울증은 증상의 심각도나 증상 수, 증상판단 기준 등에 따라 다양하고 복합적이라는 점에서 보다 정신건강 및 내면화 문제와 양육 간의 관계는 개인중심의 구체적이고 통합적인 접근과 이해가 필요하다.

양육과정에서 나타나는 일상적 양육스트레스 역시 부모의 양육행동은 물론 자녀의 발달에 많은 영향을 미친다. 낮은 수준의 양육스트레스는 바람직한 양육을 위한 변화의 동기나 자극이 된다는 점에서 긍정적이지만, 과도한 수준의 스트레스는 부모의 정신건강에 부정적 영향을 미치기 때문에 적절히 관리되어야 한다. 스트레스는 부모의 우울증, 예민함을 증가시키고 자아존중감을 감소시키며 부부관계를 악화시키고 자녀와 불안정한 애착을 형성하게 하는 등 개인의 내적인 면뿐 아니라 관계적인 면에까지 영향을 미친다(Crnic & Low, 2002; Streit & Davis, 2022). 이는 스트레스 관리를 통해 긍정적인 양육행동 및 부모-자녀관계 개선이 필요함을 시사한다(Tehrani et al., 2024).

③ 성격 및 기질

부모의 성격적 특성은 자녀양육에 영향을 준다. 특히 부모의 낙천성, 인내심, 자율성, 공감능력 등의 성격 특성은 부모의 더 많은 양육 참여 및 자녀에 대한 긍정적이고 반응적 태도와 연관되는 것으로 보고된다(Holden, 2020). 성격특성 중 자율성은 양육과정에서 부모의 자동적 정서반응을 억제시키고 자녀의 반응을 효과적으로 통제함으로써 자녀에게 부정적인 감정반응을 덜 하도록 한다. 또한 공감능력은 자녀의 행동과 요구에 주의집중하고 자녀의 정서와 태도를 이해하게 함으로써 자녀의 요구에 적절한 반응을 할 수 있게 해준다.

부모의 기질이 양육태도에 미치는 영향을 분석한 연구(박현진 외, 2010)에 의하면, 부모의 기질 중 사회적 민감성과 인내력 기질이 높을수록 온정적 양육태도를 보이는 것으로 나타난다. 또한 자극추구 기질, 위험회피 기질은 적대/거부적 양육태도에 영향을 미쳤고, 낮은 수준의 인내력 기질은 어머니의 무관심한 양육

태도를 야기하는 것으로 보고된다. 이처럼 부모의 성격과 기질적 성향은 자녀양육과정에서 자녀를 대하는 태도나 자녀의 행동에 대한 인지 및 반응양상 등 다양한 방식으로 영향을 미친다.

(3) 과거 부모와의 경험

과거 자신이 받았던 양육은 모방과 관찰학습을 통해 현재의 자녀양육에서 구체적인 양육전략이나 기술의 반복으로 나타날 수 있다. 극단적으로, 부모의 어린 시절 학대경험이 현재 자녀양육에서 나타날 수 있다는 '학대의 대물림' 현상(류정희 외, 2017)이 그 대표적인 예이다. 과거 학대의 경험과 현재 자녀 학대 간의 관련성을 조사한 연구(Armfield et al., 2021)에 따르면, 어린 시절 학대를 받아 아동보호서비스를 경험했던 부모들의 경우 자녀를 학대하는 비율이 정도에 따라 41.3~74.7%로 나타난 반면, 과거 학대경험이 없었던 부모들의 자녀 학대 비율은 16.8%로 큰 차이를 보였다. 이는 과거 부정적 양육경험으로 인한 심리사회적 발달 문제가 원인일 수도 있으나 이와 더불어 바람직한 부모역할이나 긍정적인 양육전략에 대한 정보 부재로 인한 양육기술에서의 미숙함이 원인일 수도 있다.

한편, 과거 부모와의 관계는 애착의 세대 간 전이를 통해 현재 자녀와의 관계에 반영될 수 있다(Holden, 2020). 애착이론에서 말하는 내적작동모델은 과거 부모와의 관계가 어떻게 현재 자녀와의 관계에 영향을 미치는지를 설명해 준다. 이는 직접적인 양육기술의 전이보다는 부모와의 유대감 및 친밀감 형성을 통한 높은 자존감 및 타인과의 긍정적 관계 지향의 경향이 자녀와의 관계 형성 시에 발현되는 것으로 이해할 수 있다.

(4) 양육지식

양육지식이란 아동발달과 관련된 지식 및 양육을 위해 필요한 정보와 기술에 대한 부모의 인식과 이해를 포괄하는 개념이다(Bornstein et al, 2010). 양육지식은 전반적인 양육의 방향성을 제공할 뿐 아니라 양육의 어려움을 해결할 수 있는 팁을 제공한다는 점에서, 특히 양육지원의 단절로 어려움을 겪는 현대사회 부모들에게 주요한 양육관련 변인으로 이해된다.

양육지식과 양육행동 간의 관계를 연구한 선행연구들에 의하면, 부모가 높은 수준의 아동발달 지식을 가지고 있을수록 긍정적 양육태도를 보인다. 구체적으로, 아동의 행동을 정확하게 이해하고 더욱 현실적인 기대를 가지기 때문에 아동의 행동에 적절하게 반응하며, 정확한 정보를 바탕으로 아동의 내적 동기를 저해하지 않는 범위에서 적절한 양육환경을 조성하고 효과적으로 상호작용한다(Bornstein et al., 2010). 또한 정확한 양육지식은 자녀와의 민감하고 적극적이며 바람직한 상호작용과 관련이 있는 것으로 보고된다(서진영, 이주연, 2013).

이 밖에도 부모의 양육지식은 부모로 하여금 양육에 대한 기대와 자신감을 향상시킴으로써 긍정적 양육을 야기하기도 한다(Hess et al., 2004). 즉 양육지식은 부모의 건강한 양육능력, 의사소통능력, 훈육능력 등의 하위요소를 포함한 전반적 양육효능감에 영향을 미친다(방은주, 2018). 이는 부모의 긍정적 양육을 지원하기 위한 부모교육 프로그램들의 내용에 다양한 양육관련 지식이 포함되는 것과 같은 맥락이라 하겠다.

2) 자녀 관련 요인

(1) 연령

자녀의 연령은 부모의 양육방식에 가장 영향을 많이 미치는 아동 관련 변인이다(Holden, 2020). 이는 아동에게 필요한 부모의 지원이나 교육, 훈육의 내용과 방식이 아동이 발달하고 성장함에 따라 변화해야 하기 때문이다. 부모는 영아기 자녀를 먹이고, 입히고, 재우고, 씻기는 물질적 지원은 물론, 다양한 자극과 경험 제공을 통해 인지적 성장을 돕는 역할을 한다. 반면 청소년기 자녀에게는 정서적 지원과 격려, 적절한 통제와 관심을 통한 사회적 적응을 돕는 역할에 보다 많은 노력을 기울인다. 또한 사회적 규칙을 가르치는 유사한 내용에 있어서도 유아기 자녀와 청소년기 자녀를 훈육하는 방식에는 차이를 보일 것이다. 이러한 점 때문에 자녀의 발달연령에 따라 부모의 역할과 구체적 양육내용 및 방식도 함께 발달·변화하는 것으로 본다.

부모는 자녀의 연령변화에 따른 발달적 특성을 이해하고 각 발달단계에 적절한 양육을 수행해야 한다. 발달연령에 따라 부모에게 요구되는 양육행동 및 부모-자녀관계의 특성에 대해서는 2부에서 구체적으로 다루었다.

(2) 성

아동의 성이 부모의 자녀에 대한 태도와 양육행동에 미치는 영향은 특히 자녀의 연령이 어릴 때 더 두드러진다. 리퍼(Leaper, 2002)에 의하면, 부모들은 남아에게 자율성과 성취감을 더 격려하며 탐색의 기회를 더 많이 주는 반면, 여아들에게는 정서적 표현을 더 많이 하며 타인을 돕는 행동이나 대인관계의 측면을 더 격려하는 등의 차이를 보인다.

아동은 성유형화의 과정을 통해 어린 나이에 성정체성을 발달시키고 성역할을 학습한다(Bem, 1981). 성유형화란 적절한 성역할을 학습하는 사회화 과정을 의미하며, 이 과정에서 부모는 자녀의 주요한 성역할 사회화 주체로 역할한다. 부모는 남자아이와 여아아이가 어떻게 행동해야 하고 또는 해서는 안 되는지에 대해 명시적이고, 때로는 암묵적으로 지시하고 반응한다(Mesman & Groeneveld, 2018). 즉 자녀를 성유형화된 환경에 노출시키고 성유형화된 행동을 강화시킴으로써 아동의 성유형화를 촉진한다(Dittman et al, 2022). 과거에 비해 현대사회에서는 성 고정관념에 의한 차별화된 양육이 감소하였지만, 성에 따른 구분은 여전히 나타나고 있다.

한편, 성에 따른 부모의 양육행동의 차이는 자녀의 성에 대한 부모의 인지 때문만은 아니다. 실제로 유아기 아동의 발달적 특성에서 나타나는 성차를 보면, 남아는 더 공격적인 반면, 여아는 더 감정이입적이고 더 친사회적이며 문제행동을 덜 일으키는 것으로 나타난다(Matorell et al., 2020). 그러나 외현화 및 내면화 문제, 심리적 적응, 친사회적 행동, 학업성취 등 아동발달에서의 성차에 대한 메타연구들은 일관된 성차를 보고하지는 않는다(Dittman et al, 2022). 이는 생물학적 성차와 부모의 양육 등에 의한 환경적 성차가 함께 작용한 결과로 보인다.

(3) 기질

자녀의 기질 역시 부모의 양육행동에 영향을 미치는 아동 관련 주요변인이다. 기질이란 선천적으로 타고나는 환경과 상황에 대한 접근 및 반응양식을 의미한다. 기질은 정서적 기초를 가지지만, 정서에 비해 상대적으로 일관되고 지속적이며 안정적이다(Chess & Thomas, 1978). 아동의 기질에 대한 부모의 이해는 자녀의 반응을 이해하고 예측하는 데에 도움을 주며, 기질의 특성에 따라 적절한 양육을 제공하기 위한 정보가 된다.

기질을 측정하는 요소는 연구자마다 다양하지만, 대표적으로 활동수준, 긍정적 정서, 자극민감성, 공포, 좌절, 진정능력, 집중능력, 행동억제, 적응능력 등을 포함한다. 이러한 요소를 기준으로 버스와 플로민(Buss & Plomin, 1984)은 영아의 기질을 쉬운 기질, 까다로운 기질, 천천히 반응하는 기질의 3가지로 구분하였다. 각 유형별 특성 및 양육적인 요구는 〈표 2-4〉에 제시하였다.

〈표 2-4〉 기질의 유형별 특성

유형	쉬운 기질의 영아 (easy clhild)	까다로운 기질의 영아 (difficult child)	천천히 반응하는 기질의 영아 (slow-to-warm-up child)
생리적 규칙성	음식섭취와 수면의 규칙성을 빨리 발달시킴	신체기능이 불규칙하며 일과의 규칙성이 늦게 발달함	까다로운 아동보다는 규칙적이나 쉬운 아동보다는 불규칙함
자극 및 변화에 대한 반응	긍정적으로 반응하며 변화에 빨리 적응함	새로운 음식, 낯선 사람, 일과 변화에 쉽게 적응하지 못함	반응강도가 약하고 새로운 자극에 잘 반응하지 못하며 다소 부정적으로 반응함
전반적 정서	평온하고 긍정적이며, 좌절을 큰 저항 없이 받아들이고 쉽게 위안됨	더 오래, 더 크게 움	강압적 양육이 아닌 경우는 적절한 적응을 보이며 관심과 즐거움을 나타냄
양육 요구	양육자에게 기쁨과 즐거움을 줌	많은 인내, 체력 및 자원이 필요	양육자의 인내가 필요
비율	40%	10%	15%

유형에 따라, 까다로운 기질의 아동은 민감하고 불규칙적이며 부정적 정서가 강하기 때문에 부모는 양육과정에서 더 많은 어려움을 겪기도 한다. 느리게 반응하는 아동도 부모에게 답답함을 유발하기도 하고 그로 인해 상대적으로 많은 인

내와 낮은 기대감을 야기하기도 한다. 실제로 경험적 연구들에 의하면, 특히 까다로운 기질을 보이는 아동의 부모는 순한 기질 아동의 부모에 비해 부정적이고 처벌적이며 적대적인 양육행동을 더 많이 보인다(Putnam et al., 2002). 또한 까다로운 기질과 쉬운 기질의 부모는 온정성과 반응성에서 차이가 있는 것으로 나타나기도 한다(Bates, 1987).

기질은 선천적이기 때문에 양육과정에서 부모에게 영향을 미치지만, 기질 그 자체보다는 부모와의 조화 측면에서 더 중요한 시사점을 제공한다. 기질과 관련한 핵심 개념으로 기질의 조화적합성(goodness-of-fit)을 들 수 있다. 이는 아동의 기질과 그들이 접하는 환경적 요구나 제재 사이의 조화를 의미한다(Buss & Plomin, 1984). 따라서 환경적 요구나 제재로 이해되는 부모의 양육태도는 타고난 기질을 바탕으로 아동의 긍정적 발달을 이루는 중요한 요인이다.

(4) 출생순위

부모의 양육행동에 대한 출생순위의 영향력은 2가지로 구분하여 이해될 수 있다. 하나는 형제순위에 따른 양육행동의 차이이며, 다른 하나는 형제가 없는 외둥이에 대한 접근이다.

첫째, 형제순위에 따른 양육의 차이는 아들러(Adler, 1929/2009)의 개인심리학 이론으로 설명될 수 있다. 아들러에 의하면, 첫째 아이는 부모로부터 가장 많은 관심을 받고 그러한 경향으로 인해 책임감 있는 성격을 형성한다. 이와 달리 중간 아이는 부모의 애정 부족으로 자신감이 부족할 수 있고, 막내 아이는 지나친 애정과 자율로 버릇이 없거나 자기중심적인 성격을 형성할 수 있다(Burger, 2018). 이는 부모가 자녀의 출생순위에 따라 차별화된 양육을 하며, 이러한 경향이 보편적일 수 있음을 보여준다. 실제로 선행연구들은 특히 첫째 아이에 대한 부모 양육행동의 특이성을 보고한다(Lewis & Kreitzberg, 1979). 이는 첫째 아이가 부모에게는 처음 부모역할을 부여하는 존재이기 때문에 다른 자녀들과는 구별된 양육을 하는 것으로도 이해된다. 아동의 발달특성에 대한 연구는 다른 형제에 비해 첫째 아이의 사회적 능력이 높은 것으로 보고하는데(이현정, 조성연, 2002), 이러한 차이는 부모의 양육태도의 영향으로 보인다.

둘째, 출생순위와 관련된 또 다른 접근으로 자녀 수에 따른 차이에 주목하기도 한다. 대개 외둥이의 발달적 특성은 형제들 중 막내 아이와 유사하게 이해되기도 하지만, 외둥이는 동시에 첫째 아이기도 하다는 점에서 외둥이에 대한 부모의 양육은 또 다른 특성을 보인다. 외둥이는 형제관계에 노출되지 않기 때문에 경쟁 없이 부모의 사랑을 독차지한다. 따라서 외둥이는 성격적으로 자유롭고 자존감이 높으며 독립적이고 때로는 자기중심적인 성향을 갖기도 한다(김정유 외, 2012; 도미향, 윤미현, 2004). 그리고 일부 연구에서는 외둥이가 형제아보다 낮은 사회적 능력을 보인다고 보고하기도 한다(이현정, 조성연, 2002).

3) 환경 관련 요인

(1) 가정 내적 요인

① 가정의 경제적 수준

부모의 양육방식은 가정의 사회경제적 수준에 따라 차이를 보인다. 이러한 차이는 부모의 양육목표나 동기에서의 차이라기보다는 실제적인 양육상황 및 여건의 차이로 이해된다(Bigner & Gerhardt, 2019). 특히 가정의 경제적 수준은 부모가 제공하는 물리적 양육환경과 밀접한 관련이 있다. 빈곤가정의 경우 기본적인 의식주의 제공은 물론, 교육과 의료서비스, 문화적 경험제공에서 중산층 가정과 차이를 보인다. 환경적 제약은 아동에게 건강하고 안전한 생활을 제한하고, 적절하고 풍부한 자극을 제공하지 못함으로써 인지발달에도 부정적인 영향을 미친다.

이와 함께 빈곤은 부모에게 경제적 스트레스를 야기함으로써 부모의 심리적 웰빙에도 부정적으로 작용한다. 가족스트레스모델에서는 가족 내 경제적 스트레스가 부모-자녀관계를 포함한 가족구성원 간의 상호작용에 영향을 미침으로써 구성원의 발달에 부정적 영향을 초래할 수 있음을 설명한다(Conger et al., 2002).

② 부부관계

양육에서 부부관계의 영향력은 가족 내에서 두 명의 가족구성원 양자 간의 상호작용이 다른 구성원들과의 상호작용에 영향을 미치는 가족체계의 역학적 관점을 반영한다.

부부간의 전반적인 만족도를 의미하는 결혼만족도가 부모-자녀관계에 미치는 영향을 연구한 선행연구들은 높은 결혼만족도가 배우자의 긍정적 양육행동과 관련이 있음을 보고한다(Pedro et al., 2012). 즉 긍정적 부부관계는 민감하고 온정적이며 반응적인 양육과 높은 상관을 보인다(Kerig et al., 1993). 반대로 부부갈등이나 낮은 결혼만족도는 부정적인 양육과 관련된다. 〈표 2-5〉는 부부간의 관계가 부모-자녀관계로 연결되는 과정을 설명하는 3가지 가설이다(Almeida et al., 1999; Pedro et al., 2012).

한편, 부부관계는 스트레스와의 관련성을 통해 자녀양육에 영향을 미치는 것으로 이해된다. 즉 배우자의 지원과 지지는 양육스트레스를 감소시키는 주요한 요인이며(Kanter & Proulx, 2019), 부부갈등은 스트레스를 유발하여 부모-자녀관계를 포함한 다른 가족구성원과의 관계에 영향을 미친다(Chester & Blandon, 2016).

〈표 2-5〉 부부관계가 부모-자녀관계에 영향을 미치는 과정에 대한 가설

가설	내용
파급가설 (spillover hypothesis)	부부간 관계에서 갖게 되는 만족감/불만감의 감정이 개인의 심리적, 정서적 면에 영향을 미치고 이는 부모-자녀 상호작용으로 전달되어 긍정적/부정적 부모-자녀관계로 이어진다.
보상가설 (compensatory hypothesis)	부나 모는 만족스럽지 못한 부부간의 관계를 부모-자녀관계에 집중하여 보상받고자 한다.
교차가설 (crossover hypothesis)	부부간의 관계에서 경험하는 개인의 내적 감정과 상태에 초점을 두기보다는 배우자를 자녀로 대상 전이하여 행동한다.

③ 가족크기/가족구조

가족크기와 가족구조는 부모의 양육에 영향을 미치는 구조적 요인이다. 과거 확대가족에서 핵가족으로의 변화는 가정 내 양육지원 자원의 감소로 부모에게 모든 양육의 책임을 부과하였다. 또한 핵가족화 및 맞벌이 가정의 증가는 아버지의 양육참여를 증가시켰으며, 그 결과로 아버지의 양육행동에서의 변화를 엿볼 수 있다.

최근 증가하고 있는 다양한 가족구조는 과거와는 다른 양육의 필요성을 제기한다. 이혼 또는 미혼에 따른 한부모 가정의 경우 부 또는 모가 단독양육을 하기도 하지만, 공동양육의 형태를 보이기도 한다. 한부모 가정의 부모는 부와 모의 역할을 모두 수행해야 한다는 부담을 갖기도 한다. 이혼을 경험한 한부모의 경우 다양한 생활사건으로부터의 스트레스를 크게 인지하며, 스트레스로 인한 심리적 문제가 부정적 양육으로 이어지는 경우가 많다(Tein et al., 2000). 그러나 자발적 미혼모의 경우, 부모-자녀관계, 부모의 정신건강 및 아동의 정서, 행동문제와 적응 등에서 양부모 가정과 통계적으로 유의한 차이가 발견되지 않는다(Golombok et al., 2021). 이는 한부모 가족이 된 원인과 과정이 더 중요하다는 것을 보여준다. 더불어 가족의 외형적 구조보다는 가족관계의 질이 더욱 중요한 요인임을 시사한다.

(2) 가정 외적 요인

① 사회적 지원

사회적 지지와 지원은 부모의 스트레스를 감소시키고 경제적, 정서적 지원을 통해 양육과정에 직·간접적으로 영향을 미친다. 많은 사회와 국가들이 아동의 긍정적 발달을 위해 부모와 가정을 지원하는 다양한 정책과 지원 프로그램을 제공하는 이유이기도 하다. 모든 사회적 지원이 부모의 스트레스와 부정적 양육 간의 관계에 중재효과를 가지는 것은 아니지만, 사회적 지원은 그 자체로 부정적 양육을 감소시키는 효과를 보인다(Yoon et al., 2023).

일부 연구(Leinonen et al., 2003)에서는 부모의 양육에 영향을 미치는 개인 외적 요인별로 효과적인 사회적 지원 유형을 분석하였다. 그 결과, 가정의 경제적 어려움은 부모의 적대적이고 징벌적인 양육을 증가시켰는데, 이는 해당 가정에 도구적이고 정서적인 지원을 동시에 제공하는 것을 통해 완화되었다. 특히 미혼 아버지의 경우 가계 재정을 위해 더 많은 노동을 할수록 더 권위적인 경향이 있었다. 그리고 이들에게 도구적 지원을 제공될 때 그 차이는 감소하는 것으로 나타났다. 이러한 결과는 개인 및 가정의 상황에 따른 맞춤형 지원이 부모의 긍정적 양육을 위한 가장 효과적인 지원방법임을 보여준다.

② 사회문화적 가치관

양육에 대한 사회문화적 가치와 신념은 자녀양육의 목표나 구체적인 양육방식, 양육에서의 부모역할은 물론, 자녀의 의미와 가치에 대한 시대적 인식을 포함한다. 따라서 한 사회문화 내의 인간은 그들이 속한 사회문화의 거시적 이데올로기로서의 양육가치를 기반으로 그 위에 개인의 미시적 이데올로기로서의 개별적 양육가치를 형성하게 된다.

구체적인 양육 가치관이나 자녀관이 아니더라도 사회문화의 전반적 가치는 부모의 양육에 영향을 미친다. 예를 들어 폭력에 대한 사회문화적 인식은 부모의 자녀양육 과정에 반영되기도 한다. 사회문화적으로 폭력을 용인하지 않으며, 폭력범죄가 적고, 아동에 대한 체벌을 금기시하는 사회에서는 아동학대가 상대적으로 드물게 나타난다(Matorell et al., 2019).

이상에서 살펴본 바와 같이 부모의 양육에 영향을 미치는 요인은 매우 다양하다. 그런데 이러한 요인들은 개별적이고 독립적으로 작용하기보다는 복합적으로 작용하기 때문에 부모의 바람직한 양육을 위한 연구는 다양한 요인들에 대한 통합적 접근이 필요하다.

3. 양육유형

부모는 자녀에게 물질적 · 정서적 환경을 제공하고 또 매일의 일상 속에서 말하고 행동하고 반응하는 방식으로 자녀와 상호작용한다. 이러한 상호작용은 양육으로 이해되며, 양육과정에서 부모는 자신의 가치관과 신념, 태도를 자녀에게 전달하고 또 한 사회와 세대의 문화를 의도적 · 비의도적으로 전수하게 된다.

양육은 부모의 다양한 역할을 포괄적으로 일컫는 용어임과 동시에 부모역할의 핵심이다. 이에 아동발달에 관한 기존의 연구에서는 부모를 주요 영향요인으로 포함하여 그들의 양육태도, 양육행동, 양육유형 등 다양한 용어로 부모의 양육을 연구하였다. 이 절에서는 부모의 양육을 특성에 따라 유형으로 분류한 연구들을 소개하고자 한다.

1) 쉐퍼의 분류

양육을 차원으로 분류한 대표적인 학자로 쉐퍼(Schaefer, 1959)를 들 수 있다. 그는 정상적인 부모를 대상으로 장기간의 연구를 통해 신생아기부터 청소년기까지의 발달과 부모의 양육태도 간의 관련성을 연구하였다. Schaefer(1959, 1965)는 애정-적대(love-hostility)와 자율-통제(autonomy-control) 차원의 2개의 축을 기준으로 14가지 양육특성을 소개하였다(이원영, 1983).

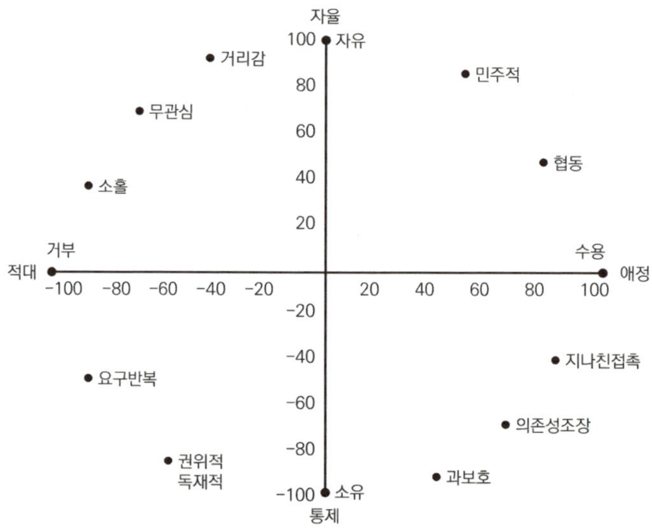

[그림 2-8] Schaefer의 양육행동 모형

출처: 이원영(1983). p. 15.

애정-적대 차원에서 애정적인 부모는 자녀의 필요와 요구를 적극적으로 수용하고 애정표현을 자주하며, 자녀와 밀착된 관계를 유지하려 한다. 반면, 적대적인 부모는 자녀를 정서 및 행동적으로 거부하고 무관심하며, 자녀의 요구를 수용하기보다는 오히려 부모의 요구를 강요하는 행동을 한다.

자율-통제 차원에서 자율적인 부모는 자녀의 행동에 많은 자유를 부여하고 허용적이며, 자녀의 독립성과 자율성을 지원하는 양육을 한다. 이와 달리 통제적 부모는 자녀에 대한 보호와 소유를 지향하고, 이를 위해 규칙을 따르게 하고 관심과 요구, 간섭을 통해 자녀의 행동뿐 아니라 심리적인 면을 조절하는 양육을 한다. 자율-통제 차원의 경우 심리적 자율성 대 심리적 통제, 엄격한 행동 통제 대 느슨한 행동 통제로 구체화된다.

쉐퍼의 이론은 이후 학자들의 추가적인 연구와 함께 〈표 2-6〉과 같이 4가지로 유형화되었다(이원영, 1983).

〈표 2-6〉 애정-적대, 자율-통제 차원에 따른 양육행동 분류

유형	부모의 특성	자녀의 특성
애정적-자율적 양육태도	• 자녀를 있는 그대로 수용 • 자녀의 발달수준과 특성에 맞는 요구 • 자녀양육에 책임감, 일관성 • 자녀에게 정직, 성실 • 부모가 모범적, 긍정적 생활태도를 보임 • 사교적, 창의적	• 능동적, 외향적, 독립적, 사회적응력이 높음 • 부모에게 안정감을 느낌. • 공격적이며, 때로 복종하지 않는 경우도 있음
애정적-통제적 양육태도	• 자녀의 행동을 통제하려는 경향(심리적 통제, 언어적 통제 등) • 행동 제약, 간섭 • 자녀가 부모에게 의존하는 것을 좋아함 • 자녀 스스로 하는 기회를 주지 않음 • 신체적 체벌은 거의 사용하지 않음	• 자기중심적 • 사교성, 창의성이 낮음 • 부모에 대한 상상적 적대감, 잠재적 적대감
적대적-자율적 양육태도	• 자녀를 수용하지 않고 사랑하지 않음 • 자녀 마음대로 행동하도록 내버려둠 • 가족관계가 원만하지 못하고, 불안정	• 공격적 • 조절능력이 부족
적대적-통제적 양육태도	• 사랑으로 수용하지 않음 • 자녀의 행동을 통제(체벌, 언어적 통제, 심리적 통제) • 가정의 규칙을 부모가 일방적으로 정함 • 부모가 모든 의사결정	• 지나치게 순종, 반항적 • 자아에 대한 분노, 내면 갈등, 고통 • 권위적, 지배적으로 되기 쉬움

2) 바움린드의 분류

바움린드(Baumrind, 1967)의 양육유형 분류는 가장 널리 알려진 분류방식이다. 바움린드는 유아의 행동 특성에 따라 3개의 집단으로 구분한 후 그들 부모의 양육스타일을 파악하기 위해 경험적 자료를 수집·분석하였다. 바움린드는 온정성과 훈육, 성숙에 대한 기대정도, 규칙의 명확성, 부모-자녀 간 의사소통 등 4가지 요소를 중심으로 부모들의 양육스타일을 구분한 결과, 권위주의적(authoritarian) 유형, 권위적(authoritative) 유형, 허용적(permissive) 유형의 3가지 양육유형을 발견하였다.

바움린드(1971)는 권위주의적인 부모가 자녀를 통제하는 양육을 하는 반면, 허용적인 부모는 자녀에게 너무 많은 자율성을 부여한다고 보았다. 그리고 권위적 부모는 두 극단적 유형의 중간 정도로 설명하였다. 구체적으로, 권위주의적 부모는 자녀에게 애정을 표현하는 데 익숙하지 않으며, 자녀와의 대화가 적다. 또한 절대적 기준에 따라 자녀의 행동을 통제하고 권위중심의 훈육을 사용하는 경향이 있다. 반면, 권위적 양육유형은 민주적 유형으로 부르기도 하는데, 이 유형에 속하는 부모들은 자녀에게 애정을 가지고 대하고, 활발한 의사소통을 바탕으로 자녀의 의견을 존중하며, 때로는 자녀의 의견에 따라 부모 자신의 행동을 바꾸기도 하지만, 동시에 자녀에게 성숙한 행동을 요구하며 엄격하고 합리적인 통제 방식을 사용한다. 허용적인 부모는 자녀의 요구나 행동에 대해 수용적이고 대부분 긍정적으로 반응하는 반면, 통제나 벌을 거의 사용하지 않고 자녀에게 규칙준수 등 성숙한 행동을 요구하지 않는다.

바움린드(1991)는 이후 새로운 유형인 비참여적(uninvolved) 유형을 추가하여 이론을 확장하였다. 4번째 유형인 비참여적 유형은 방임적(neglect) 유형으로도 이해되는데, 이는 맥코비(Maccoby)와 마틴(Martin)이 부모의 요구(통제, 감독, 성숙함)와 부모의 반응성(애정, 허용, 관여)이라는 2가지 차원을 기준으로 양육태도를 4가지로 분류한 것에 기반을 둔다. 맥코비와 마틴(1983)은 바움린드의 유형학과 양육차원을 통합적으로 접근하여 양육태도를 분류하였고, 여기에서 낮은 요구와 낮은 반응을 특징으로 하는 방임적 유형의 개념을 이론화하였다. 바움린드 및 맥코비와 마틴에 의해 완성된 4가지 양육유형은 현재에도 가장 널리 활용되는 대표적인 양육유형의 분류이다([그림 2-9]).

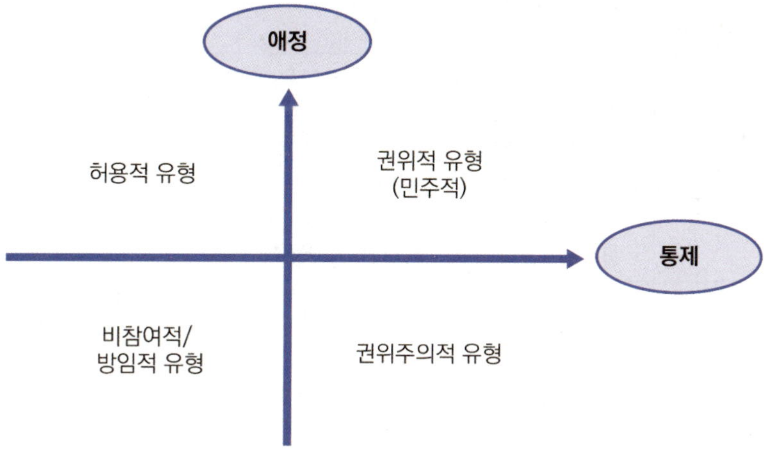

[그림 2-9] 양육유형의 분류

이후 연구들은 4가지 유형의 부모들 중 특히 권위적 부모는 다른 유형에 비해 더 긍정적이고 능력 있는 자녀를 키우는 경향이 있음을 일관되게 보고하였다(Kuppens & Ceulemans, 2019). 권위주의적 양육과 허용적인 양육은 아동의 부정적 발달과 관련이 있었고, 특히 방임적인 부모의 자녀는 가장 나쁜 발달결과를 보였다.

그러나 양육스타일에서의 차이가 아동을 더 혹은 덜 능력 있는 아동으로 만드는 원인이라 볼 수는 없으며, 자녀발달에 절대적인 결과로 나타나는 것은 아니다(Matorell et al., 2021). 더욱이 최근의 연구들은 바움린드의 결과가 일부 문화나 사회경제적 집단에서는 다른 결과를 보인다고 보고한다. 예를 들어, 권위주의적 양육은 학업성취도의 저하와 관련이 있지만, 라틴계 가정에서는 이러한 효과가 두드러지지 않으며(Pinquart & Kauser, 2018), 더욱이 아시아 문화권에서는 권위주의적 양육이 자녀의 높은 학업성취도와 관련이 있는 것으로 나타난다(Chao, 1994).

〈표 2-7〉 바움린드 및 맥코비와 마틴의 양육유형

양육유형	부모의 특성	아동의 특성
권위 주의적 유형	• 엄격한 통제, 무조건적 복종에 가치를 둠 • 규칙을 지키지 않을 때 벌하며 자주 힘을 사용 • 자녀와 소원하며 덜 애정·지지적	• 불만, 위축, 불신의 경향이 있음 • 대화기술이 부족하고 사회성이 낮음 • 의존적 혹은 반항적 성격을 형성

양육유형	부모의 특성	아동의 특성
권위적 (민주적) 유형	• 자녀의 개성에 가치를 두며 자녀의 독립적 결정과 흥미를 존중 • 동시에 사회적인 구속을 강조하고 바람직한 행동 및 기준준수를 요구 • 애정적 · 일관적 • 필요할 때 제한적 · 현명한 벌부과	• 부모의 사랑으로 안정감을 느낌 • 나누기, 타인이해, 협동 등 친사회적 행동을 함 • 자기신뢰, 자기통제, 자기주장이 가장 강함
허용적 유형	• 자기표현, 자기규제에 가치를 둠 • 애정적 · 비통제 · 비요구적	• 자기통제와 탐구적인 면에서 미성숙한 경향이 있음 • 무절제하고 타인을 존중하지 않음
비참여적/ 방임적 유형	• 자녀의 필요보다는 부모 자신의 필요에 더 초점을 둠 • 비참여적, 무관심	• 아동기와 청소년기에 행동문제를 보임

3) 파커의 분류

파커(Parker, 1979, 1990)는 돌봄(care)과 과잉보호(overprotection)의 두 가지 차원을 기준으로 부모의 양육태도를 측정하였다. 그리고 낮은 수준의 돌봄과 높은 수준의 과잉보호가 아동의 우울 및 불안과 관련이 있음을 발견하였다. 그는 돌봄과 과잉보호의 2가지 차원의 결합이 역기능적 양육의 원인임을 설명하면서, 특히 자녀에 대한 부모의 과잉보호의 문제점을 지적하였다.

과보호적 양육은 부모가 자녀의 일상 활동과 경험에 과도하게 개입하여 자녀의 안전과 복지를 제공하려는 양육으로 이해된다. 어린 연령대에서 이러한 부모의 과보호는 자녀의 긍정적 발달을 위한 지원, 참여 또는 보호로 이해될 수도 있다. 그러나 아동기를 거쳐 특히 청소년기에 해당하는 자녀에게 있어 부모의 과보호적 양육은 많은 부정적 결과를 야기한다(Arslan et al., 2023). 구체적으로, 부모의 과보호는 자녀의 의사결정과 행동을 저해하며, 자녀의 자율성과 유능감에 대한 욕구를 약화시켜, 결과적으로 자녀의 자기효능감과 자신감 형성에 부정적 영향을 미친다(Ungar, 2009). 학업적인 면에서도 내적 동기를 감소시키고 외적 동기에 의존하게 하여 성공적인 시간관리 및 학업능력, 자기조절능력 발달에 문제를 야기하기도 한다(Schiffrin et al., 2014). 실제로, 과보호적 양육을 받은 아동은 자기

중심적이고 화를 잘 내며, 인내심이 적고 정서적으로 더 많은 불안을 보인다. 또한 과도한 의존심이나 욕구불만, 열등감을 나타내기도 한다(Arslan et al., 2023)

헬리콥터 맘(helicopter mom)이나 캥거루 맘(kangaroo mom)은 부모의 과도한 관심과 보호가 중심이 되는 양육을 일컫는 것으로 상대적으로 최근에 등장한 용어이다. 여기에 해당하는 부모들은 공통적으로 자녀의 모든 일상을 간섭하고 잔소리하며, 자녀로 하여금 부모에게 의존하게 만드는 과보호적 양육을 한다. 신조어의 등장은 과거에 비해 과보호적 양육이 증가하고 있음을 시사하기도 한다. 한편, 우리나라의 경우 자녀를 자신 또는 가문과 동일시하는 부모-자녀 일체감이 강하고 여기에 더해 입시위주의 교육이라는 환경적 영향에 의해 특히 부모의 지나친 간섭과 통제를 바탕으로 한 과보호적 양육이 두드러진다(이승아, 정경미, 2023).

4. 양육을 위한 기술

자녀의 긍정적 발달을 위한 효과적인 양육을 위해서는 양육에 적합한 기술과 전략을 사용할 수 있어야 한다. 양육기술과 전략은 자녀의 발달연령이나 성향, 부모의 개별적 상황은 물론, 양육의 내용 등에 따라 다양하고, 그 효과 또한 다르기 때문에 구체적으로 살펴보아야 한다. 해당 내용에 대해서는 3부에서 다루며, 이 절에서는 양육의 기본적인 기술에 대해 소개하고자 한다.

1) 민감성

애인스워스 등(1974)은 영아를 위한 바람직한 양육전략으로 '민감성'을 들었다. 민감성의 4가지 요소에는 영아의 신호에 대한 인식, 신호에 대한 정확한 해석, 적절한 반응, 그리고 즉각적인 반응이 포함된다.

비슷하게 이를 주의집중(Attention), 애정(Affection), 승인(Approval)의 3A로 표현하기도 한다(Douville, 1994). 주의집중은 영아에게 적절한 주의를 기울이는 것을 의미하며, 애정은 온정적인 신체·정서적 애정표현을 의미한다. 그리고 승인은 영아의 행동을 인정하고 이해하는 것을 뜻한다.

양육자의 민감한 상호작용은 영아가 안정애착을 형성하고 긍정적인 내적작동 모델을 형성하는 데 역할한다는 점에서 부모의 민감성은 매우 주요한 양육기술이라 하겠다(Sroufe, 2005). 경험적 연구에 의하면 부모의 민감성이 높을수록 아동은 실행기능, 감정조절, 학업성취, 사회적 능력, 의사소통 등에서 보다 긍정적인 결과를 보이며, 민감성은 특히 영아의 인지발달과 밀접한 관계가 있는 것으로 나타난다(Hawk et al., 2018).

2) 반응성

반응성은 자녀에게 관심을 갖고 관심을 표현하며 자녀의 상태나 요구에 대응하는 양육기술을 의미한다. 반응성이 높은 부모는 자녀의 정서적, 인지적 상태에 따라 자신의 행동을 맞추기 때문에 자녀의 필요가 무엇인지를 인지하는 것뿐 아니라 자녀가 무엇을 할 수 있는지 혹은 할 수 없는지에 대한 파악을 통해 적절한 수준의 지원과 격려, 도전을 제공한다(Vygotsky, 1980).

반응성에 대한 메타분석 연구에 따르면(Sokolovic et al., 2021), 부모의 반응성은 아동의 자기조절, 실행기능과 관련된 뇌의 신경계를 강화하는 것으로 보고된다. 일부 연구에서는 반응성의 유형을 구분하여 분석하였는데, 비지지적 반응은 아동의 내면화 증상 및 외현화 증상과 관련이 있는 것으로 나타났다(Kaczynski et al., 2006). 이처럼 반응성은 민감성과 함께 자녀의 요구에 대한 부모의 민감하고 지지적인 반응이 아동발달에 가장 효과적임을 보여준다.

3) 일관성

일관성은 자녀에게 기대하는 행동이나 가족규칙 등에 대해 동일한 메시지를 전달하는 것을 말한다. 대개 부모들은 권위주의적, 권위적, 허용적, 방임적 양육스타일을 보일 때, 그러한 방식에서 일관성을 보이는 것이 일반적이다. 그러나 어떤 부모들은 자녀에게 상황에 따라 반대되는 가이드라인을 제공하기도 하고, 또 어떤 부모들은 자녀의 특정 행동에 대해 경우에 따라 다르게 반응하기도 한다. 또 다른 경우는 가정 내에서 아버지와 어머니가 자녀의 행동에 대해 서로 다른 가이드라인을 제공하는 형태로 나타난다. 모든 부모의 양육행동이 항상 일관되기는 어렵다. 그러나 양육행동에서의 비일관성이 지나치거나 또는 부모 간에 비일관된 양육이 지속적으로 이루어질 때는 특히 자녀에게 정신병리적 문제와 같은 부정적인 영향을 미치기도 한다(Gonzales et al., 2000).

비일관된 양육을 경험하는 아동은 낮은 자아존중감, 자기통제, 학업성취를 보이며, 외현화 문제나 또래와의 일탈 문제, 반사회적 문제와 더 관련되기도 한다(Warmuth, 2020). 앞서 설명한 부모의 민감성이 특히 아동의 인지발달과 밀접한 관련이 있다면, 일관성은 아동의 정서사회성 발달과 밀접한 관련이 있는 것으로 보고된다(Hawk et al., 2018). 이는 부모의 일관적인 태도나 반응이 자녀에게 정서적 안정감을 제공하고, 양육상황에서의 루틴을 경험하게 하기 때문이다.

제 2 부 발달단계에 따른 부모역할

부모-자녀관계는 상호작용하는 역동적 관계이므로 자녀의 발달적 변화를 이해하고 이를 지원하는 부모의 역할이 중요하다. 인간의 발달단계는 일반적으로 연령을 기준으로 8단계로 나누며, 영아기, 걸음마기, 유아기, 아동기, 청소년기, 성인 초기, 성인 중기, 성인 후기로 구분된다. 이 과정에 태내기를 포함하여 자녀가 겪는 발달적 변화에 따라 부모의 역할도 달라져야 하며, 자녀가 성장함에 따라 양육 방식에 따라 부모-자녀관계는 변화하게 된다.

제3장 태내기 부모역할

이 장은 태내기 부모역할에 초점을 맞추어, 건강한 임신을 준비하고 유지하기 위한 구체적이고 실질적인 방법을 제시한다. 임신 전 관리, 영양 섭취, 운동, 감염 예방 등 임산부와 태아의 건강을 최우선으로 고려한 과학적 내용을 담고 있으며 태내 환경이 태아의 성장과 미래 건강에 미치는 영향을 심층적으로 탐구한다. 이를 통해 부모가 더 나은 출산과 양육을 준비할 수 있도록 돕는다.

1. 건강한 아기 임신

출산은 일반적으로 가정에서 매우 중요하고 기쁜 일이지만, 아기가 태어나는 환경은 다양하며, 특히 어머니의 건강은 아기의 생존과 건강에 큰 영향을 미친다. 따라서 건강한 아기를 임신하고 출산하기 위해 부모가 선천적 결함을 예방할 방법을 미리 알고 준비하는 것은 매우 중요하다.

1) 임신 준비

임신을 계획하고 있다면 신체와 마음을 준비하기 위해 임신 전 관리를 하는 것이 필요하다. 임신 전 관리란, 임산부의 건강과 태아의 안전을 위해 임신 전에 기본적인 상담과 진찰을 시행한 후 필요한 검사를 진행하고, 과거 병력에 대한 상담 및 관리를 함께하는 것을 의미한다. 임신을 준비하는 부부는 임신 전 관리를 통해 임신과 관련된 건강 문제에 대한 정보를 얻고, 건강한 임신을 위한 다양한 조언을 받을 수 있다. 임신 전 관리의 주요 내용에는 임신 및 생식 능력, 가족력, 과거 병력, 약물 복용력, 식단과 생활 습관, 사회력, 예방접종 등이 포함되며, 산부인과 진찰과 초음파 검사도 받을 수 있다(대한산부인과학회, 2021).

그리고 음주를 피하고, 적절한 체중을 유지하고, 처방 약 사용을 재검토하고, 성병에 대한 자신의 상태를 파악하는 것도 중요하다(Suellentrop, Morrow, Williams, & D'Angelo, 2006). 이 외에도 비타민과 엽산을 섭취하는 것 또한 중요하다. 특히 엽산의 경우 임신을 돕고, 정상적인 세포분열을 촉진하고, 신경관 결손(무뇌증, 이분척추증 등)을 예방하는 데 도움을 준다(이인복, 2023).

읽어보기 3-1 임신 전 필요한 검사

- 풍진, 수두, B형 간염의 면역 여부 검사(면역이 없는 경우 예방접종 시행)
- 결핵, 성병, 톡소포자충증, 거대세포바이러스 등에 대한 미생물학적 검사나 혈청학적 검사
- 산과력, 가족력을 바탕으로 한 유전질환에 대한 상담 및 선별검사
- 당뇨병, 고혈압, 신장 및 심장질환 등 만성 질환을 가진 경우 각각의 질환에 대한 검사
- 골반초음파, 자궁경부암 검진 등 부인과 진찰 및 검사

출처: https://www.childcare.go.kr/?menuno=3

2) 임신 시 자기 돌봄

임신 중 건강을 유지하기 위한 핵심적 요인으로 영양, 운동, 약물, 흡연, 음주, 감염, 연령, 직장, 임신 우울증 등을 고려해야 한다(NSW KIDS AND FAMILIES, 2015).

(1) 영양

임신 중에는 아기의 성장과 발달을 돕고 임산부의 건강을 유지하기 위해 균형 잡힌 영양 섭취가 필수적이다. 이를 위해 다양한 식품군을 골고루 섭취하고, 물을 충분히 마시며, 지방, 설탕, 소금 함량이 높은 음식은 소량 섭취하는 것이 중요하다. 특히 '임신 중에는 두 배로 먹어야 한다.'는 생각은 잘못된 믿음이다. 과거에는

영양부족이 주로 저소득층 임산부의 문제로 여겨졌지만, 최근에는 날씬한 몸매를 추구하는 사회적 맥락에서 중산층 임산부들 또한 영양부족을 겪고 있다. 과거에는 임산부의 영양부족 문제는 저소득층에 한정된 문제였으나 최근 날씬함을 추구하는 사회적 맥락으로 중산층의 임산부에게도 영양부족 문제가 발생하고 있다. 일부 임산부는 출산 후 이전의 몸매를 되찾을 수 있을지에 대한 불안감이 높아지면서 지나치게 몸매 유지에 민감한 임산부는 과도한 다이어트를 하게 되고, 이는 저체중아 출산으로 이어지고 있다. 반대로, 임산부가 임신 기간 동안 불필요하게 영양을 많이 섭취하는 경우, 비만으로 남을 수 있으며 거대아 출산의 위험이 커진다. 거대아의 경우 자라면서 비만이 될 확률이 크기 때문에 주의가 필요하다. 특히 태아의 질병 예방을 위해 임신 한 달 전부터 임신 초기(첫 3개월)까지 엽산을 충분히 섭취하는 것이 중요하다. 엽산이 부족하면 태아는 이분척추증이나 무뇌증과 같은 신경관 결손을 겪어 척수와 뇌에 심각한 문제가 발생할 수 있다.

읽어보기 3-2 태아 프로그래밍

임신한 쥐를 두 그룹으로 나누어 한쪽 그룹에는 사료를 넉넉히 주었고, 다른 한쪽 그룹에는 사료를 절반만 제공하였다. 3주 후 사료를 충분히 먹은 어미 쥐는 새끼를 10마리, 사료를 적게 먹은 어미 쥐는 3마리의 새끼를 낳았다. 사료를 적게 먹은 어미 쥐 새끼들의 평균 체중이 약 30% 적은 것으로 나타났다. 이후부터는 양쪽에 차별을 두지 않고 사료를 동일하게 제공하였다. 한 달 후 육안으로 저체중으로 태어난 쥐를 구별하기 힘들어졌다. 혈액검사 결과 저체중으로 태어난 쥐가 콜레스테롤도 더 높고 지방도 더 많은 것으로 드러났다. 겉으로는 잘 따라잡은 것처럼 보였지만, 건강 상태는 좋지 않았다. 3개월 뒤 저체중으로 태어난 쥐의 비만을 육안으로도 확인 할 수 있었다. 실험은 총 6번 반복되었으나 결과는 마찬가지였다. 태내기에 배고픔을 겪어 태어난 쥐는 오히려 시간이 지날수록 비만이 되어갔다.

더 놀라운 것이 저체중으로 태어난 아동을 추적 조사한 이화여대 연구결과와 유사한 패턴을 보이는 것이다. 7~9세 된 아동 106명을 추적 조사한 결과 저체중아의 경우 정상체중의 아동에 비해 혈압도 수축기 혈압이 유의미하게 높았고, 콜레스테롤도 높았고, 인슐린 수치도 유의미하게 증가하였다. 훨씬 비만의 빈도가 증가하였다.

이처럼 엄마가 임신 중일 때 자궁 환경에 따라 아기가 변화하는 것을 태아 프로그래밍이라고 한다. 즉 뱃속 태아가 출생 후 삶을 준비하는데, 자궁 환경이 영향을 끼치는 것을 말한다.

출처: https://ebsmedia.net/m/product_detail.html?brand_uid=534108

(2) 운동

임신 기간 중 활동적이고 건강한 상태를 유지하는 것이 좋다. 특별히 건강 문제가 없다면 매일 30분 정도 걷기나 수영과 같은 적당한 강도의 운동을 하는 것이 권장된다. 규칙적인 운동은 건강한 체중을 유지하고 정서적 안정을 돕는 동시에, 임신과 출산 양육에 긍정적인 영향을 미친다. 그리고 요통이나 정맥류와 같은 임산부가 겪기 쉬운 불편함을 완화하는 데에도 도움이 된다. 임신하기 전에 운동을 많이 하지 않았더라도, 걷기나 수영 등과 같은 적당한 운동을 시작하는 것이 좋다. 다만, 임신 중에는 출산을 쉽게 할 수 있도록 돕기 위해 임산부의 관절이 쉽게 늘어나기 때문에 부상의 위험이 커질 수 있다. 따라서 점프하거나 관절에 무리가 가는 운동은 피하는 것이 좋다.

읽어보기 3-3 산모의 안정과 태교에 대한 오해

유퀴즈 제138회 전종관 서울대학교 산부인과 교수님 인터뷰 중에서

Q 임산부에게 하고 싶은 이야기가 있다면?

A 임신 자체가 굉장히 힘듭니다. '임신 30주 넘어가면 이렇게 힘드냐고' 그러면 제가 '엄마 몰라야 임신하지, 알고는 못하는 게 임신'이라고 이야기합니다. 배가 수시로 뭉치고 딱딱해지고, 빠질 것 같고, 또 몸은 왜 이리 가려운 건지... 임산부가 이렇게 힘든데 많은 사람이 산모를 보지 않고 아기를 봅니다. '이걸 먹으면 아기한테 도움이 될까, 해로울까?', 그런 많은 경우 제가 들어보면 근거가 없어요. 대표적인 것

중의 하나가 안정이에요. 그래서 아무것도 하지 말라고... 제가 볼 때 제일 안 좋은 것이 그거라고... 단태아거나, 쌍태아거나, 삼태아거나, 사태아거나 안정 빼고 다 해도 된다고 그러거든요. 이게 독이에요. 산모들이 이야기하는 오해 중에서 하나가 안정기가 있어요. 임신 12주까지 안정기라고 하는데, 뱃속에서 잘못되는 전체를 보면 임신 12주까지 잘못되는 경우가 80%예요. 12주~40주까지 잘못되는 경우가 20%에요. 그러니까 12주까지 유산되는 애들이 많은 건 맞아요. 그렇지만 유산될 애가 유산되는 거예요. 엄마가 누워있더라도 유산될 애는 되고, 정말 매일 돌아다녀도 유산 안 될 애는 안 되는 거예요. 그렇기 때문에 유산이 많이 되는 건 맞지만, 그 시기를 안정해야 하는 시기는 아닌 거예요. 안정하면 나쁜 것이 첫째, 몸이 나빠져요. 한 2주만 안정을 하면 근육이 다 빠져요. 다 말랑말랑해져요. 그런데 임신부들은 원래 혈전증 위험이 높아요. 그런데 안정을 하면 혈전증 위험이 커져요. 그다음 셋째, 삶의 질이 너무 떨어져요. 아니 왜 임산부의 삶의 질을 왜 관심을 안 두는 거예요? 임산부는 임신했기 때문에 누워있어야 한다. 누워있다고 조산이나 유산에 아무런 도움이 되지 않아요. 그럼, 누구를 위해서 안정하는 거죠?

Q 산모분들에게 태교를 권하지 않으신다고요?

A 근거가 없습니다. 정말 태교했을 때 아기가 정말 좋아지는지... 그것에 대한 구체적인 증거가 없습니다. 그러니까 막연한 이야기죠. 또 다른 중요한 이유가 있는데, 일하는 여성들, 태교를 할 시간이 없는 여성들 그런 여성들은 죄책감이 들기도 해요. 다음에 더 큰 문제는 아기에게 이상이 생겼을 때, 임산부가 태교를 못 해서 생긴 거 아니냐 이런 식의 이야기를 할 수 있다는 거죠. 그게 아무런 과학적 근거가 없는 상태에서... 그러니까 엄마는 자기 일을 잘하면 그거로 충분합니다. 엄마가 가정주부로서 그 일을 잘 하면, 직장에 다니신다면 그 일을...

출처: https://www.youtube.com/watch?v=gWcE18xDvic

(3) 약물

임신 중 복용한 약물은 대부분 태반을 통해 아기에게 전달되며, 임산부와 태아에게 합병증 위험을 증가시킬 수 있다. 진정 및 수면 보조제로 사용되는 벤조다이어제핀계 약물은 태반의 보호막을 통과하여 아기의 성장과 발달을 저해할 수 있다. 아스피린은 태아에게 출혈을 유발할 수 있으며, 입덧을 완화제로 알려진 탈리도마이드는 손이 아주 작거나 팔과 다리가 짧은 신체장애를 유발하는 데 영향을 미쳤다. 유산 방지를 위해 사용된 인공 호르몬인 DES는 자녀의 생식기 이상이나 생식능력 감소하는 데 영향을 미쳤다.

불법 약물은 더 심각한 문제를 일으킨다. 임신 중 대마초 사용은 아기를 일산화탄소 등의 유해 물질에 노출해 미숙아나 저체중아 출산 위험을 높이고, 태아에게 산소가 공급을 방해하여 짜증스럽고 불안한 영아가 태어날 확률을 높인다. 코카인은 유산과 사산의 위험을 증가시키고, 임산부와 태아의 혈관을 수축시켜 혈액 공급을 감소시키며, 태반이 자궁에서 떨어지는 위험을 초래할 수 있다. 엑스터시는 혈압과 체온을 상승시켜 임신 합병증을 유발하고, 태아의 발달 지연 및 미세한 기형과 관련이 있다.

그리고 과도한 카페인의 섭취는 유산 위험과 신생아의 불안정성을 증가시키며, 특히 하루 300mg 이상 섭취하면 유산의 위험성 더 높아진다. 임신 중 카페인 섭취량은 하루 200mg을 넘지 않는 것이 안전하다.

(4) 흡연

임신 중 흡연은 사산과 조산의 위험을 높이는 것으로 알려져 있다. 특히 임산부가 흡연할 때 담배에서 발생하는 유해 물질이 태아의 혈류로 들어가, 태아는 산소가 부족해 성장이 느려지고, 저체중아로 태어날 가능성이 커진다. 저체중아는 출생 후 건강 문제를 겪을 확률이 더 높으며, 천식과 같은 폐질환을 앓거나 영아 돌연사증(SIDS)으로 사망할 위험도 증가한다. 따라서 임산부 본인의 흡연은 물론 주변 사람이 흡연할 때 발생하는 간접흡연도 피하는 것이 중요하다.

다음 [그림 3-1]은 태아가 엄마의 자궁 안에서 실제로 담배 연기에 노출되었을 때의 반응을 4D 초음파로 촬영한 사진이다. 실험은 임산부 20명을 대상으로 진행되었으며, 그중 4명은 하루 평균 14개비 이상의 담배를 피우는 고도흡연자였다. 그 결과, 비흡연 임산부의 태아들과 비교했을 때 흡연 임산부의 태아들은 지나치게 많은 움직임을 보였고, 손을 자주 입이나 얼굴에 가져다 대는 행동을 더 많이 하는 것으로 확인되었다. 이는 임산부의 흡연에 대한 태아의 즉각적이고 불편한 반응을 보여주는 결과이다.

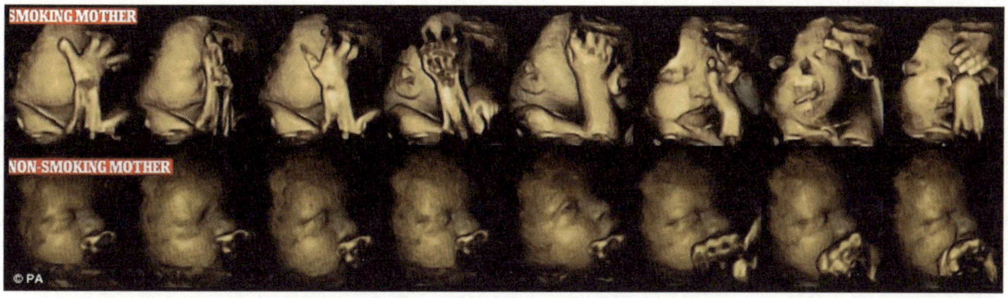

[그림 3-1] 흡연 임산부의 초음파 사진

출처: 나우뉴스(2015).

(5) 음주

임신 중 음주는 알코올이 임산부의 혈류를 통해 태아에게 전달되어 임산부와 태아 모두에게 합병증 위험을 증가시킨다. 따라서 임신을 계획 중이거나 임신 중인 여성은 술을 마시지 않는 것이 안전하다. 임신 중 과도한 음주(하루에 8잔 이상)는 유산, 사산, 조산의 위험을 크게 높이며, 태아 알코올 증후군(Fetal Alcohol Syndrome, FAS)의 위험도 증가시킨다. 태아 알코올 증후군이 있는 아기는 낮은 지능, 근육 운동 조절 문제, 얼굴, 심장 및 뼈의 결함, 그리고 신체 성장 지연 등의 문제를 겪을 수 있다.

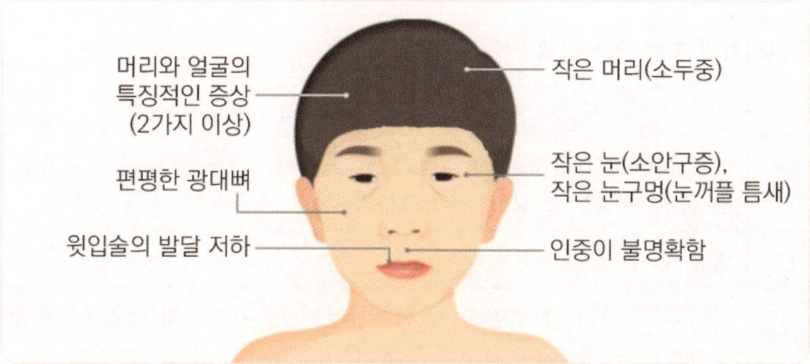

[그림 3-2] 태아 알코올 증후군 증세

출처: https://m.blog.naver.com/kpha1957/220479926976

(6) 감염

임산부가 백일해에 감염되면 태아에게 생명을 위협하는 심각한 위험이 발생할 수 있다. 일부 신생아는 호흡 곤란, 청색증, 수유 곤란, 목 막힘, 구토 등의 증상을 보일 수 있다. 임산부가 풍진에 감염되면 유산, 지능 장애, 시력 및 청력 장애, 심장 질환 등 심각한 선천성 장애를 유발할 수 있다. 따라서 과거에 예방접종을 받았더라도, 임신 전 면역 상태를 반드시 확인해야 한다. 또한, 임산부가 수두에 감염되면 신생아에게 수두를 전염시킬 수 있을 뿐만 아니라 선천성 장애를 유발할 수 있다. 임산부가 B형 간염에 감염되면 출산 중 아기에게 전염될 가능성이 있으며, 치료되지 않으면 간 손상이나 간암과 같은 심각한 건강 문제를 초래할 수 있다. 수두 감염은 출산 시 태아에게 결함을 일으킬 수 있고, 유행성 이하선염은 유산 위험을 증가시킨다.

임산부의 HIV(후천성 면역결핍 증후군) 감염은 희박하기는 하지만 임신, 출산, 모유 수유 중 HIV가 아이에게 전염될 수 있고, 어머니가 치료를 받을 경우 전염될 위험성은 2%지만, 치료를 하지 않을 경우 위험성이 증가한다. 출생 후 아기는 치료를 받아야 하며, 모유 수유는 피해야 한다. 매독에 감염된 임산부는 임신 후반에 유산 위험이 있으며, 태아에게 전염될 경우 실명 등의 문제가 발생할 수 있다.

〈표 3-1〉 임신시기에 따른 검사항목

시기(주수)	검사내용
첫 방문	산모 혈액검사(혈색소, 혈액형, 혈액형 항체), 소변검사, 풍진 항체검사, B형간염 검사, 매독반응 검사, 자궁경부암 검사, 초음파 검사
전 기간	혈압, 몸무게, 태아심박동
11주~14주	태아염색체이상 선별검사: 임신 1삼분기 정밀 초음파(태아목덜미투명대), 통합선별검사1차, 태아DNA선별검사(NIPT검사)*, 융모막검사*
15주~20주	태아염색체이상(다운증후군) 선별 검사(쿼드검사 또는 통합선별검사2차)양수검사*
20주~24주	임신 중기 정밀 초음파
24주~28주	임신성 당뇨병 선별 검사, 빈혈 검사

시기(주수)	검사내용
28주	Rh 음성인 경우 면역 글로불린 주사
27주~36주	백일해예방접종(Tdap)
32주 이후	태아성장 및 태아안녕평가: 초음파검사 혹은 비수축검사(태동검사) 등을 임산부와 태아의 상태에 따라 개별적으로 시행

* 선택검사

(7) 연령

임산부가 고령인 경우 생식능력이 저하되고 자연 유산율이 증가하며, 특히 40세 이상에서는 다운증후군의 위험이 커진다. 아버지가 50세 이상일 경우 염색체 결함의 빈도가 증가하여 다운증후군 자녀를 출산할 위험이 커지고, 자폐아 출산의 위험성이 높아진다(박성연, 이은경 2023). 그리고 신체 성장이 끝나지 않은 청소년기 임신 역시 고위험 임신으로 분류된다. 세계보건기구에서는 10~19세 사이의 임신이 임신중독증, 산후 자궁내막염, 전심 감염 위험성을 증가시킨다고 경고했다(이해나, 이해림, 2022).

(8) 직장

과도한 육체노동이나 직업상 위험이 없는 경우, 임신 중에도 일을 할 수 있다. 그러나 일부 업무는 태아에게 해로울 수 있으므로 주의가 필요하다. 예를 들어, 의료, 어린이 간호, 동물 관련 업무는 감염 위험으로 인해 태아에게 영향을 줄 수 있다. 또한, 의료, 치과, 제조업, 병충해 관리 등 화학 물질을 다루는 직업도 위험성이 있는 분야에 속한다. 임산부가 장시간 서 있어야 하는 직업을 가졌다면, 휴식 중에는 발을 다른 의자에 올려두고 앉는 시간을 마련해야 하며, 이를 통해 임신 중 정맥류 발생 가능성을 줄일 수 있다. 또한, 시간마다 몇 분씩 일어서서 주변을 걸어 다니는 것이 좋다. 앉거나 일어설 때는 올바른 자세를 유지하고, 등이 잘 받쳐지는 의자를 사용하는 것이 중요하다.

(9) 임신 우울증

일반적으로 임신 초기 우울증은 입덧과 피로로 인해 발생하지만, 보통 태동을 느끼면서 사라진다. 임신 우울증은 대개 6개월 경부터 시작되며, 임신 중기 이후에 발생하는 우울증은 출산 후에도 지속될 수 있다. 이 우울증은 임신 전과 다른 신체적 변화, 출산과 육아에 대한 두려움, 그리고 태아를 보호하기 위해 분비되는 에스트로겐과 프로게스테론 등의 여성호르몬 과다 분비로 인해 감정 기복이 심해지고 사소한 일에도 민감하게 반응하게 된다.

불안, 공포, 외로움 등은 임산부뿐만 아니라 태아도 느끼게 되며, 스트레스로 변화된 호르몬이 태반을 통해 태아에게 전달되어 태아의 정신 발달에 문제를 일으킬 수 있다. 그러나 임신 중에는 정신과 약물 복용이 제한되므로, 우울증 치료를 위해서는 상담과 스트레스 관리가 우선시되어야 하며, 무엇보다도 본인의 의지가 중요하다. 취미 생활이나 가벼운 운동, 규칙적인 식사를 통해 우울증에서 벗어나려는 노력이 필요하다. 마지막으로 남편과 가족의 애정도 매우 중요하다. 임신 우울증은 비정상적인 행동이 아니라 임신의 자연스러운 현상으로 이해하고, 이를 보듬어 주는 마음가짐이 무엇보다 필요하다(건강 in magazine, 2015; Chaudron, 2013).

읽어보기 3-4 **부부가 함께 하는 임신과 출산**

① 임신 초기
- 감동의 순간을 함께하기(초음파 사진, 아이에게 쓰는 편지, 태교 일기 등)
- 다른 임산부들과의 모임에 참여하기
- 함께 아기의 성장을 지켜보기
- 아내가 좋아하는 것 준비하기
- 아내와 함께 보내는 시간 늘리기

② 임신 중기
- 함께 규칙적인 운동하기
- 배부른 당신 모습이 사랑스럽고 아름답다고 말해주기
- 건강한 먹거리에 동참하기
- 태교 여행, 나들이 등 즐거운 시간을 함께 보내기

③ 임신 후기
- 아내의 허리, 골반, 다리 마사지 해주기
- 병원 검진 시 함께 하기
- 출산 준비 부부교육에 참가 및 출산 준비
- 순산을 위한 운동, 산책
- 출산 시 도움이 되는 호흡법, 마사지, 지압법 등을 부부가 함께 연습하기

출처: www.mogef.go.kr/kps/main.do

2. 출산

어머니의 자궁에 착상한 태아는 266일 동안 자라난 후, 드디어 밖으로 나오려는 신호를 보내게 된다. 이에 따라 분만 과정과 다양한 분만의 유형, 분만법에 대해 알아보고자 한다(질병관리청 국가건강정보포탈, 2019).

1) 분만 과정

진통은 이슬이 비치고 10시간에서 3일 뒤에 시작되므로 침착하게 입원 준비를 해야 한다. 진통 간격을 체크하며, 자궁 수축과 함께 진행되는 진통은 처음에는 20~30분 간격으로 10~20초간 지속된다. 시간이 지남에 따라 진통과 진통 사이의 간격이 점점 짧아져 10분 이내로 줄어들고 진통의 강도도 심해진다. 자궁목이 열리면서 태아와 양수를 싸고 있던 양막이 찢어지면서 양수가 흘러나오는데, 이를 양막파수라고 한다. 보통 진통이 시작되고 분만이 진행되면서 파수되지만, 20~30%는 진통 없이 조기 파수를 경험하므로, 일단 양막파수가 되면 태아와 양수가 감염될 우려가 있으므로 즉시 병원으로 가야 한다.

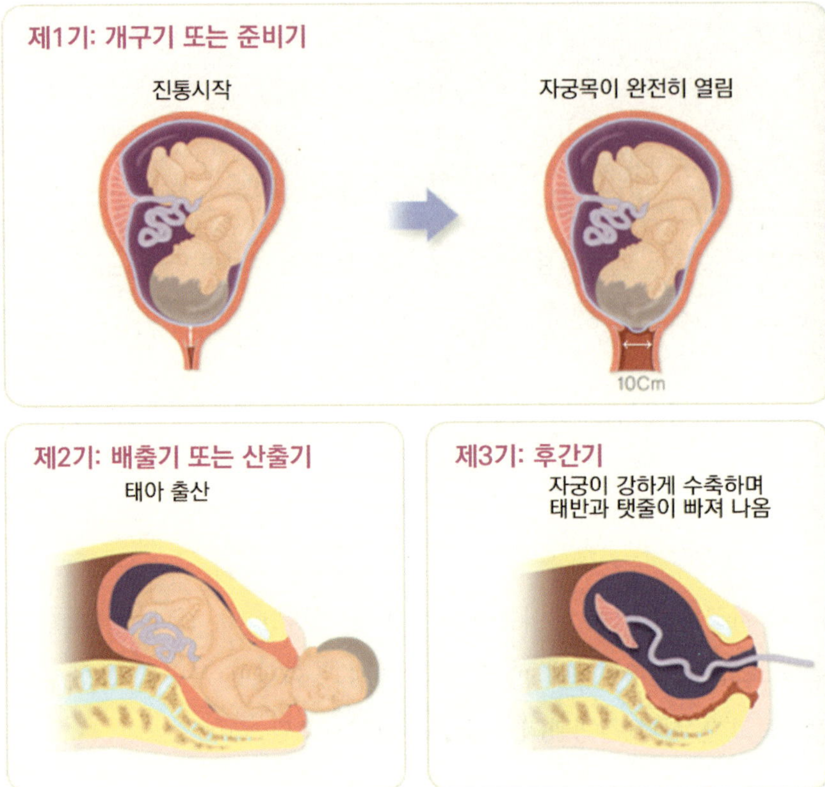

[그림 3-3] **분만 진통의 단계**

진통 시작에서 자궁목이 10까지 완전히 열리는 시기를 개구기 또는 진통 제1기라고 하며, 초산부는 10~12시간, 경산부는 4~6시간 정도 걸린다. 그 다음은 배출기 또는 진통 제2기로, 자궁목이 완전히 열린 뒤부터 아기가 태어날 때까지이다. 초산부는 2~3시간, 경산부는 1~1시간 30분 정도 걸린다. 이때 원활한 분만을 위해 필요한 경우 회음 절개가 시행될 수 있다. 마지막으로, 후산기 진통 제3기는 아기가 태어난 후 태반이 나오는 시기로, 아기가 태어난 지 5~10분 후에 자궁이 강하게 수축하면서 태반과 탯줄이 배출되면 분만이 종료된다. 이때 신생아의 호흡 상태 및 기형, 질병 여부를 확인한다.

2) 분만 유형

(1) 자연분만

자연분만은 임신 37~42주 사이에 호르몬 변화로 인해 모체의 자연적인 자궁 수축에 의해 태아가 질을 통해 출산되는 유형이다. 42주 이후에도 자연분만이 이루어지지 않으면 태아에게 공급되는 산소량이 부족해질 수 있어 위험할 수 있지만, 대부분 이전에 의학적 도움을 받아 분만을 유도하고 있다.

(2) 인공분만

인공분만은 산모나 태아의 건강과 안전을 고려하여 의학적 도움을 받아 출산하는 경우를 말한다. 인공분만에는 제왕절개분만과 유도분만, 흡입분만이 대표적이다. 제왕절개분만은 산모의 복부와 자궁을 절개하고 태아를 인공적으로 꺼내는 방법이다. 유도분만은 진통을 빠르게 진행할 수 있는 진통 촉진제를 산모에게 투여하여 의도적으로 출산을 촉진하는 방법이다. 흡입분만은 그릇 같은 기구를 태아의 머리에 부착하고, 태아 머리와 기구 사이의 공기를 흡입하여 진공 상태를 만들어 기구를 잡아당기는 방법으로, 요즘은 겸자보다 더 많이 사용되고 있다.

3) 다양한 분만법

(1) 라마즈 분만법

라마즈 분만법의 목적은 진통과 분만 시 고통을 줄이고 분만을 즐겁고 좋은 추억으로 만드는 것이다. 임산부마다 소리나 빛, 촉각 등의 감각 강도가 각각 다르게 느껴질 수 있으며, 고통에 대한 감수성도 피로 정도와 기분에 따라 달라질 수 있다. 이를 통해 정신 예방적인 훈련을 이용하여 통증 감각을 완화하는 것이다. 연상법, 이완법, 호흡법이 대표적인 방법으로, 연상법은 기분이 좋은 상황을 머릿속에 떠올려 엔도르핀의 분비를 증가시켜 통증에 대한 감응 수준을 높이는 방법이다. 이완법은 통증 시 온몸이 경직되면서 경직된 근육에서 나오는 젖산의 축적으로 피로가 증가하는데, 이때 전신을 이완하면 엔도르핀의 분비도 촉진되고, 질 회음부 근육과 골반 근육을 강화한다. 호흡법은 고통이 시작되면 흉식 또는 복식 호흡을 하며, 진통이 끝난 후 심호흡으로 마무리하고 휴식을 취하는 방법이다. 연상법과 이완법을 호흡법과 함께 적용하면 효과적으로 통증을 완화할 수 있다.

(2) 수중 분만법

수중분만은 양수와 유사한 조건의 물속에서 의료적 처치 없이 자연 상태로 출산하는 방법이다. 임산부는 물속에서 아기를 낳기 위한 가장 편안한 자세를 취할 수 있으며, 특히 물속에서 쪼그리고 앉는 자세가 골반의 확대에 도움이 된다. 그러나 임산부와 태아가 감염될 우려가 있으며, 수중에서 태아의 심장박동 감시가 어려워 위험 발생 시 진단이 늦어질 수 있다.

(3) 소프롤로지 분만법

소프롤로지 분만법은 감통분만법의 일종으로, 임산부가 영상훈련과 이완법, 호흡법을 통해 스스로 분만 과정을 조절하는 방법이다. 이를 통해 자율분만과 무통분만이 가능하며, 임신기간 동안 조화로는 생활을 유도한다. 이 분만법은 임신에 의한 신체적 변화와 앞으로 있게 될 분만 진통, 분만에 관한 영상훈련을 지속적으로 연습하여 소프롤로지 지식, 사고를 습득하고, 적극적으로 이완 상태를 유도해 힘들고 고통스러운 진통을 약물 없이 극복하여, 아기가 나오는 순간까지 마치 잠자는 것처럼 고요한 상태로 감격스러운 분만을 맞이하게 한다. 그러나 단점은 남편이 산전 교육이나 연습 과정 및 분만 과정에 참여할 수 없다는 점이다.

(4) 르봐이에 분만법

르봐이에 분만법은 프랑스의 르봐이에 박사가 고안한 아기를 배려하는 출산법으로, 신생아의 감각기관이 매우 예민하게 발달하여 있음에도 불구하고 의사들이 너무 거칠게 다루고 있는 것에 반대하고, 신생아에 대해 환경 변화에 의한 자극을 최소화해야 한다고 주장한다. 먼저 아기의 시각을 배려하기 위해 아기가 갑자기 밝은 곳으로 나와서 태아의 시각에 부담을 주지 않도록 분만 환경을 어둡게 만들고, 아기의 청각을 배려하기 위해 분만실에 있는 의료진은 침묵을 지켜야 하며, 꼭 해야 할 말이 있으면 소곤소곤 귓속말로 해서 아기의 첫 순간을 흐트러지지 않도록 한다. 엄마는 손으로 아기를 소중히 감싸며 작은 소리로 "아기야 수고했어, 이젠 겁내지 마, 우리 모두 편안해, 여긴 안전한 엄마 품이야." 하면서 엎드려 놓는다. 그리고 촉각적 배려를 위해 태어나자마자 아기는 엄마 배 위에 엎드려 놓으며 엄마가 어루만짐으로 아기를 진정시킨다. 다음으로 아기가 태어난 후 아기의 폐호흡을 기다리면서 탯줄의 맥박이 있는 4분간 탯줄을 자르지 않고 기다리며, 그동안 아기는 엄마의 배 위에서 엄마의 심장박동 소리를 들으며 폐호흡으로 적응해 간다. 마지막으로 중력에 대해 배려하기 위해 아기는 엄마 자궁 속 따듯한 공간 속에서 지내왔기에 탯줄을 자르고 나서 다시 목욕물 속으로 보내 자기 몸에 가해지는 중력의 부담에 대해 적응시키는 것이다. 간호사의 도움을 받아 아빠가 아기를 받치고 천천히 물속에 놓고 가만히 놓아두었다가 아기를 물에서 천천히 올리는 과정을 반복하여 중력에 적응할 수 있도록 도와준다.

(5) 그네 분만법

그네 분만법은 스위스에서 제작된 좌식 분만대를 이용하는 새로운 분만법이다. 진통과 분만 과정 동안 리모컨을 이용하여 마치 그네를 타듯이 자유롭게 여러 자세를 취하면서 가족과 함께 분만에 적극적으로 참여하는 방법이다. 자궁목이 4cm 정도 진행되면 그네 분만대로 이동한다. 이 방법의 장점은 몸을 흔들어 긴장을 완화하고 통증을 잘 견딜 수 있으며, 태아가 중력을 이용하여, 특히 배출기(분만 2기)에 임산부가 자신의 힘을 효과적으로 사용할 수 있다. 그리고 질 산도의 손상이 적고, 움직임이 자유로우며, 다양한 지지대를 통해 힘을 주기 용이하다. 그러나 서 있는 자세와 앉아 있는 자세를 계속 오랫동안 유지하면 자궁구와 질의 부종이 생길 수 있으며, 오랫동안 서서 자세를 변경하지 않으면 아기의 머리가 회전하지 않아 분만이 지연될 수 있다.

4) 미숙아

재태 기간이 37주 미만인 경우 미숙아로, 출생체중 2.5kg 미만인 경우 저출생체중아라고 한다. 미숙아는 호흡기계, 순환기계, 소화기계를 비롯한 신체의 모든 기관이 미성숙하여 출생 후 집중적인 치료를 받는 경우가 많다. 이들은 신경 발달 장애의 위험이 커서 뇌성마비 또는 자폐증, 주의력결핍과잉행동장애, 시력 및 청력 장애 등의 합병증과 후유증을 경험할 수 있다(Spittle & Orton, 2014; Spittle & Treyvaud, 2016). 이러한 이유로 미숙아 부모는 미숙아 출생이라는 위험한 사건을 지켜보면서 집중 치료를 받는 신생아의 투쟁을 불안하게 지켜봐야 하고, 더불어 자녀의 건강과 성장 발달 지연의 위험과 불확실성 때문에 만삭아 부모에 비해 높은 양육 스트레스를 경험하게 된다(Howe, Tsu-Hsin, Ching-Fan Sheu, Tien-Ni Wang, & Yung-Wen Hsu. 2014).

읽어보기 3-5 캥거루 케어

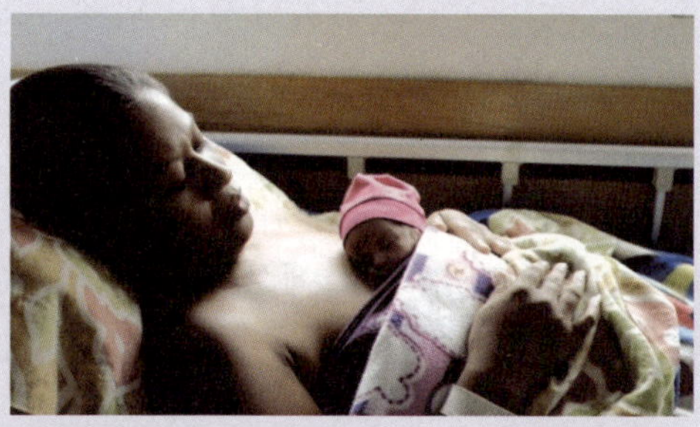
그림: 구글 이미지

캥거루 케어는 인큐베이터 부족 문제를 해결하기 위해 콜롬비아 보고타의 병원 중환자실에서 처음 도입되었다. 이는 미숙아를 엄마의 가슴 사이에 장시간 알몸으로 눕혀 엄마의 체온으로 체온을 조절하도록 돕기 위함이었다(Whitelaw & Sleath, 1985). 오늘날 캥거루 케어는 서구 사회의 많은 신생아 중환자실에서 위험에 처한 영아의 생존을 촉진하기 위해 사용되며, 의료진은 위험에 처한 영아의 부모에게 아기를 스킨십으로 안는 방법을 가르친다. 기저귀만 착용한 영아를 부모의 맨가슴(셔츠 또는 가운을 열어 놓은 상태)에 올리고, 아기의 머리를 옆으로 돌려 아기의 귀가 부모의 심장에 닿도록 하며, 아기에게 연결된 모든 튜브나 와이어를 부모의 옷에 테이프로 붙인다.

캥거루 케어의 장점은 매우 뚜렷하다. 캥거루 케어를 받은 조산아는 그렇지 않은 조산아에 비해 덜 울고, 더 오래 자며, 체중이 더 많이 증가하고, 호흡 및 심장박동 패턴이 더 조율되며, 산소 보충제를 덜 필요로 한다. 조산아의 캥거루 케어는 수면-각성 주기 및 각성 상태 조절을 포함한 영아의 자기 조절을 촉진하는 것으로 밝혀졌다(Feldman,

Weller, Siroto, & Eidelman 2002). Feldman 등(2003)은 캥거루 케어가 영아에게 주는 건강상의 이점 외에도 생애 초기의 캥거루 케어가 나중에 영아와 부모 사이의 긍정적인 상호작용과 관련이 있다는 사실을 발견했다. 이들은 이러한 영아와 부모의 상호작용이 더 민감하고, 침입성이 낮으며, 부모와 영아의 동기화가 더 높고, 영아의 부정적 정서가 낮다는 것을 발견했다. 부모의 침입성은 강압적이고 정상적인 유아의 놀이를 방해하는 행동으로 구성된다. 부모와 유아가 놀이 또는 언어적 교류를 통해 서로의 신호를 주고받을 때 부모와 유아 간의 동기화가 이루어진다.

출처: Heath, P. (2012). p. 129.

3. 부모 전환기

부모가 되는 과정에서 자녀를 가정과 생활에 맞이하는 시기를 부모 전환기라고 한다. 이는 부부 중심의 삶에서 부모로 전환되는 것을 의미한다. 결혼 후 개인적 생활에서 벗어나 부부 생활에 적응하는 것뿐만 아니라 부모가 되면 자녀의 발달 단계에 맞춘 적절한 부모 역할을 해야 한다. 이로 인해 다시금 그동안의 부부생활에도 변화가 필요하게 되며, 자녀중심의 소비와 주말 일정 등을 계획해야 한다. 이때, 완벽한 부모가 되겠다는 부담감을 느끼지 않는 것이 중요하며, 자녀를 '삶을 함께하는 동반자'로 받아들이는 긍정적인 태도가 필요하다(여성가족부, 2019).

실제로 첫 자녀 출생 후 부모는 확대가족과 만남이 증가하는 반면, 친구와의 만남은 감소하는 경향이 있으며, 확대가족 내에서 역할이 두드러지게 나타났다. 이러한 확대가족의 지원은 어머니-영아 관계의 질에 긍정적인 영향을 미치는 것으로 밝혀졌다(Gameiro, Boivin, Canavarro, Moura-Ramos, & Soares, 2010). 확대가족 지원 외에도 부모 전환기 만족도는 부모가 되는 것에 대해 복합적으로 사고하는 것과 관련이 있다. 자기 자녀를 갖기 전에 다른 가족 구성원의 영아를 돌보거나, 새로운 부모가 되는 것에 대해 다른 사람들과 논의 하는 것 등은 부모가 되는 것에 대해 더 구체적이고 복합적으로 사고를 하는 데 기여한다(Pancer, Pratt, & Hunsberger, 2000).

4. 공동양육

자녀양육에 아버지와 어머니가 함께 참여할 때 자녀발달 및 전반적인 가족 생활에 긍정적 영향을 미친다. 자녀양육에서 부모의 성에 영향을 받는 것은 모유에만 해당하며, 그 외에는 자녀양육과 가사노동 등은 부모가 함께 공유해야 한다.

공동양육은 부부가 공동양육을 위해 협의하고 일상적인 업무를 처리하는 데 많은 시간을 투자할수록 지지를 받게 된다. 특히 아버지의 양육 참여는 고용과 관련이 있으며, 맞벌이 가정의 아버지가 외벌이 가정의 아버지보다 더 많은 공동양육을 보이는 것으로 나타났다(Lindsey, Caldera, & Colwell, 2005). 그리고 일과 가정이 양립할 수 있는 육아휴직, 유연근무제, 정시 퇴근과 같은 사회적 지원이 있을 때 공동양육이 증가진다(한단비, 최지은, 김현경, 2023).

공동양육은 부모의 높은 교육 수준과 원 가정에서 공동양육을 경험한 것, 자녀양육에 대한 신념을 공유하는 것, 높은 자존감 등 다양한 요인의 영향을 받는다(이경선. 2017; Crouter, McHale, & Tucker, 1999). 특히 높은 자존감은 자기에 대한 긍정적 평가와 양육효능감을 높여 어머니의 양육에 대한 노력과 자신감을 증가시키고 이는 아버지의 공동양육 참여를 높인다(김근혜, 2020).

한편, 자녀의 까다로운 기질은 부모의 공동양육을 어렵게 한다(Lindsey et al., 2005). 예를 들어 어머니는 아기를 더 많이 보기 때문에 아기의 까다로운 행동에 관대할 수 있지만, 반면 아버지는 아기의 울음소리를 무시해야 한다고 생각할 수 있다.

제4장 영아기 부모역할

임신과 동시에 부모역할은 시작되었지만, 실제 부모임을 실감하는 순간은 아기가 태어날 때이다. 아기가 태어난 후 18개월까지의 기간을 영아기라고 하며, 이 시기 영아는 모든 것을 어른에게 의존한다. 따라서 부모는 영아가 일상생활에 불편함을 느끼지 않도록 돌보아야 하며, 사고나 질병으로부터 안전하게 지켜주어야 한다. 그리고 영아에게 적절한 자극을 주어 인지발달을 촉진해야 한다. 더불어 영아가 보내는 신호에 민감하게 반응하고 일관성 있게 대응하여 안정적인 애착을 형성하는 것이 중요하다.

1. 신체발달을 돕는 부모역할

영아기는 아기가 태어날 때 평균적으로 키 50cm, 몸무게 3.3kg 정도로 시작해, 1년 후에 키 75cm, 몸무게 10kg 정도로 급격한 신체 발달과 급성장이 이루어지는 시기이다. 이러한 발달과 성장을 돕기 위해 부모는 수면, 수유와 이유식, 운동발달에 중점을 두어야 한다.

1) 수면

부모의 역할은 영아가 18개월까지 수면을 잘 취할 수 있도록 돕는 데 매우 중요하다. 이 시기는 영아의 수면 패턴이 형성되고 건강한 수면 습관이 자리 잡는 때이기 때문이다. 특히 영아는 깊은 수면을 통해 성장호르몬을 분비하며, 이는 신체적 및 정신적 발달에 필수적이다.

영아의 수면을 돕기 위한 부모역할은 무엇보다 안정된 수면 환경을 조성하는 것이다. 조용하고 어두운 방에서 아기가 편안하게 느낄 수 있도록 해야 하며, 매일 같은 시간에 영아를 재우는 일관된 수면 루틴이 필요하다. 이는 영아가 수면 신호를 인식하고, 스스로 잠들 수 있는 능력을 기르는 데 도움을 준다. 규칙적인 수면 시간은 생체 리듬을 조절하고 수면의 질을 높이므로, 부모는 일관된 수면 루틴을 유지해야 한다(Chae, Han, Kim, Hwang, & Kim, 2022). 그리고 영아가 스스로 진정할 수 있도록 돕는 것은 독립적인 수면 능력을 기르는 데 필수적이다. 이를 자기 진정이라고 하며, 부모가 아기를 재우는 과정에서 영아가 스스로 잠들 수 있도록 기다려주는 것이 중요하다. 이는 영아의 총수면 시간과 질에 긍정적인 영향을 미친다(이선경, 2020).

읽어보기 4-1 매일 밤 잠드는 의식 만들기

첫 단계는 '잠자기 준비'이다. 잠자기 준비는 가급적 잠들기 1시간 전부터 준비한다. 잠들기 전에 잠들기 위한 분위기를 조성하는 데 효과적이기 때문이다.

잠자기 준비를 위해서는 아이의 피로나 스트레스를 풀 수 있는 활동이 효과적이다. 대표적으로 물놀이나 목욕하기가 있다. 물에 몸을 담그고 물의 감촉을 느끼면 긴장과 스트레스가 해소될 수 있기 때문이다. 물놀이처럼 욕조나 통에 물을 받아서 아이가 물놀이로 충분히 즐긴 후에 마지막에 씻고 나오도록 하는 방법이 효과적이다. 단, 12개월 이전 영아는 부모(양육자)가 아이를 씻겨주되, 물속에 몸을 담그고 물의 감촉을 느끼는 놀이 활동을 실행한 후에 씻기도록 한다. 씻은 후에는 잠잘 때 입는 옷을 입도록 한다. 반드시 잠옷이 아니어도 되며, 편안한 옷 중에서 잠들 때 입는 옷으로 정한다. 잠잘 때 일정한 옷을 입는 행위로 인해 아이는 이제 곧 잠들리라는 것을 예상할 수 있기 때문에 효과적이다.

두 번째 단계는 '잠들기'이다. 우리 집만의 잠들기 활동을 정하고 실행한다. 잠들기 활동 중에 아이가 잠드는 경우도 있지만 그렇지 않은 경우도 있으므로, 아이가 잠들 때까지 1~3개 정도의 활동을 실행한다. 예를 들면, 이불에 누워 뒹굴뒹굴 놀이하거나 인형 재우기 놀이, 과격하지 않게 부드러운 신체적 접촉이나 스킨십 놀이 등을 한다. 아이가 이불에 눕기를 거부한다면, 부모가 누워서 뒹굴뒹굴 놀이의 모델을 보여주면 아이가 자연스럽게 참여할 수 있다. 잠드는 과정에서 아이만 눕고, 아이만 잠들게 하는 것보다는 부모(또는 양육자)가 함께 누워 함께 잠드는 것이 효과적이다. 한편, 아이가 편안하게 잠들 수 있도록 집안 전체 분위기를 잠자기에 적절하게 조절한다. 즉 모든 방의 불을 끄고 잠드는 방에만 작은 불을 켜 놓는다. 또한 모든 가족이 다 같이 잠드는 과정에 참여한다면 아이가 좀 더 쉽게 편안히 잠들 수 있다.

세 번째 단계는 '확인하기'다. 부모나 양육자는 아이가 깊이 잠들 때까지 편안히 누워서 쉬다가 아이가 깊게 잠든 것을 확인한 후에 조용히 방에서 나온다. 부모나 양육자는 아이가 잠에서 깨지 않도록 조심하면서 집안일이나 다른 일을 하도록 한다. 만약, 아이가 잠에서 깼다면 부모나 양육자는 다시 함께 아이와 누워 2단계인 '잠들기'를 실행하도록 한다.

출처: www.mogef.go.kr/kps/main.do

2) 수유와 이유식

부모의 수유와 이유식에 대한 접근은 영아의 건강한 식습관 형성에 큰 영향을 미친다. 따라서 부모는 영아의 영양 요구를 충족시키고, 다양한 음식을 소개하여 아기가 올바른 식습관을 형성하도록 도와야 한다.

(1) 수유

모유는 영아에게 가장 이상적인 영양 공급원으로, 면역력 강화와 건강한 성장에 기여한다. 특히 산모의 첫 번째 젖인 초유는 탄수화물, 단백질, 항체가 풍부하고, 지방이 적어 소화가 쉬워 아기가 첫 대변을 쉽게 볼 수 있도록 돕는다. 그리고 초유는 아기의 몸에서 죽은 적혈구의 노폐물을 제거하고 황달 예방에도 효과적이다(Davidson, 1999).

태어난 지 3일이 지나면 모유는 점점 영아 발달에 적합하게 변화한다. 모유는 체온에서 항상 무균이며, 인공제조유보다 철분, 비타민 C, 비타민 A가 더 많이 포함되어 있다. 그리고 어머니가 질병에 걸렸거나, 예방접종을 통해 형성된 항체가 영아에게 전달되어 영아를 보호하는 효과를 제공한다. 또한 모유에 함유된 지방과 당류는 인공제조유보다 소화가 잘되어 모유를 먹은 영아는 복통과 설사, 알레르기가 적게 나타난다. 마지막으로 모유수유는 천식, 비만, 심장병 등 질병 예방에 효과적이다(박정민, 2016; Talukder, 2000; Oddy, Sherrif, & deKlerk, 2004).

따라서 부모는 영아가 모유를 충분히 섭취하도록 돕고, 수유 중 영아와의 정서적 유대감을 형성하는 것이 중요하다. 이는 영아의 정서적 안정과 사회적 발달에도 긍정적인 영향을 미친다(박성연, 도현심, 안지영, 1997).

(2) 이유식

영아가 4~6개월이 지나면 모유만으로는 철분, 비타민 D 또는 비타민 K가 충분하지 않으므로 이유식을 시작해야 한다. 그러나 이유식을 시작한 후에도 생후 1년 동안은 모유수유를 병행하는 것이 중요하다. 영아가 젖을 뗀 후에는 칼슘, 단백질, 과일, 채소, 통곡물이 포함된 고영양식을 제공하는 것이 필요하다(Boyle & Morris, 1999; Di Prete et al., 2023). 이유식은 영아의 영양 요구를 충족시키는 것뿐만 아니라, 다양한 맛과 질감을 경험하게 하여 식습관 형성에 도움을 준다.

따라서 부모는 영아가 새로운 음식을 시도할 수 있도록 다양한 음식을 제공하고, 영아의 반응을 관찰하여 적절한 음식을 선택하는 데 도움을 줘야 한다. 영아가 음식을 거부할 경우 인내심을 가지고 긍정적인 경험을 제공하는 것이 중요하다(한경자, 방경숙, 권미경, 김정수, 2001). 그리고 부모는 영아 스스로 음식을 탐색하고 다양한 식사를 경험할 수 있도록 도와주어 영아가 안전하게 음식을 섭취할 수 있는 환경을 조성해야 한다. 한편, 영아는 부모의 식습관을 모방하므로 부모가 건강한 음식을 선택하고 함께 식사하면서 건강한 식습관을 보여주는 것이 좋은 방법이다(Spyreli, McKinley, & Dean, 2021).

3) 운동능력 증진

부모는 영아의 신체적 발달을 지원하고 촉진하는 데 있어 핵심적인 역할을 하며, 다양한 활동과 자극적인 환경, 발달에 적합한 놀잇감을 제공함으로써 영아의 운동 능력을 향상할 수 있다.

(1) 대근육 운동능력

대근육 발달을 위한 부모의 역할은 영아가 기어다니거나 걷는 등의 신체 활동을 할 수 있도록 안전한 공간을 제공하는 것이다. 예를 들어, 넓은 바닥에서 기어다니거나 걷는 연습을 할 수 있도록 도와주는 것이다. 또한 부모가 신체 활동을 하는 모습을 보여줌으로써 영아가 이를 모방하도록 유도할 수 있다. 부모가 함께 놀면서 다양한 신체 동작을 시연하면, 영아는 이를 따라 하려는 경향이 있어 부모를 모방하면서 활발한 신체 활동을 할 수 있다(최일선, 김형미, 김영아, 2022).

(2) 소근육 운동능력

소근육 발달을 위한 부모의 역할은 다양한 촉각 경험을 제공하는 것이다. 부모는 영아에게 발달에 적합한 다양한 질감의 장난감이나 물체를 제공하여 손과 손가락의 운동능력을 개발할 수 있도록 도와야 한다. 예를 들어, 부드러운 천, 딱딱한 블록, 그리고 다양한 크기의 공 등을 활용할 수 있다(김미정, 노성향, 신용연, 2015). 그리고 부모가 영아와 함께 간단한 손작업이나 그림 그리기, 블록 쌓기 등의 활동을 통해 소근육 발달을 촉진할 수 있다. 이러한 활동은 영아가 손의 힘과 조정 능력을 향상하는 데 도움을 준다(보건복지부, 육아정책연구소, 2013).

그리고 부모는 영아가 다양한 운동기술을 시도할 준비가 되었음을 주목할 필요가 있다. 영아가 어떤 행동에 강한 호기심을 보인다면, 이는 발달적 이정표를 완성할 준비가 되었음을 반영하는 것이다. 예를 들어, 영아가 이유식을 먹을 때 숟가락을 잡으려는 시도는 영아가 성공적인 잡기를 위한 소근육 운동 기술의 발달을 나타낸다. 예를 들어 일부 영아들은 손으로 잡기 전에 발로 잡는 경우가 있다(Adolph Berger, 2005). 이러한 시도가 실제 운동기술 준비상태를 보여준다는 것을 인식하고 목표 행동에 도달할 수 있도록 도와주어야 한다. 영아 스스로 숟가락질을 할 때, 부모는 영아의 실수를 용인하며 성공할 기회를 제공해야 한다. 물론 부모는 영아의 숟가락질이 충분히 숙달될 때까지 다른 숟가락으로 영아의 이유식을 도와주어야 한다.

또한 부모는 영아의 안전을 위한 예방조치를 위해 대근육과 소근육 발달 이정표를 알아두어야 한다. 예를 들어, 3개월쯤에 뒤집기를 시작할 때임을 부모가 인지하면, 부모는 옆이 뚫린 높은 공간에 영아를 눕히지 않을 것이다. 더불어 부모는 집안에 안전한 물건과 안전하지 않은 물건을 구분하여 주의를 기울이고, 지속적으로 영아의 안전을 위해 모니터링하는 것도 중요하다(Heath, 2012).

2. 인지발달을 돕는 부모역할

영아는 태어날 때 약 100억 개의 뉴런을 가지고 있으며, 특히 생후 18개월 동안 감각적 탐색 과정을 통해 뉴런 간의 연결이 급속히 형성되고 강화되어 인지발달을 촉진한다. 더불어 주변 사람들과의 상호작용을 통해 언어가 발달하며, 이는 인지발달에도 영향을 미친다.

1) 감각을 통한 지각 능력

영아는 외부 세계를 탐험하고 이해하기 위해 감각적 경험을 통해 학습하므로, 부모는 이러한 경험을 풍부하게 만들어주는 역할을 해야 한다.

(1) 시각

부모는 영아에게 다양한 색상과 형태를 가진 장난감, 책, 그림 등을 제공함으로써 시각적 자극을 극대화할 수 있다. 생후 3개월의 영아는 대비가 강한 패턴을 선호하며, 이러한 시각적 자극이 뇌의 시각 피질 발달에 기여한다(Adamson & Frick, 2003). 그리고 영아는 생후 6개월부터 주변 환경의 다양한 색상과 모양을 인식하기 시작하며, 이러한 시각 자극은 뇌 발달에 중요한 역할을 한다(Di Giorgio et al., 2021). 따라서 부모는 대비가 강한 패턴이나 밝고 다양한 색상의 장난감, 책 등을 제공하여 영아의 시각적 호기심을 자극하고, 색깔 인식 능력을 키울 수 있도록 돕는 것이 중요하다. 또한, 영아는 사람 얼굴을 시각적으로 더 선호한다. 이는 영아가 부모와 상호작용을 하는 과정의 핵심기제로, 특히 영아와 부모가 상호 응시할 때 서로의 상호작용을 촉진하고, 유지하는 맥락을 제공한다(Hoehl, Fairhurst, & Schirmer, 2021)

(2) 청각

청각 발달을 위해 부모는 아기에게 다양한 소리를 들려주고, 노래를 부르거나 음악을 틀어주는 등의 청각적 경험을 제공해야 한다. 영아는 특히 사람의 목소리와 같은 복잡한 소리 패턴에 반응하며, 이는 언어발달과도 연결된다(Hirsh-Pasek et al., 2015). 따라서 부모는 노래하고 이야기하는 것과 같은 다양한 소리의 패턴을 영아에게 제공하여 언어 인지 기술을 발전시키는 데 도움을 주어야 한다.

(3) 촉각

촉각 발달을 촉진하기 위해 부모는 영아에게 다양한 질감과 온도를 가진 물체를 접할 수 있도록 해주어야 한다. 예를 들어, 부드러운 담요, 거칠거칠한 장난감, 혹은 차가운 물체 등 다양한 감각적 경험은 영아의 감각 탐색 능력을 증가시키고 뇌의 연결을 강화한다. 이러한 경험을 통해 영아의 손과 눈의 협응 능력도 발달시킬 수 있다(Hirsh-Pasek et al., 2015). 더불어 부모는 다감각적 경험을 영아에게 제공해야 한다. 다양한 감각 자극을 제공받은 영아들이 그렇지 않은 영아들에 비해 더 나은 지각 능력을 보였으며, 특히 촉각, 청각, 시각 등의 감각 경험을 통합적으로 제공하는 것이 효과적이다(Zosh et al., 2020).

(4) 자기주도적 탐색

영아의 감각 발달은 적극적인 탐색과 상호작용을 통해 이루어지므로, 부모는 안전한 탐색 환경을 제공하고 영아가 스스로 시도할 기회를 주어야 한다. 자기주도적 탐색은 영아의 문제해결능력과 창의성을 기르는 데 중요하며(Lerner, Dowling, & Abbasi-Asl, 2024), 부모는 영아가 탐색할 수 있는 안전한 공간을 마련하고, 적절한 시점에 지지와 격려를 통해 영아가 더욱 자신감 있게 주변을 탐구하도록 도와야 한다. 이때, 부모가 영아의 행동과 주의에 민감하게 반응하고 이를 격려해야 하며, 이를 통해 영아는 지각, 기억, 문제해결능력, 특히 전두엽 발달이 촉진된다(Tamis-LeMonda, Kuchirko, Luo, Escobar, & Bornstein, 2021).

2) 언어발달 촉진

영아기는 언어발달이 급격히 이루어지는 시기로, 이 시기의 언어발달이 이후 인지 발달의 기초가 된다(Kuhl, 2004). 따라서 부모가 이 시기 영아의 언어발달을 효과적으로 지원하는 것은 매우 중요하다.

영아의 언어발달을 촉진하기 위해 부모는 영아에게 풍부한 언어적 자극을 제공해야 한다. 지속적인 대화, 책을 읽어주기, 노래를 불러주기 등의 활동을 통해 제공된 언어적 자극이 영아의 어휘 발달과 문장 이해력 향상에 기여한다. 특히 부모가 영아의 관심사에 맞추어 상호작용을 하는 것이 효과적이다(Hirsh-Pasek et al., 2015). 이때, 영아지향 말투(baby talk)처럼 높은 어조와 저음과 고음의 변동이 큰 단순한 어휘와 구체적이고 짧은 문장, 명확한 발음을 사용하는 것은 영아의 언어발달에 도움이 된다(Segal & Newman, 2022).

그리고 부모는 영아의 언어발달을 촉진하기 위해 영아와의 반응적인 의사소통을 해야 한다. 부모가 영아의 의사소통 시도에 민감하게 반응하고, 이를 격려할수록 영아의 언어 이해력과 표현력이 향상되며, 부모-자녀 간 상호작용의 질이 높을수록 영아의 뇌 발달에 긍정적인 영향을 미친다(Tamis-Le Monda et al., 2021).

또한 부모는 영아와 안정적인 애착을 형성해야 한다. 안정적인 애착 관계를 맺기 위한 부모의 반응적이고 민감한 상호작용이 영아의 뇌 발달, 특히 언어영역 발달에 긍정적인 영향을 미친다(Bernier, Calkins, & Bell, 2016). 더불어 탐색과 실험을 격려하는 환경에서 자란 영아들이 그렇지 않은 영아들에 비해 더 나은 언어 능력을 보였다는 연구 결과도 있다(Clearfield & Jedd, 2021). 따라서 부모는 영아의 호기심과 학습 동기를 자극하여 언어발달을 촉진할 수 있는 자극적인 환경을 제공해야 한다.

마지막으로, 부모는 영아의 정서적 지지와 스트레스 관리를 통해 언어발달을 도울 수 있다. 영아기는 급격한 발달로 인해 스트레스에 취약한 시기이므로(Gunnar

& Quevedo, 2007), 부모가 영아의 스트레스 신호에 민감하게 반응하고 안정적인 돌봄과 정서적 지지를 제공하는 것이 중요하다.

3. 사회・정서발달을 돕는 부모역할

부모와 영아 간 관계는 영아의 사회적 발달의 초석이 될 뿐만 아니라, 자녀의 정서적 안정과 사회적 관계 형성을 위한 중요한 기초가 된다. 따라서 부모는 영아의 기질을 잘 파악하여 그에 맞는 양육을 하고, 항상 반응적이고 민감하며, 일관성 있게 접근함으로써 안정적 애착을 형성해야 한다.

1) 기질

기질은 생애 초기에 나타나는 행동적이고 정서적인 반응으로, 유전에 기초를 둔 안정적 특성을 의미한다(박성연, 이은경, 2023). 일반적으로 영아의 기질은 쉬운 기질과 까다로운 기질, 천천히 반응하는 기질로 구분된다. 이러한 기질에 따라 영아의 행동이 각각 다르게 나타나므로, 부모가 기질을 이해하면 영아를 이해하고 효과적인 양육에 도움이 된다.

(1) 쉬운 기질

쉬운 기질을 가진 영아는 새로운 상황이나 환경에 잘 적응하고, 긍정적인 정서를 자주 표현하며, 다른 사람과의 상호작용을 즐긴다. 그리고 이들은 규칙적인 생리적 패턴을 보인다. 따라서 부모는 영아에게 안정적이고 예측할 수 있는 환경을 제공하여 영아의 불안감을 줄이고, 안전감을 느끼도록 해야 한다. 안정적인 환경은 영아의 정서적 발달에 긍정적인 영향을 미치며, 이는 향후 사회적 상호작용 능력 향상과 관련이 있다. 그리고 긍정적인 상호작용을 통해 영아의 사회적 기술을 개발할 수 있도록 돕고, 영아의 긍정적인 정서표현에 적절히 반응하여 영아의 정서조절을 지원해야 한다. 또한, 부모는 일관된 양육태도를 유지해야 한다.

부모의 일관된 행동 방침은 영아의 행동발달과 정서적 안정성에 긍정적인 영향을 미치며, 자신의 환경을 이해하고 적응하는 데 도움이 된다. 그러나 쉬운 기질의 영아는 순종적인 특성으로 인해 자신의 욕구를 표현하거나 주장하지 못할 때가 있으므로, 부모는 영아가 매번 양보하고 욕구를 참지 않도록 주의 깊게 살펴보아야 한다(Kiff, Lengua, & Zalewski, 2011; Slagt, Dubas, Dekovic, & Van Aken, 2016).

(2) 까다로운 기질

까다로운 기질을 가진 영아는 자극에 쉽게 반응하고, 감정 조절이 어려우며, 새로운 환경이나 변화에 불안감을 느끼는 경향이 있다. 부모가 이러한 특성을 비난하기보다는 잘 이해하고 수용할 때, 영아는 정서적 안정성을 발달시킬 수 있다. 그리고 부모는 규칙적이고 예측할 수 있는 일상을 제공해야 하며, 이를 통해 영아는 불안을 덜 느끼고 안정성을 높일 수 있다. 따라서 일정한 수면 시간, 식사 시간 및 놀이 시간을 유지하는 것이 중요하다.

특히 까다로운 기질을 가진 영아는 감정을 조절하기 어려워 부정적 정서를 자주 표출한다. 이때, 부모는 영아가 자신의 감정을 표현할 수 있게 도와주고, 차분하게 반응하며, 포옹이나 따뜻한 말을 통해 영아에게 안정감을 주어야 한다. 그리고 까다로운 기질을 가진 아기는 새로운 상황에서 긴장할 수 있지만, 점진적으로 다양한 사람들과의 상호작용을 통해 사회적 기술을 발달시킬 수 있다. 따라서 부모는 영아를 다양한 사람들과의 사회작용을 통해 긍정적인 사회적 상호작용을 경험하도록 유도해야 한다. 한편, 까다로운 기질을 가진 영아를 양육하는 것은 스트레스를 유발할 수 있으므로, 부모는 자신을 돌보고 스트레스를 관리할 수 있는 방법을 찾아야 한다(Cohen & Janicki-Deverts, 2012; Rothbart & Bates, 2006).

(3) 천천히 반응하는 기질

천천히 반응하는 기질을 가진 영아는 일반적으로 외부 자극에 대한 반응 속도가 느리고 소극적인 경향이 있다. 이는 영아가 환경에 적응하는 데 시간이 더 필요하다는 것을 의미한다. 따라서 부모는 영아가 새로운 경험에 적응하기 위해 점진적으로 자극을 제공하여 영아가 더욱 편안하게 반응할 수 있도록 도와주어야 한다. 예를 들어, 새로운 장난감이나 활동을 소개할 때, 아기가 익숙해질 수 있도록 충분한 시간을 주는 것이 필요하다.

그리고 부모는 천천히 반응하는 기질을 가진 영아에게 안정적이고 예측할 수 있는 환경을 제공해야 한다. 일관된 일상과 안정적인 환경은 영아의 불안감을 줄이고, 새로운 자극에 대한 적응력을 향상한다. 예를 들어, 매일 같은 시간에 식사하고, 일관된 수면 패턴을 유지하는 것이 아기에게 안정감을 줄 수 있다.

다음으로 부모는 영아가 사회적 상호작용을 통해 배울 수 있도록 도와야 한다. 천천히 반응하는 기질을 가진 영아는 다른 영아와의 상호작용에 어려움을 겪을 수 있지만, 부모가 이들을 지원함으로써 사회적 기술을 개발할 수 있다. 따라서 부모가 영아와의 상호작용을 통해 긍정적인 사회적 경험을 제공하여 영아의 사회적 기술을 촉진해야 한다(선우현정, 도현심, 2009; 한지현, 2015; Stright, Gallagher, & Kelley, 2008; Thompson, 2014).

2) 애착 형성

양육자와의 정서적 유대감을 애착이라고 한다. 안정적으로 형성된 애착을 가진 영아는 불안정한 애착을 형성한 영아에 비해 대면놀이에 더 잘 반응하고, 의사소통 수단이 다양하며, 탐색 활동을 더 많이 참여하고, 덜 울며, 양육자에 의해 쉽게 달래진다. 안정적인 애착을 형성한 영아는 인지적 사회적 기술에서도 더 유능하며, 순응성도 높은 것으로 알려져 있다. 나아가 안정 애착은 영아가 부모와의 관계에서 안정감을 느끼고, 세상과의 긍정적인 상호작용을 통해 자신감을 쌓는 데 기여한다. 동시에 양육자와의 관계는 내적작동모형을 통해 이후 인간관계에 긍정적인 영향을 미친다(박성연, 이은경 2023; Bowlby, 1982).

안정 애착을 형성하기 위해 부모는 영아가 울거나 불안할 때 그 신호를 정확히 이해하고 영아의 요구에 일관되며 민감하게 반응해야 한다(Ainsworth, Blehar, Waters, & Wall, 2015). 그리고 부모가 영아와 눈을 맞추고, 미소를 지으며, 부드러운 목소리의 톤으로 대하는 행동은 영아에게 신뢰를 심어줄 수 있다. 이러한 신뢰는 영아가 부모에게 안전하게 의지할 수 있는 기반을 마련해 준다(Sroufe, Egeland, Carlson, & Collins, 2009).

그리고 부모는 영아의 감정을 이해하고 수용하는 태도를 가져야 한다. 영아가 기쁘거나 슬퍼할 때 부모가 그 감정을 인정하고 반응함으로써, 영아는 자신의 감정이 가치 있다는 것을 배우게 되고, 정서적 안정성이 높아진다(Juffer, Bakermans-Kranenburg, & Van IJzendoorn, 2023). 다음으로 부모는 영아가 새로운 환경을 탐색할 수 있도록 안전한 기반을 제공해야 한다. 영아가 새로운 것을 시도할 때, 부모가 신뢰하고 지켜보는 것은 영아가 더 많은 경험을 쌓을 수 있도록 지원하고 격려할 때 안정 애착이 형성될 수 있다(서수정, 김태련, 이경숙, 신의진, 2007).

마지막으로 부모는 영아와의 긍정적인 상호작용을 통해 애착을 강화해야 한다. 놀이, 책 읽어주기, 신체적 접촉(예: 포옹, 안기 등)은 영아와의 관계를 더욱 깊게 만들 수 있다. 이러한 상호작용은 영아가 세상에 대한 신뢰를 형성하는 데 도움을 준다(이경선, 2017).

4. 부모와 영아 놀이

부모는 영아를 위한 안전하고 풍부한 놀이 환경을 조성하고, 영아의 관심사와 발달 수준에 맞는 적절한 자극을 제공해야 한다. 그리고 부모는 영아와의 상호작용을 통해 정서적 유대감을 형성하고, 언어발달을 촉진하며, 인지 및 운동 능력의 발달을 지원해야 한다.

특히 부모-영아 놀이를 할 때, 부모와 영아가 서로의 신호를 정확하게 읽고 반응하는 능력은 부모-영아 동기화 발달에 중요한 역할을 한다(Heath, 2012). 부모와 영아의 상호작용 놀이에서는 때로 부모가 시작하고, 때로 영아가 시작한다. 많은 부모는 놀이하는 동안 영아의 신호를 정확하게 읽고 반응하지만, 일부 부모는 영아의 상호작용 초대를 무시하거나 잠시 쉬고 싶어 할 때 지나치게 자극하는 경우도 있다. 따라서 부모는 영아와 상호작용 놀이를 할 때, 부모를 참여시키기 위한 아기의 몸짓뿐만 아니라 영아가 지나치게 자극을 받아 잠시 쉬고 싶다는 신호에도 반응해야 한다. 아기가 "잠시 멈춰야 한다."는 신호를 보낼 때 고개를 돌리는 제스처를 나타내며, 이는 "아니요."라는 첫 번째 신호이다. 이후 영아가 다시 고개를 돌려 부모를 바라보며 미소를 짓는 것은 계속 놀 준비가 되었음을 나타낸다(Feldman, Greenbaum, & Yirmiya, 1999). 이같은 신호를 잘 알아채는 정서적이고 반응적이며, 지지적인 부모의 정서적 가용성(emotional availability)은 영아의 놀이 참여도와 지속성을 높이며, 이는 장기적으로 영아의 실행 기능 발달에 긍정적인 영향을 미친다(Gartstein & Iverson, 2014).

부모는 영아의 탐색 행동을 장려하고 지원해야 한다. 영아기는 감각운동기에 해당하며, 이 시기에는 환경에 대한 직접적인 탐색을 통해 학습이 이루어진다. 따라서 부모는 안전한 환경에서 영아가 자유롭게 탐색할 수 있도록 기회를 제공하고, 새로운 경험을 할 수 있도록 지원해야 한다. 그리고 부모는 '비계(scaffolding)'를 설정하여 영아가 혼자서는 할 수 없지만, 약간의 도움으로 수행할 수 있는 과제를 제시하고 지원함으로써 영아의 학습과 발달을 촉진해야 한다. 부모와의 놀이적 학습(playful learning)은 영아의 인지적, 사회적, 정서적 발달을 촉진하는 중요한 메커니즘이다. 부모는 영아의 관심사를 따르면서도 새로운 도전을 제시하는 '안내된 놀이(guided play)'를 통해 영아의 학습을 효과적으로 지원함으로써 영아기 놀이에 장기적인 영향을 미칠 수 있다(Guarrella, Van Driel, & Cohrssen, 2023).

부모는 놀이 중 영아와 대화하고, 사물의 이름을 말해주고, 영아의 발성에 반응하는 등 풍부한 언어적 상호작용을 제공해야 한다. 영아기의 풍부한 언어 환경은 이후의 언어발달과 학업 성취에 큰 영향을 미친다. 일부 연구에서는 영아의 경우에도 제한적이고 상호작용적인 방식의 디지털 미디어 사용이 발달에 도움이 될 수 있다고 주장한다(Dowdall et al., 2020). 그러나 이는 반드시 부모의 적극적인 참여와 중재하에 이루어져야 한다. 부모는 디지털 콘텐츠를 영아와 함께 탐색하고, 내용에 관해 설명하며, 실제 세계와 연결 짓는 역할을 해야 한다.

부모는 영아의 놀이에 대해 긍정적인 태도를 가져야 한다. 영아는 주변 성인의 행동과 태도를 모델링하므로, 부모가 놀이에 대해 즐거운 태도를 보이고 적극적으로 참여하면, 영아도 놀이에 대해 긍정적인 태도를 형성하게 된다. 특히 동아시아 문화권에서는 부모가 영아와의 놀이를 통해 인내심, 자기 통제, 협력 등의 가치를 전달하는 경향이 있다. 이는 놀이가 단순한 즐거움을 넘어 문화적 가치와 규범을 전달하는 중요한 매개체가 됨을 보여준다(Luo et al., 2019). 그리고 부모와 아기의 놀이는 목욕, 옷 입히기 및 다양한 일상적인 돌봄 활동에 도입할 수 있다. 부모가 아기에게 목욕을 시키거나 셔츠를 입히면서 까꿍 놀이를 하면, 이러한 활동은 영아와 부모 모두에게 더욱 즐거운 경험이 될 수 있다(Heath, 2012).

제5장 걸음마기 부모역할

걸음마기(18~36개월)는 아동의 신체, 인지, 언어, 자조 능력이 급격히 발달하는 중요한 시기이다. 이 시기에 부모는 신체활동과 안전한 환경을 통해 아동의 운동 발달을 촉진하고, 배변훈련과 자조능력 학습을 통해 자립심을 키우는 역할을 한다. 그리고 탐색 활동, 상징적 사고, 언어발달을 지원하며 아동의 학습과 자신감을 강화해야 한다. 더불어 부모의 긍정적 지지와 일관된 태도는 걸음마기 아동의 전반적인 성장과 발달에 결정적인 영향을 미친다.

1. 신체발달을 돕는 부모역할

걸음마기 아동은 18개월경 대부분 안정적으로 걸을 수 있게 되며, 24개월경 달리기를 시작한다. 36개월경 계단을 오르내리는 능력이 크게 향상된다. 이러한 운동 기술의 발달은 아동의 독립성과 탐험 능력을 증진하는 중요한 요소이고 자신감과 독립성 발달에도 긍정적인 영향을 미친다(Franchak & Adolph, 2024).

1) 운동능력

부모는 아동과 함께 놀이터에 가거나, 집에서 간단한 운동 게임을 하는 등 신체 활동을 장려해야 한다. 특히 규칙적인 신체 활동이 이후의 건강과 발달에 큰 영향을 미치므로 부모는 아동이 하루 최소 180분의 다양한 강도의 신체 활동에 참여하도록 격려해야 한다(Hnatiuk, Dwyer, George, & Bennie, 2020). 반면, 스크린 타임은 이러한 활동을 저해할 수 있다는 점을 인식하고, WHO의 권고에 따라 부모는 2세 미만 아동의 스크린 타임을 제한하고, 2~4세 아동은 하루 1시간 이내로 제한해야 한다(Kucirkova & Radesky, 2017).

그리고 걸음마기 아동의 운동능력을 촉진하기 위해 현재 수준보다 약간 높은 도전을 제공하는 것이 중요하다. 예를 들어, 걸음마를 배우는 초기에는 손을 잡아주는 등의 직접적인 도움을 제공하고, 점차 독립적인 걷기를 유도하거나, 평지 걷기에 익숙해지면 경사로에서 걷기를 시도하도록 할 수 있다(Adolph et al., 2012). 이러한 점진적인 도전은 걸음마기 아동의 운동능력을 향상하고, 일상생활에서 자연스럽게 통합될 수 있는 간단한 운동기술 훈련의 일환이 될 수 있다(Adolph, Hoch, & Cole, 2018).

다음으로 걸음마기 아동이 안전하게 움직이고 탐험할 수 있도록 집 안팎의 위험 요소를 제거하고, 안전하게 활동할 수 있는 공간을 만들어야 한다. 특히 걸음마기 아동이 적절한 위험을 경험할 수 있는 균형 잡힌 환경을 제공하는 것이 중요하다(Goldfield et al., 2016; Johnstone et al., 2020). 또한, 걸음마기 아동이 새로운 시도를 할 때 부모의 지지를 통해 실패해도 계속 도전하도록 격려하는 것이 필요하다. 이처럼 부모가 걸음마기 아동의 노력과 진전을 인정하고 긍정적인 피드백을 제공하는 것은 아동의 운동 발달에 긍정적인 영향을 미친다(Cattuzzo et al., 2016).

마지막으로 부모는 걸음마기 아동에게 적절한 신발과 균형 잡힌 영양소가 포함된 식단, 충분한 수면을 제공해야 한다. 이러한 요인들은 아동의 전반적인 발달에 중요한 기여를 한다(Driano, Staheli, & Staheli, 1998; Schwarzfischer et al., 2020; Zuraikat, Jelic, & St-Onge, 2023).

2) 배변훈련

18~36개월 걸음마기 아동의 배변훈련은 중요한 발달 과업 중 하나이다. 이 시기에 부모의 적절한 지원은 아동의 성공적인 배변훈련뿐만 아니라 자립심과 자신감 발달에 긍정적인 영향을 미칠 수 있다. 배변훈련의 시작 시기는 대부분 18~24개월 사이지만, 이 시기에 아동은 발달속도가 다르므로 신체적, 인지적 준비상태

를 세심히 관찰하는 것이 중요하다. 따라서 부모는 아동이 2시간 이상 기저귀를 건조하게 유지할 수 있는지, 배변 욕구를 인식하고 표현할 수 있는지, 화장실에 관심을 보이는지, 간단한 지시를 따를 수 있는지 등을 점검해야 한다. 평균적으로 27.7개월에 배변훈련이 완료된다고 보고되나, 이는 문화와 환경에 따라 달라질 수 있다(Jose et al., 2020; Netto et al., 2020).

걸음마기 아동이 배변훈련을 편안하게 진행할 수 있도록 부모는 아동용 변기 시트나 발판을 제공해 화장실 사용 환경을 조성하는 것이 필요하다. 최근에는 부모에게 지침을 제공하고, 아동에게는 재미있는 시각적 보상을 제공하는 모바일 앱이 효과적이라는 연구 결과도 있다(Mruzek et al., 2019). 이와 더불어 부모는 일정한 간격으로 아동을 화장실에 데려가는 습관을 기르는 것이 필요하다. 식사 후나 낮잠 전후와 같은 특정 시점에 아동을 화장실에 데려가면 훈련이 더 효과적일 수 있다. 이 과정에서 일관된 방법을 적용하고, 가족 모두가 동일한 배변훈련 방식을 사용하는 것이 중요하다(Vermandel, 2020; Wyndaele, Kaerts, Wyndaele, & Vermandel, 2020).

그리고 부모는 걸음마기 아동이 배변 욕구를 표현할 수 있도록 적절한 단어나 신호를 가르쳐야 한다. 걸음마기 아동의 신호와 선호도를 존중하며, 강압적이지 않은 방식으로 배변훈련을 진행하는 것이 바람직하다. 걸음마기 아동이 화장실을 성공적으로 사용할 때마다 격려하는 것은 자신감과 동기를 높이는 데 효과적이며, 스티커 차트나 작은 선물 등의 보상 시스템을 통해 동기를 높일 수 있다(Agusniatih & Suwika, 2022; De Carvalho Mrad et al., 2021).

다음으로 배변훈련은 평균 3~6개월 정도 소요될 수 있으므로 부모는 이 과정에서 시간이 걸릴 수 있음을 인식하고 인내심을 가져야 한다. 걸음마기 아동의 실수에 대해 화를 내거나 벌을 주지 않고, 실수를 자연스러운 학습 과정의 일부로 받아들여 차분히 대처하고 다음에는 화장실에 가자고, 상기시켜야 한다. 이러한 과정에서 부모의 스트레스는 걸음마기 아동에게 부정적 영향을 미칠 수 있으므로, 부모는 자신의 스트레스를 관리하고 긍정적인 태도를 유지하는 것이 필요하다(한영숙, 2020; Wyndaele & Vermandel, 2023).

마지막으로 야간 배변 조절은 주간 조절보다 늦게 이루어지는 경우가 많다. 부모는 걸음마기 아동이 주간에 배변 조절을 완전히 습득한 후에 야간 훈련을 시작하는 것이 좋다. 이 과정에서도 인내심을 잃지 않는 것이 중요하다(Lansky, 2002).

3) 자조능력

자조능력이란 아동이 스스로 숟가락으로 음식 먹기, 옷 입고 벗기, 용변을 가리고 화장실 사용하기와 같이 자기 스스로를 자신의 욕구를 충족시키고 일상생활을 독립적으로 수행할 수 있는 기본적인 능력을 말한다. 이러한 능력은 독립성과 자율성이 급속도로 발달하는 걸음마기에 습득하기 시작한다(Sezici & Akkaya, 2020).

부모는 걸음마기 아동의 자조능력을 발달시키기 위해 아동이 스스로 시도할 수 있는 환경을 마련하고, 충분한 시간을 허용하는 것이 중요하다. 예를 들어, 부모는 식사 시간에 아동이 스스로 숟가락을 사용하도록 격려하거나, 옷 입기 과정에서 아동이 참여할 수 있는 부분을 찾아 시도할 수 있는 기회를 준다. 또한, 부모는 복잡한 자조 기술을 작은 단계로 나누어 가르치는 것이 효과적이다. 예를 들면, 옷 입기를 가르칠 때 처음에는 팔을 소매에 넣는 것과 같이 작은 단계에서 시작하여 점차 전체 과정을 스스로 수행할 수 있도록 돕는 방식이다(Wallace & Shubert, 2008). 이러한 단계적 접근은 아동이 각 단계를 성공적으로 수행할 수 있는 기반을 마련한다.

그리고 부모는 걸음마기 아동의 노력과 성취를 인정하며, 실패할 때도 계속 시도하도록 격려하는 것이 중요하다. 이러한 긍정적 피드백은 아동의 자존감과 지속적인 학습 의지를 높이는 데 도움을 준다. 또한, 부모가 일상생활에서 자조 행동을 명확하게 보여주고, 걸음마기 아동이 관찰하고 모방할 수 있는 기회를 제공하는 것이 중요하다. 더불어 부모는 걸음마기 아동이 안전하게 실수할 수 있는 환경을 제공하는 것이 필요하다. 부모는 위험한 상황에서는 적절히 개입하되, 걸음마기 아동이 자율적으로 탐색하고 시도할 수 있는 공간을 마련해야 한다.

다음으로 부모는 아동이 스스로 할 수 있는 환경을 조성하는 것이 효과적이다. 예를 들어, 아동의 키에 맞는 낮은 선반에 옷을 보관하거나, 칫솔을 아동이 손쉽게 잡을 수 있는 위치에 두는 등의 방법이다. 이러한 배려는 아동이 스스로 자조

기술을 활용할 수 있는 기회를 제공한다. 또한, 부모는 식사, 옷 입기, 잠자기 등의 활동에 대해 일정한 루틴을 만들고 유지하는 것이 중요하다. 일관된 루틴은 아동이 무엇을 기대할 수 있는지를 알게 하고, 자조 능력을 더욱 효과적으로 발달시킬 수 있다.

마지막으로 놀이를 통한 자조 기술 학습의 효과가 있으므로 부모는 역할놀이나 인형 놀이 등을 통해 자조 기술을 재미있게 가르칠 수 있다. 놀이를 통한 학습은 아동의 흥미를 유발하고 자조 능력을 자연스럽게 연습할 수 있는 기회를 제공한다. 그러나 걸음마기 아동 스스로 하는 과정은 시간이 오래 걸리고 때로는 지저분해질 수 있다. 따라서 부모는 인내심을 가지고 기다려주는 것이 중요하다(Morawska, Dittman, & Rusby, 2019).

2. 인지발달을 돕는 부모역할

1) 탐색활동

걸음마기 아동은 주변 환경을 탐색하고, 다양한 경험을 통해 세상을 이해하는 능력을 키워나간다. 특히 걸음마기 아동은 감각운동기에서 전조작기로 전환하는 단계에 있어, 물체의 영속성 개념을 이해하며, 상징적 사고와 언어 사용 능력이 발달하기 시작한다.

이러한 발달을 지원하기 위해 부모는 아동이 자유롭게 탐색할 수 있는 안전한 환경을 마련해야 한다. 아동이 탐색할 수 있는 공간을 마련하고, 위험 요소를 제거하여 아동이 스스로 탐색할 수 있도록 도와야 한다. 예를 들어, 가구의 모서리를 모따기하여 자녀를 보호하거나, 위험한 물건을 치우는 것처럼 물리적 환경을 안전하게 만들어 걸음마기 아동이 스스로 환경을 탐색할 수 있도록 돕는 것이 중요하다.

그리고 부모는 다양한 자극을 제공하여 아동이 촉각, 시각, 청각 등 여러 감각을 활용한 탐색을 할 수 있도록 유도해야 한다. 예를 들어, 자연 속에서 산책을 하거나, 다양한 장난감과 미술활동을 제공함으로써 아동의 호기심을 자극하고 탐색 능력을 향상할 수 있다. 이러한 활동은 아동의 호기심을 자극하고, 탐색 능력을 향상하는 데 도움이 된다(Tamis-LeMonda, Kuchirko, & Tafuro, 2013).

더불어 부모는 걸음마기 아동에게 자유롭게 놀 수 있는 시간을 제공하는 것도 중요하다. 자유 놀이는 아동이 스스로 선택하고 창의적으로 문제를 해결하는 능력을 기르는 데 기여하며, 자율적인 탐색 활동을 통해 아동이 자기 능력을 발견한다. 그러므로 부모는 걸음마기 아동이 스스로 시도할 기회를 제공하고, 실패해도 긍정적으로 격려해야 하며, 이를 통해 아동의 자신감과 탐색 의지를 높일 수 있다(Gibson & Pick, 2000). 또한, 부모가 걸음마기 아동이 놀이를 통해 배우는 과정을 지켜보며, 필요할 때 지원을 제공해야 한다. 이때, 부모가 아동의 놀이에 적극적으로 참여하는 것이 아동의 창의성, 문제해결능력, 사회적 기술 발달에 도움이 된다. 따라서 부모는 걸음마기 아동에게 상상놀이, 역할놀이, 구성놀이 등 다양한 유형의 놀이를 제공하고 함께 참여함으로써 걸음마기 아동의 창의적 탐색을 지원할 수 있다(Andreadakis, Laurin, Joussemet, & Mageau, 2020).

다음으로 부모는 걸음마기 아동의 탐색활동에 함께 참여하며, 아동이 새로운 것을 발견할 때 함께 기뻐하고, 질문을 통해 아동의 사고를 자극해야 한다. 예를 들어, 아동이 새로운 장난감을 가지고 놀 때, 부모는 걸음마기 아동에게 개방형 질문을 하고, 아동의 발견을 언어로 표현해 주며, 새로운 어휘를 소개함으로써 탐색과 언어발달을 동시에 촉진할 수 있다(Hart & Risley, 1995; Landry, Smith, & Swank, 2006).

그리고 부모는 걸음마기 아동이 탐색활동 중에 실패하거나 어려움을 겪을 때, 정서적 지지를 제공해야 한다. 걸음마기 아동이 실망하지 않도록 격려하고, 실패를 통해 배우는 경험을 강조하는 것이 중요하다. 이러한 지원은 아동의 자존감을 높이고, 지속적인 탐색을 유도한다. 또한, 부모가 자녀에게 스스로 탐색하는 모습을 보여주는 것이 중요하다. 부모가 새로운 것을 시도하거나, 호기심을 가지고 질문하는 모습을 보여줌으로써 아동이 탐색의 중요성을 이해하도록 도와야 한다(Leathers, Summers, & DeSollar, 2013). 이러한 모델링은 부모뿐만 아니라 친구들과 함께 놀이할 때도 나타난다. 따라서 부모는 걸음마기 아동이 친구들과 함께 놀 수 있는 기회를 제공하여 사회적 규칙과 정서를 탐색할 수 있는 경험을 제공하는 것이 필요하다(Johnston et al., 2020).

최근 들어 부모는 디지털 미디어를 통한 탐색도 신중하게 관리해야 한다. 미국 소아과학회의 권고에 따르면, 18~24개월 걸음마기 아동의 경우 부모와 함께 양질의 프로그램을 시청하면서 상호작용하는 것을 권장하고, 24개월 이상의 아동은 하루 1시간 이내로 제한된 시간 동안 교육적 콘텐츠를 선별하여 제공해야 한다고 권고한다. 디지털 미디어가 학습에 효과적이기 위해서는 능동적 참여, 참여도, 의미 있는 학습, 사회적 상호작용이 중요하다(Archer, Wood, & De Pasquale, 2021).

2) 상징적 사고

걸음마기는 전조작기의 시작으로, 상징적 사고가 급격히 발달하는 시기이다. 이 시기의 아동은 물리적 대상을 넘어 상징적으로 사고하고, 언어와 놀이를 통해 현실을 모방하며 세상을 이해한다. 이러한 상징적 사고는 이후의 인지적, 언어적, 사회적 발달의 기초가 된다. 상징적 사고란, 물체나 행동을 다른 물체나 개념으로 대표하는 능력을 의미하며, 아동이 역할놀이를 통해 이를 발전시키면서 세상을 더 깊이 이해하고 표현하게 된다.

부모는 상상놀이를 통해 걸음마기 아동의 상징적 사고를 발전시킬 수 있다. 역할놀이와 같은 상상놀이에서 부모가 아동과 함께 다양한 역할을 시도하는 것은 걸음마기 아동의 상징적 사고를 촉진하는 데 매우 효과적이다. 예를 들어, 아동이 인형이나 장난감을 가지고 이야기를 만들거나, 일상에서 본 장면을 모방하는 놀이를 통해 상상력을 키울 수 있다. 부모는 이러한 놀이에 적극 참여하여 걸음마기 아동이 상징적 사고를 발전하는 데 필요한 도움을 줄 수 있다(Edwards & Liu, 2002).

상상놀이뿐만 아니라 상징물에 대한 이해를 돕기 위해 부모는 일상생활에서 사진, 지도, 기호 등을 활용하는 것이 좋다. 예를 들어, 사진을 통해 가족 구성원을 설명하거나, 간단한 지도를 통해 집 주변을 탐색하는 활동을 통해 아동의 상징적 이해를 발전할 수 있다. 이러한 경험은 아동의 상상력을 자극할 뿐만 아니라, 현실 세계에서의 사고 능력과 문제해결능력을 향상하는 데 도움을 준다(DeLoache, 2004).

그리고 정서적 지지는 걸음마기 아동이 상징적 사고를 탐색하는 데 필요한 자신감을 기르는 데 도움을 준다. 걸음마기 아동이 감정적으로 안정감을 느끼고 긍정적인 피드백을 받는 환경에서 상징적 놀이와 사고가 더 잘 발달한다. 부모는 자녀의 상징적 놀이를 지지하고, 실수나 실패를 긍정적으로 받아들이며 다양한 실험을 시도할 수 있는 안전한 환경을 조성해야 한다(Ginsburg, 2007).

다음으로 부모는 풍부한 언어적 상호작용, 책 읽기, 이야기 들려주기 등을 통해 걸음마기 아동의 언어적 상징 능력을 촉진할 수 있다. 부모가 걸음마기 아동에게 다양한 단어를 사용하여 설명하고, 상징적 표현에 대해 긍정적으로 반응하며, 질문에 적극적으로 대답하는 것은 걸음마기 아동의 언어 능력과 상징적 사고를 동시에 발전시키는 데 큰 도움이 된다. 걸음마기 아동과 상호작용을 하는 방법은 첫째, 부모는 일상적인 물체를 사용하여 아기에게 상징적 의미를 가르칠 수 있다. 예를 들어, 장난감을 사용하여 "이건 차야."라고 말하며 아기가 물체의 상징적 의미를 이해하도록 도와줄 수 있다. 둘째, 아기가 그림을 그리거나, 블록을 쌓는 등의 활동을 통해 자기 생각을 표현하도록 격려하는 것이다(최연수, 김명순, 배선영, 2016; Capone & McGregor, 2005). 셋째, 부모는 다양한 그리기 도구를 제공하고, 걸음마기 아동의 그림에 대해 열린 질문을 하며 관심을 보여줄 수 있어야 한다. 걸음마기의 낙서와 그림은 상징적 표현의 시작이기 때문이다(Panesi & Morra, 2021). 이러한 과정을 통해 아동은 상징적 사고를 더 깊이 발달시키고, 자기 생각과 감정을 더 풍부하게 표현할 수 있게 된다.

3) 언어발달 촉진

걸음마기 아동은 언어발달이 급격히 이루어지는 시기로, 단어 수가 빠르게 늘어나고 문장을 구성하며, 의사소통의 기본 규칙을 습득한다. 이 시기에 부모의 역할은 매우 중요하며, 부모의 적절한 지원이 아동의 언어발달을 촉진하는 데 큰 영향을 미친다.

먼저 부모는 걸음마기 아동이 언어를 사용하려는 시도에 긍정적으로 반응해야 한다. 아동의 발화에 대해 부모가 적극적으로 반응하면, 아동은 자신이 한 말이 의미가 있다고 느끼고 더 많은 시도를 하게 된다. 이는 걸음마기 아동의 언어발달에 큰 영향을 미친다. 특히 부모가 걸음마기 아동의 발화를 존중하고 피드백을 제공할 때, 아동은 더 복잡한 언어 구조를 사용하려는 동기를 갖게 된다(Tamis-LeMonda et al., 2020). 즉 걸음마기 아동이 새로운 단어를 사용하거나 문장을 만들 때 긍정적인 반응을 보이면 아동은 언어 사용에 즐거움을 느끼고 더 많은 시도를 하게 된다(Hsieh, Chen, Lee, & Hsieh, 2023).

그리고 부모와 아동 간의 빈번한 대화는 아동의 언어발달에 중요한 역할을 한다. 대화에서 turn-taking(주고받기)이 자주 이루어질수록 아동의 언어 관련 뇌 영역이 활성화된다는 연구 결과가 있다(Romeo et al., 2018). 따라서 부모가 걸음마기 아동에게 단순히 많은 단어를 들려주는 것보다, 상호작용이 중심인 대화가 더 효과적이다. 걸음마기 아동에게 질문을 던지고 그들이 대답할 수 있도록 기다리는 것이 중요하며, 이를 통해 아동은 자기 생각을 말로 표현하는 능력을 기르게 된다(Rowe, 2012).

더불어 노래나 동시는 걸음마기 아동의 언어발달에 긍정적인 영향을 미친다. 이러한 활동은 걸음마기 아동이 단어와 행동을 연결하고, 리듬과 말의 흐름을 자연스럽게 습득하는 데 도움이 된다(Colwell, Memmott, & Meeker-Miller, 2014). 특히 디지털 기기의 사용이 증가하는 현대 사회에서는 부모와 걸음마기 아동 간의 직접적인 상호작용이 더욱 중요하다. 부모는 걸음마기 아동의 스크린 타임을 줄이고, 책 읽기, 노래 부르기, 이야기 들려주기 등의 활동을 늘려야 한다(Rayce, Okholm, & Flensborg-Madsen, 2024).

다음으로 부모가 아동에게 제공하는 언어의 질도 매우 중요하다. 다양한 어휘를 사용하는 것뿐만 아니라, 아동의 관심사에 맞춘 맥락적이고 의미 있는 대화를 나누는 것이 더 효과적이다. 예를 들어, 아동이 "사과"라고 말하면, 부모는 "사과는 빨갛고 맛있어."라는 식으로 언어를 확장하여 아동의 문법적 발달과 어휘 확장을 도울 수 있다(Hoff, 2013). 이러한 확장된 언어는 아동이 더 풍부한 표현을 사용하도록 격려하고, 언어 능력을 빠르게 향상하는 데 기여한다.

마지막으로 놀이를 통한 언어 학습은 걸음마기 아동의 언어발달에 매우 효과적이다. 구조화된 학습보다는 놀이 중심의 학습이 더 자연스럽고 효과적이다. 역할놀이를 통해 걸음마기 아동은 다양한 단어와 문장을 사용하며 상상력을 발휘하고, 이를 통해 언어 능력을 확장할 수 있다. 이러한 경험은 걸음마기 아동의 언어발달뿐만 아니라 사회적 상호작용 능력도 함께 발달시키는 데 도움이 된다(Rivero, Vilaseca, Cantero, Valls-Vidal, & Leiva, 2023).

3. 사회 · 정서발달을 돕는 부모역할

1) 자아 발달

걸음마기 아동의 자아 발달은 이후 자아 정체감, 사회적 기술 발달, 전반적인 성장에 중요한 영향을 미친다. 이 시기에 부모의 적극적인 참여와 지원은 아동의 자아 발달을 촉진하고, 미래 학습과 사회적 상호작용에서 긍정적인 영향을 미친다. 걸음마기 아동은 자신의 특성과 감정을 인식하기 시작하므로, 부모는 아동의 자아 인식을 도울 수 있는 상호작용을 통해 이를 지원하는 것이 필요하다

걸음마기 아동이 자신의 감정을 인식하고 표현할 수 있도록 돕는 것은 자아 발달에 중요한 역할을 한다. 부모가 아동의 감정을 이해하고 이를 언어로 표현해 주는 것은 아동이 자신의 감정을 명확히 인식하고, 감정에 이름을 붙일 수 있도록 돕는다. 예를 들어, 아동이 슬퍼하거나 화가 났을 때 부모가 "너 지금 화가 났구나." 또는 "슬퍼 보이는구나."와 같은 언어적 피드백을 제공하면, 아동은 감정 인식 능력을 기르고, 이를 통해 감정을 조절하는 능력을 발달시킬 수 있다(Denham et al., 2000). 이러한 감정 표현과 조절은 이후의 사회적 상호작용에서도 중요한 기초를 형성한다.

그리고 부모는 아동이 성취하거나 노력을 기울일 때 이를 격려하고, 실패를 학습의 기회로 받아들이도록 돕는 것이 중요하다. 걸음마기 아동이 자기 능력을 인식하고, 긍정적인 자아 이미지를 형성할 수 있도록 부모는 지속적으로 긍정적인

피드백을 주어야 한다. 이러한 격려와 지지는 아동이 자신감과 자아효능감을 발전시키는 데 큰 도움이 된다(Harter, 2013). 걸음마기 아동이 시도하고 실패해도 긍정적인 피드백을 받는다면, 아동은 실패를 두려워하지 않고 다양한 경험을 통해 성장할 수 있다.

더불어 걸음마기 시기는 아동이 자율성을 경험하는 중요한 시기이다. 부모가 아동에게 선택의 기회를 제공함으로써 자아의 독립성과 자신감을 기를 수 있다. 예를 들어, 아동이 스스로 옷을 선택하거나 식사 때 어떤 음식을 먹을지 선택하는 등의 작은 결정을 내릴 수 있게 하는 것은 자아 발달에 긍정적인 영향을 미친다(Lillard et al., 2013). 이러한 경험을 통해 아동은 자신의 결정에 대한 책임감을 느끼고, 독립적인 자아를 형성하게 된다.

다음으로 쿨리(Cooley)가 제안한 '거울 자아(looking-glass self)' 개념에 따르면, 아동은 타인의 반응을 통해 자아를 형성하게 된다. 즉 부모가 아동에게 보여주는 반응과 평가가 아동의 자아상을 형성하는 데 중요한 역할을 한다는 것이다(Franks & Gecas, 1992). 부모가 걸음마기 아동에게 긍정적인 기대와 평가를 일관되게 표현할 때, 아동은 긍정적인 자아상을 형성할 수 있다. 예를 들어, 아동이 어떤 행동을 했을 때 "네가 한 일은 정말 중요해."와 같은 긍정적인 평가를 해주면 아동은 자기 자신에 대해 긍정적으로 인식하게 된다.

마지막으로 부모는 걸음마기 아동에게 중요한 역할 모델이다. 아동은 부모의 행동을 모방하면서 자아 개념과 사회적 규범을 학습한다(Lundin, 2000). 부모가 아동에게 모범적인 행동을 보일 때, 아동은 이를 관찰하고 모방하며, 이를 통해 자신이 어떻게 행동해야 하는지 배운다. 따라서 부모는 일관되게 긍정적인 행동을 보여주고, 아동에게 친절하고 책임감 있는 행동을 통해 모범을 보일 필요가 있다.

2) 자율성

걸음마기 아동의 자율성 발달은 건강한 정서적, 사회적 성장의 중요한 기초가 된다. 이 시기는 아동이 신체적, 정서적 능력을 급격히 향상시키며, 독립성을 추구하는 시기이므로 부모의 적절한 지원과 환경 제공이 필수적이다. 자율성은 자기 주도적 행동과 선택 능력에서 비롯되며, 이를 발달시키기 위한 부모의 역할이 매우 중요하다.

먼저 부모는 걸음마기 아동의 자발적인 행동을 존중하고 격려해야 한다. 자기결정론 이론(Self-Determination Theory)에 따르면, 자율성은 내재적 동기와 관련이 있으며, 부모가 자율성을 지지할 때 아동의 동기와 자신감이 향상된다(Deci & Ryan, 2012). 예를 들어, 아동이 스스로 옷을 입거나 장난감을 정리할 때 시간이 오래 걸리더라도, 부모가 기다려주고 격려해 주는 것이 자율성 발달에 큰 도움이 된다. 또한, 부모가 아동이 스스로 선택하고 결정할 수 있는 기회를 제공하는 것은 자아효능감과 자율성 발달을 촉진한다(Kim & Kochanska, 2012).

그리고 걸음마기 아동이 스스로 결정을 내리는 경험은 자율성 발달에 중요한 역할을 한다. 따라서 부모가 걸음마기 아동에게 적절한 선택권을 제공하면 아동은 자신의 선호를 표현하고 결정을 내리는 과정을 통해 자율성을 높일 수 있다. 예를 들어, "빨간 티셔츠를 입을래, 아니면 파란 티셔츠를 입을래?"와 같은 간단한 선택의 기회는 아동이 자신의 결정을 인식하고 존중받는 경험을 할 수 있다(Deci & Ryan, 2000). 이러한 선택의 과정은 아동이 자신의 욕구를 인식하고 표현하는 능력을 길러준다.

더불어 걸음마기 아동이 자유롭게 탐색하고 실수할 수 있는 안전한 환경은 자율성 발달에 필수적이다. 부모는 걸음마기 아동이 활동할 수 있는 공간을 마련하고, 위험 요소를 제거해 주어야 한다(Grossmann & Grossmann, 2020). 동시에, 일관된 규칙과 한계를 설정하는 것도 중요하다. 권위 있는(민주적인) 부모는 따뜻한 반응성과 명확한 규칙을 통해 아동이 자율성과 자기 통제력을 발달시킬 수 있도록 돕는다(Baumrind, 1991). 예를 들어, "장난감을 가지고 논 후에는 정리해야 해."와 같은 규칙을 아동에게 일관되게 적용하되, 그 과정에서 아동의 감정을 인정하고 존중해 주는 태도가 필요하다.

다음으로 자율성 발달의 중요한 부분은 정서적 자율성이다. 정서적 자율성을 발달하기 위해 걸음마기 아동이 자신의 감정을 인식하고 표현할 수 있도록 부모가 도와주는 것이 중요하다. 예를 들어, "너가 화가 났구나, 그럴 때는 이렇게 말해볼 수 있어."와 같은 표현을 통해 걸음마기 아동은 자신의 감정을 적절하게 표현하고 조절하는 방법을 배울 수 있다(Shonkoff & Phillips, 2000). 부모가 아동의 감정을 인정하고, 좌절감이나 분노를 자연스럽게 표출할 수 있는 환경을 제공하면, 아동은 감정을 통제하는 능력을 더 잘 발달시킬 수 있다. 이는 걸음마기 아동이 사회적 상호작용에서 자율적으로 행동할 수 있는 기반이 된다.

마지막으로 부모는 걸음마기 아동이 실수하거나 실패했을 때 이를 자연스럽게 받아들이고 지지하는 태도는 자율성 발달에 매우 중요하다. 부모가 아동의 실패를 학습의 기회로 받아들이게 도와주면, 아동은 도전과 실패를 두려워하지 않게 된다. 이러한 과정은 아동이 자기 행동에 대한 책임을 느끼고, 스스로 문제를 해결하는 능력을 기르는 데 도움을 준다(Andreadakis, Joussemet, & Mageau, 2019).

3) 사회적 상호작용

걸음마기는 사회적 상호작용 능력을 발달시키는 중요한 시기로, 이 시기에 부모의 역할은 매우 중요하다. 걸음마기 아동은 점차 다른 사람들과의 관계를 인식하고, 간단한 의사소통을 통해 자기 의사와 감정을 표현하려고 시도한다. 부모는 이러한 아동의 사회적 기술을 촉진하고 건강한 관계 형성을 돕는 중요한 역할을 담당한다.

무엇보다 안정적인 애착은 아동의 사회적 상호작용 능력의 기초가 된다. 볼비의 애착 이론을 현대적으로 해석한 버하흐(Verhage, 2016)의 메타분석 연구에 따르면, 부모와의 안정적인 애착 관계는 아동이 타인과 건강한 관계를 형성하는 데 중요한 역할을 한다. 또한, 부모와의 안정적인 애착 관계는 걸음마기 아동의 사회적 유능성과 밀접하게 관련되어 있다. 따라서 부모가 아동의 신호에 민감하게 반응하고 일관된 돌봄을 제공하면, 아동은 타인과의 상호작용에서 자신감을 느끼고 사회적 기술을 습득하게 된다. 특히 부모가 감정에 민감하게 반응하고, 정서적 지원을 제공하는 것은 아동의 사회적 상호작용 능력을 강화하는 중요한 요인이다(Kassim, Hutagalung, & Leng, 2020).

그리고 부모와의 질 높은 상호작용은 아동의 사회적 발달에 긍정적인 영향을 미친다. 공동 주의(joint attention)는 아동이 부모와 함께 같은 대상에 집중하는 경험을 말하며, 이는 아동의 사회적 이해력과 사회인지 능력을 발달시키는 중요한 요소이다(Rosen, Amso, & McLaughlin, 2019). 따라서 부모는 걸음마기 아동과 함께 책을 읽거나 놀이를 통해 공동 주의 경험을 제공해야 하며, 이는 아동의 사회적 기술 발달에 기여한다.

다음으로 부모의 친사회적 행동은 아동의 사회적 행동 발달에 중요한 역할을 한다. 부모는 다른 사람들과의 상호작용에서 예의와 공감을 보여주어 걸음마기 아동에게 긍정적인 사회적 모델이 되어야 한다(Brownell, 2013). 걸음마기 아동은 부모의 행동을 모방하여 적절한 사회적 기술을 배우게 되며, 이는 아동이 타인과의 상호작용에서 어떻게 행동해야 하는지 배우는 데 중요한 역할을 한다(Kim & Kochanska, 2021).

더불어 또래와의 상호작용은 아동의 사회적 기술과 정서조절 능력을 발달시키는 중요한 경험이다(Tenenbaum, Winstone, Leman, & Avery, 2020). 따라서 부모는 놀이 그룹, 유아 교육 프로그램, 공원 방문 등을 통해 걸음마기 아동이 또래와 상호작용할 수 있는 기회를 제공해야 한다. 이러한 상호작용은 아동이 타인의 감정을 이해하고 공감 능력을 발달시키는 데 중요한 역할을 한다(Ornaghi, Conte, & Grazzani, 2020).

한편 부모의 감정코칭은 걸음마기 아동의 정서 지능과 사회적 능력 향상에 기여한다(Gottman & De Claire, 1997). 부모는 아동이 자신의 감정을 인식하고 표현할 수 있도록 도와주며, 적절한 감정 표현 방법을 가르쳐야 한다. 아동이 부정적인 감정을 표현할 때 이를 비난하거나 억압하지 않고 수용하는 태도는 아동이 자신의 감정과 타인의 감정을 이해하는 데 도움이 된다(Kiel, Kalomiris, & Buss, 2021).

그리고 갈등 상황에서 문제를 해결하는 능력은 사회적 유능성의 중요한 요소이다. 따라서 부모는 아동이 간단한 갈등 상황에서 문제를 해결할 수 있도록 안내하고, 협상과 타협의 기술을 가르쳐야 한다(Eisenberg, Spinrad, & Knafo-Noam, 2015). 이러한 기술은 놀이를 통해 자연스럽게 발달할 수 있으며, 특히 상상놀이와 역할놀이가 아동의 사회인지 발달에 중요한 역할을 한다(Lillard et al., 2013).

마지막으로 최근 연구에 따르면, 적절히 관리된 스크린 타임과 교육적인 디지털 콘텐츠가 아동의 사회적 학습에 긍정적인 영향을 미칠 수 있다(Barr, Kirkorian, Coyne, & Radesky, 2024). 따라서 부모는 아동과 함께 교육적인 양상를 시청하고, 그 내용을 대화로 이어가는 방식으로 아동의 사회적 기술 발달을 지원할 수 있다.

제6장 유아기 부모역할

유아기는 만 3~5세에 해당하는 시기로, 이전 시기에 비해 신체적 성장 속도는 다소 완만하지만 여전히 신장과 체중은 꾸준히 증가한다. 이 시기에는 어휘력과 문법능력이 급격히 발달하여 의사소통이 활발해지며, 활동 범위가 확장됨에 따라 또래와의 관계가 중요해지고, 이를 통해 정서지능, 자아개념을 비롯한 다양한 사회적 행동 발달의 기초가 형성된다. 이 장에서는 이러한 유아기의 특성에 따른 부모역할에 대해 살펴보고자 한다.

1. 신체발달을 돕는 부모역할

1) 운동능력 증진

(1) 대근육 운동능력

유아기는 신체운동 발달이 중심에서 말초로 진행되며, 이로 인해 뜀뛰기, 달리기, 평균대 오르기 등 몸의 균형을 요하는 대근육 활동이 가능해진다. 걸음마기에 자신의 몸과 관련된 운동기술을 익혔다면, 유아기에는 몸과 물체 간의 관계를 이해하고 필요한 기술을 습득하게 된다. 또한, 체력과 기술이 강화됨에 따라 운동능력에서 힘, 속도, 그리고 지구력이 증가하게 된다.

이 시기의 부모는 안전하고 넓은 공간을 제공하고 유아들이 운동할 수 있는 환경을 조성하여 대근육 발달을 지원해야 한다. 아이들이 마음껏 뛰어놀 수 있도록 야외 놀이터와 공원에 나가게 하고, 실내에도 넓은 공간을 마련하여 안전하고 자유롭게 활동할 수 있도록 해야 한다. 달리기, 점프, 건너뛰기, 던지기, 잡기, 기어오르기, 균형 잡기 등의 대근육 운동을 증진할 수 있는 환경을 조성해야 하며, 유아들의 대근육 활동은 다칠 수 있으므로 면밀히 감독하고 위험 요소를 확인해야 한다.

또한, 대근육 발달에 적합한 놀잇감을 제공해야 한다. 만 3세 유아는 큰 물체를 선호하므로, 큰 블록을 제공하여 블록을 들어 옮기고 쌓으면서 팔과 몸통의 대근육을 사용할 수 있도록 도와야 한다. 만 4~5세에는 대근육 협응이 발달하는 시기로, 세발자전거와 스쿠터 같은 탈 것을 제공하여 균형 감각과 협응력을 키우고, 공을 잡고, 차고, 굴리면서 팔과 다리의 근력을 증진시켜 대근육 협응을 촉진해야 한다.

(2) 소근육 운동능력

소근육 발달은 일상생활이나 학습활동의 기초가 되기 때문에 매우 중요하다. 눈과 손의 협응력을 통한 소근육 발달은 뇌 발달에 중요한 역할을 하므로, 두뇌 발달을 촉진하고 학습능력을 높이기 위해 유아기에 소근육 활동을 꾸준히 이어가야 한다.

부모는 유아가 다양한 활동을 할 수 있도록 많은 기회를 제공해야 한다. 그림 그리기, 색칠하기, 점토 및 찰흙놀이, 가위질, 퍼즐 맞추기, 블록 쌓기, 종이접기 등을 통해 손과 손가락을 정교하게 사용할 수 있는 다양한 활동과 놀이 기회를 마련해야 한다.

또한, 부모는 지나친 감독을 피하고 자조기술을 유도해야 한다. 유아기는 자기 일을 스스로 주도하려는 성향이 나타나는 시기로, 무슨 일이든 스스로 할 수 있을 만큼 신체 기능과 정신 기능이 발달되어 있다. 부모는 일상생활에서 아이가 스스로 할 수 있도록 기회를 제공하고, 시간이 걸리더라도 혼자 할 수 있을 때까지 기다려야 한다. 옷을 입을 때 단추를 채우거나 지퍼를 올리는 일, 식사 준비 시 음식 껍질을 벗기는 일, 혼자 식사하는 것 등 실생활에서 소근육을 사용할 수 있는 활동을 권장하여, 자녀가 자율적으로 활동할 수 있도록 격려하고, 실패할 경우 다시 도전할 수 있도록 자신감을 심어줘야 한다.

부모는 유아에게 적절한 놀잇감을 제공하여 소근육 발달을 도울 수 있다. 블록 쌓기는 손과 손가락의 협응 능력을 향상하는 데 매우 효과적인 놀이이다. 다양한 크기와 모양을 쌓고 조립하는 과정에서 소근육 발달이 이루어지므로, 자력으로 쉽게 붙는 자석 블록보다는 벽돌 블록, 원목 블록, 종이컵 등을 활용하여 쌓기놀이를 제공해야 한다. 또한, 젓가락과 집게 놀이는 소근육 발달에 적합한 놀잇감이다. 종종 젓가락 대신 포크를 주는 경우가 많은데, 가능하다면 유아용 젓가락을 제공하고 젓가락질에 익숙해지면 집게를 사용해 보도록 한다. 젓가락은 손가락을 주로 이용하지만, 집게는 손 전체를 사용하므로 이를 사용할 때 활성화되는 근육이 달라 소근육 발달에 도움이 된다.

2) 식사환경 조성

유아기의 식사환경은 식습관 형성에 중요한 영향을 미치므로, 올바른 식사환경을 조성하여 자녀가 음식을 즐기고 건강한 식습관을 기를 수 있도록 도와야 한다. 이 시기의 아이들은 스스로 식사하는 법을 배우고 다양한 음식을 경험하며, 식사 시간을 통해 사회적 상호작용을 익힌다.

걸음마기에 잘 먹던 아이도 유아기에 들어서면서 편식하고 음식에 까다로워지는 경우가 있다. 이는 부모가 억지로 먹이려 하여 식습관이 잘못 형성된 결과일 수 있다. 모든 생활습관이 즐거워야 하듯, 식사 시간도 아이가 즐겁게 느낄 수 있도록 해야 한다. 부모가 일방적으로 음식을 먹여주기만 하면 아이에게는 식사 시간이 재미없는 시간이 될 수 있다. 따라서 아이가 음식을 먹기 싫어할 때는 억지로 먹이지 말고 자연스럽게 친숙해지도록 하는 것이 좋다. 아이가 흘리더라도 혼자 먹을 수 있도록 연습하게 하여 자조기술을 발달시키고 식사 분위기를 즐겁게 만들어주어야 한다.

또한, 까다로운 식습관은 부모나 또래의 영향을 받아 나타날 수 있으므로, 부모의 올바른 식습관이 중요하다. 부모는 유아와 함께 식사함으로써 올바른 식습관 형성의 중요성을 알리고, 태도 변화를 이끌어 스스로 건강한 식생활을 관리할 수 있도록 도와야 한다. 이때 부모가 먼저 모든 음식을 골고루 먹는 모습을 보여 유아가 편식하지 않도록 모델링해야 한다.

유아들은 식사량이 고르지 않아 잘 먹다가도 특별히 먹지 않을 때가 있는가 하면, 잘 먹지 않다가도 지나치게 많이 먹는 경우가 있다. 유아의 식습관은 식생활 환경에 영향을 받기 때문에 적절한 양과 질 좋은 음식을 섭취하도록 배려하는 것이 필요하다. 때로 부모는 자녀가 많이 먹기를 원해 먹을 수 있는 양보다 많은 음식을 제공하는 경우가 있는데, 이때는 아이가 충분히 먹을 수 있도록 조금 적은 양을 제공하여 다 먹을 수 있도록 하는 것이 좋다. 또한, 특별히 먹지 않는 아이들에게는 부모와 함께 요리하거나 먹기 좋게 조리해 주면, 먹는 시간을 단축하고 더 많은 음식을 섭취할 수 있다.

많은 부모는 유아에게 스마트폰이나 TV를 보여주며 식사 시간을 보내는 경우가 있다. 그러나 유아가 스마트폰을 보면서 식사하게 되면, 먹는 행위보다 영상 시청에 더 집중하게 되어 식사 집중도가 떨어지고, 이로 인해 음식을 대충 씹어 삼키거나 더욱 빨리 섭취하게 된다. 완전히 분해되지 못한 음식은 위에 부담을 주고 복통, 속 쓰림, 소화불량을 유발할 수 있다. 이러한 환경이 지속되면 유아는 음식을 섭취하기 위한 수단으로 스마트폰 시청 행동이 강화될 수 있다. 따라서 TV와 스마트폰 등의 전자기기를 끄고 식사에 집중할 수 있는 환경을 조성해야 하며, 가족이 함께 식사하며 대화를 나누고 음식을 즐기는 모습을 보여줌으로써 아이가 식사 시간을 긍정적으로 경험하도록 유도해야 한다.

2. 인지발달을 돕는 부모역할

1) 언어발달 촉진

유아기는 어휘나 문법, 의미, 화용론에서 급속한 진전을 보이는 시기이다. 특히 질문이 많은 이 시기는 언어능력의 발달이 주변 세상에 대한 자신의 생각을 표현하는 데 큰 도움이 된다.

생득이론에 의하면 언어 습득은 선천적인 능력으로 여겨지지만, 의사소통 능력은 아동의 경험과 환경에 의해 영향을 받기 때문에 성인과의 상호작용이 무엇보다 중요하다. 유아기 언어발달은 부모와의 상호작용을 통해 큰 영향을 받으며, 부모가 자녀와 어떻게 대화하고 언어 환경을 조성하느냐에 따라 유아의 언어능력이 달라진다.

유아의 언어능력을 발달시킬 수 있는 부모의 상호작용 전략 중 하나는 적극적 경청이란 상대방의 말을 정확히 이해하고, 그 사람의 감정이나 의도를 적극적으로 파악하는 것이다. 이를 위해 부모는 집중, 반영, 공감, 비언어적 신호, 질문 등의 기법을 사용해야 한다. 즉 아이의 말에 온전히 집중하고, 그 말을 이해한 후 '그러니까, 네가 말한 건 이런 뜻이지?'와 같이 반영하며, 아이의 감정이나 상황에 공감하는 태도를 보여야 한다. 또한, 고개를 끄덕이거나 눈을 맞추는 등의 비언어적 신호로 관심을 표현하고, 대화를 더 깊이 이해하기 위해 적절한 질문을 던져야 한다. 또한, 부모는 올바른 문법과 어휘를 사용하여 긍정적인 언어 모델이 되어야 한다. 예를 들어, 아이가 "나는 배고파."라고 말하면, "그래, 네가 배가 고프구나. 뭘 먹고 싶어?"라고 긍정적으로 반응하며 언어 모델 역할을 해야 한다. 아이가 한 단어나 짧은 문장을 말했을 때, 부모가 그 말을 더 길고 복잡한 문장으로 확장해 주는 것도 좋은 방법이다. 아이가 "엄마, 책."이라고 말했다면, "그래, 너는 이 책을 읽고 싶구나. 어떤 이야기가 들어있는 책일까?"라고 이야기 하며 자녀의 언어를 확장해 줄 수 있다.

부모는 일상생활에서도 유아의 언어발달을 촉진시킬 수 있어야 한다. 가정에서 언어를 자극할 수 있도록 돕는 것이 중요한데, 예를 들어 식사 준비를 하면서 "지금 엄마는 야채를 자르고 있어. 이건 빨간 피망인데, 건강에 매우 좋은 음식이야."라고 설명하며 일상적인 활동을 통해 간단한 언어 자극을 줄 수 있다. 일상에서 유아와 함께 놀이를 하면서도 언어발달을 촉진할 수 있다. 역할놀이, 인형놀이 등의 활동을 통해 부모가 언어자극을 주고, 유아가 자연스럽게 많은 말을 할 수 있는 기회를 제공해야 한다.

책 읽기는 유아의 언어를 자극할 수 있는 좋은 방법 중 하나이다. 매일 정해진 시간에 책을 읽어주고, 읽기 전과 후에 이야기를 나누는 것이 유익하다. 또한, 책

속의 단어와 표현을 반복해서 사용하는 것도 좋은 전략이다. “이 그림에 어떤 일이 일어나고 있는지 말해볼까?”라는 질문을 통해 이야기를 만들어보거나 상상을 하게 함으로써 아이의 상상력을 자극하고 언어발달을 촉진할 수 있다.

부모가 유아와 대화할 때, 강압적으로 말을 시키거나 부정적인 피드백을 주면 언어발달에 방해가 될 수 있다. 따라서 부정적 언어 대신 긍정적이고 지지적인 언어를 사용하도록 노력해야 한다. “틀렸어.”, “이건 아니야.” 대신 “조금 다르게 해보자.”, “넌 할 수 있어.”와 같은 표현을 사용해 유아가 자신감을 가지고 언어를 표현할 수 있도록 하는 것이 중요하다.

2) 조기교육과 유아

(1) 조기교육의 의미

조기교육은 유아에게 적절한 시기에 적절한 자극을 제공하여 이들의 잠재 가능성을 발견하고 계발하기 위한 것이다. 이에 따라 ‘조기교육’ 대신 ‘적기교육’이라는 용어가 사용되기도 한다. 바람직한 조기교육은 유아의 기초 역량을 강화하는 것으로, 뇌 발달이 가장 활발하게 이루어지는 유아기에 적절한 교육적 자극은 인지적, 사회적, 정서적 발달에 긍정적인 영향을 줄 수 있다. 특히, 학교를 입학해야 하는 유아들에게 언어 교육과 수 개념 교육은 학습 준비도를 높여주며, 유아의 호기심과 창의성을 자극하는 놀이 중심의 조기교육은 문제해결 능력을 키우는 데 도움이 된다.

그러나 현재 우리나라에서 ‘조기교육’이라는 용어는 여러 가지 잘못된 의미로 사용되고 있다. 첫째, 조기교육을 ‘단지 일찍 시작하는 교육’이라고 막연하게 생각하는 경우이다. 둘째, 조기교육이 ‘조기 사교육’을 의미하는 경우로, 이는 주로 초등학교 입학 전 학원이나 가정에서 이루어지는 특기교육을 뜻한다. 셋째, 조기교육이 ‘조기 인지교육’을 의미하는 경우로. 최근에는 편중된 지적발달을 위한 몇 가지 교육으로 전락하고 있다. 마지막으로, 조기교육이 ‘조기 영재교육’을 의미하는 경우이다. 자녀의 영재성, 재능, 학습촉진에 대한 학부모의 지나친 관심으로 인해 자녀를 영재로 키우기 위한 조기교육에 열의를 다하고 있는 것이다(황혜정 외, 2008).

즉 현재 우리나라에서의 조기교육은 '아동에게 적절한 시기에 적절한 자극을 줌으로써 이들의 잠재 가능성을 발견하고 계발해 주기 위한 것'이라는 진정한 의미 대신, '자녀의 연령보다 이른 시기에 인지나 특수 재능을 위해 학원이나 가정에서 이루어지는 과외 교육 등의 사교육'을 의미하는 것으로 잘못 사용되고 있다.

읽어보기 6-1 조기교육의 부정적 영향을 보여주는 사례

만 3세 된 남아는 눈을 잘 보지 않고, 이름을 불러도 대답하지 못하며, 친구들에게도 무심하여 혼자서만 놀고 거의 언어적 의사소통을 하지 못한다. 인근 아동연구소에 내원하여 자폐증이 의심된다는 이야기를 듣고 정밀한 진단 및 평가를 위해 본원 소아정신과에 내원하였다. 아동은 무표정하고 어머니가 불러도 대꾸가 없으며, 자동차 놀이에만 몰두하며 가끔 'car'라는 영어를 하였다. 어머니는 2살 위인 형을 위해 영어 동영상을 항상 보여주었는데, 아동이 6개월 때부터 몰두하고 있는 것을 보고 형보다 가능성이 크다는 생각에 거의 하루 종일 보게 내버려두고 어머니는 주로 집안일을 하였다고 한다. … 그러나 두 돌이 지나도 의사소통을 잘하지 못하고 친구들과 어울리지 못하며 대소변 가리기에도 전혀 관심이 없어 걱정하기 시작했다고 한다.

이 유아는 사회성과 정서발달이 활발하게 이루어져야 할 시기에 동영상을 통한 인지자극에만 과도하게 노출된 결과, 사회성과 언어발달이 지연되고 자아 발달이 미숙하게 된 것으로 판단된다.

출처: 신의진(2002). pp. 38-39.

(2) 바람직한 조기교육의 방법

긍정적인 측면에서의 조기교육은 유아의 발달에 유익할 수 있지만, 그 방식과 접근법은 유아의 발달단계와 필요에 맞추어져야 한다. 유아는 놀이를 통해 세상을 배우며, 이 과정에서 인지적, 사회적, 정서적 발달이 이루어지기 때문에 놀이 중심의 교육이 중요하다. 따라서 자연스러운 탐구와 학습 경험을 제공하고, 발달단계 및 개별적 발달 속도를 존중하는 접근의 조기교육이 필요하다.

바람직한 조기교육이 이루어지기 위해서는 학습만을 목표로 하기보다는 놀이를 통해 자연스럽게 학습할 수 있는 환경을 조성하는 것이 바람직하다. 놀이 기반 학습은 유아기 특성에 적합하며, 아이들이 세상을 탐구하고 이해할 수 있도록 돕는다. 예를 들어, 블록을 쌓는 과정에서 협응력과 창의적 사고를 기를 수 있으며, "이 파란 블록 위에 빨간 블록을 올려볼까?", "이 큰 블록 위에 작은 블록을 올려볼까?"와 같은 질문을 통해 놀이 중에 색깔, 모양, 크기 등을 자연스럽게 가르칠 수 있다.

부모는 자녀의 발달단계를 이해하고 이에 맞는 교육을 해야 한다. 유아기는 자기중심적 사고를 하며 규칙을 이해하는 데 시간이 걸리므로, 자녀가 자신의 감정을 표현하고 이해할 수 있도록 도와주고 간단한 규칙을 반복적으로 설명하여 일관된 일상을 유지할 수 있도록 해야 한다. 또한, 유아들은 각기 다른 발달 속도를 가지고 있기 때문에, 획일적인 조기교육은 오히려 스트레스와 불안을 초래할 수 있다. 따라서 자녀의 발달 수준에 맞는 교육과 활동이 필요하며, 과도한 학습 목표나 기대는 지양해야 한다.

마지막으로, 바람직한 조기교육의 방법으로 균형 잡힌 접근이 필요하다. 유아의 인지적 발달뿐만 아니라 정서적, 사회적 발달도 골고루 이루어질 수 있는 교육이 요구된다. 단순히 언어나 수학적 능력에 집중하기보다는 정서적 안정감과 사회적 기술을 균형 있게 발달시키는 것이 중요하다.

결국 조기교육의 목표는 아이들이 학습에 대한 긍정적인 태도를 갖고 자신의 흥미와 능력을 발견하여 자신감을 가지고 성장하도록 돕는 것이다. 조기교육이 제대로 시행되면 유아에게 즐겁고 의미 있는 경험을 제공할 수 있지만, 과도한 기대와 압박은 오히려 아이의 자존감과 학습 의욕을 해칠 수 있으므로 유의해야 한다.

3. 사회・정서발달을 돕는 부모역할

1) 또래관계

유아기는 본격적으로 또래와의 관계를 형성하는 시기로, 이 과정은 사회적 발달에 매우 중요하다. 이 시기의 유아들은 타인과의 상호작용을 통해 협력, 타협, 의사소통, 공감능력 등의 사회적 기술을 습득하며, 이러한 경험은 유아의 자아존중감과 자아개념에도 영향을 미친다. 유아의 긍정적인 또래관계는 종종 가정에서 시작되며, 부모는 자녀의 또래관계를 증진시키거나 억제하는 역할을 한다.

먼저, 부모가 자녀의 또래와의 만남을 얼마나 장려하는지가 또래관계에 영향을 미친다. 자녀에게 친구들과 함께 놀 수 있는 기회를 정기적으로 제공하는 부모는 자녀의 사회적 기술을 촉진할 수 있으므로, 놀이 일정을 계획하거나 놀이 모임에 참여해 또래들과의 만남을 장려해야 한다.

또한, 부모와 자녀 간의 관계의 질에 따라 또래관계가 달라질 수 있다. 부모와 안정애착을 형성한 유아는 부모로부터 받은 신뢰감을 바탕으로 새로운 환경과 사람들에 대해 더 개방적이고 긍정적으로 반응하며, 또래와 즐겁고 사이좋게 노는 모습을 보인다(김민정, 김정원, 2010). 이들은 또래와의 상호작용에서 더 많은 자신감을 보이며, 갈등이 발생하더라도 이를 쉽게 해결할 수 있다.

더불어, 부모가 자녀의 또래와의 놀이활동을 모니터링하는 방식도 또래관계에 영향을 미친다. 어떤 부모는 자녀가 또래와 상호작용하는 모습을 꼼꼼히 관찰하거나 이들의 놀이에 참여하는 직접적 모니터링을 하며, 반면 다른 부모는 별다른 간섭 없이 가끔 확인하는 간접적 모니터링을 한다. 이때, 부모의 모니터링 유형에 따라 유아의 또래관계가 달라지며, 간접적 모니터링을 하는 부모의 자녀들이 더 긍정적인 또래 관계를 형성하는 경향이 있다. 간접적 모니터링은 자녀가 스스로 또래와 놀이활동을 구성하고 작은 문제를 해결할 수 있도록 자유를 주기 때문에 적절한 사회적 상호작용을 발달시킬 가능성이 높다. 반면, 직접적 모니터링을 하는 부모는 자녀에게 통제적인 권위적 양육을 보이므로, 그 자녀들은 사회적 능력이 떨어지고 또래들로부터 배척당할 가능성이 높다(황혜정 외, 2008).

2) 정서지능

정서지능은 유아가 자신의 감정과 타인의 감정을 인식하고 표현하며, 이를 조절하고 관리하는 능력이다. 정서지능은 정서를 인식하는 능력, 정서를 조절하는 능력, 다른 사람의 정서를 이해하는 능력, 그리고 대인관계에서 문제를 해결할 수 있는 능력 등의 요소로 구성된다(Goleman, 1995). 유아기에는 감정표현, 공감능력, 감정조절 능력 등이 발달하면서 정서지능의 기초가 형성되며, 이 시기의 정서지능 발달은 이후의 사회적 관계, 학습능력, 정신건강 등에 큰 영향을 미친다.

정서지능이 높은 유아들은 지능(IQ)이 높은 유아들에 비해 더 행복할 뿐만 아니라, 해결책이 없는 문제에 직면했을 때 더 집중하고 최선을 다하며 쉽게 포기하지 않는 끈기를 보여준다. 한 연구에서는 그룹별로 EBS 글자를 도미노로 만드는 과제를 제시하여 정서지능이 높은 그룹과 낮은 그룹의 차이를 비교했다. 그 결과, 정서지능이 높은 그룹의 유아들은 두 명씩 한 조를 이루어 한 글자씩 도미노를 만들어 나갔으며, 실수한 경우에는 실수한 친구를 위로하고 다시 도미노를 새로 만드는 모습을 보였다. 반면, 정서지능이 낮은 그룹의 유아들은 모든 유아가 함께 한 글자에 매달려 작업하고, 실수를 할 경우 실수한 유아를 탓하며 실망하는 모습을 보였다. 즉 정서지능이 높은 유아들은 자기 조절을 통해 타인을 인식하고 공감하는 능력이 뛰어나며, 또래와의 관계를 더 원활하게 형성하고 유지할 수 있다.

정서지능의 특성은 유아기 경험, 교육, 그리고 양육자의 반응에 크게 영향을 받기 때문에 부모의 역할이 중요하다. 먼저, 부모는 유아가 자신의 감정을 인식하고 표현할 수 있도록 도와야 한다. 유아가 화가 나거나 슬퍼할 때 "지금 화가 난 것 같구나." 또는 "슬프구나."와 같은 말을 통해 유아가 느끼는 감정을 언어로 표현해 준다면, 유아는 현재의 감정을 더 잘 이해하고 인식하게 되어 자신의 감정을 효과적으로 표현할 수 있게 된다.

또한, 부모는 유아의 감정을 수용하고 공감해 주어야 한다. 감정을 표현할 때 이를 무시하거나 억압하기보다는 "네가 그렇게 느끼는 것은 당연해." 또는 "정말 속상하겠다."와 같이 감정을 인정해 주는 것이 필요하다. 부모로부터 자신의 감정을 인정받고 공감받을 때, 자녀는 자신의 감정을 존중받고 있다고 느끼게 되어 자신감과 정서적 안정감을 갖게 된다.

부모는 유아가 자신의 감정을 조절할 수 있는 방법도 가르칠 필요가 있다. 자녀가 화가 났을 때는 심호흡을 하거나 슬플 때는 그림 그리기와 같은 방법으로 감정을 표출하도록 지도한다면, 이러한 감정조절 기술을 통해 유아는 스트레스 상황에서 더 나은 대처방법을 배우게 된다.

마지막으로, 부모는 유아가 다양한 감정을 표현할 수 있도록 정서적 어휘를 가르쳐야 한다. 자녀와 함께 책을 읽거나 그림을 보면서 등장인물의 감정에 대해 이야기하고, 그 감정의 원인과 표현방법에 대해 함께 논의하는 활동을 통해 유아는 자신의 감정을 구체적으로 표현하는 능력을 기를 수 있다.

읽어보기 6-2 마시멜로 실험

'마시멜로 실험'에서 유아들에게 한 개의 마시멜로를 준 후, 지금 당장 마시멜로를 하나 먹거나 혹은 연구자가 방을 떠났다가 다시 돌아올 때까지 기다리면 마시멜로를 두 개 받을 수 있다고 하였다. 실험결과, 단 30%의 유아들만이 그 유혹을 견딘 것으로 나타났다. 실험에 참여했던 아이들을 15년 동안 종단적으로 추적한 결과 유혹을 견뎌낸 30%의 아이들은 뛰어난 학업성적으로 보였고, 45년이 지난 후에는 가정에서나 사회에서 성공적인 삶을 살고 있는 것으로 나타났다. 반면, 유혹을 이기지 못한 유아 중 많은 사람들은 현재 비만, 약물중독, 가정불화 등의 문제들로 힘들게 살아가고 있는 것으로 조사되었다. 이러한 결과를 통해 눈앞의 유혹을 이겨내고 감정을 조절하는 능력, 즉 자기통제 능력은 어린 시절부터 형성되며 인생의 성공과 행복에 중요한 역할을 한다는 것을 알 수 있다.

출처: Mischel & Ebbesen (1970). pp. 329-337.

3) 긍정적 자아개념

자아개념은 인지적 요소와 정서적 요소를 포함하며, 신체, 가족, 외모, 능력 등 자신에 대한 다양한 측면의 자기평가, 즉 자신의 능력이나 특성에 대한 생각과 느낌을 의미한다(박성연, 이은경, 2023). 유아기에 긍정적인 자아개념이 형성되면, 아이는 자신을 가치 있고 소중한 존재로 인식하게 되어 높은 자기존중감과 자신감을 가지게 된다. 이로 인해 새로운 상황에도 두려움 없이, 용기 있게 대처할 수 있다. 또한 긍정적인 자아개념을 가진 아이는 또래 및 성인과 긍정적인 상호작용을 통해 원활한 사회적 관계를 형성하게 된다. 자신의 감정을 잘 이해하고 조절할 수 있어 정서적 안정감을 느끼며, 스트레스 상황에서도 잘 이겨낼 수 있는 회복력을 갖게 된다.

이 시기 아이들은 부모나 중요한 타인이 자신을 얼마나 좋아하고 수용하는지에 따라 자신에 대한 판단을 내린다. 유아는 성인으로부터 칭찬이나 구체적인 피드백을 받거나 자신이 특별하다는 이야기를 들으면 자신의 가치를 긍정적으로 인식하게 된다. 유아의 자아개념은 다양한 기술을 습득하고, 과제나 활동에 참여하여 성공적으로 수행하는 과정을 통해 증진된다. 따라서 부모는 유아가 활동을 주도적으로 해나갈 수 있도록 지원하고 격려해야 한다. 부모의 지원은 유아가 새로운 기술을 시도하는 데 도움을 줄 뿐만 아니라, 그 기술을 성공적으로 습득할 수 있도록 돕는 역할도 한다. 이때 유아가 부모에게 도움을 요청하면 적절한 방법을 알려주어 지원할 수 있지만, 자녀가 능숙해지면 부모의 지원을 점차 철회해야 한다. 부모는 유아가 목표를 달성하도록 돕는 것뿐만 아니라, 그 과정에서 지속적으로 격려하는 것도 중요하다. 마지막으로, 부모는 유아에게 가치 있는 존재라는 분명한 메시지를 전달함으로써 자아개념을 높이는 데 기여할 수 있다.

4. 유아기 부모의 도전과 고민

1) 수면문제

유아기에 나타나는 수면문제는 부모와 자녀 모두에게 부정적인 영향을 미친다. 유아의 수면문제로 인해 부모는 피로, 스트레스, 우울한 기분, 그리고 부정적인 부모-자녀 상호작용을 경험하게 된다. 유아는 수면패턴이 깨지면 어린이집에서 긍정적인 행동보다는 부정적인 행동을 보일 가능성이 높아진다. 또한, 수면문제로 인한 피로는 유아의 주의집중력과 수행능력을 저하시킬 수 있으며, 환경적 유발 요인에 대한 스트레스 반응을 증가시켜 과도한 흥분과 부정적 정서를 초래할 수 있다(Bates, Viken, Alexander, Beyers, & Stockton, 2002).

유아들이 흔히 겪는 수면문제로는 야뇨증, 밤중에 깨기, 몽유병 등이 있으며, 이러한 문제는 부모에게도 큰 부담이 된다. 하지만 대부분의 수면문제는 치료가 가능하며, 성공적인 개입을 통해 가족기능에 미치는 부정적 영향은 완화될 수 있다. 유아기 수면문제에 대한 연구에 따르면, 4세 때 나타난 수면문제는 청소년기 중반의 행동 및 정서적 문제를 예측하는 것으로 나타났다. 따라서 초기 수면문제를 해결하는 것이 이후의 행동 및 정서적 어려움을 예방하는 데 중요하다.

유아의 수면문제를 완화하는 첫 번째 단계는 유아에게 동반되는 문제행동이 있는지 확인하는 것이다. 특히 순응하지 않거나 반항적, 공격적인 유아는 수면문제 해결 과정에서 과잉행동, 예민함, 집중력 저하 등을 보이며 더 부정적으로 반응할 수 있다. 이러한 상황은 부모에게 더 큰 부담을 주고 가족 위기로 이어질 수 있으므로, 자녀의 기질적 특성이나 상황을 잘 고려하여 수면지도를 해야 한다.

수면 부족은 건강에 해로운 영향을 미칠 뿐만 아니라 다른 사람과의 상호작용 능력에도 지장을 주기 때문에, 유아들이 충분한 수면을 취할 수 있도록 돕는 것이 가장 중요하다. 유아가 편안하게 취침 시간을 가질 수 있도록 책을 읽어주거나 함께 이야기하는 등 잠자기 전 질적인 시간을 가지는 것이 바람직하다. 이는 어린 유아의 심리적 안정을 돕고 부모의 집중적인 관심을 경험하게 하여 잠자리에 드는 전환기에 필요한 정서적 지원을 제공한다.

또한, 잠자기 직전에 에너지를 많이 소모하는 활동을 자제하고 지나치게 피곤해지지 않도록 하는 것이 중요하다. 잠자기 전 너무 흥분하게 되면 잠들기 어려워지므로, 유아의 마음을 가라앉히고 수면을 도울 수 있는 조용한 음악을 틀어주는 것도 좋다.

유아들은 주변 환경에 민감하게 반응하므로, 소음을 차단하고 18~23도의 적절한 온도를 유지하는 등 편안한 수면을 위한 아늑한 환경을 마련해 주어야 한다. 중간에 깨서 우는 유아는 신체적인 불편함이나 환경 문제로 잠에서 깰 수 있으므로, 실내 온도나 잠자리 등을 지속적으로 확인해 주는 것이 중요하다.

읽어보기 6-3 야뇨증

야뇨증은 낮이나 밤에 소변을 침대나 옷에 반복적으로 싸는 것으로 정의되며, 빈도 기준은 최소 3개월 동안 2주 이상이다.

■ 원인

① 심리적 원인: 부모의 잘못된 양육행동(과잉보호, 권위적 양육), 동생이 태어 난 경우, 스트레스

② 배변훈련 원인: 지나치게 이른 시기에의 배변훈련, 너무 늦은 시기에의 배변 훈련

③ 생물학적 원인: 방광을 조절하는 신경계의 성숙이 천천히 발달

■ 치료방법

① 잠자리에 들기 전 화장실을 가도록 함

② 저녁식사 후에는 수분을 제한하고 화장실 가는 습관을 길러줌

③ '소변경보'를 통한 행동치료
습기에 반응하는 소리를 내는 편안한 패드를 깔아주어 밤에 소변을 싸게 되면 소리를 듣고 일어나게 하여 화장실을 가도록 유도하는 방법임

■ 부모역할

야뇨증은 아이가 통제할 수 있는 것이 아니기 때문에 부모가 젖은 시트에 과민하게 반응하거나 야뇨증에 대한 책임을 자녀에게 돌리지 않아야 한다. 대신 부모는 야뇨증에 대한 냉정한 태도를 취하여 자녀가 야뇨증을 조절하려는 시도를 격려하되, 그 결과에 대해 걱정하지 않는 것이 좋다. 야뇨증을 치료하기 위한 여러 방법이 있지만 가장 중요한 것은 부모의 인내심이다.

출처: 조운주, 최일선(2023). pp. 121-122.

2) 형제자매 관계

형제자매 관계는 유아의 발달에 영향을 미치며, 긍정적인 방식으로 삶을 형성하는 데 기여한다. 유아들은 형제자매 관계를 통해 사회적 기술과 조절능력을 배우고, 새로운 형제의 등장에 적응하면서 귀중한 교훈을 얻는다. 일반적으로 형제자매는 긍정적인 관계를 유지하지만, 때때로 다툼이나 갈등이 발생해 부정적인 상황이 만들어질 수 있다. 그럼에도 불구하고, 이러한 다툼과 갈등 속에서 아이들은 논쟁과 토론을 통해 갈등해결 능력을 발달시키는 긍정적인 모습을 보인다.

즉 형제자매 간의 갈등이 아이들에게는 중요한 학습의 기회가 될 수 있다.

형제자매의 갈등해결 능력에 미치는 부모의 영향을 살펴보면 다음과 같다(Vandell & Bailey, 1992). 첫째, 권위적 양육행동은 높은 수준의 형제자매 갈등과 관련이 있다. 둘째, 부모가 형제자매의 정서적 욕구를 충족시키고 가족 내에서 편애하는 자녀가 없을 경우, 형제자매의 다툼은 최소화된다. 셋째, 부모가 도덕적 원칙과 자녀의 감정을 언급하여 형제자매 갈등의 매개자 역할을 할 때, 유아는 자신의 행동을 정당화하고 도덕적 추론을 사용하여 비교적 성숙한 형태의 갈등에 참여하게 된다. 넷째, 부모가 형제자매 간의 갈등에 지나치게 개입하면 어린 자녀에게 필요한 사회적 문제해결 기술을 개발할 기회를 박탈할 수 있으므로 신중하게 개입해야 한다. 마지막으로, 형제자매 간의 경쟁은 자녀의 발달에 긍정적인 영향을 미치는 경우가 많지만, 형제자매 간의 질투가 심할 경우 가족관계에 문제가 있다는 신호일 수 있다. 실제로, 유아들이 어머니에 대한 애착이 낮고 부모의 결혼관계가 부정적일 때, 형제자매에 대한 질투가 더 심해지는 경향이 있다.

형제자매 갈등을 관리하는 데 도움이 되는 또 다른 요소는 유아가 타인의 감정을 잘 이해하는 것이다. 유아는 인지능력이 어느 정도 발달해 있기 때문에, 부모가 이 과정에서 자녀의 감정과 행동에 공감하고 도움을 주면 유아 역시 타인의 감정을 이해하게 된다. 부모는 누구의 편도 들거나 개입하지 않고 형제자매가 서로의 차이를 해결하도록 장려해야 하며, 갈등해결을 위한 가이드라인을 제시하여 협력할 기회를 극대화하는 것이 좋다. 예를 들어, 두 자녀가 특정 장난감을 두고 다투고 있을 때, 부모는 즉각적인 해결책을 제시하기보다는 그들이 스스로 문제를 해결할 수 있도록 믿음을 표현해야 한다. 자녀가 스스로 문제를 해결할 수 있다는 믿음을 보인 후, 부모는 의견 차이를 조정하는 방법에 대한 몇 가지 간단한 지침을 제시할 수 있다. 즉 부모는 자녀에게 문제에 대해 서로 이야기하게 하고, 아이들이 스스로 어떻게 해결할 수 있는지 물어본 후 해결책을 찾을 수 있도록 기다려 주어야 한다. 이때, 자녀들이 너무 어려서 해결책을 스스로 찾지 못하는 경우에만 부모가 몇 가지 지침을 제공해야 하며, 이러한 과정을 반복하다 보면 이후 아이들은 갈등 상황에서 스스로 해결책을 찾는 놀라운 모습을 보이게 된다.

제7장 아동기 부모역할

아동기는 초등학교에 다니는 시기로, 사춘기가 시작되기 전까지 신체적 성장이 비교적 완만하게 이루어진다. 이 시기에는 논리적이고 귀납적인 사고가 발달하며, 이는 학업에 필요한 인지적 능력 향상으로 이어진다. 또한 생활의 중심이 가정에서 학교로 옮겨짐에 따라 교사 및 또래와의 관계가 아동기 발달에 중요한 영향을 미치게 된다. 이 장에서는 이러한 아동기의 특성에 따른 부모역할에 대해 살펴보고자 한다.

1. 신체발달을 돕는 부모역할

1) 신체활동 장려

여성가족부(2024)의 '2024 청소년 통계'에 따르면, 초등학생들의 사교육 참여율이 86%로 중·고등학생에 비해 더 높은 것으로 나타났다. 또한, 초등학생 중 3시간 이상 공부하는 경우가 40.2%, 5시간 이상 공부하는 경우는 10.2%에 달하는 것으로 밝혀졌다. 우리나라가 경쟁 위주의 사회로 변화하면서 정규 수업 이후 많은 아동들이 사교육에 대부분의 시간을 할애하게 되어, 운동부족으로 인한 체력저하 현상이 나타나고 있다. 따라서 부모는 아동에게 공부를 강조하기보다는 운동할 기회를 제공하여 그들의 건강을 지켜야 한다.

아동기는 운동기술과 근육 협응이 발달하고 정교해지며, 운동의 힘이나 기교가 증가하는 시기이다. 이 시기에 다양한 신체활동은 근육의 힘과 인내력을 증진시킬 뿐만 아니라 신체 지방 수준을 감소시켜 체중을 유지하고 운동능력을 향상시키는 데 도움을 준다. 또한, 규칙적인 신체활동은 아동의 기분상태를 개선하여 심리적 안녕에 긍정적인 역할을 하며, 높은 자아존중감과 사회성 발달을 촉진한다(Findlay & Coplan, 2008). 여기에서 의미하는 신체활동은 신체의 모든 움직임을 포함하며, 운동뿐만 아니라 일상생활에서의 모든 동작을 뜻한다. 따라서 부모는 아동기 발달에 적합한 춤, 운동, 놀이, 게임 등 다양한 활동을 통해 유연성, 협응력, 균형감을 기를 수 있도록 도와야 한다.

아동기는 또래들과의 놀이를 통해 인지적, 정서적, 신체적 발달이 이루어지는 시기이므로, 또래와의 상호작용을 통한 신체활동을 적극적으로 격려해야 한다. 특히 이 시기에는 야구, 축구와 같은 조직적인 운동을 많이 하게 되므로, 부모는 자녀의 힘, 지구력, 손과 눈의 협응력을 잘 고려해야 한다. 이때, 조직적인 신체활동이 자녀의 신체발달 능력을 초과할 경우, 자녀는 실패와 좌절감을 느낄 수 있다. 따라서 부모는 자녀의 신체능력을 이해하고, 자녀의 실력에 인내심을 가지며 운동 기술을 개발하는 데 필요한 시간과 연습, 인내의 중요성을 인식해야 한다. 운동을 가르치는 선생님이 운동 기술과 규칙을 잘 가르친다고 하더라도, 아동이 그 내용을 배우거나 이해할 준비가 되어 있지 않을 수 있다는 점도 부모가 인식해야 한다. 공을 던지고, 차고, 치는 등의 기본적인 운동 기술은 준비가 되어 있지 않으면 아무리 가르치더라도 발달되지 않기 때문에, 부모는 자녀의 신체운동 발달능력을 잘 고려하여 적합한 신체활동을 할 수 있도록 도와야 한다.

2) 건강한 식습관 형성

과도한 영양 공급으로 인해 많은 아동이 신체활동에 비해 지나치게 많은 칼로리를 섭취하고 있다. 우리나라의 비만 학생 비율은 2019년 25.8%에서 2023년 29.6%로 상승하였으며, 비만군 비율은 30% 안팎을 유지하고 있다. 비만은 2차 성징을 앞당겨 성장판이 조기에 닫히게 하여 키 성장에 부정적인 영향을 미치며, 자아존중감 저하, 우울증, 또래관계의 어려움 등 다양한 정서적·심리적 문제를 초래한다. 따라서 부모는 아동이 과식을 피하고 균형 잡힌 영양을 섭취할 수 있도록 도와야 하며, 아동의 음식 선호도를 존중하면서도 건강한 식단을 유지하도록 지도해야 한다.

아동기의 하루 권장 열량은 만 7세 기준 1,800kcal에서 만 12세 기준 2,400kcal이며, 신체 구성에 필요한 탄수화물, 양질의 단백질, 칼슘, 철분, 비타민 등을 고르게 섭취해야 한다. 하루 섭취량 중 탄수화물은 50~55%, 단백질은 30% 이하, 지방은 15~20% 정도로 유지하는 것이 적절하다.

간식은 적절하게 제공해야 한다. 과체중 아동은 에너지의 많은 부분을 영양가가 낮은 식품, 특히 청량음료에서 얻는 경향이 있다. 초등학교 4~6학년 학생들이 섭취하는 음료의 절반 이상이 가당 음료였으며, 가당 음료를 가장 많이 마신 아동은 그렇지 않은 아동보다 더 많은 칼로리를 섭취한 것으로 나타났다(Cullen, Ash, & Warneke, 2002). 적절한 간식은 하루 2번 정도가 적합하며, 하루 권장 섭취량의 10~15%가 적당하다. 예를 들어, 하루 1,800kcal를 섭취하는 경우 간식으로 180~270kcal 정도를 섭취하도록 지도해야 한다.

아침 식사는 아동이 오전에 활발하게 활동하고 두뇌에 필요한 에너지를 공급하는 데 중요하다. 초등학교 3~6학년 아동 300명을 대상으로 일주일 동안 아침 식사 횟수를 조사한 결과, '매일 먹지 않는다'고 응답한 비율이 54%로 가장 높았다. 아침을 먹지 않으면 두뇌 활성 저하, 비만, 성적 저하, 소화불량, 피로 등의 부정적인 영향이 나타날 수 있다. 그러나 매일 규칙적인 시간에 식사하면 소화가 잘되고, 뇌에 에너지를 공급하며, 폭식과 비만을 예방할 수 있다. 또한, 변비를 해결하고 고른 영양 섭취를 돕는 이점이 있다.

읽어보기 7-1 성조숙증

최근 2년간 성조숙증 진단을 받은 아동이 53% 증가했으며, 여아의 경우 12년 만에 16배나 증가하였다. 성조숙증은 성장 속도가 급격히 빨라질 때 의심할 수 있다. 성조숙증의 원인으로는 환경호르몬, 스트레스, 비만, 잘못된 식습관 등 환경적 요인이 있으며, 환경호르몬은 플라스틱 용기와 가공식품에서 나오는 화학물질이 체내 호르몬 균형에 영향을 미쳐 성조숙증을 유발하는 것으로 알려져 있다.

성조숙증 치료에는 생활 습관 개선이 중요하며, 균형 잡힌 식단과 규칙적인 운동을 통해 아동이 건강한 생활을 유지하도록 도와야 한다. 일반적으로 여아는 만 9세 이전, 남아는 만 10세 이전에 치료를 시작해야 효과를 극대화할 수 있다.

출처: www.news.knn.co.kr

2. 인지발달을 돕는 부모역할

1) 논리적 추론

피아제(Piaget)에 따르면, 아동기는 '구체적 조작기'에 해당하는 시기로, 점차 자기중심성을 벗어나 타인의 입장을 이해하고 논리적, 분석적으로 사고할 수 있게 된다. 이러한 능력이 발달하면서 아동은 상황의 여러 측면을 고려할 수 있으며, 이에 따라 문제해결 능력이 크게 향상된다. 부모는 일상생활에서 다양한 문제를 제시하고 아동이 스스로 해결할 수 있도록 격려함으로써 아동의 논리적 사고를 강화해야 한다.

아동의 논리적 사고 능력은 유아와 달리 은유를 이해하고, 일부 단어에 여러 가지 의미가 있음을 파악하는 수준에 이른다. 따라서 부모는 더 복잡한 언어를 자유롭게 사용하여 아동의 사고능력을 촉진해야 한다. 또한 부모는 아동과의 대화에서 열린 질문을 던지고 다양한 주제에 대해 토론을 유도함으로써 비판적 사고와 논리적 추론 능력을 기를 수 있도록 도와야 한다.

2) 학업성취도

학업성취도는 학업을 진행하는 과정에서 얼마나 성실하게 학업에 몰두했는지와 그 결과로 얻은 성과를 나타내는 점수이다. 아동기는 본격적으로 학업을 시작하는 시기로, 부모는 아동에게 학업에 대한 기대를 가지게 된다. 이 시기는 특히 근면성이 발달하는 단계로, 아동은 학교에서 과제를 수행하고 성공 경험을 쌓으며 자신과 또래를 비교하면서 자신감과 근면성을 함께 키워 나간다. 그러나 이 시기에 또래에 비해 학업이 뒤처지거나 실패하는 경험을 많이 겪게 되면 열등감을 느낄 수 있다. 따라서 부모는 아동에게 긍정적인 피드백을 주고 충분히 격려하여 근면성이 발달할 수 있도록 도와야 한다. 근면성이 잘 발달한 아동은 학업에 열의를 가지고 몰두하며 학업효능감이 높아져 학업성취도 점수가 증가하게 된다.

학업성취도 향상에 영향을 미치는 요인 중 첫째는 부모의 양육행동을 들 수 있다. 민주적인 부모의 자녀는 학업성취도가 높은 반면, 권위주의적이거나 허용적인 부모의 자녀는 학업성취도가 낮은 것으로 나타났다. 민주적인 부모는 적절한 수준의 과제를 제공하고 아동이 학업에서 어려움을 겪을 때 긍정적인 피드백을 주어 자녀가 학업에 자신감을 갖게 한다. 이러한 부모는 자녀의 개별적인 관심과 재능에 신경 쓰며, 그들의 독특한 개성을 인정하고 장점을 개발할 수 있도록 도와주는 역할을 한다. 둘째, 학습환경의 조성이 중요하다. 조용하고 집중할 수 있는 적절한 학습 공간을 마련하여 아동이 편안하게 공부할 수 있는 환경을 조성해야 하며, 규칙적인 학습시간을 정해 아동이 스스로 학습 습관을 기를 수 있도록 지원해야 한다. 셋째, 자기주도적 학습을 지원해야 한다. 아동이 스스로 목표를 설정하고 이를 달성할 수 있도록 격려하며, 아동의 선택을 존중하고 자율성을 키울 수 있도록 돕는 것이 중요하다. 넷째, 부모는 학습의 모델링이 되어야 한다. 아동은 부모의 태도를 모방하기 때문에, 부모가 스스로 학습하는 모습을 보여줌으로써 아동에게 학습의 중요성을 인식시켜야 한다.

3) 자기주도학습

자기주도학습은 학습자가 스스로 학습목표를 설정하고 학습과정을 계획하며, 주어진 과제를 스스로 해결하는 능력을 의미한다. 자기주도학습 방식은 학습자가 자신의 학습을 주도적으로 관리함으로써 더 효과적으로 목표에 도달할 수 있도록 돕는다. 아동기는 학업에 열중하는 시기로, 자기주도적 학습 방식을 통해 학업을 성공적으로 성취하는 경험을 쌓아가면서 근면성과 자신감을 키워나갈 수 있다.

아동기 자녀가 자기주도적 학습을 할 수 있도록 돕기 위한 부모의 역할은 다음과 같다. 우선, 어릴 때부터 아이에게 스스로 할 수 있는 기회를 부여해야 한다.

아동이 스스로 할 수 있는 나이가 되면 부모는 과도하게 개입하지 않고, 아동이 자율적으로 할 수 있도록 지원해야 한다. 부모가 계속해서 도와주거나 보호하는 경우, 아동은 혼자 해결할 수 있는 능력이 부족해지고 창의력도 저하될 수 있다. 따라서 부모는 아동이 다양한 환경에 노출되고 끊임없는 시행착오를 경험할 수 있도록 도와야 하며, 이러한 과정은 아동이 새로운 생각을 할 수 있게 하고 자기주도적 학습 능력을 키우는 데 기여한다.

또한, 아동이 스스로 계획을 세우고 실천하도록 돕는 것이 중요하다. 어린 아이들은 자신의 일을 계획하는 것이 어려울 수 있으므로, 부모가 함께 학습 계획표를 세우고 이를 실천할 수 있도록 유도해야 한다. 이러한 과정이 반복되면 아동은 점차 스스로 목표를 설정하고, 자신만의 공부방법을 찾는 학습태도를 익히게 된다.

마지막으로, 아동의 잠재력을 발견할 수 있도록 도와야 한다. 부모는 아동이 학습에서 성공하는 경험을 제공하여 만족감과 재미를 느끼게 하고, 이러한 성공 경험을 통해 아동의 학습동기를 유발시켜야 한다. 이는 아동이 자신의 잠재력을 발견하는 데 도움을 주며, 이를 통해 아동은 꿈과 목표를 세우고 진로를 계획하게 된다.

읽어보기 7-2 자기주도적 학습태도 기르기

1. 초등학교 1~3학년
   1) 입학 전 자녀에게 초등학교 참관 기회 제공하기
   2) 평소 자녀가 자기 일은 스스로 해결할 수 있도록 하기(예: 책가방 챙기기 등)
   3) 자녀가 자기 의사를 분명하게 잘 표현할 수 있는 힘을 길러주기
   4) 자녀가 일정한 시간 공부하는 습관을 몸에 익히도록 돕기
2. 초등학교 4~6학년
   1) 해야 할 것을 스스로 정하게 하기
      - 할 일을 물어보기
      - 스스로 공부 내용과 분량을 구체적으로 정하기
        (잘못된 예: 수학 복습, 좋은 예: 수학 익힘책 34~37쪽 풀기)

2) 공부시간과 방법을 계획하기
- 계획을 세울 수 있게 도와주기
  그날 공부할 분량을 정한 후, "그럼 이건 시간이 얼마나 걸릴까?", "언제하는 것이 제일 좋을까?"하고 물어보기
- 계획표를 보며 할 일 떠올리기

3) 점검과 마무리
- 점검 시간과 기준 세우기
  : 실천하지 못한 공부를 할 수 있도록 점검 시간은 취침 2시간 전 정도가 좋음
  : 명확한 기준을 세워 주고, 기준을 만족시키지 못할 경우의 조치도 알려줌
- 공부한 후 마무리 공부를 효율적으로 하는 아이들은 마지막 단계에서 자신이 공부한 내용을 확인함. 제대로 한 부분, 이해가 잘 안되는 부분, 암기가 부족한 부분을 표시하고 책을 덮음. 다음에 공부할 때는 표시된 부분을 더 중점적으로 공부함.

출처: www.mogef.go.kr/kps/main.do

4) 적성 발견

초등학교 때부터 적성을 발견하고 진로를 준비하는 것은 중요하다. 많은 부모들은 자녀의 적성을 찾기 위해 학업성취를 위한 인지능력을 중요시하지만, 먼저 고려해야 할 점은 지능과 적성은 다양하다는 것이다. 하버드 대학의 하워드 가드너(H. Gardner)는 인간의 지능이 단일한 차원이 아닌 다양한 차원으로 구성되어 있다고 주장하였다(Gardner, 2006). 그의 다중지능이론은 인지능력뿐 아니라 신체운동 지능, 음악 지능, 대인관계 지능, 언어 지능, 자기이해 지능, 수학-논리 지능, 공간 지능, 자연주의 지능, 실존 지능 등 9가지의 지능으로 구성되어 있다. 다중지능이론은 각자가 지닌 잠재된 다중지능이 모두 다르므로, 자신의 강점을 계발하고 약점지능은 보완하여 개별적인 능력을 적극적으로 찾아야 한다는 점을 강조한다.

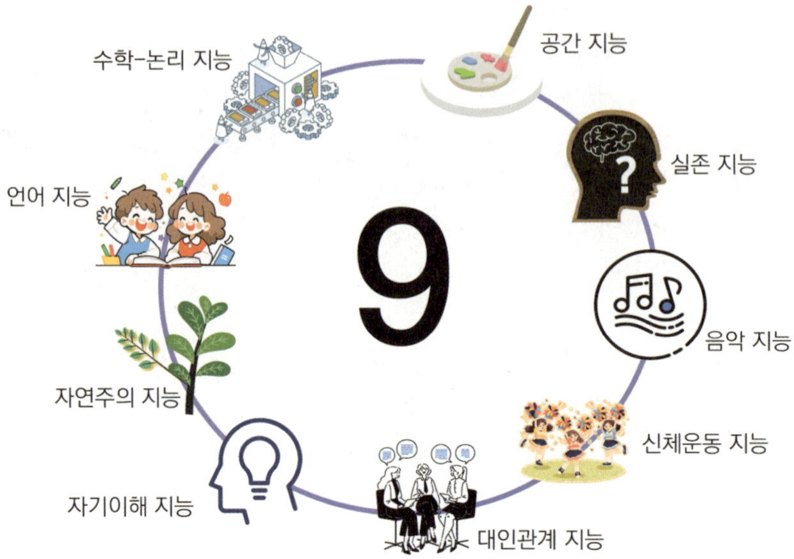

[그림 7-1] 가드너의 다중지능이론

출처: 구글 이미지.

부모는 자녀의 적성을 발견할 수 있도록 다양한 경험을 제공하는 것이 좋다. 스포츠, 과학, 예술 등 여러 분야를 탐색하게 하여 아동이 흥미와 재능을 발견할 기회를 만들어야 한다. 또한, 아동이 스스로 선택할 수 있는 기회를 통해 자율성을 존중해야 하고, 자신의 결정을 통해 적성을 발견할 수 있도록 도와주어야 한다.

부모는 아동과 정기적으로 대화하여 그들의 흥미와 적성에 대해 이야기함으로써, 아동이 자신의 강점과 약점을 스스로 이해할 수 있도록 유도해야 한다. 이와 함께, 아동이 어떤 부분에서 잘하고 있는지, 개선할 점은 무엇인지 구체적으로 알려주어 건설적인 피드백을 제공하는 것도 중요하다.

3. 사회·정서발달을 돕는 부모역할

1) 또래관계

아동기는 부모로부터 벗어나 점차 또래와 많은 시간을 보내며 친밀한 관계를 형성하는 시기이다. 여기에서 '또래'란 사회적으로 동등한 사람들, 또는 적어도 같은 연령대에 있는 동안 유사한 행동 수준에서 상호작용하는 사람들을 의미한다. 또래관계는 아동을 가르치고 지시하는 수직적인 부모-자녀관계가 아닌, 덜 비판적이고 지시적이지 않은 수평적인 관계이다. 이 시기의 아동은 또래집단과의 상호작용을 통해 공동체의 가치를 발견하고, 규칙에 따라 행동하며, 소속감을 확립하고, 집단 구성원들이 공유하는 목표를 달성하기 위해 노력한다.

또래에게 호감을 얻고 인정받는 아이들은 인기가 적은 아이들에 비해 더 긍정적인 사회적 특성, 높은 문제해결 능력, 그리고 뛰어난 친구관계를 형성한다. 반면, 또래로부터 거절당하는 아동은 호감을 얻는 아동보다 더 공격적이고 위축되며, 사회적으로 주도적인 능력이 떨어진다(Khaleque & Rohner, 2002). 이때, 부모는 자녀가 친구관계를 형성하고 유지하며, 사회적 기술을 발달시키는 데 중요한 역할을 한다. 따라서 부모의 양육행동과 환경 설계가 자녀의 또래관계 형성에 미치는 영향을 살펴보고자 한다.

(1) 부모의 양육행동

아동이 또래와 형성하는 관계의 유형은 부모의 양육행동과 일관되게 관련된다. 바움린드(Baumrind, 1991)에 따르면, 민주적인 부모의 자녀는 권위주의적, 허용적, 방임적인 부모의 자녀에 비해 또래와 더 긍정적인 관계를 형성하는 것으로 나타났다. 민주적인 부모는 자녀에게 의사결정할 기회를 제공함으로써, 자녀가 또래와 상호작용할 때 사려 깊고 책임감 있는 행동을 하도록 이끈다. 하트 등(Hart et al., 2003)에 의하면, 민주적인 부모는 자녀의 행동을 적절히 통제함으로써 자녀가 사회적 상황에서 자기조절 능력을 발달시키도록 돕는다고 하였다. 이러한 부모의 민주적인 양육 방식은 자녀의 공감과 이타심을 촉진하며, 또래와의 긍정적인 사회적 기능에 영향을 미쳐 원활한 또래관계 형성에 기여한다.

민주적인 부모의 자녀들에 비해, 권위주의적인 부모의 자녀는 사회적으로 덜 능숙하고 행동문제의 위험에 더 많이 노출되는 경향이 있다. 권위주의적인 부모의 자녀가 겪는 사회적 문제는 부모가 지나치게 엄격하고 가혹한 훈육을 사용하는 데서 비롯된다. 권위주의적인 부모는 자녀를 양육할 때 체벌에 의존하는 경우가 많으며, 자녀는 이러한 행동을 모방하여 또래와의 갈등상황에서 친구를 때리거나 비방하는 행동을 하게 된다. 체벌은 종종 문화적 신념에 의해 뒷받침되며, 이러한 양육방식을 지지하는 문화권에서도 신체적 훈육은 아동의 발달에 부정적인 영향을 미친다. 예를 들어, 중국, 인도, 이탈리아, 한국, 필리핀의 부모와 아동기 아동을 대상으로 한 인터뷰에서 체벌을 많이 사용할수록 아동의 공격성과 불안이 지속적으로 증가하는 것으로 나타났다.

허용적인 부모의 자녀는 미성숙한 행동으로 인해 민주적인 부모의 자녀보다 또래관계에서 더 많은 어려움을 겪는다. 이들은 충동조절 능력이 떨어지고, 허용적이지 않은 부모의 자녀들에 비해 사회성과 책임감이 부족하다. 한편, 사회적으로 고통받는 경향이 있는 아이들은 부모가 방임하는, 즉 부모가 관여하지 않는 경우에 해당한다. 방임하는 부모의 자녀는 애정수준이 낮고 부모로부터 높은 수준의 비판과 적대감을 견디는 경우가 많아, 다른 아이들과 우정을 발전시키고 유지하는 데 어려움을 겪을 가능성이 높다. 또한 이러한 아동은 비협조적인 행동을 보이기 때문에 아동기 동안 또래들로부터 거부당하게 된다.

(2) 환경 설계

부모는 아동기 자녀의 또래관계를 돕기 위해 적절한 환경을 마련할 필요가 있다. 우선, 학교, 학원, 주거지 등을 자녀의 또래관계 증진을 위해 의도적으로 선택할 수 있다. 또한 자녀의 친구를 집에 초대하거나, 자녀가 학교나 지역사회 활동에 참여하도록 격려하며, 친구들과 이야기하고 상호작용할 수 있는 기회를 적극적으로 설계할 수 있다.

또한 부모는 자녀의 또래관계를 지속적으로 모니터링하고, 어려움을 겪을 때 정서적으로 지지하며 원만한 또래관계를 유지할 수 있는 기술을 알려주는 코치 역할을 해야 한다. 타인의 입장에서 사고하고 공감하는 능력은 건강한 사회적 관계 형성에 중요하며, 공감 능력이 높은 아동은 긍정적인 또래관계를 맺는다. 따라서 부모는 자녀의 사회적 기술을 증진시키기 위해 친구의 감정과 생각에 공감하는 방법과 명확하게 의사소통하는 기술을 가르칠 필요가 있다. 이를 위해, 부모가 먼저 자녀의 마음을 이해하고 공감하는 모습을 보여주고, 타인의 감정에 반응하는 것을 지지함으로써 공감 대화법을 가르칠 수 있는 환경을 마련해야 한다.

읽어보기 7-3 자녀의 성격별 또래관계를 증진시키는 방법

1. 수줍음이 많고 내성적인 아이
   - 평가를 줄이고 있는 그대로 인정해 주고 격려해 주기
     ("엄마도 처음 본 사람들과 인사할 때는 조금 부끄럽단다.")
   - 사소한 변화라도 인정해 주고 격려하며, 노력을 인정해 주기
   - 아이들과 함께 놀 수 있는 자연스러운 기회를 늘려주고, 큰 아이들의 배려를 받으며 노는 즐거운 경험을 만들어 주거나, 더 어린 아이들과 놀면서 동생을 돌봐주는 성취감을 맛보게 하기
2. 다툼이 잦은 아이
   - 사과할 용기를 갖도록 도와주기
   - 상황을 파악하고 잘못이 무엇인지 깨닫게 도와주기
   - 표현 방법을 일일이 점검하기
3. 친구에 집착하는 아이
   - 영아기 애착형성에 문제가 있을 가능성이 크기 때문에 애정에 대한 욕구를 충족할 수 있도록 아이가 좋아하는 것으로 함께 시간 보내기
   - 양질의 시간을 함께 보내기
   - 부모의 사랑을 충분히 느끼게 해주기

출처: www.mogef.go.kr/kps/main.do

2) 또래 괴롭힘

초등학생의 학교폭력이 점차 심각해지고 있다. 2022년 학교폭력 피해자 10명 중 7명이 초등학생인 것으로 나타났으며, 초등학생 가해자도 해마다 증가하고 있어 검거된 학폭 가해자의 약 10%가 초등학생으로 밝혀졌다(고기정, 2023). 최근 초등학교에서의 학교폭력 최초 발생 연령도 점차 낮아지고 있으며, 특히 가해자와 피해자의 구분이 불분명해져 피해자가 가해자가 되는 악순환이 발생하고 있다.

학교폭력이 발생하는 원인으로는 가정에서의 인성교육 부족, 부모의 무관심, 폭력적인 문화와 대중 매체의 영향 등이 있다. 즉 학교폭력은 학생의 인성교육이 부족하고 인터넷이나 영상 매체의 부정적 영향으로 발생할 수 있지만, 무엇보다 가정 내에서 부모의 관심 부족이 큰 원인이라고 볼 수 있다. 예를 들어, 부모-자녀 간 대화 부족, 맞벌이 가정의 증가, 부모의 잦은 야근 등으로 인해 가정에서의 자녀 돌봄 기능이 약화되면서 학교폭력의 징후를 즉각적으로 발견하지 못하는 경우가 빈번하게 발생한다.

자녀의 학교폭력을 예방하거나 대처하기 위해 부모는 자녀의 학교생활과 또래 관계에 관심을 가지고, 또래로부터 소외되거나 괴롭힘을 당하고 있는지를 면밀히 관찰해야 한다. 또한 부모는 자녀에게 나와 남이 다를 수 있다는 사실을 알려주고, 있는 그대로의 모습을 인정해 줄 수 있도록 가르쳐야 한다. 만약 또래 괴롭힘이 심각한 상황이라면 부모가 직접 개입하여 학교와 유관 기관에 알리고 도움을 요청해야 한다. 아이가 당한 사실을 기록하여 세부 사항을 증거로 확보하고, 관련인들에게 비밀 보장을 요구해 아이를 가해자로부터 보호해야 한다. 또한 가해자와 직접 마주치지 않도록 하고, 필요한 경우에는 학교를 옮기는 결정을 내려야 한다.

3) 자아존중감

자아존중감은 자신을 긍정적이고 가치 있는 존재로 인식하는 개념으로, 주변인의 수용과 인정에 의해 형성된다. 아동기에 속한 아동은 학업능력, 사회적 능력, 신체·운동 능력, 신체적 외모의 네 가지 측면에서 자아존중감을 형성하게 된다(Marsh & Ayotte, 2003). 에릭슨(Erikson)에 따르면, 아동의 자아존중감은 자신이 성취한 결과나 일에 대해 자신의 능력을 어떻게 평가하는가에 기초한다.

아동의 자아존중감을 증진시키기 위해 부모의 역할은 매우 중요하다. 부모는 자녀가 사회에서 요구되는 기술을 습득하는 과정에서 성공했을 때 긍정적인 피드백을 제공해야 한다. 아동이 잘한 일에 대해 구체적으로 칭찬하고, 노력한 과정에 대해 격려하며, 실수를 했을 때는 비난하기보다는 그 경험에서 배울 수 있는 점을 함께 이야기해 긍정적으로 접근할 필요가 있다.

또한, 부모는 아동의 자율성을 존중하고 책임감을 부여해야 한다. 아동에게 선택권을 주어 스스로 선택할 수 있는 기회를 제공하거나(예: 옷을 고르거나 간식을 선택하기) 나이에 맞는 작은 책임을 부여하여 자신의 행동에 대한 책임감을 느낄 수 있도록 해야 한다.

부모는 아동에게 정서적 지원과 안정감을 제공하는 것도 중요하다. 자녀가 정서적으로 어려움을 겪을 때 신뢰할 수 있는 지지자가 되어야 하며, 아동이 스트레스를 받거나 불안해할 때 "엄마(아빠)는 항상 네 곁에 있어. 어떤 일이 있어도 우리는 함께 해결할 수 있어."라는 메시지를 통해 안정감을 주어야 한다.

마지막으로, 부모는 모델링을 통해 자녀가 학습할 수 있도록 해야 한다. 아동은 부모의 행동을 통해 많은 것을 배우므로, 부모가 스스로를 존중하고 긍정적인 태도를 유지하는 모습을 보여줌으로써 자아존중감을 증진시킬 수 있다. 부모가 자기 자신을 존중하고 긍정적인 자기 대화를 실천하는 모습을 보일 때, 자녀도 자연스럽게 이를 따라하게 된다. 예를 들어, "오늘 힘든 일이 있었지만, 내가 최선을 다했어. 그래서 스스로 자랑스럽게 느껴져."와 같은 자기 인식과 수용의 메시지를 전달해야 한다.

4. 미디어 사용

2023년 어린이 미디어 이용 조사(한국언론진흥재단, 2023)에 따르면, 초등학생은 하루 평균 약 3시간을 미디어 이용에 소비하고 있다. 이는 코로나 19 팬데믹 동안의 이용 시간과 비교했을 때 약 1시간 40분 줄어든 수치이나, 여전히 세계보건기구(WHO)의 권고 기준을 초과하는 수준이다. 미디어를 시청하기 위해 가장 많이 사용하는 미디어 기기는 스마트폰으로, 초등학생의 77.6%가 사용하고 있으며, 그 외에 스마트 TV(65.6%)와 태블릿 PC(57.1%)를 이용하며, 컴퓨터(24.7%)와 일반 TV(17.1%)도 일정 비율로 사용되고 있다.

아동기에 속한 아동이 미디어를 통해 하는 활동은 매우 다양하다. 초등학생의

75.3%가 다양한 콘텐츠를 보기 위해 유튜브를 시청하고 있으며, 유튜브 쇼츠와 같은 짧은 동영상 형식도 인기를 끌어 51.1%가 이를 이용하고 있다. 또한, 아동은 다양한 온라인 게임을 하거나 카카오톡, 인스타그램과 같은 소셜 미디어 플랫폼에서 친구와 사진이나 영상을 공유하며 소통하고 있다. 초등학생의 17.6%는 스스로 온라인 동영상을 제작하여 유튜브 채널을 운영하거나 친구들과 공유하기 위해 짧은 영상을 만들기도 한다. 한편, 많은 아동은 EBS와 같은 교육방송이나 다양한 학습 앱을 통해 공부하거나, 이러한 학습 도구들을 활용하여 학교 수업을 보충하고 숙제를 하기도 한다. 일부 학생들은 코딩 학습 앱이나 과학 관련 디지털 콘텐츠를 이용하여 미래 기술을 배우고 있다.

초등학생들의 미디어 사용이 증가함에 따라 부모의 역할이 점점 더 중요해지고 있다. 부모는 자녀가 디지털 환경에서 건강한 습관을 형성하고 미디어의 부정적 영향을 최소화할 수 있도록 다양한 방법으로 지원해야 한다. 이를 위해 명확한 규칙을 설정하고 일관성을 유지하여 미디어 사용 시간을 제한하며, 미디어 사용에 대해 일관되게 적용해야 한다. 예를 들어, 평일과 주말에 따라 다른 제한을 두거나 저녁 식사 후, 잠들기 전 같은 특정 시간대에는 미디어 사용을 금지하는 방법이 효과적이다. 이러한 규칙을 설정했다면 일관되게 적용해야 하며, 부모는 규칙을 반복적으로 설명하고 가족 모두가 이를 준수하도록 함으로써 아동이 규칙을 존중하도록 돕는다. 미디어 사용 대신 할 수 있는 대안 활동을 장려하여 오프라인 활동을 권장하고 가족과의 즐거운 시간을 계획할 수도 있다. 부모는 아이들이 미디어 외의 다양한 활동에도 관심을 가질 수 있도록 독서, 스포츠, 미술, 음악 등 여러 대안 활동을 제공하여 다양한 취미와 경험을 통해 즐거움을 찾을 수 있도록 돕는다. 정기적으로 가족과 함께하는 시간을 계획하여 가족 게임, 야외 활동, 여행 등 미디어 사용 대신 가족 간의 대화와 소통에 집중할 수 있는 기회를 마련해야 한다.

아동이 미디어를 시청할 때 주의해야 할 점은 어떤 콘텐츠를 보는가이다. 따라서 부모는 콘텐츠 관리와 모니터링을 꾸준히 해야 할 필요가 있다. 유해 콘텐츠를 차단하는 필터링 소프트웨어를 사용하거나 자녀와 함께 콘텐츠를 시청하며 무엇이 적절한지 설명함으로써 자녀가 접하는 콘텐츠의 질을 관리해야 한다. 또한,

부모는 자녀와 함께 콘텐츠를 시청하며 내용에 대해 토론하고 질문을 통해 비판적 사고를 촉진하는 역할을 해야 한다. 아동의 미디어 사용에 대해서는 부모가 열린 대화를 나누는 것도 중요하다. 미디어 사용에 대한 규칙을 설정할 때는 자녀와 충분한 대화를 통해 그 필요성을 설명하고 자녀의 의견을 반영할 수 있도록 소통이 우선시되어야 한다. 아동의 미디어 사용을 제한하기 위해서는 무엇보다 부모의 모범적 행동이 중요하다. 부모는 미디어 사용에 있어 좋은 본보기가 되어 가족 식사 시간에는 스마트폰을 멀리하고 대화에 집중하는 모습을 보여주며, 평소에도 자녀 앞에서 스마트폰을 사용하지 않는 모습을 통해 이를 실천해야 한다.

이러한 부모의 역할은 아동들이 디지털 환경에서 균형 잡힌 삶을 영위하도록 돕는다. 부모는 자녀가 미디어를 건강하게 사용할 수 있도록 일관된 가이드라인을 제공하고, 올바른 디지털 습관을 형성할 수 있도록 지속적으로 지원해야 한다.

제8장 청소년기 부모역할

청소년기는 사춘기가 시작되면서 성적 성숙과 체형의 변화가 일어나는 시기로, 이로 인해 자아 이미지에 혼란을 겪게 된다. 인지적으로는 추상적 사고 능력이 발달하여 복잡한 문제를 해결하거나 고차원적인 사고를 하게 되며, 정서적으로 감정의 기복이 심해지고 자아정체성을 형성하는 과정에서 갈등을 겪기도 한다. 이 장에서는 이러한 청소년기의 특성에 따른 부모역할에 대해 살펴보고자 한다.

1. 신체발달을 돕는 부모역할

1) 신체 변화에 대한 이해와 교육

부모는 청소년기의 신체 변화를 이해하고 자녀에게 이에 대한 정보를 제공해야 한다. 사춘기 동안 청소년은 성적 성숙을 겪으며, 이는 2차 성징의 발달로 나타난다. 여아는 가슴 발달, 초경의 시작, 골반의 확장 등 여성적 신체 특징이 두드러지며, 남아는 고환과 음경의 성장, 목소리 변화, 체모 발달, 근육량 증가 등 남성적 특징이 나타난다. 이러한 성적 성숙 과정은 청소년에게 신체 이미지에 대한 민감성을 유발하여, 여아는 체지방의 증가로 인한 체형 변화에 신경을 쓰기 시작하고, 남아는 근육 발달과 남성적 체형의 형성에 대해 고민하게 된다. 이러한 신체적 변화는 청소년들이 자기 자신과 또래 간의 비교를 통해 자아정체감을 형성하는 중요한 요소로 작용하므로, 부모는 청소년기 자녀의 신체 변화에 관심을 가지고 자녀가 이를 미리 알고 준비할 수 있도록 교육하는 것이 중요하다. 또한, 부모는 사춘기 자녀가 자신의 몸에 일어나는 변화에 대한 호기심, 불안, 긴장감 등을 잘 대처하고 적응할 수 있도록 심리적, 실제적으로 지원해야 한다.

무엇보다, 부모는 자녀와 신체 변화에 대해 개방적으로 이야기할 수 있는 분위기를 조성해야 한다. 예를 들어, 여아에게는 초경에 대한 준비와 남아에게는 남성적 신체 변화에 대한 정보를 자연스럽게 대화할 수 있도록 유도해야 한다. 부모가 이러한 주제를 편안하게 다룰 수 있어야 자녀도 자신의 신체 변화에 대해 자유롭게 이야기할 수 있다. 또한, 부모는 올바르고 신뢰할 수 있는 정보를 제공해야 한다. 인터넷이나 또래 친구들로부터 잘못된 정보를 얻는 경우가 많기 때문에, 부모는 정확한 정보를 제공하고 궁금증을 해소해 주는 역할을 해야 한다. 예를 들어, 여아에게는 생리 관리 방법을, 남아에게는 면도와 같은 실질적인 정보를 제공해 주는 것이 중요하다.

2) 신체 이미지에 대한 긍정적 태도 형성

청소년기에는 체지방의 재분포가 일어나며, 신체 조성이 성인과 유사한 형태로 변화한다. 여아는 체지방이 골반과 대퇴부에 집중되면서 여성적 체형을 갖추게 되고, 남아는 상대적으로 체지방이 감소하고 근육량이 증가하면서 남성적 체형을 형성하게 된다. 이러한 변화는 신체 이미지와 관련된 문제를 야기할 수 있으며, 특히 비만이나 지나치게 마른 체형은 청소년에게 심리적 부담을 줄 수 있다. 신체 변화로 인해 자아정체성에 대한 고민이 깊어지고, 다른 사람들의 시선에 대해 예민해지면서 자신의 신체 변화에 민감하게 반응하고 타인과 자신을 비교하게 된다. 또한 비만이나 여드름 등으로 인한 신체 이미지에 대한 불만족은 낮은 자존감, 우울감, 그리고 심한 경우 섭식 장애로 이어질 수 있다. 반면 긍정적인 신체 이미지를 가진 청소년은 높은 자존감과 긍정적인 사회적 관계를 형성하는 데 도움이 된다. 외모와 관련된 문제는 심리적 스트레스를 유발할 수 있으므로, 부모는 청소년 자녀가 신체 이미지에 대한 긍정적인 태도를 가질 수 있도록 도와야 한다.

청소년들의 외모에 대한 과도한 관심은 사춘기의 심리와 사회적 의식, 부모의 가치관이 복잡하게 얽힌 문제이다. 따라서 부모는 올바른 가치관과 자존감을 갖도록 도와 긍정적인 자아 이미지를 형성할 수 있게 해야 한다. 자녀가 자신의 신체 변화를 자연스럽고 긍정적으로 받아들일 수 있도록 지원하며, 외모보다는 건강과 기능을 중시하는 메시지를 전달해야 한다. 자녀의 신체적 특성을 긍정적으로 평가하는 언어를 자주 사용하는 것이 중요하다. 예를 들어, "너의 키가 자라서 정말 건강해 보여."와 같은 칭찬은 자녀의 신체 변화에 대한 긍정적인 인식을 형성하는 데 도움이 된다.

또한, 부모는 자녀를 다른 사람과 비교하지 않도록 주의해야 한다. 형제자매나 또래친구와의 비교는 자녀에게 불필요한 스트레스를 줄 수 있다. 외모에 대해 비판적인 언급은 피하고, 항상 자녀의 장점을 강조하는 것이 중요하다. 현대 사회에서 외모지상주의가 만연한 가운데, 청소년들은 자신의 신체적 변화에 더욱 민감하게 반응하고 잘못된 가치관에 집착할 수 있다. 예를 들어, 신체변화로 인한 체중 증가는 날씬한 몸매를 이상적으로 여기는 사회적 분위기 속에서 체중에 대한 집착과 과도한 체중 조절로 이어질 수 있다. 이는 거식증이나 폭식증과 같은 식이장애의 원인이 되기도 한다.

일반적으로 남아에 비해 여아들이 더 부정적인 자아 이미지를 갖는 경향이 있어, 여아들은 자신의 신체에 대해 비판적이고 자신이 덜 매력적이라고 느끼며 체형에 불만족하는 경우가 많다. 따라서 부모는 자녀가 신체 변화로 인해 혼란스럽거나 불만족스러운 감정을 표현할 수 있도록 격려하고, 그 감정에 공감하며 지지해 주어야 한다. 자녀가 외모에 대한 불만을 이야기할 때는 그들의 감정을 존중하고, 긍정적으로 받아들일 수 있도록 도와야 한다.

더불어, 부모는 지속적인 대화를 통해 자녀의 생각과 감정을 이해하려고 노력해야 한다. 청소년과의 대화는 단순한 정보 전달이 아닌 정서적 연결을 강화하는 중요한 방법이다.

읽어보기 8-1 SNS를 타고 퍼지는 '거식증' 따라하기

SNS를 통해 전 세계적으로 거식증(신경성 식욕부진증)이 확산되고 있다. 특히, SNS에서 거식증을 동경하는 '프로아나(pro-ana)'가 유행하면서 영국에서는 지난해에만 약 2만 명의 섭식 장애 환자가 발생하였다.

'프로아나'는 거식증(anorexia)의 생활 방식을 지지(pro)하는 것을 의미한다. 이 현상은 2000년도 미국에서 거식증 환자들이 커뮤니티를 형성하면서 처음 알려지기 시작했다. 프로아나 커뮤니티에서는 살을 빼기 위한 식단 조절, 약물 사용 등의 정보를 공유하며, 서로 뼈만 남을 정도로 체중을 줄이는 것을 목표로 하고 있다.

전문가들은 "SNS는 거식증을 조장하는 치명적인 논의의 장이 되고 있으며, 이로 인해 '완벽한 몸매'라는 잘못된 메시지가 퍼지고 있다."고 지적한다. 영국 복지부 장관은 "젊은이들이 섭식 장애를 조장하는 온라인 콘텐츠에 얼마나 쉽게 접근할 수 있는지 확인하고는 경악을 금치 못했다."고 전했다.

SNS를 통해 프로아나 정보를 공유하는 사람들의 평균 연령은 17세로, 이 시기에 있는 청소년들에게 이러한 동경은 매우 위험하다. 이 문제는 개인적인 문제가 아니라 사회적 문제로 인식되어야 하며, 국가 차원에서 SNS 관련 정보가 무분별하게 유통되는 것을 제한하고 그 위험성을 경고할 필요가 있다.

출처: www.ohmynews.com

2. 인지발달을 돕는 부모역할

1) 뇌의 변화

청소년기에는 전두엽, 특히 의사결정, 계획 수립, 자기통제, 문제해결, 사회적 행동을 담당하는 전전두엽이 급격하게 성숙하는 시기이다. 전두엽의 발달은 20대 초반까지 계속 이어지므로, 청소년들은 아직 덜 성숙한 전두엽으로 인해 충동적인 행동을 할 가능성이 크고, 자기통제 능력이 아직 완전히 성숙하지 않아 위험을 감수하려는 경향이 높다.

청소년기 뇌에서 가장 활발히 일어나는 현상은 시냅스 가지치기이다. 이는 많은 신경 세포 중 필요한 것만 남기고 사용하지 않는 것들은 잘라내는 과정으로,

자주 사용하는 시냅스는 강화되고 쓰지 않는 시냅스는 사라지게 된다. 이 과정은 효율적인 뇌 기능을 위해 필수적이지만, 청소년들은 이로 인해 학습과 적응 과정에서 큰 변화를 겪게 된다.

이 시기 뇌에서 발생하는 변화는 사고, 창의성, 예측, 주의집중, 계획, 문제해결, 정서조절 등을 발달시키는 데 도움을 주기 때문에 다양한 긍정적인 자극과 적절한 교육적 경험을 제공하는 것이 중요하다. 또한, 청소년기 자녀를 둔 부모는 자녀가 겪는 심리적, 정서적 변화를 이해하고 지원하는 안정적인 가정환경을 제공해야 한다. 자녀가 안전하고 지지받고 있다는 느낌을 가질 수 있도록 일관성 있는 규칙과 사랑을 제공함으로써, 자녀가 스스로 자신의 환경에 잘 적응할 수 있도록 도와야 한다.

또한, 감정 뇌로 불리는 변연계의 발달은 주로 사춘기에 이루어지며, 사춘기가 끝날 즈음에 거의 완성된다. 이 시기의 청소년들은 공포, 불안, 수치심, 죄책감 등 감정적 상처에 취약하고 감정조절에 어려움을 겪으며, 작은 일에도 극단적인 반응을 보이게 된다. 이러한 감정적 변화는 종종 부모와의 갈등으로 이어질 수 있다. 따라서 부모는 대화의 내용보다 자녀의 감정 표현에 초점을 맞추어, 자녀가 감정을 잘 표현하고 배출할 수 있도록 도와야 한다. 청소년들에게 부모는 간섭하고 잔소리를 하는 귀찮은 존재로 여겨질 때가 많다. 이는 청소년들이 부모와의 대화에서 심각한 장애를 경험하게 만든다고 볼 수 있다. 따라서 부모는 먼저 자녀의 생각과 감정에 공감하고, 그들이 어떤 마음과 생각을 가지고 있는지 이해하려고 노력해야 한다.

청소년기의 뇌 발달은 매우 복잡하고 다차원적인 과정이기 때문에, 이 시기의 자녀를 둔 부모는 청소년의 뇌 발달 특징을 잘 이해하고 그들의 발달 과정을 지원하기 위해 지속적인 노력이 필요하다.

읽어보기 8-2 게임 및 스마트폰 과다사용과 뇌 발달

1. 도파민의 과도한 자극

1) 보상 회로의 과잉 활성화

게임과 스마트폰 사용은 도파민 시스템, 특히 보상 회로를 과도하게 자극한다. 도파민은 보상과 쾌락을 느끼게 하는 신경전달물질로, 게임이나 스마트폰에서 즉각적인 보상을 경험할 때 분비된다. 이러한 자극이 반복되면 뇌는 더 많은 도파민을 원하게 되어 결국 게임이나 스마트폰 사용이 강박적으로 변할 수 있다.

2) 감각 추구 행동 증가

지속적인 도파민 분비는 청소년이 더욱 강력한 자극을 추구하게 만든다. 이러한 감각 추구 행동은 현실 세계의 경험에 대한 흥미를 감소시키고, 단기적인 쾌락에 집중하게 한다. 결과적으로 이는 현실에서의 학습과 성취, 사회적 관계 형성을 방해할 수 있다.

2. 전두엽 발달의 지연

전두엽은 자기통제, 계획, 의사결정, 사회적 행동 조절 등을 담당한다. 게임과 스마트폰 사용이 과도할 경우, 전전두엽의 발달이 저해되어 충동적인 행동이 빈번하게 나타나며, 장기적인 목표 설정이나 책임감 있는 행동에 어려움을 겪게 된다.

3. 해마 기능의 저하

해마는 기억과 학습에 중요한 역할을 한다. 그러나 게임 중독과 스마트폰 중독은 해마의 기능을 저하시켜, 특히 장기기억 형성과 공간 인지에 부정적 영향을 미친다. 이로 인해 학습 성취도와 문제해결 능력이 저하될 수 있다.

출처: www.hani.co.kr

2) 추상적 사고

청소년기는 추상적 사고가 가능해지는 시기로, 점점 더 복잡한 개념을 이해하고 이를 다루는 능력이 발달한다. 이는 구체적인 사물이나 경험에 의존하지 않고 개념, 아이디어, 가설 등을 다룰 수 있는 능력을 의미한다. 이 시기 청소년들은 철학적 질문을 던지거나 정치적, 도덕적 문제에 대해 깊이 생각하게 되며, 복잡한 문제에 대한 다양한 해결책을 모색하게 된다.

청소년기 자녀의 추상적 사고를 발달시키기 위해서는 단순한 '예/아니오'로 대답할 수 없는 질문을 던져보는 것이 좋다. 예를 들어, "행복이란 무엇일까?", "모든 사람은 평등할 수 있을까?"와 같은 질문을 통해 자녀가 자신의 생각을 깊이 있게 표현할 수 있는 기회를 제공한다. 또한, 특정 주제를 정해 가족 간 토론을 진행하는 것도 좋은 방법이다. "인공지능(AI)이 사람의 직업을 대체하는 것은 도덕적으로 옳은가?"와 같은 주제로 의견을 나누며 자녀의 논리적 사고를 격려해야 한다.

추상적 사고는 다양한 시각을 이해하고 이를 종합하는 능력을 포함한다. 따라서 부모는 자녀가 여러 관점을 접하고 비교할 수 있도록 다양한 자료와 경험을 제공해야 한다. 자녀에게 다양한 장르의 책을 읽도록 권장하고, 특히 철학적 주제나 사회적 이슈를 다루는 책을 읽고 함께 토론해 보도록 한다. 또한 철학적이거나 사회적 이슈를 다룬 영화나 다큐멘터리를 함께 보고, 그 내용을 바탕으로 논의하는 것도 좋은 방법이다. 예를 들어, '매트릭스'를 보고 현실과 인식의 문제에 대해 이야기하거나, '불편한 진실'을 보고 환경 문제와 도덕적 책임에 대해 논의할 수 있다.

추상적 사고를 더욱 발달시키기 위해서는 자녀가 자신의 생각을 표현하고 다른 사람과 공유할 기회도 필요하다. 자녀가 자신의 의견을 더 넓은 범위에서 표현할 수 있도록 온라인 토론 포럼이나 블로그 활동을 권장하는 것이 좋다. 특정 주제에 대해 블로그에 글을 쓰거나, 관심 있는 주제에 대해 온라인에서 다른 사람들과 의견을 나누는 활동을 통해 사고의 깊이를 더할 수 있도록 돕는다.

3. 사회 · 정서발달을 돕는 부모역할

1) 감정 다루기

사춘기 아이들은 성인과는 다른 방식으로 정서를 표현하며, 그 감정이 롤러코스터처럼 극단적으로 변화하는 발달적 특징을 보인다. 사춘기 자녀가 겪는 급격한 감정 변화에는 여러 가지 원인이 있다.

첫째, 호르몬의 영향으로 사춘기에는 에스트로겐과 테스토스테론 같은 성호르몬 분비가 급격히 증가한다. 이는 신체적 변화를 유발할 뿐만 아니라 뇌의 감정 조절 부위에도 영향을 미쳐 감정의 급격한 변동을 초래한다. 둘째, 청소년기의 뇌는 아직 완전히 성숙하지 않았으며, 특히 감정을 조절하는 전두엽이 발달 중이기 때문에 충동적이고 예측 불가능한 감정 변화가 자주 나타난다. 셋째, 사춘기는 자아정체감을 형성하는 시기로, 자신이 누구인지와 자신의 가치를 고민하며 혼란을 겪기 때문에 감정이 쉽게 변할 수 있다. 넷째, 사춘기 아이들은 또래와의 비교, 학업 성취, 외모에 대한 고민 등으로 인해 자존감이 흔들리기 쉬우며, 이러한 자존감 변화는 기분에 직접적인 영향을 미쳐 감정기복을 유발한다. 넷째, 이 시기에는 부모보다 친구관계가 더 중요해지므로, 또래 집단에서의 소외나 갈등, 친구와의 관계에서 오는 스트레스가 감정 변화로 이어질 수 있다.

사춘기 자녀의 감정 변화를 돕기 위해서는 무엇보다 자녀의 감정과 생각을 이해해 주는 공감이 필요하다. 부모의 공감 능력은 자녀의 자아존중감, 행복감, 성취감에 영향을 미치며, 특히 사춘기 자녀의 급격한 감정 변화와 변덕스러운 마음을 조절하는 데 도움을 준다. 공감이란 자녀의 마음을 있는 그대로 수용하고 이해하며, 그 내용을 정확히 전달하는 것이다. 즉 부모는 지금-여기(here and now)에서의 자녀의 감정과 소망을 인지하고 이를 자녀에게 표현해 줌으로써 자녀를 완전히 이해하고 있음을 보여준다. 공감을 통해 자녀는 부모가 자신의 감정과 생각에 공감해 주고 있다는 것을 느끼게 되어, 자신의 감정을 이해하여 조절할 수 있는 기회를 갖게 된다. 또한, 자녀는 언제든지 자신의 고민이나 문제를 부모에게 털어놓고 의논할 수 있게 된다.

청소년은 성인과는 다르게 정보를 처리하며 스트레스에 더 취약하므로, 성인은 청소년 자녀가 자신의 감정을 잘 다스릴 수 있도록 이끌어줘야 한다(최성애, 조벽, 2012). 자녀가 부적절한 감정을 보일 때 억압하거나 방임하면 의사소통의 악순환이 발생한다. 따라서 부모는 먼저 자신의 감정을 차분히 진정시키고, 자녀의 부정적인 감정에 공감하여 문제를 해결할 수 있도록 도와야 한다. 다음 그림은 청소년 자녀의 부정적인 감정을 공감해 주는 예시이다.

[그림 8-1] 청소년 자녀의 감정을 공감하는 대화

2) 또래관계

(1) 또래관계의 중요성

청소년기의 친구는 강력한 정서적 지지의 역할을 하며, 우정을 통해 친밀감과 소속감에 대한 욕구를 충족시켜 주고 부모에게서 독립하도록 지원한다. 청소년기 또래관계는 단순한 놀이 친구를 필요로 하는 아동기와는 달리 서로의 내면을 깊이 이해하고자 하는 욕구가 강해, 아동기보다 더 큰 의미를 지니고 있다.

이 시기는 자아정체성이 형성되는 시기로, 또래 집단에 소속됨으로써 자신을 어떻게 정의할지, 어떤 가치와 신념을 가질지를 결정하는 자아정체감을 형성하게 된다. 또래관계는 정서적 지지, 공감, 이해를 제공하는 중요한 사회적 지원 네트워크로, 청소년들은 친구들과의 관계를 통해 스트레스를 해소하고 정서적 안정감을 얻는다. 나아가 또래 집단 내에서 사회적 규범과 가치관을 학습하며, 친구들과의 관계에서 행동의 경계를 배우고 무엇이 허용되고 무엇이 허용되지 않는지를 습득하게 된다. 이렇게 청소년기의 친밀한 친구관계는 긍정적인 기능이 많지만, 부정적인 감정을 공유하거나 친구 간의 갈등, 또래 압력 등으로 인해 스트레스를 받는 경우도 있다.

청소년기에 부모와 또래가 미치는 영향은 서로 다르게 나타난다. 여러 문제 상황에서 충고가 필요할 때, 청소년들은 옷, 취미, 사회활동, 여가활동 등에서는 친구와 의논하고, 학업이나 진로와 같은 미래지향적인 결정에 대해서는 부모와 상담한다. 한편, 또래를 선택하고 사귀는 과정에서는 부모가 많은 영향을 미친다. 온정적이며 일관성 있는 양육을 받은 자녀는 자신의 가정과 유사한 가치를 공유하는 친구를 사귀는 경향이 있다. 대부분의 청소년들은 부모와 친밀한 관계를 형성하고 부모의 가치를 많이 수용하며, 이를 크게 벗어나지 않으려 한다. 부모 역시 자녀가 친구와 친밀한 관계를 형성하는 것이 자녀의 인생에서 얼마나 중요한지를 알고 이를 지원해야 한다.

(2) 비행 친구

청소년기의 또래관계는 때때로 비행의 분위기를 조성하여 서로의 비행을 부추기는 경우가 있다. 실제로, 또래와 함께 있을 때 청소년들은 혼자 있을 때보다 반사회적 행동이나 교통신호 위반을 포함한 행동을 더 자주 선택하는 경향이 있다. 10대 청소년들은 도파민 수치가 절정에 달하는 시기로, 또래친구와 함께 있을 때 보상 체계가 활발하게 작동하여 강력한 자극을 추구하게 된다.

청소년의 비행은 가출, 성행위와 같은 사회적으로 용납되지 않는 행동부터 강도나 절도와 같은 범죄 행위에 이르기까지 다양하다. 이러한 비행 행동은 성인기의 반사회적 행동으로 이어질 수 있기 때문에 청소년기의 비행 행동에 주의를 기울여야 한다.

비행 친구와 어울리는 청소년의 부모들은 지나치게 허용적이거나 권위적으로 자녀를 양육하거나, 부모의 감독이 소홀해 자녀가 어디에서 무엇을 하고 누구와 시간을 보내는지에 대해 무관심한 경우가 많다. 한편, 부모가 자녀의 친구 교제에 대해 통제를 시도할 경우, 청소년의 비행 친구 접촉이 오히려 증가하고 비행 수준도 높아진다. 즉 자녀가 어떤 친구를 사귀어야 하고 어떤 친구와 거리를 두어야 할지 스스로 배우기 전에 부모가 직접적으로 개입하는 것은 부정적인 결과를 초래할 수 있다.

부모는 자녀의 또래 친구를 잘 알고, 친구의 부모와도 소통을 유지하는 것이 좋다. 자녀와 친한 친구가 어디에 사는지, 그 부모는 어떤 사람인지 아는 경우, 자녀는 안정감을 느끼고 더 많은 소통이 가능해진다. 그러나 "너랑 친하게 지내는 그 아이는 누구야?, 공부는 잘 하니?, 부모님은 뭐하시니?"와 같은 질문을 통해 친구에 대한 정보를 얻으려는 것은 피해야 한다. 청소년들은 나쁜 친구를 만나 비행을 저지르는 것이 아니라, 상황 판단과 수위 조절을 하지 못해 위험한 행동을 하는 경우가 많다. 따라서 누구랑 노는가보다 더 중요한 것은 어떤 행동이 허용되고 어떤 행동이 금지되는지를 함께 정하고, 문제 상황이 발생했을 때 자녀 스스로 해결책을 찾을 수 있도록 도와야 한다. 귀가시간을 지킬 것, 다른 친구들을 괴롭히지 말 것, 술과 담배를 하지 말 것 등의 규칙을 자녀와 함께 설정하고 이를 지키도록 한다.

부모가 자녀의 활동에 관심을 가지고 자녀가 만나는 친구를 파악하여 관리한다면, 자녀는 일탈 행동을 줄이고 비행 친구를 만나는 빈도도 낮아질 것이다. 이는 부모와 자녀 간의 의사소통과 민주적 양육이 잘 이루어지고 있다는 것을 의미한다.

3) 자아정체감 발달

(1) 자아정체감

청소년기의 자아정체감 형성은 개인이 자신에 대한 인식을 확립하고 사회적 역할 및 가치관을 형성하는 중요한 발달 과정이다. 에릭슨은 이 시기의 발달 과제를 자아정체감 형성 대 정체감 혼미로 개념화하였다. 청소년들은 '나는 누구인가?', '앞으로 무엇을 할 것인가?', '나 자신에게 가치 있는 것은 무엇인가?'와 같은 질문을 탐색하며 자아정체감을 형성해 나간다. 이 과정에서 부모는 다양한 활동을 탐색할 기회를 제공해 줌으로써 긍정적인 정체감 형성을 지원할 수 있다.

청소년기에 긍정적인 자아정체감을 형성하는 것은 매우 중요하다. 건강한 자아정체감을 가진 청소년은 자신에 대한 명확한 인식을 가지고 심리적 안정감을 느끼며, 자신이 누구인지, 무엇을 원하는지를 이해하기 때문에 불안감이나 혼란이 줄어들고 자신감 및 자기효능감이 증진된다. 자아정체감을 확립한 청소년은 사회적 관계에서도 안정적이다. 명확한 자아정체감을 바탕으로 자신의 가치관과 역할에 대한 확신을 가지며, 이를 통해 더 건강한 대인관계를 형성하게 된다. 또한 자아정체감을 확립한 청소년은 중요한 선택과 결정을 내릴 때 자신의 가치관과 목표에 따라 일관된 판단을 하게 된다. 이는 진로 선택, 친구관계, 윤리적 결정 등 다양한 영역에서 나타나며, 성인이 되어서도 자신의 인생 경로를 보다 주체적으로 선택하고 책임질 수 있는 능력을 키우게 된다.

(2) 건강한 자아정체감 발달 지원

① 개방적이고 지지적인 의사소통

부모는 경청과 공감을 통해 자녀의 말을 있는 그대로 받아들이고, 그들의 감정과 생각에 공감하는 태도를 보여야 한다. 이렇게 함으로써 자녀가 자신의 생각과 감정을 자유롭게 표현할 수 있는 안정적인 환경을 조성할 수 있다. 자녀가 부모의 기대에 대한 부담을 느끼지 않고 자신의 정체감을 탐색할 수 있도록 자유로운 분위기에서 의사소통하며 적절한 지지를 제공하는 것이 중요하다. 또한 자녀의 의견이나 감정을 비판하기보다는 그들이 스스로 생각하고 결정을 내릴 수 있도록 격려하여, 자녀가 자신의 의견이 존중받고 있다고 느끼게 해야 한다.

② 자율성 부여

자녀에게 자율성을 부여하면서 동시에 책임을 기를 수 있도록 도와야 한다. 예를 들어, 중요한 결정을 내릴 때 자녀의 의견을 존중하고 그 결정의 결과에 대해 책임을 지는 경험을 제공하는 것이 중요하다. 또한 자녀가 실수를 하더라도 이를 성장의 기회로 삼을 있도록 돕는 것이 필요하다. 실수에 대해 지나치게 비난하기보다는 실수를 통해 배울 수 있는 점을 강조하고 개선할 수 있도록 격려하는 태도를 취해야 한다.

③ 자기탐색의 기회 제공

자녀가 다양한 활동과 경험을 통해 자신의 관심사와 재능을 발견할 수 있도록 지원해야 한다. 예를 들어, 스포츠, 예술, 학문적 활동 등 여러 분야에서 자신을 탐색할 기회를 제공하는 것이 중요하다. 자녀가 새로운 활동에 도전할 때 필요한 자원이나 정보를 제공하고, 그 경험이 긍정적인 정체감을 형성하는 데 기여할 수 있도록 돕는다. 이를 통해 자녀는 자신의 잠재력을 발견하고 성장할 수 있는 기회를 얻게 된다.

④ 자아존중감 향상 도모

자아존중감을 향상시키기 위해 자녀의 작은 성취도 칭찬하고 그들의 노력을 인정하는 긍정적 피드백을 제공해야 한다. 예를 들어, 자녀가 학교 프로젝트를 성공적으로 마쳤거나 친구들과 긍정적인 관계를 유지했을 때 "정말 멋지게 해냈구나! 너의 노력이 느껴져."라고 칭찬함으로써 자녀에게 자신감을 심어주고 자아존중감을 높이는 데 기여할 수 있다.

4. 부모와의 갈등

청소년기는 자율성과 독립성을 추구하는 과정에서 부모의 통제나 간섭을 위협으로 느끼고 반발하게 된다. 이때 부모가 자녀의 이상이나 의사와 맞지 않는 가치관을 강요하면 자녀는 더욱 반항하게 된다. 사춘기의 반항은 말다툼, 논쟁, 규칙 위반 등의 형태로 나타나며, 자녀는 급격한 호르몬 변화로 인해 감정의 기복이 심해져 사소한 일에도 과민하게 반응하거나 충동적으로 행동할 수 있다. 이러한 감정적 불안정성은 부모와의 갈등에서 더욱 두드러지게 나타난다.

사춘기의 반항은 단순한 반발이 아니라, 자아를 찾고 자신의 목소리를 내고자 하는 자연스러운 발현이다. 여성가족부의 조사에 따르면(여성가족부 외, 2011), 청소년의 73% 이상이 매일 욕을 하며, 평균적으로 75초마다 한 번씩 욕을 하는 것으로 나타났다. 이른바 '중 2병'이라는 용어가 보여주듯, 이 시기는 자기 중심적인 사고에 빠져 타인을 고려하지 않거나 배려나 예의를 지키지 않는 경향이 있다. 이는 청소년들이 신체적, 정신적, 정서적 변화를 겪으며 자신의 정체성을 찾아가는 과정에서 나타나는 행동이다.

한편, 청소년 자녀를 둔 부모는 이 시기에 갱년기를 겪으며 힘든 하루하루를 보낼 수 있다. 갱년기의 부모는 발한, 오한, 실신할 것 같은 느낌, 무력감, 관절통 등 극심한 심신의 변화를 겪게 된다. 이런 상황에서 갱년기를 겪는 부모가 사춘기 자녀의 반항과 예의 없는 행동을 마주하게 된다면 갈등이 격화될 수밖에 없다. 이 시기 부모와 자녀는 동시에 호르몬 변화를 경험하므로 서로 쉽게 짜증을 내게 되고, 심한 경우에는 가정폭력으로 이어질 수 있다. 즉 사춘기 자녀와 갱년기 부모의 관계는 가족 내에서 미묘한 갈등의 시기가 될 수 있으며, 상호 이해와 공감이 부족할 경우 갈등은 더 쉽게 발생할 수 있다.

사춘기 자녀와 부모 간의 갈등 원인을 좀 더 구체적으로 살펴보면, 의사소통의 단절이 있다. 사춘기 자녀는 독립적인 생각과 행동을 중시하며, 부모와의 대화를 피하거나 개인적인 공간을 중요하게 여긴다. 반면 갱년기 부모는 자녀의 성장 과정에서 자신의 권위가 약해지는 것을 느끼며, 이로 인해 과잉 통제하려는 경향이 나타난다. 이러한 상황은 의사소통을 단절시키고 갈등을 유발할 수 있다. 또한, 자유와 통제의 충돌이 발생한다. 사춘기 자녀는 더 많은 자유와 독립을 원하며, 부모의 간섭이나 통제를 억압으로 느낄 수 있다. 반면 부모는 자녀의 안전과 성공을 위해 통제를 더욱 강화하려 하며, 이는 양측 간의 충돌을 더욱 심화시킨다. 마지막으로, 감정적 예민함이 문제로 작용한다. 사춘기 자녀는 작은 일에도 큰 반응을 보이거나 감정적으로 격해질 수 있으며, 갱년기 부모 역시 감정적으로 예민해져 사소한 일에도 큰 스트레스를 받을 수 있다. 이로 인해 사소한 일이 과도하게 부풀려져 갈등으로 이어질 수 있다.

사춘기 자녀와 부모 간의 갈등을 해소하기 위해서는 효과적인 의사소통 방법이 필요하다. 먼저, 이해심을 가지고 들어주며 공감하는 것이 중요하다. 사춘기 자녀들은 감정적으로 민감하며 자신의 감정을 혼란스러워하고 불안해할 수 있다. 부모는 자녀의 감정을 이해하고 어떤 어려움을 겪고 있는지 알아차리려고 노력해야 한다. 예를 들어, "너 왜 그래?"보다는 "오늘 학교에서 어떤 일이 있었어?"라는 질문을 통해 자녀의 생각을 들어보고, "그래서 힘들었겠네."라는 말로 위로와 공감을 전해야 한다. 이때, 부적절한 시기에 대화를 시도하면 효과가 떨어질 수 있으므로, 자녀의 상태와 기분, 환경 등을 고려하여 대화의 타이밍을 정해야 한다. 다음으로, 개방적인 의사소통을 지향해야 한다. 사춘기 자녀는 부모와의 대화에서 솔직함과 개방성을 원하므로, 자녀가 마음을 털어놓을 수 있도록 분위기를 조성해 주어야 한다. “너의 생각이 궁금해.” 또는 “항상 너의 편이야.”와 같은 말로 자녀의 의견과 생각이 중요하다는 것을 알려주고, 어려운 상황에서도 자신을 지지해 주는 가장 큰 지원자가 있다는 것을 느끼게 해야 한다. 마지막으로, 격려하는 것이 필요하다. 사춘기 자녀는 스스로를 부정적으로 생각하는 경향이 있기 때문에, 부모는 자녀를 비판하기보다는 격려하고 지원해야 한다. 자녀의 노력과 성과를 인정해 주고 격려하는 것은 자녀의 자신감을 향상시키는 데 도움이 된다. “너를 믿어.”, “너는 충분히 잘하고 있어.”라는 말을 통해 자신의 선택과 결정에 대한 신뢰와 지지를 느끼게 하여, 부모의 기대에 부응하고 있다는 인정을 받을 수 있도록 한다.

읽어보기 8-3 틈새시간 활용

1. 함께 운동하고 산책하기

자연과 햇빛을 만나는 외부활동이나 신체활동은 부모와 자녀 모두에게 매우 유익하다. 인내심이 적은 아이들에게는 힘든 활동보다는 탁구, 원반 던지기, 배드민턴 같은 가볍고 재미있는 운동을 함께 해보는 것이 좋다.

2. 함께 장보기

장보러 가는 시간은 아이와 대화할 수 있는 좋은 기회가 될 수 있다. 물건을 고르며 오가면서 다양한 이야기를 나누고 대화를 할 수 있다. 형제자매가 있는 아이들은 종종 부모와의 독점적인 시간을 원하기 때문에, 부모 중 한 명과 자녀 한 명이 함께 가는 것도 좋은 방법이다. 이렇게 하면 아이는 더 많은 관심과 소통을 느낄 수 있다.

3. 차로 자녀를 데려다주기

자가용이 있다면 아이를 학교나 학원에 태워다주고, 데려오는 시간을 좋은 대화의 기회로 활용하는 것이 좋다. 아이들이 이동하는 데 힘들어할 때는 바쁘더라도 시간을 내어 차로 데려다주고, “힘내.”라는 격려의 한마디를 건낸다면 부모의 사랑과 지지를 충분히 전달할 수 있다. 이러한 순간은 아이와의 유대감을 더욱 강화하는 기회가 될 것이다.

출처: www.mogef.go.kr/kps/main.do

제 3 부 부모교육 및 상담 이론

부모교육 및 상담 현장에서 부모들이 호소하는 부모-자녀관계의 어려움을 접할 때, 부모교육자와 상담자는 부모를 도와주고자하는 애정을 바탕으로 부모와 신뢰할 만한 관계를 형성하면 부모가 자신의 문제를 통찰하고 문제 해결에 이르게 되는 데 도움이 된다. 이 과정에서 부모교육자와 상담자가 부모교육 및 상담에 근거가 되는 이론을 잘 숙지하고 이를 현장에 적용하면 부모교육 및 상담의 효과는 더욱 커질 수 있다.

이에 제 3부인 부모교육 및 상담의 이론에서는 인간중심상담 이론, 개인 심리학 이론, 애착이론, 행동수정이론 및 교류분석 이론을 중심으로 각 이론의 발달 배경, 주요 개념, 그리고 상담목표, 상담과정 및 기법을 소개하고자 한다.

제9장 인간중심상담 이론

칼 로저스(Carl Rogers, 1902~1987)는 인간중심상담 이론(person-centered therapy)에서 기존의 심리치료 방법론을 재정립하고, 인간의 주관적 경험과 자율성을 강조함으로써 1960년대 심리학에서 주류를 이루고 있었던 정신분석학과 행동주의와는 다른 새로운 치료적 접근을 제시했다. 무엇보다 이 이론은 인간의 본성에 대한 긍정적인 관점을 바탕으로 하며, 내담자가 스스로 성장할 수 있는 잠재력을 가지고 있다고 믿는다. 로저스의 생애와 그의 이론적 기여는 심리치료와 상담뿐만 아니라 교육, 인간 잠재력 연구, 조직 관리 등 다양한 분야에 큰 영향을 미쳤다.

1. 발달 배경

칼 로저스는 1902년 1월 8일 시카고 근교의 일리노이주 오크 파크에서 5남 1녀 중 넷째로 태어났다. 그의 부모는 독실한 개신교 신자로 가족 간의 유대는 강했으나, 종교적, 윤리적 가치와 기준을 중요하게 생각해 가정의 분위기는 근면과 자기 절제를 강조하는 엄격한 도덕적 규율이 지배적이었다. 어린 시절 도시에서 떨어진 커다란 농장으로 이사해 자연 속에서 자주 시간을 보내며 청소년기를 보냈다. 이에 따라 자연의 변화를 관찰하면서 사색하고 과학적으로 접근하는 것에 대해 관심을 두기 시작했으며, 자기 성찰의 습관을 형성하게 했다.

로저스는 위스콘신 대학교 매디슨 캠퍼스에 입학하면서 처음에는 농업을 전공하려 했다. 하지만 대학에서 다양한 교양 과목을 수강하면서 그는 인문학과 종교에 점점 더 많은 관심을 가지게 되었고, 대학 2학년 때 전공을 농업에서 역사로 바꾸었다. 특히, 중국 북경에서 개최된 세계학생기독교연맹(World Student Christian Federation) 대회의 참석은 로저스의 사고에 커다란 전환점을 제공했다. 집단 생활의 경험은 그로 하여금 개인차를 이해하고 존중할 수 있게 해주었다. 나중에 공감, 수용, 진실성을 로저스 이론의 핵심 조건으로 제시하게 된 시초를 여기에서 찾아볼 수 있다.

위스콘신 대학 졸업 후 로저스는 헬렌과 결혼해 뉴욕으로 이주해 기독교 목사가 되기 위해 유니온 신학교에 진학했다. 하지만 그의 관심은 종교적 신념 탐구에서 인간 내면과 본성을 다루는 심리학으로 옮겨갔고, 컬럼비아 대학교(Teachers College, Columbia University) 대학원으로 진학하였다. 로저스는 컬럼비아 대학교에서 박사 학위 논문으로 "아동 성격의 측정과 분류"에 대한 연구를 진행했다. 그는 심리 측정의 중요성을 인식하고, 이를 통해 아동의 성격을 평가할 수 있는 방법을 모색했다. 이 연구는 이후 로저스가 아동과 청소년을 대상으로 한 심리치료 및 상담에 깊은 관심을 가지게 되는 기초가 되었다.

박사 학위를 취득한 후, 로저스는 뉴욕 로체스터에 위치한 학대 방지 협회(SPCC: Society for the Prevention of Cruelty to Children)에서 심리학자로 일하게 된다. 로저스는 이 경험을 통해, 아동들이 처한 환경적 요인과 심리적 상태 간의 연관성을 더 깊이 이해하게 되었고, 내담자의 이야기를 듣고 그들의 경험을 존중하는 치료 방식을 탐구하기 시작했다. 이 시기에 로저스는 정신분석학자 오토 랭크(Otto Rank)의 저작을 접하게 된다. 랭크는 전통적 정신분석의 한계를 넘어서, 치료적 관계 자체가 내담자의 변화와 성장을 촉진할 수 있다고 주장했다. 랭크의 이러한 생각은 로저스에게 깊은 영향을 주었고, 그는 치료자와 내담자 간의 상호작용이 단순한 분석이나 해석 이상의 중요한 치료적 요소라는 사실을 깨닫게 된다.

1940년, 로저스는 오하이오 주립대학교의 교수로 임명되면서, 이곳에서 '비지시적 치료(nondirective therapy)'라는 초기 개념을 발전시키기 시작한다. 기존의 정신분석적 치료는 치료자가 내담자의 무의식을 분석하고 해석하는 것을 중심으로 이루어졌으나, 로저스는 치료자가 내담자의 경험을 존중하고 그들이 스스로 문제를 해결할 수 있도록 돕는 역할을 해야 한다고 믿었다. 그리고 로저스는 상황에 대한 인지적 측면보다 느낌과 정서, 과거보다는 현재, 치료 관계에서의 결정적 경험을 내담자 성장의 주요인으로 강조하였다. 로저스는 1942년에 출판한 '상담과 심리치료(Counseling and Psychotherapy)'에서 '내담자'라는 용어를 처음 사용했으며, 내담자 중심 접근을 공식적으로 발표하였다.

1945년, 로저스는 시카고 대학교로 자리를 옮기며 이곳에서 인간 행동에 관한 연구와 실험을 본격적으로 수행하였다. 이 시기에 로저스는 다양한 심리치료 방법을 실험하면서, 치료적 관계의 질이 내담자의 성장에 중요한 영향을 미친다는 점을 입증했다. 1951년에 출판된 세 번째 저서인 '내담자 중심 치료(Client-Centered Therapy)'는 인간중심 심리학의 초석을 마련한 저작으로, 로저스는 치료적 상황에서 내담자의 자율성과 자기결정능력을 강조했다. 내담자 중심 치료는 인간이 본질적으로 긍정적이고 성장 지향적이라는 믿음에 기반하고 있으며, 치료자는 내담자의 성장을 촉진하는 환경을 제공하는 역할을 해야 한다고 주장했다.

이후 로저스는 모교인 위스콘신 대학교로 자리를 옮기고, 로저스의 가장 유명한 저서인 '진정한 사람되기(On Becoming a Person)'가 1961년에 출간되었다. 이 책에서 로저스는 인간이란 고정된 존재가 아니라, 끊임없이 변화하고 성장하는 존재임을 강조했다. 인간의 경험이 풍부해질수록, 그들의 자아 개념도 더 깊이 있는 차원으로 발달할 수 있다는 것이다. 1970년대에 이르러 로저스는 자신의 이론을 '인간중심 접근(Person-Centered Approach)'으로 명명하기 시작했다. 그리고 자신의 이론을 심리치료적 상황뿐만 아니라, 교육, 조직, 인간관계 등 다양한 영역에 적용하기 시작했다. 로저스는 특히 사회적 갈등을 해결하기 위한 '참만남 집단(encounter groups)'을 조직하여, 갈등하는 집단이 서로의 입장을 이해하고 공감할 수 있는 기회를 제공하려 했다. 그는 이러한 활동을 통해, 인간중심 접근법이 사회적 문제 해결에도 큰 역할을 할 수 있음을 보여주었다. 로저스는 그의 마지막 주요 저서인 '존재의 방식(A Way of Being)'에서 자신의 생애와 철학을 돌아보며, 일치성, 공감, 수용이 인간적 관계의 핵심임을 다시 한번 강조했다. 1987년 2월 4일 로저스는 85세의 나이로 사망하였는데, 그즈음 노벨평화상 후보로 지목되기도 하였다.

로저스는 세계적인 심리학자이자 심리치료자이며, 동시에 평화운동가로서 자신의 잠재력을 충만하게 실현하며 마지막까지 열정적으로 삶을 살았다. 로저스는 심리학자들이 심리치료를 반대하는 정신과 의사들의 입을 다물게 하는 방법으로 상담(counseling)이라는 단어를 처음 사용하였다. 그리고 로저스의 인간중심상담 이론은 인간 잠재력 운동(Human Potential Movement)에 큰 영향을 미쳤다. 로저스는 이 운동의 이론적 기초를 제공한 인물 중 하나로, 이 운동은 개인의 성장과 자기실현을 강조하며, 제2차 세계대전 이후 서구 사회에서 큰 인기를 끌었다.

한편, 로저스의 이론은 행동주의자들과 정신분석가들로부터 비판을 받기도 했다. 행동주의자들은 로저스의 접근이 비과학적이라고 비판했으며, 정신분석가들은 인간의 성격을 지나치게 단순화했다고 주장했다. 그러나 이러한 비판에도 불구하고, 로저스의 이론은 상담, 심리치료, 교육, 조직 관리 및 갈등 해결의 중요한 이론적 기초를 제공하였다. 로저스의 인간중심상담 이론은 여전히 상담 및 심리치료 실천에서 중요한 위치를 차지하고 있으며, 일치성, 공감, 수용에 대한 강조는 현대 심리상담에서 필수적인 요소로 간주된다. 또한, 로저스의 이론은 오늘날에도 인간의 성장과 잠재력 실현을 지원하는 다양한 분야에서 널리 연구되고 있다.

2. 인간관

로저스의 인간중심상담 이론은 인간 본성에 대해 매우 긍정적 관점을 취하고 있다. 그는 인간이 본질적으로 선하며, 사회적 환경과 자원을 통해 성장하고자 하는 내적 동기를 지닌 존재라고 주장한다. 로저스는 에이브러햄 매슬로(Abraham Maslow)와 함께 인본주의 심리학 운동을 주도했는데, 이는 20세기 중반의 주류였던 행동주의와 정신분석을 넘어서는 '제3의 힘'으로 불렸다. 인간의 기본적 성향에 대해 부정적인 인간관을 지닌 정신분석과 행동주의와 달리, 인본주의 심리학은 인간의 자유 의지, 자기실현, 창의력을 강조하였으며, 인간은 근본적으로 자신의 잠재력을 발현하며 성장하려는 건강한 동기를 지닌 존재라고 보았다.

로저스는 인간이 기본적으로 자신을 향상시키려는 경향을 가지고 있지만, 부정적인 환경이나 외부의 조건적 긍정적 존중(conditional positive regard)이 이를 방해할 수 있다고 보고, 무조건적 긍정적 존중이 개인의 성장에 필수적이라고 강조했다. 이는 치료자와 내담자 관계에서 중요한 역할을 하며, 내담자가 비난이나 판단 없이 자신을 탐색하고 표현할 수 있도록 돕는다.

또한 로저스의 인간중심상담 이론은 인간 경험의 현상적 접근을 강조한다. 내담자의 무의식 세계보다 의식적 경험을 중요시하고, 객관적 현실보다 내담자가 지각하는 주관적 현실, 즉 내담자가 그 현실을 어떻게 해석하고 의미화하는지가 행동과 감정에 더 큰 영향을 미친다. 유기체인 개인은 동일한 현상일지라도 개인에 따라 각기 다르게 지각하고 경험하는 자신의 주관적 현실로서의 현상적 장을 내적 참조틀(internal frame of reference)로 삼고, 자신의 행동을 자율적으로 선택할 수 있는 능력을 갖고 있다. 따라서 치료자는 내담자의 세계를 진정으로 이해하려고 노력해야 하며, 내담자의 주관적 경험을 신뢰하는 것이 중요하다고 보았다.

그리고 로저스는 모든 유기체는 자신을 성장시키려는 자연적인 실현경향성(organismic actualizing tendency)을 가지고 있다고 주장했다. 이 경향성은 인간이 자신을 향상시키고자 하는 본능적인 욕구로, 인간의 가장 주된 동기이며 다른 모든 동기의 원천이 된다고 보았다. 이는 인간의 모든 측면에서 적용되며, 신체적, 심리적, 정서적 성장을 포함한다. 로저스는 인간이 성장할 수 있는 환경이 제공되면, 이 경향성이 자연스럽게 발휘된다고 믿었다. 이 실현 경향성은 단순한 욕구 충족이 아니라, 더 높은 수준의 자기 인식과 잠재력 발현을 목표로 한다. 이러한 자기실현이란 최종의 완전한 상태를 의미하는 것이 아니라, 보다 더 유능한 존재로 성장해 가는 끊임없는 과정이라고 보았다. 그러나 부정적 경험이나 억압된 감정은 이러한 경향성을 방해할 수 있다고 보았다.

이 밖에 로저스의 인간중심상담 이론에서는 개인이 자기 성장과 치유를 위한 충분한 내면적 자원을 지니고 있다고 믿었다. 로저스는 인간이 타인에게 의존하지 않고도 스스로 문제를 해결할 능력을 지니고 있으며, 내면적 자원을 활용하여 성장할 수 있다고 주장했다. 이러한 자원들은 적절한 심리적 환경이 제공되면 언제든지 발현되는 것으로, 치료자는 내담자의 문제를 해결해 주는 것이 아니라, 내담자가 스스로 자신의 내면적 자원을 탐구하고 이를 발휘할 수 있도록 돕는 역할을 해야 한다는 것이다. 하지만, 때로는 인간이 부정적 감정과 행동을 나타내기도 하는데, 이는 인간의 본성에서 기인하는 것이 아니라 개인의 자기실현 경향성이 억압되고 차단되었을 때 나타난다고 보았다.

3. 주요 개념

1) 전체로서의 유기체

로저스는 인간을 육체와 정신을 모두 포함하는 전체로서의 유기체(organism as a whole)로 보았다. 인간 유기체는 신체적 기능과 감각, 감정, 동기, 사고 등 심리적 기능의 부분들(parts)이 통합적으로 조직된 체계로서 환경과 상호작용하며 매 순간 유기체적 경험을 한다.

로저스의 유기체 개념은 인간의 모든 경험이 단순한 인지적 판단이나 감정적 반응에 국한되지 않고, 인간 전체가 그 경험을 유기적으로 처리하는 과정을 포함한다는 점에서 출발한다. 로저스는 이 유기체적 경험을 "총체적 경험"으로 설명하면서, 이는 개인이 외부의 자극과 상호작용하는 방식에서 중요한 역할을 한다고 강조했다.

유기체적 경험은 인간이 자신이 처한 환경 속에서 살아가는 경험을 통합적으로 이해하고 반응하는 과정을 포함한다. 이러한 과정은 단순히 주관적 인식이나 논리적 사고를 넘어서는 것이며, 감각, 감정, 그리고 신체적 반응이 모두 통합된 형태로 이루어진다. 예를 들어, 어떤 사람이 불안을 느낄 때, 그 불안은 단지 정신적 느낌으로 나타나는 것이 아니라, 심장 박동이 빨라지고, 근육이 긴장하며, 사고 과정이 변화하는 등 신체적, 정서적, 심리적 반응이 동시에 일어나게 된다. 이는 유기체적 경험이 어떻게 통합적으로 나타나는지 보여주는 사례이다.

2) 실현 경향성

로저스의 실현 경향성(actualizing tendency)은 인간중심상담 이론의 핵심 개념 중 하나로, 인간이 타고난 내적 잠재력을 발휘하고, 성장과 자기실현을 추구하는 본질적인 경향성을 의미한다. 로저스는 실현 경향성을 인간의 본질적인 특성으로 보았으며, 이 개념은 그의 인간중심상담 이론에서 매우 중요한 역할을 한다.

실현 경향성은 모든 유기체가 자신의 잠재력을 최대한 발휘하려는 내재적 동력을 가지고 있다는 이론적 개념이다(Rogers, 1951). 로저스는 건강하고 통합된 삶을 살아가는 데 실현 경향성이 필수적이며, 환경적 조건이 적절하다면, 인간은 본질적으로 자신을 실현하려는 경향을 따르게 된다고 주장하였다(Rogers, 1961). 실현 경향성은 단순히 생물학적 생존을 넘어, 인간이 정신적, 정서적, 그리고 사회적 측면에서 성장을 추구하는 경향을 포함한다. 로저스는 실현 경향성이 생존뿐만 아니라 성장, 창의성, 적응, 그리고 자기실현을 포함한다고 설명한다. 이는 인간이 기본적인 생리적 욕구를 충족시킨 이후에도, 자신의 잠재력을 발휘하고 더 나은 삶을 살기 위해 끊임없이 성장하려는 경향을 나타낸다.

그리고 실현 경향성은 인간이 자신의 경험을 기반으로 선택할 수 있는 능력과 자유를 강조한다. 로저스는 인간이 자신의 경험을 평가하고, 그 경험을 바탕으로 자신에게 가장 적합한 선택을 내릴 수 있다고 보았다. 이 자유는 실현 경향성의 중요한 부분으로, 개인이 자신의 삶에서 의미 있는 변화를 이끌어내기 위한 필수적 요소이다.

또한, 실현 경향성은 인간이 창의적이고 융통성 있게 새로운 상황에 적응할 수 있도록 돕는다. 이는 로저스가 인간을 정적이고 고정된 존재로 보지 않고, 변화하고 발전할 수 있는 유동적인 존재로 보았다는 것을 의미한다. 로저스는 인간이 자신의 경험을 통해 새로운 상황에 적응하고, 기존의 방식을 넘어 창의적인 해결책을 찾아내는 능력을 강조했다. 이러한 창의성은 실현 경향성의 중요한 부분으로, 인간이 자신을 더 나은 방향으로 변화시키고, 삶에서 다양한 도전에 직면했을 때 그것을 극복할 수 있는 능력을 지니고 있음을 시사한다. 이는 자기실현 과정에서 중요한 역할을 하며, 개인이 자신의 잠재력을 발휘하는 데 필수적인 요소이다.

실현 경향성은 인간의 긍정적 잠재력에 대한 낙관적인 견해를 반영하지만, 모든 상황에서 항상 발현되는 것은 아니다. 로저스는 외부 환경이 실현 경향성을 억제할 수 있다고 지적했다. 부정적인 환경이나 정서적 억압, 타인의 비판적 태도는 개인이 자신의 실현 경향성을 자유롭게 발휘하지 못하게 할 수 있다. 이러한 환경에서는 개인이 자신의 잠재력을 충분히 발휘하지 못하고, 심리적 불안과 갈등을 경험할 수 있다. 이와 달리 무조건적 긍정적 존중(unconditional positive regard)은 실현 경향성을 촉진하는 데 중요한 역할을 한다. 따라서 상담자는 내담자를 있는 그대로 존중하고, 비판하거나 판단하지 않는 태도를 유지함으로써 내담자가 자신을 수용하고 성장할 수 있는 환경을 제공해 내담자가 실현 경향성을 발휘할 수 있도록 돕는다. 공감(empathy) 또한 실현 경향성을 촉진하는 데 중요한 요소이다. 치료자가 내담자의 경험과 감정을 깊이 공감하고 이해할 때, 내담자는 자신이 이해받고 있다는 느낌을 받으며, 자신의 감정과 경험을 더 깊이 탐구할 수 있는 용기를 얻게 된다.

3) 충분히 기능하는 사람

로저스는 실현 경향성이 완전히 발휘될 때, 인간은 '충분히 기능하는 사람(fully functioning person)'으로 발전한다고 보았다. 이는 인간이 자기실현(Self-Actualization)을 이루기 위한 과정을 거치는 동안 궁극적으로 도달할 수 있는 이상적인 상태를 나타낸다.

충분히 기능하는 사람의 특성을 살펴보면, 이들은 자신의 내적 경험과 외부 세계의 경험에 대해 개방적으로, 새로운 감정, 생각, 경험을 두려워하지 않고 수용한다. 그리고 충분히 기능하는 사람은 과거의 후회나 미래에 대한 불안에 얽매이지 않고, 순간을 충실히 살아가는 특성을 지닌다. 또한, 충분히 기능하는 사람은 자율적이며 자신의 선택에 대한 책임을 지고, 문제를 해결하고, 삶의 도전 과제에 창의적으로 대응하는 능력을 갖춘다. 그리고 충분히 기능하는 사람은 외부의 평가나 사회적 기대가 아닌 자신의 내적 판단을 신뢰하고, 새로운 환경이나 상황에 유연하게 적응할 수 있는 능력을 가지고 있다.

로저스의 충분히 기능하는 사람의 개념은 인간의 심리적 건강과 자아실현을 설명하는 중요한 이론적 틀을 제공한다. 상담 과정에서 위에서 언급한 충분히 기능하는 사람의 특성을 촉진하는 것은 내담자가 자기실현을 이루고, 심리적 건강을 회복하는 데 중요한 목표가 된다.

4) 자기와 자기개념

인간중심상담 이론에서 중요한 핵심 개념 중 또 다른 하나는 자기(self)와 자기개념(self-concept)이다.

로저스가 정의한 자기(self)는 개인이 자신의 존재와 관련하여 가지는 모든 감각과 인식의 총체를 의미한다. 다시 말해 자기란 개인이 자신의 내적 세계와 외적 세계에서 경험하는 모든 것을 통합한 자기개념을 포괄한다. 로저스는 자신을 독립적인 존재로 인식하고, 자신의 경험을 이해하는 것이 자기의 핵심적인 기능이라고 보았다. 자기는 개인이 타인과의 관계에서 어떻게 자신을 인식하고, 삶을 살아가면서 어떻게 자신을 정의하는지와 관련이 깊다(Rogers, 1951).

자기개념(self-concept)은 개인이 자신에 대해 가지는 일련의 신념, 태도, 감정, 그리고 가치관을 의미하는 것으로, 이는 자신이 어떤 사람인지, 자신이 가진 능력과 한계는 무엇인지를 포괄하는 전반적인 자기 인식, 즉 자아상을 반영한다. 자기개념은 개인이 자신을 어떻게 평가하고 바라보는지를 결정짓는 중요한 역할을 하며, 이는 자신의 행동과 감정에 직접적인 영향을 미친다.

자신에 대한 인식이 발달하면서, 아동은 타인으로부터 사랑과 인정, 그리고 신체적·정서적 보살핌을 통해 자신의 존재를 확인하려는 긍정적 존중의 욕구를 발달시킨다. 이 과정에서 자기개념은 현실적 자기(real self)와 이상적 자기(ideal self)를 포함한다. 현실적 자기(real self)는 현재 자신이 경험하고 인식하는 자기, 즉 현재의 자기 모습과 자기 인식에 대한 실제 경험을 의미한다. 이상적 자기(ideal self)는 자신이 되고자 하는 이상적인 모습이나 목표를 나타내는 개인이 스스로 추구하는 자아상으로 개인의 바람, 목표, 기대 등을 반영한다.

4. 상담목표와 상담기법 및 상담과정

로저스의 인간중심상담 이론은 내담자가 자신의 잠재력을 최대한 발휘할 수 있도록 돕는 독특한 접근방식을 제시한다. 인간중심상담에서의 상담목표, 상담기법 그리고 상담과정을 살펴보면 다음과 같다.

1) 상담목표

인간중심상담은 내담자가 스스로 자신의 문제를 해결하고, 자신의 잠재력을 최대한 발휘해 충분히 기능하는 사람으로 성장하도록 돕는 것을 주요 상담 목표로 한다. 이는 단순히 문제를 해결하는 데 그치지 않고, 내담자가 자신의 감정과 경험을 충분히 탐색하고, 그 과정에서 자기 자신을 깊이 이해하며, 자아실현(self-actualization)을 이룰 수 있도록 돕는 것을 목표로 한다. 로저스는 상담자가 내담자의 내적 자원과 잠재력을 신뢰하고, 이를 촉진하는 상담 환경을 조성하는 것이 중요하다고 보았다. 이러한 목표는 다음과 같이 구체적으로 나눌 수 있다.

(1) 자기이해

인간중심상담의 주요 목표는 자기이해(self-understanding)를 촉진하는 것이다. 먼저 상담자는 내담자가 자신의 감정, 욕구, 가치관을 깊이 탐구하도록 도와주며, 이를 통해 자신의 진정한 감정, 생각, 경험을 자각하고 이해하는 것을 목표로 한다. 이는 내담자가 자신의 행동과 동기, 삶의 방향성을 명확히 인식하는 과정을 의미한다. 자기이해는 내담자가 자신의 내면을 탐구하고, 억압된 감정이나 무의식적인 욕구를 인식하는 과정에서 발전하게 된다. 로저스는 내담자가 자기이해를 통해 자신의 문제를 명확히 하고, 그것을 해결할 수 있는 능력을 스스로 발견할 수 있다고 보았다.

(2) 자기수용

자기수용(self-acceptance)은 내담자가 자신의 감정과 경험을 있는 그대로 받아들이고, 자신을 비판 없이 수용하는 것을 의미한다. 상담의 과정에서 내담자는 자신의 다양한 감정과 경험을 조건 없이 수용하는 능력을 기르도록 격려받는다. 이는 긍정적인 감정뿐만 아니라, 부정적이거나 고통스러운 감정까지 포함하며, 이러한 자기수용은 내담자가 자기 자신과의 관계를 개선하며 자아실현을 이루는 데 중요한 역할을 한다. 로저스는 내담자가 스스로를 있는 그대로 받아들이게 될 때, 내적 갈등이 해소되고 심리적 안정이 촉진된다고 보았다. 그리고 이 같은 자기수용은 "무조건적 긍정적 존중(unconditional positive regard)"을 통해 이루어진다고 보았다.

(3) 자기결정

인간중심상담은 내담자가 외부의 압력이나 타인의 기대에 휘둘리지 않고, 자신의 가치와 신념에 기반하여 자율적으로 자기결정(self-determination)을 내릴 수 있도록 돕는 것을 목표로 한다. 상담자는 내담자의 선택과 결정을 존중하며, 내담자가 자신의 삶의 주도권을 가지도록 지지한다.

(4) 자기실현

인간중심상담의 궁극적인 목표는 내담자의 자기실현(self-actualization)을 촉진해 충분히 기능하는 사람이 되도록 돕는 것이다. 자기실현은 인간이 자신의 잠재력을 최대한 발휘하고, 자율적이고 창의적인 삶을 살아가는 상태를 의미한다. 로저스는 모든 인간이 자기실현을 향해 나아가는 본질적인 성향을 가지고 있으며, 적절한 환경에서 그 잠재력을 발휘할 수 있다고 주장했다. 상담의 과정에서 내담자는 자신의 경험을 왜곡하거나 억누르지 않고, 있는 그대로 받아들임으로써 자기실현의 과정을 밟게 된다.

자기실현을 이룬 사람의 특징은 긍정적이든 부정적이든 모든 감정과 경험을 있는 그대로 받아들이고, 왜곡하거나 회피하지 않는 개방적 태도를 지닌다. 그리고 자신의 결점이나 약점을 포함한 모든 부분을 조건 없이 수용하는 자기수용을 나타내는데, 이는 자신에 대한 깊은 이해와 긍정적 수용을 통해 가능해진다. 그리고 자기실현을 이룬 사람은 문제해결에서 새로운 접근 방식을 찾고, 삶에 대한 새로운 시각을 열어주는 창의성을 지닌다. 동시에 자기실현을 이룬 사람은 삶에서 자신의 역할과 목적을 발견하고, 이를 이루기 위해 끊임없이 성장하려는 경향이 있다. 이들은 자신만의 가치와 신념을 가지고, 이를 바탕으로 의미 있는 삶을 추구하며, 충분히 기능하는 사람이다.

2) 상담 기법

인간중심상담 이론에서 제시된 일치성(congruence), 무조건적 긍정적 수용(unconditional positive regard), 그리고 공감(empathy)은 내담자의 심리적 성장을 촉진하는 데 중요한 역할을 하는 세 가지 핵심 조건으로 필요조건이면서 동시에 충분조건이기도 하다. 로저스는 내담자의 자기실현과 심리적 변화를 촉진하기 위해 이러한 조건들이 상담 환경에서 충분히 구현되어야 한다고 보았다. 각 조건은 상담자와 내담자 간의 관계에서 서로 다른 방식으로 작용하는데, 이 세 가지 요소가 함께 작용할 때 내담자는 자신의 경험을 보다 자유롭게 탐구하고 자아실현의 과정을 통해 심리적 성장에 이를 수 있다.

(1) 일치성

일치성(congruence)은 인간중심상담 이론에서 가장 중요한 개념 중 하나로, 상담자가 내담자와의 관계에서 전문가의 역할을 가장해 꾸미거나 과장하지 않고, 진정한 자기(actual self)로 존재하면서 자신의 생각, 감정, 경험을 솔직하게 드러내는 상태를 의미한다. 일치성은 진정성(genuineness)으로 불리기도 하는데, 상담자는 내담자에게 진실하고, 자신이 느끼는 감정과 행동이 일치된 상태를 유지하는 것을 뜻한다. 이렇게 되기 위해서 상담자는 최상의 자기 인식을 유지할 수 있는 능력을 갖추어야 한다.

상담자는 상담과정에서 내담자와의 관계에서 경험적 또는 직관적으로 느껴지는 것을 내담자에게 적절한 때에 직접적으로 소통하고 싶은 마음을 느끼게 된다. 이때 상담자가 자신의 마음 속에 흐르는 감정, 생각, 반응 그리고 태도들을 분명하게 인식하고 있으면, 필요할 때 내담자에게 이를 투명하게 비추면서 표현할 수 있게 된다. 상담자는 자신이 내적으로 느껴지는 것을 외적으로 일치하게 개방적으로 표현할 수 있어야 하는데, 긍정적인 것만 아니라 부정적인 것도 알아차리며 표현할 수 있어야 한다. 그렇다고 해서 이는 상담자가 모든 감정들을 충동적으로 내담자에게 쏟아놓는다는 의미는 아니다. 상담자가 자기 내면에 흐르고 있는 경험과 항상 접촉하고 있어 이를 잘 알아차리고, 때로는 불편하고 혼란스러운 경험도 부정하거나 무시하지 않으며, 잘 알아차려 필요할 때 내담자에게 적절하게 자기 개방하는 것은 의미한다. 이는 내담자가 상담자에게 신뢰를 느끼고 자신의 감정을 안전하게 표현할 수 있는 환경을 제공한다. 그리고 상담자의 일치성은 내담자에게 본보기가 되어, 그들도 자신의 감정과 경험을 솔직하게 드러내는 데 용기를 제공해 줄 수 있다.

상담자가 자신의 가면을 벗고 진솔해지는 것은 쉬운 것은 아니다. 상담자는 진정한 자기 자신이 되어, 때로는 전문가라는 가면 뒤에 숨지 않고 상담자 자신의 한계와 자신이 느끼는 불편한 감정을 진솔하게 인식하고 수용할 수 있어야 한다. 상담자가 느끼는 자신의 불완전한 모습이 불편해 이를 감추거나, 내담자에 대한 부정적 감정이나 생각을 모르는 척한다면 상담자와 내담자의 관계는 부조화를 초래하며, 이 경우 상담은 제대로 이루어지지 않게 된다. 따라서 상담자는 일치성을 이루기 위해 자신의 내면을 지속적으로 탐구하고, 자신이 느끼는 감정을 정확히 인식하는 자아 인식 능력이 필수적이다. 상담자도 인간이기에 일치성에서 완벽할 수는 없지만, 이를 유지하기 위해 지속적으로 애쓰는 것이 중요하며, 이것이 상담에서 치료적 변화를 가져오는 데 핵심 요인이 된다.

(2) 무조건적 긍정적 존중과 수용

무조건적 긍정적 존중(unconditioned poitive regard)은 상담자가 내담자의 자기실현 경향성을 믿고, 내담자의 생각, 느낌 또는 행동에 대해 어떤 조건이나 판단 없이 있는 그대로 수용(acceptance)한다는 것을 의미한다. 이는 상담자가 내담자의 가치와 존엄성을 존중하고, 내담자의 사랑과 기쁨에서부터 적대감과 무감동에 이르기까지 내담자의 감정과 태도 전체를 있는 그대로 받아들이는 태도를 뜻한다.

상담을 받으러 오는 내담자의 대다수는 인간에게 보편적으로 있는 긍정적 존중에 대한 요구가 약간 채워져 있거나 거의 채워져 있지 않은 상태이므로, 상담자의 긍정적 존중이 상담에 결정적으로 중요한 역할을 한다. 내담자가 어떤 방식으로 자신을 표현하더라도 그것을 존중하며, 내담자의 경험과 행동을 도덕적 또는 사회적 기준에 따라 판단하지 않는 상담자의 태도는 내담자가 자신의 경험을 자유롭게 탐구하고 표현할 수 있는 환경을 제공한다. 동시에 이런 태도는 내담자가 자신의 감정과 경험을 왜곡하지 않고 더욱 깊이 탐구하도록 장려한다. 이 과정에서 내담자는 자신의 경험에 대해 새로운 통찰을 얻게 되고, 자신이 있는 그대로 받아들여지고 존중받고 있음을 느끼게 된다. 그리고 이런 과정은 내담자의 자기실현과 자기수용을 촉진하고 심리적 성장으로 나아가게 도와준다.

무조건적 긍정적 존중이나 수용이 내담자의 모든 행동을 받아준다는 뜻은 아니다. 모든 외현적 행동을 존중하거나 수용할 필요는 없다. 수용은 내담자가 자신의 생각이나 감정을 가질 권리가 있다는 것을 인정받는 것이다. 이처럼 내담자가 자신이 어떠한 결점이나 한계를 가지고 있더라도 받아들여진다는 것을 경험할 때 상담이 성공할 가능성이 커진다. 특히, 방어적, 공격적이고, 상처받기 쉽게 취약하며, 갈등을 겪는 사람들이 자기 성장을 위한 내면의 잠재력을 찾아내기 위해서는 무조건적 긍정적 존중의 경험이 무엇보다 중요하다. 하지만 로저스도 상담자들이 항상 진지하게 수용하고 무조건적으로 존중한다는 것이 불가능하다는 점을 분명히 밝혔다. 하지만 그렇지 못할 경우 상담이 효과적으로 진행되기 어려우므로 상담자의 노력이 필요한 것이다.

(3) 공감

공감(empathy)은 상담자가 내담자의 입장에서 세상을 보고, 내담자의 감정과 경험을 깊이 이해하고, 그것을 내담자에게 전달하는 것을 의미한다. 이는 내담자의 감정과 경험을 단순히 표면적으로 이해하는 것이 아니라, 내담자의 감정적 상태를 자신의 경험처럼 느끼고, 이를 정확하게 반영함으로써 내담자가 자신의 감정을 더 명확하게 이해할 수 있도록 돕는다. 공감은 내담자가 자신을 더 깊이 인식하고, 이를 통해 심리적 변화를 이끌어내는 데 중요한 역할을 한다.

공감의 중요한 요소 중 하나는 공감적 반영(empathic reflection)이다. 이는 상담자가 내담자의 감정과 생각을 정확하게 이해한 후, 이를 내담자에게 다시 전달하는 과정이다. 이를 통해 내담자는 자신이 이해받고 있음을 느끼게 되며, 자신의 감정과 경험을 더 깊이 탐구하게 된다. 공감적 반영은 상담 과정에서 내담자가 자기 인식을 발전시키고, 자신의 감정을 명확히 이해하며 수용할 수 있도록 돕는 중요한 도구이다(Rogers, 1980).

공감을 통해 내담자는 자신이 상담자와 심리적으로 연결되어 있다는 유대감을 느끼며, 이는 상담자와 내담자 간의 신뢰 관계를 형성하는 데 중요한 요소가 된다. 이러한 공감은 내담자가 스스로를 더 깊이 이해할 수 있는 기회를 제공한다. 그리고 이를 통해 내담자는 자신의 경험에 대해 보다 명확한 통찰을 얻게 되며, 적극적이며 주도적으로 문제해결에 대한 의지를 나타내게 된다.

여기서 주의할 점은 공감이 내담자의 사적인 깊은 내적 감정과 경험을 이해하는 것이지, 내담자에 대한 동정, 위로, 걱정을 전달하는 것이 아니라는 점이다. 정확한 공감적 이해(accurate empathic understanding)는 상담자가 내담자의 감정에 빠져들지 않으면서, 내담자의 심리적 내면의 변화를 민감하게 따라가면서 '마치 자신의 세계로 들어가는 것'처럼 내담자의 세계로 들어가는 것을 의미한다. 로저스는 공감적 이해를 위해서 먼저 상담자의 일치성과 무조건적 긍정적 존중이 이루어져야 한다고 강조하면서, 상담자는 끊임없이 내담자의 내면 세계와 교감하면서 동반자가 되어주려는 노력을 해야 한다.

3) 상담 과정

인간중심상담에서 상담 과정은 상담자와 내담자 간의 치료적 관계를 바탕으로 이루어진다. 로저스는 상담 과정에서 상담자는 내담자가 자신의 감정과 경험을 탐구할 수 있도록 도와주는 환경을 제공하는 것이 중요하다고 강조했다. 이를 위해 상담자는 일치성, 무조건적 긍정적 존중, 공감을 바탕으로 상담을 진행한다. 상담 과정은 고정된 구조나 절차가 없으며, 내담자의 필요와 상태에 따라 유연하게 진행된다.

(1) 관계 형성 단계

상담 과정의 초기 단계에서는 상담자와 내담자 간의 신뢰 관계를 형성하는 것이 가장 중요하다. 로저스는 신뢰 관계가 상담의 성공적인 진행을 위해 필수적이라고 보았다. 상담자는 내담자를 무조건적으로 수용하고, 진정성을 가지고 공감적 이해를 제공함으로써 내담자가 안전하다고 느끼고 자신의 감정을 자유롭게 표현할 수 있도록 돕는다. 이 단계에서 상담자는 자신의 감정과 태도를 솔직하게 표현하면서, 내담자가 자기 자신에 대해 솔직하고 진정성 있는 탐색을 할 수 있도록 지지하며, 내담자의 신뢰를 얻기 위해 지속적으로 노력한다. 이를 통해 내담자는 상담과정에서 자신을 개방하는 데 필요한 심리적 안전을 느끼게 된다.

(2) 자기탐색 단계

관계 형성이 이루어지면, 내담자는 자신의 감정, 생각, 경험을 탐색하기 시작한다. 상담자는 내담자가 자신의 감정을 숨기거나 왜곡하지 않고, 솔직하게 표현할 수 있도록 도와준다. 이 과정에서 내담자는 억압된 감정이나 무의식적인 욕구를 인식하게 되며, 자신의 행동과 감정의 근본 원인을 탐구하게 된다. 그리고 내담자는 자신의 경험과 자아 개념 사이의 불일치를 인식하고, 이를 해결하기 위해 자신의 진정한 감정을 탐색하게 된다. 이 단계에서 상담자는 반영(reflection)과 명료화(clarification)를 사용하여 내담자가 자신의 생각과 감정을 더 깊이 이해할 수 있도록 돕는다. 예를 들어, 내담자가 표현한 감정을 상담자가 다시 말해주는 반영 기법을 통해, 내담자는 자신의 감정을 더 명확하게 인식할 수 있다. 이를 통해 내담자는 자기이해와 자기수용을 촉진할 수 있다.

(3) 자기이해와 수용 단계

상담의 중반 이후 단계에서 내담자는 자기탐색을 통해 자신의 감정과 경험을 보다 명확하게 인식하게 되고, 이로써 자기이해가 깊어진다. 이 과정에서 내담자는 자신의 긍정적, 부정적 측면을 포함한 다양한 감정과 경험을 직면하게 된다. 상담자는 내담자의 부정적 감정을 분석하며 조언하는 것이 아니라, 내담자의 감정을 있는 그대로 인정하고 수용하면서 명료화해 준다. 이런 과정에서 내담자는 자신의 감정과 경험을 탐구하면서 얻게 된 통찰을 바탕으로, 자신의 행동 패턴이나 사고 방식을 재평가하게 된다. 그리고 내담자는 자신의 감정과 경험을 보다 명확하게 인식하고 수용하게 되며, 이러한 자기수용은 내담자가 심리적 통합을 이루고, 더 건강한 자아상을 형성하는 데 기여한다.

이 과정에서 상담자의 무조건적인 긍정적 존중은 내담자가 자신의 부정적인 감정이나 약점을 수용할 수 있도록 돕는다. 이는 자기 비판적 사고를 줄이고, 자신에 대한 수용적 태도를 기르는 데 중요한 역할을 한다.

(4) 자기인식 변화 단계

자기이해와 수용이 깊어지면서, 내담자는 자신의 삶에서 변화의 필요성을 인식하게 된다. 이 단계에서 내담자는 기존의 행동 패턴이나 사고방식을 재평가하고, 더 적응적인 방식으로 변화하기 시작한다. 상담자는 내담자가 스스로 변화의 동기를 찾을 수 있도록 돕고, 변화의 과정에서 겪는 어려움을 공감적으로 이해하며 진정성 있는 피드백을 제공한다. 이때 중요한 것은, 변화는 내담자 스스로의 선택과 결정에 의해 이루어져야 한다는 점이다. 로저스는 상담자가 내담자에게 강요하거나 지시하지 않으며, 내담자가 자신의 삶을 주도적으로 변화시킬 수 있도록 지원해야 한다고 강조했다.

(5) 자기실현과 성장 단계

상담의 종결 단계에서는 내담자는 자기실현(self-actualization)의 과정을 통해 자신의 잠재력을 최대한 발휘하고, 자신이 원하는 방향으로 성장하게 된다. 이 단계에서 내담자는 자신의 삶에 대한 자율성과 자기 주도적 성장을 경험하게 된다. 자기실현 단계에서는 내담자가 자신의 선택과 행동에 대한 책임을 지고, 자신의 삶에서 의미를 찾는 과정이 포함된다. 이는 내담자가 자신의 삶을 충만하게 경험하고, 진정한 자아를 발견하는 데 중요한 역할을 한다.

이 단계에서 상담자는 내담자가 자신의 성장 과정을 지속할 수 있도록 지지하며, 내담자가 상담 종료 후에도 자기실현을 지속적으로 추구할 수 있는 내적 자원을 개발하도록 돕는다.

제10장 개인심리학 이론

알프레트 아들러(Alfred Adler, 1870~1937)는 프로이트, 융과 함께 심층심리학의 3대 거장으로 불리며, 아들러의 개인심리학은 프로이트의 정신분석학, 융의 분석심리학과 동시대에 출현하였다. 아들러는 인간을 목적론적 존재로 보았으며, 인간은 사회 속에서 사회적 관심을 얻기 위한 노력을 끊임없이 평생 계속한다고 하였다. 아들러는 개인심리학의 창시자뿐만 아니라 최초의 실존주의 심리학자, 최초의 인본주의 심리학자, 최초의 긍정 심리학자로도 인정받고 있다. 또한 아들러는 최초로 아이들과 부모들을 위한 아동 상담소를 설립하였으며, 부모교육, 부모상담 프로그램, 교사교육, 집단상담의 새로운 장(場)을 개척하였다.

1. 발달 배경

알프레트 아들러는 4남 2녀 중 차남으로 태어났다. 어렸을 때는 병치레가 많았으며, 특히 허약했고 구루병으로 4세까지 걸을 수 없었다고 한다. 건강했던 형에 대한 열등감을 느끼며 자랐으며, 병치레가 많아 어머니가 자신을 과잉보호했다고 회고하였다. 동생이 태어난 후 어머니의 사랑을 빼앗기고, 아버지의 보살핌을 받으며 아버지와 친밀하게 지냈다고 한다. 3세 때 한 침대에서 자던 남동생의 죽음과 아버지의 격려 등에 힘입어 아들러는 비엔나 대학교에서 의학을 공부하여 외향적이며 성공한 의사가 되었다고 한다. 아들러의 어릴 적 경험은 그의 이론과 사상이 발전하는 데 영향을 미쳤는데, 특히 이론의 주요 개념인 열등감, 우월 추구의 노력, 출생순위와 격려 등에 영향을 주었다고 평가한다.

1902년 가을에 아들러가 프로이트의 이론을 지지하는 논문을 발표하면서 아들러는 프로이트에 의해 비엔나 정신분석학회에 초대되고, 이후 프로이트와 친하게 지냈다. 그러나 아들러와 프로이트는 인간의 성격 발달에 대해 서로 다른 견해를 가지고 있었다. 인간을 생물학적인 존재로 본 프로이트는 성격 형성에서 개인의 생물학적 욕구를 중요시했으나, 인간을 사회적인 존재로 본 아들러는 사회적 환경과의 상호작용으로 성격이 형성된다고 주장하였다. 이러한 차이 등으로 아들러는 프로이트와 결별하고, 자신만의 치료법을 개발하였으며 아들러 심리학으로 알려진 개인심리학을 1912년에 창시하게 되었다.

아들러는 군의관으로 제1차 세계대전에 참전하고, 세계대전 이후 정부의 부탁으로 신경증 아동들과 부모들이 상담받을 수 있는 아동상담센터를 설립하였다. 아들러는 아동상담센터에서 부모교육, 부모상담 프로그램, 교사교육, 집단상담을 실시하는 등 현재 지역사회 정신치료센터의 선구자적 역할을 한 것으로 파악된다. 이후 1937년에 아들러는 순회 강연 중 갑작스럽게 사망하였으며, 이후 아들러 심리학에 관한 관심이 감소하였다.

그러나 제2차 세계대전 이후 개인심리학은 다시 르네상스를 맞이하였다. 특히 루돌프 드라이커스(Rudolf Dreikurs)와 그의 동료 및 제자들에 의해 아들러의 개인심리학은 재조명받기 시작했으며, 지금까지 계속해서 발전하고 있다(Dreikurs, 1967). 루돌프 드라이커스는 아들러의 이론을 미국으로 가져가서 발전시킨 인물로, 그의 이론을 실제 임상에 적용할 수 있는 방법을 개발하고 확장하는 데 큰 역할을 담당하였다. 특히 문제가 있는 아이들의 문제 행동의 목적을 이해할 수 있는 이론을 정립한 것과 아이들 스스로가 벌이나 보상 없이 교실 환경에서 가치 있는 존재라고 느끼며 협력을 배우는 것이 필요하다고 설명하는 등 개인심리학의 발전은 물론 사회문제 해결에도 많은 공헌을 하였다.

2. 인간관 및 주요 개념

1) 인간관

개인심리학을 이해하기 위해서는 개인심리학에서 바라보는 인간에 대한 이해를 살펴보는 것이 중요하다. 아들러는 모든 행동이 목적을 지니고 상호작용하며, 인간은 분리하여 생각할 수 없는 전체적(holistic) 존재이고, 본질적으로 사회적 존재라고 하였다. 아들러는 인간의 문제는 집단 내에서 자신이 가치 있는 존재로 받아들여지지 않을 것이라는 두려움과 불안에서 비롯된다고 하면서, 인간은 소속감을 느낄 때 용기 있게 문제를 다룰 수 있다고 하였다. 따라서 아들러는 인간을 목적론적, 창조적, 사회적, 전체적, 그리고 주관적 존재로 보았다.

(1) 인간은 목적론적 존재이다

인간의 모든 행동에는 목적이 있다는 기본 전제에 근거하여 개인의 행동을 이해하려고 한다. 개인행동을 이해하기 위해서는 행동 이면에 있는 목적을 파악하는 것이 중요하다.

(2) 인간은 창조적 존재이다

인간은 결정된 존재라기보다 지속적으로 자신을 창조하는 존재이다. 운명으로 결정된 존재라기보다 자신의 운명을 창조할 힘을 가진 존재이며, 자신에게 중요하다고 지각된 목표를 향해 나아가는 존재이다. 이에 아들러는 인간의 모든 행동에는 목적이 있고, 이해하기 어려운 행동도 그들의 무의식적 목표나 목적을 알면 이해할 수 있다고 하였다. 따라서 인간은 자신의 경험에 스스로 의미를 부여하고, 자신의 삶에 부여한 의미에 근거해 생활양식을 창조할 자유에 대한 힘을 가진다고 보았다.

(3) 인간은 사회적 존재이다

인간은 본질적으로 사회적 존재이며, 인간의 행동을 이해하려면 사회적 맥락 내에서 해석해야 한다고 설명한다. 인간은 '사회적 관심'을 발달시킬 능력을 갖추고 태어나서 다른 사람을 이해하고 공감하며 그들과 협동하고 기여할 수 있다고 했다. 인간이 사회적 존재로서 사회적 관심 또는 이익을 위해 행동하는가가 인간의 적응과 부적응을 구분하는 근거라고 한다. 따라서 사회적 관심의 정도가 낮고 자기 이익만을 위해 행동하는 사람들을 사회적으로 부적응적이라고 하였다.

(4) 인간은 전체적 존재이다

아들러는 자신의 이론을 개인심리학이라고 불렀는데, 이것은 개인 한 사람에게 초점을 맞춘다는 것이 아니라, 개인(individual)의 어원이 '나눌 수 없는(in+divisible)' 전체성의 의미를 지닌 통합된 존재임을 의미한다. 이는 개인을 이해하는 데 있어 부분적이 아니라 전체적(holistic) 입장에서 파악해야 함을 강조한다. 인간의 의식과 무의식, 신체와 정신은 분리된 것이 아니라 상호작용하면서 연관되어 있고, 통합되어 있음을 의미한다. 즉 인간을 자신의 목표를 향해 일정한 패턴으로 인생을 살아가는 역동적이고 통합된 유기체로 보았다(박일귀, 2015).

(5) 인간은 주관적 존재이다

아들러는 인간이 세계를 어떻게 인식하는지에 관한 주관성을 강조하였다. 사람들은 유사한 경험을 하지만, 각기 다른 해석을 통해 다른 결론에 도달한다고 하였다. 우리가 세계를 인식하고 해석하는 방식이 우리의 행동 방식을 결정한다는 것이다. 어린 시절 불행한 경험도 사람마다 상당히 다른 의미를 가지게 하고 전혀 다른 결과를 가져온다. 이에 대해 아들러는 사람들이 자신들의 해석을 바꾸지 않는 한 그들의 행동은 바뀌지 않을 것이라고 하였다.

2) 주요 개념

(1) 우월성 추구

아들러는 우월성 추구를 인간의 기본적 동인(drive)이라고 보았다. 그는 인간은 열등감을 해소하는 정도에 그치지 않고, 더 높이, 더 완전해지려고 노력한다고 하면서, 인간의 자기 성장, 능력을 위한 모든 노력의 근원이 열등감이라고 했다. 우월성 추구는 삶의 기본적인 사실로, 모든 인간은 문제에 직면하였을 때 부족한 것은 보충하며, 미완성의 것은 완성하며, 무능한 것은 유능한 것으로 만드는 경향이 있다. 우월성 추구는 모든 사람의 선천적 경향성으로 일생을 통해 행동 동기의 지침이 되어 인간을 현재 처해 있는 단계에서 더 높은 다음 단계의 발달로 이끌어 준다.

아이가 스스로 성장할 수 있다는 가능성을 확인하면, 자신의 열등감이 자극으로 작용하여 열등감을 극복하려고 한다. 반면, 아이가 자신의 약함을 알거나 교사나 부모의 교육이 미숙하면, 아이는 삶에서 성취감을 느끼지 못하고, 자신의 부족함을 극복할 가능성을 발견하지 못하며, 더 많은 또는 더 도달하기 어려운 보상을 획득하려고 하면서 '열등감 콤플렉스'를 가지게 된다.

아들러는 우월성 추구의 목표에는 긍정적, 부정적 방향이 있다고 하였다. 긍정적 방향은 개인의 우월성을 넘어서 사회적 관심, 즉 타인의 복지를 추구하며 건강한 성격이다. 반면 부정적 방향은 개인적 우월성, 즉 이기적 목표만을 추구한다. 아들러는 열등감에 강하게 사로잡혀 열등감 콤플렉스에 걸린 사람이 절대적 안정과 우월성을 얻기 위해 목표를 세우는 것을 관찰했는데, 이것을 '우월 콤플렉스'라고 하였다. 이러한 사람들은 실제로 자신이 다른 사람보다 유능하지 않다고 느낄 때 잘못된 우월감을 유지하기 위해 강하고 유능한 것처럼 보이려고 하므로 자신이 세운 목표에 도달할 수 없다. 무엇보다 인간은 공동체에서 함께 어울려야만 안정을 얻을 수 있다. 결과적으로 사회적 관심 또는 공동체감을 가진 바람직한 생활양식에 근거한 우월성 추구가 건강한 삶이며, 이 과정을 통해 개개인의 복지는 물론 인류의 복지와 발전을 이루어낼 수 있다(노안영 외, 2021).

(2) 공동체감과 사회적 관심

인간은 본질적으로 사회적이며, 인간의 행동은 사회적 맥락 내에서 해석되어야 한다. 아들러는 건강하고 생산적인 사람은 공동체감[1](community feeling)과 행동방식에서 '사회적 관심(social interest)'의 특징이 나타난다고 믿었다. 사회적 관심은 인간이 사회적 존재로서 사회를 위해 활동함을 의미한다. 오늘뿐만 아니라 다음 세대를 위하여, 타인의 이익에 대한 관심 그리고 동료 의식, 책임감, 타인과의 공동체감을 보여주는 행동과 태도를 말한다(강영신, 유리향, 오익수, 2022). 인간의 사회적 본능을 강조하고 있는 사회적 관심은 개인의 적응과 부적응 여부를 결정하는 주요 준거로, 개인마다 사회적 관심의 높고 낮은 정도가 다르다. 이에 적응력이 부족하거나 정신병리가 있는 사람은 사회적 기여와 유익에 관심을 거의 보이지 않으며 자기중심적인 경향이 있다. 또한 다른 사람의 도움과 지지를 수용하는 것이 필요하지만, 부정적인 타인관과 세계관은 공동체적 노력을 방해한다.

한편 사회적 관심은 선천적인 개념이지만, 이것을 지속적으로 개발하는 데는 부모-자녀관계가 중요하다고 한다. 아들러는 아이의 협동심과 우정을 개발하는 데 어머니의 역할을 강조하면서, 어머니가 자녀를 깊은 사랑으로 보살피면 아이에게 보살핌의 모델이 된다고 하였다. 아버지와 자녀의 관계 또한 중요하다고 하였다. 이와 같이 부모와의 관계는 향후 자녀의 낭만적인 관계와 전반적인 적응에 영향을 미쳐 아이의 생활양식에 영향을 미친다고 하였다.

(3) 가상적 목적론

아들러는 인간 행동을 이해하기 위해 우선 원인보다는 그들이 무의식적으로 추구하는 행동의 목적을 파악해야 한다고 하였다. 아들러는 인간은 자신이 열등감을 자각하는 순간부터 환경에 더 잘 적응하고 현재의 어려움을 극복하고자 하며, 삶의 목적을 위해 노력하는 미래 지향적인 모습을 갖춘다고 하면서, '가상적 목적론(fictional finalism)'이라는 개념을 제안하였다. 과거 경험이 문제 행동의 원인이 될 수 있음을 부정하는 것은 아니지만, 그 행동으로 갖게 될 미래의 목적에

1) 공동체감은 개인의 관심이 자아를 넘어서 타인, 제도, 자연현상, 우주 등으로 확장해 가는 것을 의미한다.

대해 더욱 집중하였다.

가상적 목적론에서 말하는 '가상(또는 허구)'이라는 의미를 살펴보면, 가상(fiction)이 현실을 보다 더 효과적으로 움직인다는 파이잉거(Hans Vaihinger)의 말에서 영향을 받았다. 아들러는 파이잉거의 관점을 자신의 목적론에 결부시켰는데, 인간은 현실적으로 전혀 실현 불가능한 많은 가공적인 생각에 의해서 살아가고 있다고 하였다. 예를 들어 "모든 인간은 평등하게 태어났다."와 같은 허구는 일상적인 삶에서 지침을 제공하지만, 현실은 아니다. 그러나 현실보다 더 효과적으로 사람들을 움직인다. 또한 "나는 중요한 인물이어야만 존재할 가치가 있다."라는 생각은 진실과 다르더라도 삶을 지배하는 신념이라고 할 수 있다. 이에 대해 파이잉거는 인간은 모두 일련의 허구에 의지해 살아간다고 하였다.

허구가 주관적인 것처럼 최종목표도 주관적이다. 아들러는 허구에서 주관적이고 최종적인 심리학의 기초를 발견했다. 최종목표는 허구로서, 현실과 동떨어진 이상처럼 보인다. 그러나 허구로서의 목표는 무엇보다 인간의 노력에 자극을 주고, 행위에 대해 궁극적인 설명을 한다. 아들러는 정상인은 언제든 허구의 영향에서 벗어나 현실을 직시할 수 있지만, 정신증이 있는 사람은 그렇게 하지 못한다고 했다(박일귀, 2015).

(4) 열등감

인간은 누구나 열등감을 느끼는데, 이는 현재보다 더 나은 상태인 완전성을 실현하기 위해 노력하는 존재이기 때문이다. 아들러는 열등감이 인생 전반에 걸쳐 커다란 영향을 미친다는 사실을 통찰하고 열등감이 인간의 삶에 미치는 영향, 특히 열등감과 인간의 정신병리 현상과의 관계를 밝혔다. 인간의 심층 심리에 자리잡고 있는 열등감이 모든 병리 현상의 일차적 원인이라고 해석하면서, 수많은 정신병리 현상은 열등감에 대한 이차적 반응이라고 하였다.

인간은 생애 초기에 무력한 존재이므로 타인의 도움 없이는 생존조차 할 수 없다. 연약한 존재가 느끼는 무력감과 열등감이 인간의 기본 감정이 된다. 아들러는 개인에게 주어진 열등한 환경과 열등감 자체가 문제가 아니라, 열등감을 느끼게 하는 상황을 어떻게 해석하느냐가 중요하다고 하였다. 즉 현실에 대한 주관적 지각과 해석을 강조하는 것으로, 사람들은 자신이 내린 주관적 평가를 진실이라고 믿는데, 열등감에도 주관적 평가와 판단이 적용된다. 따라서 개인의 열등감에 어떤 의미를 부여하고 자신의 상황을 어떻게 해석하느냐에 따라 열등감의 결과는 달라진다(김춘경, 2018).

아들러는 인간은 자기완성을 이루기 위해 자신이 느끼는 열등감을 극복해야 한다고 하였다. 아들러는 열등감을 극복하려는 인간의 특성에서 또 다른 주요 개념인 '우월 추구의 욕구'를 발견하였다. 긍정적 우월추구의 노력은 열등감 때문에 억압받지 않고 생의 유용한 측면에서 성공의 가능성을 찾는 것이다. 반면 인간은 자기 안에 존재하는 열등한 요소를 인정하지 않으려는 경향이 있으며, 자신의 열등감을 위해 개인적 우월성 추구에 집착하면 파괴적 생활양식을 갖게 되어 신경증에 빠지게 된다고 한다. 즉 열등감에 사로잡히면 열등감이 인간을 지배하고, 열등감 콤플렉스에 빠져 버린다.

이에 대해 아들러는 열등감 콤플렉스는 아동기 때 어른이 아이를 다루는 방식에 의해 나타난다고 설명하였다. 아들러는 열등감 콤플렉스의 세 가지 원인을 기관열등감(organ inferiority), 과잉보호(spoiling), 양육방임(neglect)으로 제시하였다. 다음에서 소개하는 세 가지 원인은 성인이 된 후에 신경증을 일으킬 수 있다고 한다(노안영 외, 2021).

① 기관열등감

인간이 부모에게 물려받은 자신의 신체에 대해 어떻게 생각하는가와 관련된 것으로, 신체적으로 불완전하거나 만성적으로 아픈 아이들은 다른 아이들과 성공적으로 경쟁할 수 없다. 따라서 이런 아이는 열등감으로 힘들어할 수 있다.

② 과잉보호

자녀를 얼마나 독립적으로 키우느냐 또는 의존적으로 키우느냐는 부모의 양육방식에 좌우된다. 자녀 수가 감소하면서 1~2명의 아이를 키우는 가정에서 내 아이만을 위하는 부모들이 많아지고, 이들 부모의 과잉보호는 아이에게 부정적인 영향을 미친다. 즉 과잉보호로 양육된 아이들은 다른 사람들이 자신을 위해 모든 것을 해주기 때문에 자신감이 부족하며, 여러 가지 어려운 문제에 직면하는 경우 해결할 능력이 없다고 생각하기 때문에 열등감에 빠지게 된다.

③ 양육방임

양육방임은 부모가 자녀에 대한 최소한의 도리를 하지 않는 것과 연관된다. 최근 사회적 변화와 가족 변화가 자녀양육에 많은 변화를 가져왔다. 과잉보호를 하는 가정이 있는가 하면, 또 다른 한편에서는 자녀의 일에 전혀 관심이 없는 경우도 있다. 예를 들어 부모가 일할 때 자녀 혼자 TV나 스마트폰을 보면 부모는 아이의 방해를 받지 않고 일을 수월하게 할 수 있다. 이렇게 부모의 관심에서 벗어나 방치된 아이들은 자신이 필요하지 않다고 느끼기 때문에 열등감을 극복하기보다 오히려 문제에 대해 회피하는 경향이 있다. 이런 유형의 아이들은 자신의 능력을 인정받고 애정을 얻을 수 있다는 자신감을 잃고 세상을 살아간다.

위에서 소개한 부모역할이 자녀의 생활양식에 많은 영향을 미친다는 것을 아들러 개념을 통해 이해할 수 있다. 아들러 이론에 근거한 '효과적인 양육을 위한 체계적 훈련 프로그램'이라는 STEP(Systematic Training for Effective Parenting)이나 '부모코칭 프로그램: 적극적인 부모역할, Now!'(Active Parenting Now!)에서 강조하는 부모역할 유형은 아동의 생활양식 형성과 밀접하게 관련되어 있음을 알 수 있다.

(5) 용기와 격려

아들러의 개인심리학을 '용기의 심리학'[2)]이라 부를 정도로 아들러는 용기의 중요성과 낙담된 사람들에게 용기를 불어넣는 격려를 강조하였다. 아들러는 사회적으로 부적응적이거나 심리적으로 문제가 있는 대부분의 사람은 용기를 잃고 낙담된 상태라고 하였다. 한편 루돌프 드라이커스는 "식물에게 물과 태양이 필요하듯 인간에게는 격려가 필요하다."고 강조하였다. 열등감 콤플렉스나 우월감 콤플렉

2) 우리나라에서 2014년에 번역되어 발간된 『미움받을 용기』에서 자유도 행복도 모두 '용기'의 문제이지 환경이나 능력의 문제는 아니라고 하면서, 아들러 심리학을 '용기의 심리학'이라고 하였다(Ichiro & Fumitake, 2013).

스에 사로잡힌 사람들은 있는 그대로의 자신이 되려고 하는 불완전한 용기가 결여되어 있다고 본다.

격려(encouragement)라는 말은 타인에게 용기를 북돋워 주는 것으로 사용되어 왔다, 반면 격려의 반대는 낙담(discouragement)으로, 타인을 낙담시킨다는 것은 상대방의 용기를 제한하거나 잃도록 하는 것을 의미한다. 따라서 격려하며 사는 사람은 건강하며, 타인과 잘 어울리며, 적응적인 생활을 하지만, 낙담하면서 사는 사람은 건강하지 못하며, 부적응 생활을 하는 것으로 볼 수 있다.

이를 통해 부모도 아이에게 격려를 하는 것이 얼마나 중요한지에 대해 인식할 필요가 있다. 부모는 내 아이를 존경하고, 신뢰하고, 믿고, 현재보다 더 나아질 수 있으며, 아이의 부족한 측면이 인간으로서의 가치를 감소시키지 않음을 아이에게 전달하는 것이 중요하다. 따라서 격려하는 부모는 아이를 다른 사람과 비교하지 않고, 성취를 요구하기보다 아이의 노력과 향상을 인정하고, 아이 행동의 긍정적인 측면에 집중한다(Dinkmeyer & Mckay, 1982).

(6) 생활양식

생활양식(life style)은 사람들이 행동하고 사고하며 느끼는 이유와 삶의 목적, 자아개념, 삶의 가치와 태도, 살아가는 방식 등 한 개인의 독특성을 설명하는 아들러의 독자적 원리이다(양명숙 외, 2013). 우리는 생활양식에 따라 생각하고, 느끼고, 행동한다. 인간은 우월성 추구나 자기완성 추구와 같은 하나의 궁극적인 목표를 가지고 있지만, 이러한 목표를 향한 개인의 구체적인 행동들은 다양하다. 인간은 자신에게 의미를 주는 삶의 목표를 추구하기 위해 각기 독특한 생활양식을 발달시킨다. 또한 인간은 인생의 장애물을 어떻게 극복하고, 문제를 해결하는 방식을 찾아내며, 어떠한 방법으로 목표를 추구하는지에 대한 방식을 결정한다.

아들러에 의하면 생활양식은 4~5세 때 형성되며, 이 시기 이후 개인의 생활양식은 변하지 않고 유지되는 경향이 있다. 어렸을 때의 사건을 어떻게 지각하고 해석하는가가 생활양식 형성에 영향을 미친다. 이후 여러 변화를 위한 과정이 이루어지지만, 이는 어릴 때 정착된 기본구조의 확대로 생각하면 된다. 즉 생활양식이 형성되면 이것은 우리의 외부세계에 대한 전반적인 태도를 결정할 뿐 아니라 우리의 기본 성격 구조가 되어 일생을 통하여 일관성이 유지된다.

아들러는 사회적 관심과 활동성 수준에 따라 생활양식을 4가지로 구분하였다. 사회적 관심은 각 개인에 대한 공감으로 사회발전을 위해 다른 사람과 협력하는 것이며, 활동성 수준은 인생 문제를 다루는 데 있어 개인이 보여주는 에너지의 양을 말한다. 사회적 관심이 부족하고 활동성 수준도 낮아 자신은 물론 사회에 도움이 되지 않는 생활양식 유형으로 지배형, 기생형, 회피형이 있고, 사회적 관심이 높고 활동성 수준도 높아 사회적으로 도움이 되는 사회적 유용형이 있다. 사회적 유용형의 생활양식을 가진 사람은 성숙하고 긍정적이며, 심리적으로 건강한 사람이다.

(7) 가족구도와 출생순위

가정에서 부모-자녀관계, 즉 가족관계가 어떠한 가족구도를 형성하고 있었으며, 어떤 경험을 했는가를 아는 것이 개인의 성격을 이해할 수 있는 가장 신뢰할 만한 방법이다. 가족구도는 다른 가족구성원과의 관계, 출생순위, 기대, 가족가치, 갈등을 다루는 방식을 포함한 가족 역동에 대한 기술을 말한다(강영신, 유리향, 오익수, 2022).

자녀 수와 출생순위도 성격 형성에 영향을 준다. 출생순위에 따라 열등감의 경험이 다르고, 우월추구의 노력 정도 및 노력의 방향이 다르며, 가족구도 내에서 자신의 위치와 소속감, 관심과 사랑을 받으려는 노력, 경쟁적 상황이 모두 다르다. 출생순위와 가족 내 위치에 대한 해석은 어른이 되었을 때 세상과 상호작용하는 방식에 영향을 준다. 아들러 이론에서는 가족역동, 특히 형제간의 관계를 다루는 것을 매우 중요시한다. 형제들 간의 개인적 차이를 유전적 차이나 어린 시절의 상처 등에 의해서가 아니라, 형제들 간의 경쟁으로 설명한다. 그는 열등의 경험이 출생순위를 통해서 나타날 수 있다고 하였는데, 형제들 간의 권력다툼 과정에서 경험한 실패와 성공, 기대와 실망 등의 경험이 아이의 생활양식을 결정하는 데 영향을 미친다. 이것은 가족 내의 자녀들이 가족구성 전체로는 공통점을 가지고 있지만, 출생순위로 인해 각자가 경험하는 심리적 환경은 형제들 간에 차이가 있을 수 있음을 말한다. 이에 대해 김춘경(2006)은 출생순위 자체가 직접적인 변인이라기보다 출생순위에 따른 부모의 양육태도나 기대에서의 차이, 태어날 때부터 다른 심리사회적 지위와 경쟁적 구도 등 다양한 변인이 영향을 미친다고 하면서, 아들러가 말하는 출생순위는 심리적 출생순위를 의미한다고 하였다.

(8) 사회적 평등

사회적 평등은 모든 사람의 '사회적 지위(social status)'가 대등하다는 것을 의미한다. 사회적 평등을 '평등한 기회'라는 개념과 유사한 것으로 혼동해서는 안 된다. 모든 인간은 존중받고 행복해질 권리를 갖고 태어나고, 상호존중하는 사회에서 개인은 행복한 삶을 영위할 수 있다. 그러나 현재 우리 사회가 개인이 안정되고 행복한 삶을 살 수 있도록 상대방을 존중하는 사회인지에 대해서는 의문이 든다. 우리 사회는 사회적 갈등이 만연한 상태이다. 이는 우리가 겪고 있는 갈등을 해결하기 위해 '사회적 평등'에 대한 자각과 실천이 필요함을 시사한다. 민주적 사회에서 사회적 존재로서 모든 인간은 사회적으로 평등하다. 사회적 평등은 상호존중의 선행요건이며, 사회적 평등에 근거한 상호존중은 개인과 타인이 안정되고 조화로운 사회적 관계를 유지하게 도와준다. 즉 모든 사회적 관계에서 상대방을 자기보다 열등하거나 우월하다고 지각하지 않고 동등하다고 보는 것이다. 반면 사회적 불평등은 개인이 타인과 맺는 사회적 관계가 동등하지 않다고 지각하는 것이다. 이러한 불평등은 대인관계의 원천으로 작용한다. 개인이 누군가에게 사회적 불평등을 받고 있다고 지각하면 심리적 상처를 받는다.

우리가 행복하게 살 수 있는 사회는 서로를 격려하는 사회이다. 우리의 행복한 삶을 위해 칭찬이나 벌보다 격려가 필요하다. 개인의 행복한 삶을 위해 비교와 경쟁보다 기여와 협력이 요구되며, 개인은 단순히 있는 그대로의 자신과 타인의 실존을 수용하는 것이 요구된다.

읽어보기 10-1 상호존중을 위해

"나는 있는 그대로 충분히 훌륭하다(I am good enough as I am)."라는 자기격려와 "당신도 있는 그대로 충분히 훌륭하다(You are good enough as you are)."라는 타인격려를 실천하는 것이 필요하다.

출처: 노안영 외(2021). p. 58.

3. 상담목표

아들러의 개인심리학에서는 내담자를 병든 존재나 치료를 받아야 할 존재로 보지 않았다. 그들이 가지고 있는 증상을 제거하기보다 열등감을 극복하고, 잘못된 인생 목표와 생활양식을 수정하며, 다른 사람과 상호작용하여 공동체감을 증진시키는 것을 상담목표로 설정하였다(Dreikurs, 1967). 따라서 상담자는 상담을 통해 내담자의 생활양식을 바람직한 방향으로 바꾸는 것을 목표로 하고, 이를 위해 개인의 인지, 행동, 감정을 바꿀 수 있도록 도와줄 필요가 있다.

4. 상담과정 및 기법

1) 상담과정

아들러의 상담과정은 관계 형성 단계, 생활양식 탐색 단계, 통찰 단계, 재정향 단계로 구성되어 있다(노안영, 2018; 양명숙 외, 2013).

(1) 관계 형성 단계

상담자와 내담자가 상호 간의 합의된 목표를 향해 적극적인 파트너로서 일하는 평등하고 상호협력적인 관계를 맺는다. 또한 상담자는 내담자 자신이 독립적인 선택을 할 수 있는 역량과 힘을 지니고 있음을 인정해 준다. 따라서 내담자는 상담을 받는 소극적인 수용자가 아니라 협력적인 관계에서 적극적으로 개입하는 당사자로서, 상담자와 내담자는 치료적 동맹을 형성하는 것이 필요하다.

첫 번째 단계에서는 참여, 경청, 목표의 확인과 구체화, 공감 기술을 사용한다. 내담자와의 치료적 관계는 내담자에게 관심을 가지는 것과 주의 깊은 경청을 통해 상호 신뢰와 존경이 형성된다. 즉 내담자는 그들을 무조건적으로 수용하고, 강점과 능력을 알려주고, 그들이 원하면 변화할 수 있는 힘을 가지고 있다고 믿는 상담자를 신뢰하게 된다. 관계 형성 단계를 통해 내담자는 자신이 그동안 '할 수 없는' 것이라고 했던 방식이 사실은 '하지 않았던' 것이라는 사실을 깨닫게 된다.

이때 많이 사용하는 질문은 "만약 이러한 문제가 없었다면, 당신의 인생은 어떻게 달라졌을까요?", "당신은 지금 무엇을 하고 있습니까?", 또는 "만약 문제가 없다면, 지금 할 수 없는 것 중 무엇을 할 수 있습니까?" 등이다. 이러한 질문을 통해 내담자 자신이 가진 문제로 인해 회피하고 있는 기본적인 생활과제가 무엇인지를 파악할 수 있도록 한다.

(2) 생활양식 탐색 단계

내담자의 문제를 평가하고 분석하는 과정으로, 내담자의 생활양식을 이해하고 생활양식이 삶의 과업에 어떠한 영향을 미치는지를 파악한다. 상담자가 내담자의 생활양식을 파악하기 위해 내담자의 신념, 지각, 감정을 확인하는 단계로, 내담자에게 자신의 삶에 대해 이야기를 해보라는 간단한 질문을 한다. 삶의 이야기를 한꺼번에 모두 할 수 없기 때문에, 자신이 그동안 겪어 온 사건과 사람들에 대해 지금 중요하다고 여기는 것을 먼저 이야기하게 된다. 이때 상담자는 내담자의 이야기에서 성취나 실패와 같은 주제를 골라낼 수 있다. 이러한 것들이 생활양식의 주제가 된다.

아들러는 내담자를 전체적으로 사정하기 위해 구조화된 면접을 사용했다. 면접에서 주로 하는 질문은 불만이 무엇인지, 지금 상황은 어떠한지, 형제가 몇 명이고 그중 몇째인지, 내담자에 대한 형제들의 태도는 어떠한지, 아버지나 어머니가 누구를 더 좋아하는지와 어떻게 양육되었는지, 그리고 현재 주변에는 어떤 사람들이 있는지 등이다. 이러한 질문을 통해 내담자 자신의 지각과 형제 및 가족과의 상호작용이 그의 인식에 어떻게 영향을 주는지에 대해 알 수 있다.

(3) 해석과 통찰 단계

세 번째 단계에서는 내담자가 통찰력을 가지게 도와준다. 상담자와 내담자가 함께 수집된 자료에 근거해 내담자 자신의 생활양식, 현재의 심리적인 문제, 잘못된 신념 등 기본적 오류를 깨닫도록 하고, 그것이 내담자에게 어떻게 문제가 되는지 해석해 준다. 이러한 상담자의 해석에 내담자는 동의할 수도 있고, 그렇지 않을 수도 있다. 이때 내담자가 통찰력을 가지게 하는 것이 중요하며, 상담자는 자신의 제안을 강요해서는 안 된다. 내담자는 자신의 생활양식을 이해하고, 어떻게 해서 그렇게 되었는지, 그리고 좀 더 효율적으로 행동하지 못했던 것을 통찰함으로써 자신의 잘못된 목적을 버리고 효율적인 행동양식을 추구하게 된다.

(4) 재정향 단계

마지막 단계에서 내담자는 목표를 완수하기 위하여 신념과 행동을 변화시킨다. 내담자가 상담과정을 통해 얻은 인지와 해석에 근거하여 이전의 비효율적인 신념과 행동으로부터 대안을 찾도록 도와주는 것이다. 즉 이전 단계에서 해석을 통해 획득된 내담자의 통찰이 실제 행동으로 전환되는 재정향(re-orientation) 단계로, 행동을 유발하기 위한 다양한 적극적 기술이 사용된다. 이때 사용하는 과제는 내담자가 자신의 삶에서 가지고 있는 장애물을 깨트리는 것이다. 과제는 새로운 행동들이므로, 상담자는 내담자가 새로운 행동을 어떻게 경험했는지를 물어보고 내담자가 변화하는 것을 축하해 준다. 그리고 내담자가 과거의 잘못된 신념, 행동, 태도를 버리고 새로운 생활양식을 가지며, 사회적 관심을 가지도록 격려해 준다.

재정향은 통찰을 행동으로 전환시키는 것인데, 그동안 회피해 왔던 위험을 감수하는 것이 생각보다 나쁘거나 어렵지 않다는 것을 알게 한다. 이때 자신의 문제에 깊이 몰두하기보다 자신의 강점과 유리한 점에 초점을 맞추는 것이 중요하다. 재정향 단계를 성공시키는 데 도움이 되는 요인은 격려이다. 격려는 내담자에게 변화를 일으키는 중요한 요인이다. 격려는 자신감과 용기를 갖게 할 뿐 아니라 변화를 촉진시킨다. 내담자가 격려를 통해 용기를 얻으면 더 긍정적인 방향으로 행동하고, 이것은 내담자가 자신감을 더 가질 수 있는 선순환의 과정을 거치게 된다.

변화를 촉진하는 또 다른 요인은 확고한 목표다. 상담자가 목적과 목표를 명확하게 진술해 주면 내담자는 더욱 변화에 참여하게 되고 변화를 이끌고자 노력한다. 상담자는 내담자에게 어떻게 그들의 목적을 선택했는지, 그리고 그것들이 그들의 행동, 느낌, 생활과제를 해결하는 데 어떤 영향을 미치는지를 반영해 준다. 상담과정에서 상담자와 내담자는 그들의 목적을 제시하고, 가능한 대안과 결과를 고려하며, 이러한 대안들이 목적을 성취하는지 평가하고, 이후 행동 과정을 실행하도록 도와준다. 즉 상담의 초점을 태도, 신념, 인식, 목적의 변화에 두고, 이를 통해 행동도 바꿀 수 있다고 생각한다.

2) 상담기법

아들러 상담의 궁극적 목표인 생활양식에 있어 새로운 방향을 가지게 하려면 내담자의 신념과 행동을 변화시키는 것이 필요하다. 상담목표를 달성하기 위해 사용되는 기법에는 단추누르기 기법, 내담자의 수프에 침 뱉기, '마치 ~처럼' 행동하기, 초기기억 등이 있다(김춘경, 2018, 노안영, 2018; 양명숙 외, 2013).

(1) 단추누르기 기법

이 기법은 사람들이 자신의 감정조차도 자신이 창조해 낼 수 있음을 이해하여, 부정적 감정의 영향에서 벗어나 긍정적 감정에 머물러 살 수 있도록 돕는 것이다. 사람이 느끼는 것은 무엇을 생각하는가에 따라 달라지므로, 내담자가 우울한 생각을 하면 우울한 감정을 느낀다는 것이다. 이는 우울이 자기 생각의 산물이라는 것을 인식하도록 도와준다.

자기도 모르게 자신이 원하지 않는 부정적인 감정에 몰입하여 불행하고 우울해질 때를 빠르게 인식하여, 누르고 있던 우울 단추에서 손을 떼고 빨리 행복 단추를 누르는 것이 필요하다고 알려준다. 행복을 선택하며 살 수 있는 능력을 키워나갈 수 있도록 개발된 기법이다. 따라서 상담자는 내담자에게 두 가지 단추, 즉 우울 단추와 행복 단추를 가지고 집에 가라고 하며, 자신에게 앞으로 경험하게 될 사건에 어느 단추를 사용할지는 자신이 통제할 수 있다고 알려준다.

(2) 수프에 침 뱉기

상담자는 내담자의 잘못된 인식, 생각 또는 행동에 '침을 뱉으면' 내담자는 그와 같은 것을 더 하지 않거나 주저하게 된다는 것이다. 상담자가 내담자의 문제 행동을 관찰하고, 그 행동의 감춰진 목적을 내담자에게 보여주면서 그 행동이 총체적으로 손해되는 행동이라는 것을 알려줌으로써 내담자가 더 이상 손해되는 게임을 하지 못하도록 한다. 그러면 내담자는 이 행동을 계속할 수는 있지만, 더 이상 이전처럼 편하게 할 수 없다는 것이다.

(3) '마치 ~처럼' 행동하기

상담목표를 명료하게 설정한 후, 내담자가 마치 목표를 이룬 것처럼 행동해 볼 것을 제안하는 것이다. 내담자가 바라는 행동을 실제 장면이 아닌 가상의 장면에서 '마치 ~처럼' 해보게 하는 것 또는 바람직한 자신의 모습을 상상함으로써 실제 그렇게 해보도록 요청하는 것을 말한다. 내담자가 새로운 행동의 시도를 원하지 않으면, 새 옷을 입어 보듯이 새로운 역할을 시도해 보도록 제안한다. 새 옷이 새로운 사람으로 만들어주지는 않지만, 내담자에게 자신감과 같이 새로운 기분을 느끼게 해준다.

(4) 초기기억

초기기억은 생활양식을 탐색하는 기법이다. 사람들은 자신의 과거 사건과 관련된 기억을 우연히 생각하는 것이 아니라, 선택적으로 기억하고 있기 때문에 선택적으로 회상할 수 있는 인간관계와 상황은 그들에게 중요하다. 초기기억은 초기 6개월부터 8세까지 선별된 기억으로, 생활양식, 잘못된 신념, 사회적 상호작용, 행동목표에 의미 있는 단서를 준다. 초기기억에는 기억되는 사건들과 사건에 대한 그들의 감정, 사건 자체에 대한 자신의 초기 태도, 다른 사람과 자신의 관계, 그리고 자신의 삶의 관점 등이 나타난다. 초기기억은 개인의 행동에 대한 지침을 반영하는데, 사건이 실제 일어났거나 거기에 설명이 부연되었거나, 결코 발생하지 않았던 일일 수도 있는데, 어떠한 경우라도 결과는 같다. 왜냐하면 초기기억은 세계와 자신에 대한 주관적인 견해와 세상에 대처하기 위해 자신이 선택했던 행동 경로를 반영하기 때문이다.

이때 상담자는 내담자에게 "가능한 한 어렸을 때의 사건을 말해주세요."라고 질문하고, 내담자가 자유롭게 말하도록 한다. 다음에는 그중에서 가장 확실하게 생각나는 것은 무엇인지, 그리고 그것을 생각하니 지금 기분이 어떠한지를 질문한다. 초기기억 작업에서 관찰되는 기본적 오류는 소속과 의미의 욕구를 충족시키기 위해 아이가 인생 초기에 발달시킨 최초의 생각이다. 그것들은 아이가 세계에서 자신의 입장을 세우려고 투쟁하면서 형성한 부적절한 결론이다, 따라서 상담목표는 기본적 오류의 확인을 통해 내담자의 잘못된 신념을 자각할 수 있게 하여 잘못된 신념을 재구성하는 것이다.

제11장 애착이론

애착이론에서 존 볼비(John Bowlby, 1907~1990)와 메리 애인스워스(Mary Ainsworth, 1913~1999)의 연구는 애착이 초기 발달 과정에서 어떻게 형성되고, 이 경험이 성인기의 행동과 대인관계에 어떤 영향을 미치는지를 설명하는 데 중요한 기여를 했다. 이 이론은 부모와 자녀 간의 상호작용에서 형성된 애착관계가 자녀의 정서적 안정성, 대인관계를 포함한 전반적인 정신건강에 미치는 영향을 강조하고 있다. 따라서 애착이론은 부모교육과 상담의 기초를 형성하는 중요한 이론적 틀이다.

1. 발달 배경

애착이론의 기초는 볼비의 연구에서 시작되었다. 볼비는 영국의 정신분석가로서, 그의 애착이론의 기초는 주로 그의 초기 임상 연구와 제2차 세계대전 후 고아들과 전쟁피해자에 대한 관찰에서 비롯되었다. 볼비는 전쟁 고아들이 정서적 결핍과 상실 경험을 겪을 때 나타나는 심리적 문제에 주목하였으며, 이를 바탕으로 초기 애착 경험이 전 생애에 걸쳐 영향을 미친다고 보았다. 볼비는 애착(attachment)을 "영아가 주양육자 또는 특별한 사회적 대상과 형성하는 강한 정서적 유대"로 정의하며, 이 유대는 영아의 생존 본능에서 비롯된 것이라고 설명했다. 볼비에 의하면 이러한 초기 애착 경험은 영아기와 아동기의 심리적 발달뿐만 아니라, 이후 성인기의 대인관계와 정신건강에도 지속적인 영향을 미친다고 보았다.

애인스워스는 볼비의 이론을 확장하고 실증적으로 발전시키는 데 중요한 역할을 하였다. 애인스워스는 볼비의 연구에 기초하여 낯선상황 실험을 통해 애착 유형을 구분하는 방법을 개발하였다. 그리고 이를 통해 영아와 주양육자 간의 애착 관계 유형을 구체적으로 분류했다. 그녀는 유아가 낯선 환경에서 주양육자와 분리되고 다시 재회할 때 보이는 행동을 관찰하여 안정 애착, 회피 애착, 불안-양가 애착이라는 세 가지 주요 애착 유형을 도출하였다. 이 연구는 주양육자의 양육스타일과 영아의 애착 형성 간의 관계를 실증적으로 입증함으로써, 애착 형성이 단순히 유전적 요인에 의해 결정되는 것이 아니라 주양육자의 양육 태도에 따라 달라질 수 있음을 시사하였다. 특히, 안정 애착을 가진 영아는 주양육자로부터의 안정적 지원을 통해 독립적으로 환경을 탐색하는 경향이 강하게 나타났으며, 이는 성인기의 대인관계에서도 긍정적인 영향을 미친다고 보았다.

이처럼 애인스워스의 연구는 애착이론의 실증적 기초를 제공했으며, 이후 많은 연구자들이 애착이론을 다양한 맥락에서 연구하게 되었다. 그리고 애착이론은 영아기부터 아동기의 발달을 설명하는 데 그치지 않고 성인기의 대인관계와 정신건강에도 적용되었다. 애착이론을 바탕으로 한 연구는 성인기까지 확장되었으며, 성인의 연인 관계가 영아기 애착 유형과 유사한 방식으로 작동한다고 보았다. 뿐만 아니라, 성인기의 애착 유형과 불안, 우울과 같은 정서적 어려움, 스트레스 대처 능력과의 관계에 관한 연구 등을 통해 애착이론이 성인기에도 지속되는 심리적 기제임을 입증하였다.

애착이론은 발달 심리학에서 중요한 기초 이론으로 자리잡고, 정신분석학, 신경과학 그리고 사회적 상호작용연구를 통합하며 발전하고 있으며, 현대 심리치료와 부모교육에서도 폭넓게 활용되고 있다. 포나기(Fonagy)와 타겟(Target)은 정신화 기반 치료(Mentalization-Based Treatment)에서 애착이론을 활용하여, 안정된 애착이 정신화 능력을 형성하는 데 중요한 기초가 된다고 주장하였다(Fonagy & Target, 1997). 이는 애착 관계가 개인의 자기이해와 타인에 대한 공감 능력을 발달시키는 중요한 역할을 한다는 점을 강조한다.

쇼어(Schore & Schore, 2008)에 의해 제안된 조절 이론(Regulation Theory)은 애착 관계를 개인의 정서적 상태를 조절하는 심리생물학적 과정으로 본다. 인간 삶의 첫해에서 중요한 과제는 영아와 주요 보호자 사이에 안전한 애착 유대감을 형성하는 것이다. 영아와 주양육자 간의 정서적 의사소통은 안전한 애착 형성과 중추 및 자율신경계 발달을 촉진한다. 주양육자는 영아의 비언어적 신호를 민감하게 조율하여 긍정적·부정적 정서를 조절하며, 애착은 아기의 우뇌와 주양육자의 우뇌 간에 발생하는 의사소통을 통해 형성된다고 주장하였다(Schore & McIntoch, 2011). 애착 의사소통은 시각적인 직접적 대면교류, 정서적인 목소리 톤의 청각적 표현, 촉각적인 몸짓 신호를 통해서 표현되고, 이 모든 것들은 영아와 어머니의 우뇌에서 매우 빠르게 수행된다고 보았다. 이들 간의 상호작용에서 일어나는 정서적 공명은 긍정적 정서를 증폭시키고, 조율이 어긋난 경우 적시에 재조율하여 영아의 부정적 상태를 완화한다. 이러한 과정은 스트레스에 대한 회복력과 안정된 애착을 형성하며, 초기 자아와 심리적 탄생의 기반을 제공한다. 쇼어(Schore)는 애착이론을 확장해 정서조절이라는 개념으로 발전시켜 뇌발달, 신경생리학 그리고 애착이 아동기와 성인기의 심리적 건강에 미치는 영향을 강조하였다. 그리고 애착관계가 단순히 부모와 자녀 간의 정서적 유대를 넘어서 뇌발달에 결정적 영향을 미친다고 주장하였다.

2. 애착이론의 기초

1) 애착 발달단계

애착은 인간 발달의 초기 단계에서부터 형성되며, 이 과정은 영아기부터 성인기까지 이어진다. 볼비는 영아기에 애착이 발달하는 과정을 네 가지 주요 단계로 설명했다.

① 1단계: 전 애착기(Pre-attachment Phase, 출생에서 6주)

생후 초기, 신생아는 울음, 미소, 응시 등 반응을 통해 주위 사람에게 자신의 욕구와 요구를 전달하려 하며, 주양육자 외에도 다른 사람의 관심과 돌봄에도 반응한다. 이 시기의 유대는 주로 생물학적 요구를 충족시키기 위한 것으로, 정서적 애착보다는 생존에 초점을 맞추고 있다.

② 2단계: 애착 시작기(Beginning of Attachment, 6주부터 6~8개월)
영아는 점차적으로 특정 인물(주로 주양육자)에게 더 많은 관심과 선호를 보이기 시작한다. 이 시기에 영아는 주양육자와의 일관된 상호작용을 통해 안정감을 느끼며, 주양육자가 자신의 필요를 채워주는 중요한 인물임을 점차적으로 인식하게 된다.

③ 3단계: 애착기(Clear-cut Attachment, 6~8개월부터 18~24개월)
이 시기의 영아는 주양육자가 가까이 있을 때 안정감을 느끼며, 분리 시에는 불안을 표현하고 다시 주양육자에게 돌아가고자 하는 경향을 보인다. 분리불안과 낯가림도 이 시기에 나타나며, 주양육자가 없는 상황에서 두려움을 경험하기도 한다. 또한 환경을 탐색할 때나 위안이 필요할 때 애착 대상을 안전기지(secure base)로 활용한다.

④ 4단계: 동반자관계 형성기(Formation of a Reciprocal Relationship, 24개월 이후)
정신적 표상 및 언어발달로 인해 주양육자와의 분리에 대해 이전보다 덜 불안해하며, 보다 독립적인 탐색을 시도하게 된다. 동반자관계 형성기에서는 영아가 주양육자와의 관계에서 상호적인 역할을 인식하는 과정이다. 애착 대상과의 관계에 대한 내적표상인 내적작동모델(internal working model)을 형성한다. 이를 통해 주양육자의 의도와 행동을 이해하고 이에 맞춰 자신의 반응을 조절하는 법을 배우게 된다. 이는 타인의 관점과 감정을 이해하는 능력을 발달시키고, 자율성과 자기조절능력 형성에 중요한 역할을 한다.

내적작동모델로 자리잡은 어린 시절의 애착 유형은 성인기의 애착과 밀접하게 연결되어 있으며, 성인기 대인관계의 기초로 작용한다. 성인의 애착 유형은 친밀한 관계에서의 친밀감, 갈등 해결 방식, 감정 조절 등에 영향을 미친다. 하지만 성인기 애착 패턴은 상황적 경험, 관계의 질, 개인의 성장 과정 등에 의해 변화하기도 한다. 안정적이고 지원적인 관계를 경험하거나 심리치료 등을 통해 불안정 애착에서 안정 애착으로 변할 수 있다.

2) 애착 유형

애착 유형은 유아와 주양육자 간의 상호작용을 통해 형성되는 정서적 유대의 패턴을 설명하는 개념이다. 애인스워스의 연구와 '낯선상황 실험(Strange Situation Procedure)'을 통해, 영아는 주양육자와의 관계에서 안정 애착, 회피 애착, 불안-양가 애착이라는 세 가지 주요 애착 유형으로 나뉠 수 있음이 밝혀졌다. 이후 연구에서는 혼란 애착이라는 추가 유형이 제시되었다. 각 애착 유형은 영아가 경험하는 주양육자의 반응에 따라 형성되며, 영아의 정서적 발달, 자기개념, 이후 성인기의 대인관계에도 큰 영향을 미친다.

① 안정 애착(Secure Attachment)

안정 애착을 가진 유아는 주양육자로부터 일관되고 따뜻한 정서적 지지를 경험하며, 이를 통해 주양육자를 신뢰하고 안정감을 느낀다. 안정 애착 유형의 영아는 주양육자를 안전기지로 삼고 환경을 자유롭게 탐색할 수 있는 용기를 얻게 된다. 주양육자와의 분리 상황에서도 불안을 느낄 수 있지만, 재회 시에는 주양육자에게 다가가서 안도감을 느끼고 다시 안정적으로 돌아온다.

이처럼 영아가 주양육자에게 안정 애착을 형성하는 데 영향을 미치는 주요 요인은 주양육자의 반응의 질이다. 안정 애착은 주양육자가 영아의 신호에 민감하고 일관되게 반응할 때 형성된다. 영아가 배고프거나 불안을 느낄 때 주양육자가 즉각적으로 반응하여 정서적 지지를 제공하면, 영아는 주양육자를 신뢰하게 되며, 이는 영아가 스스로를 안전하고 가치 있는 존재로 인식하도록 돕는다.

② 회피 애착(Avoidant Attachment)

회피 애착 유형의 영아는 주양육자와 거리를 두려는 경향이 나타내는데, 낯선 상황 실험에서 회피 애착 유형의 영아는 주양육자와의 분리 상황에서 큰 불안을 보이지 않으며, 주양육자가 돌아와도 무관심한 모습을 보인다. 이들은 정서적으로 거리를 두고 독립적인 행동을 보이는 경향이 있다.

회피 애착은 주로 주양육자가 영아의 정서적 요구에 무관심하거나 거부적인 태도를 보일 때 형성된다. 주양육자가 유아의 감정에 반응하지 않거나 거부하는 경우, 영아는 타인에게 의존하거나 감정을 표현하는 것이 불필요하거나 부정적이라는 인식을 가지게 된다.

③ 불안-양가 애착(Anxious-Ambivalent Attachment)

불안-양가 애착을 보이는 영아는 주양육자로부터 일관되지 않은 반응을 경험하며, 주양육자에 대해 강한 의존과 불안을 동시에 느낀다. 낯선 상황 실험에서 이 유형의 영아는 주양육자와 분리되면 극심한 불안을 보이며, 재회 시에도 쉽게 안정감을 찾지 못하고 양가적인(애정과 분노를 동시에 느끼는) 반응을 보인다.

불안-양가 애착 영아는 주로 주양육자가 유아의 요구에 일관되지 않게 반응할 때 형성된다. 주양육자가 때로는 반응적이고 때로는 무관심할 경우, 유아는 주양육자를 신뢰할 수 없다고 느끼며, 주양육자가 언제 자신의 필요에 반응할지 예측할 수 없게 된다. 이는 주양육자에 대한 강한 의존과 동시에 불안정한 감정을 갖게 만든다.

④ 혼란 애착(Disorganized Attachment)

혼란 애착 유형은 불안정 애착유형 중에서도 독특한 형태로, 영아는 주양육자와의 관계에서 혼란되고 일관되지 않은 행동 패턴을 보인다. 이는 주양육자가 영아에게 안정감을 제공하는 존재이면서도 두려움의 원인이 될 때 형성된다. 이로 인해 영아는 주양육자를 신뢰하거나 회피하는 명확한 전략을 발달시키지 못하며, 극도의 혼란과 불안을 느끼는 양상을 나타낸다.

혼란 애착은 주양육자가 학대나 방임, 주양육자의 정신적 문제, 그리고 빈번한 양육자 교체나 주양육자의 부재 등이 원인이 된다.

성인애착면접법(AAI: Adult Attachment Interview)을 사용해 성인기의 애착유형을 알아본 결과, 성인기의 애착유형도 안정형, 배척형, 집착형, 미해결형의 네 가지 범주로 분류되었다(읽어보기 11-1).

읽어보기 11-1 성인애착면접법(AAI)

성인의 애착을 탐색하기 위한 몇 가지 반구조화된 면접법이 개발되었다. 그중 가장 잘 알려진 것은 메인(Main)과 그의 동료들이 개발한 성인애착면접법(AAI: Adult Attachment Interview)으로, 이 면접법은 개인의 초기 양육자와의 관계에서 형성된 애착표상을 평가한다.

먼저 AAI는 일정한 순서로 질문을 한다. 면접은 자연스럽게 대화하고 공감해 주는 방식으로 진행된다. AAI 과정을 녹음하고 면접이 끝난 후 전체 녹음내용을 면밀하게 분석한다. 이 검사의 주된 목적은 애착에 관한 개인의 심리상태를 활성화하고 이를 분류하는 것이다, 이외에도 아동기 경험과 현재의 진술 사이에 일관성이 있는지, 진술에 일관성이 있는가를 관심을 갖고 살펴본다.

AAI의 질문 문항은 다음과 같은 주제를 포함한다.

- 어린 시절 가족 관계에 대한 전반적인 묘사
- 특정 사건과 기억에 대한 탐색
- 정서적 연결과 애착의 표현
- 현재 부모님과의 관계 및 변화
- 상실, 트라우마 및 그 영향
- 현재 자신의 자녀양육과의 연관성

AAI는 애착에 관한 성인의 심리상태를 다음 네 가지 범주로 분류하였다.

- 안전형(secure)
- 배척형(dismissing)
- 집착형(preoccupied)
- 미해결형(unresolved)

출처: Marrone (2014). pp. 103-113.

3) 주요개념

(1) 안전기지

안전 기지(Secure Base) 개념은 애착이론에서 영아가 주양육자를 정서적 안전의 원천으로 삼아 세상을 탐색할 수 있게 하는 중요한 역할을 설명하는 중심 개념이다. 애착이론의 창시자인 볼비는 주양육자가 영아에게 제공하는 안정감이 발달에 필수적이라고 주장하며, 영아가 주양육자를 '안전 기지'로 삼고 정서적 지원을 받는 환경에서 심리적 안정감과 탐색 욕구를 조화롭게 유지할 수 있다고 보았다(Bowlby, 1988). 이 개념은 애착 행동의 생리적, 심리적 기초를 이해하는 데 중요한 기여를 한다.

안전 기지는 영아가 주양육자와 가까이 있을 때 정서적 안정과 안도감을 느끼고, 그로 인해 세상을 탐색할 수 있는 용기를 얻게 되는 기제로 작용한다. 이를 통해 영아는 정서적 필요가 충족되고 스트레스나 위협을 느낄 때 안전한 장소로 돌아와 주양육자를 의지하게 된다. 이 과정에서 주양육자는 영아의 정서적 욕구에 민감하게 반응하며, 영아가 자신과 외부 세계에 대해 긍정적인 내적작동모델을 형성하는 데 도움을 준다(Ainsworth et al., 1978). 이처럼 안전기지는 영아가 주양육자를 신뢰하고 심리적으로 안정된 상태를 유지하는 데 핵심적 역할을 한다.

안전기지 개념에서 중요한 점은 안전과 탐색이라는 두 가지 욕구가 상호보완적으로 작용한다는 것이다. 영아가 주양육자를 통해 안전을 느끼면, 자신감을 얻고 외부 환경을 탐색하려는 동기가 강화된다. 이 탐색 행동은 발달 초기의 자기효능감과 자율성 형성에 중요한 역할을 한다. 즉 영아가 주양육자로부터 심리적 지지와 일관된 반응을 경험할 때, 세상에 대해 긍정적인 태도와 호기심을 가지게 되며 이는 발달과정에서 학습과 성장의 기초가 된다.

이 과정에서 주양육자는 단순히 영아를 옆에서 지켜보는 것에 그치지 않고, 영아가 탐색에 실패하거나 좌절했을 때 정서적 지지와 격려를 제공하는 역할을 한다. 예를 들어, 유아가 새로운 장난감을 만지작거리거나 낯선 사람과의 접촉을 시도하는 동안 주양육자의 긍정적인 반응이 함께할 경우, 영아는 이 경험을 안전하고 신뢰할 수 있는 활동으로 인식하게 된다. 반면, 주양육자가 일관되지 않은 반응을 보이거나 유아의 탐색 행동에 소극적일 경우, 영아는 주양육자로부터 충분한 안정감을 얻지 못해 탐색 행동에 어려움을 겪을 수 있다.

(2) 내적작동모델

내적작동모델(Internal Working Model)은 애착이론의 핵심 개념으로, 개인이 자신과 자신에게 중요한 타인에 대해 갖는 의식적·무의식적 생각의 집합체이다.

한 개인은 내적작동모델이라는 렌즈를 통해 주관적 세계를 만들고 경험한다. 자신이 사랑받을 가치가 있는지, 타인을 신뢰할 수 있는지, 언제든지 같은 사람이라는 자기 동일감과 자기 연속성 등의 자기에 대한 정보가 내적작동모델에 들어 있다. 이러한 내적작동모델은 초기 애착 경험을 통해 형성되며, 유아기와 아동기를 넘어 성인기의 대인관계와 자아 개념에 이르기까지 지속적으로 영향을 미친다(Ainsworth, 1989).

영아에 대한 주양육자의 반응이 일관적이고 예측 가능할수록, 영아는 자신이 안전하며 사랑받을 가치가 있다고 느끼며, 자신을 소중히 여기고 타인을 신뢰할 수 있다는 믿음을 가지게 된다. 반면, 주양육자로부터 일관성 없는 반응이나 거부를 경험한 영아는 타인에 대한 불신과 자아존중감의 결여를 내적작동모델로 형성할 가능성이 크다(Main et al., 1985). 내적작동모델은 생후 몇 개월이면 만들어지기 시작하고 그 이후 계속 만들어지고 수정된다. 여기서 초기 내적작동모델은 이후 영아가 세상을 경험하는 방식에 영향을 주고, 이를 통해 나중에 생기는 내적작동모델에 영향을 미치기 때문에 중요하다.

이러한 내적작동모델은 개인의 대인관계에서 중요한 역할을 한다. 성인이 된 후에도 초기 애착 경험을 바탕으로 형성된 내적작동모델은 타인과의 관계에서 신뢰를 형성하거나 불신을 보이는 방식에 영향을 준다. 안정된 내적작동모델을 가진 사람은 타인과의 관계에서 신뢰와 친밀감을 잘 형성하는 반면, 불안정한 내적 모델을 가진 사람은 관계에서 불안, 의심, 회피적인 성향을 보일 가능성이 크다(Hazan & Shaver, 1987).

한편, 내적작동모델은 안정적인 속성을 지니지만 고정된 틀로 존재하는 것이 아니라, 새로운 경험에 맞추어 계속해서 변화해 간다. 영아기와 유아기의 경험뿐만 아니라 성인기에도 중요한 관계나 심리적 경험에 의해 변화할 수 있는 유연성을 지닌다. 예를 들어, 불안정 애착을 가진 사람이 안정적인 대인관계를 경험하거나 심리치료를 통해 자기이해와 타인에 대한 신뢰를 높이게 되면, 기존의 부정적인 내적작동모델이 긍정적인 방향으로 수정될 수 있다(Sroufe, 2005). 이는 내적작동모델이 생애 초기의 애착 경험에 기초하여 형성되지만, 이후의 관계 경험을 통해 점진적으로 변화될 수 있음을 의미한다.

(3) 민감한 반응성

애인스워스는 볼비의 이론을 확장하며 '낯선 상황 실험'을 통해 애착유형과 주양육자의 민감한 반응성 간의 연관성을 실증적으로 분석했다. 민감한 반응성은 주양육자가 영아의 신호를 주목하고 그 신호를 정확하게 해석하고 즉시 적절한 반응을 해주는 것이다. 민감하지 못한 양육자는 영아를 싫어하거나 미워하는 것이 아니라, 자녀의 심리상태나 원하는 것을 알아차리지 못해, 영아가 긍정적인 상태에 도달하거나 목표를 달성하려고 노력하는 것을 도와주지 못하는 것이다. 민감한 반응성의 수준은 영아의 애착유형을 예측할 수 있는 중요한 요소가 된다. 안정적 애착을 형성한 영아의 주양육자는 불안정한 애착을 나타낸 영아의 주양육자보다 민감한 반응성을 나타내며 일관성 있게 반응하는 것으로 나타났다. 전 생애에 걸쳐 부모의 민감한 반응성은 사랑하고 협력하고 상호작용하는 능력과 자아개념과 자존감의 발달에 매우 중요한 역할을 한다.

애인스워스는 민감성을 영아의 신호를 정확히 인식하는 능력, 영아의 필요와 상태를 올바르게 이해하는 능력, 영아의 필요에 적절한 방식으로 대응하는 능력, 그리고 영아의 신호에 빠르고 일관되게 반응하는 즉각성과 같은 네 가지 요소로 이루어진다고 보았다.

(4) 상호주관성

상호주관성은 "두 개인이 서로의 경험적 세계를 이해하고 공유하는 능력"으로 정의된다. 이는 단순히 언어적 의사소통을 넘어, 비언어적 신호(표정, 몸짓, 음성 억양 등)를 통해 이루어지는 깊은 수준의 상호이해를 포함한다. 상호주관성은 선천적으로 프로그램된 인간의 능력으로, 영아는 생후 몇 주 내에 이러한 능력을 통해 양육자와 의미 있는 관계를 형성하기 시작한다(Stern, 1985). 상호주관성은 두 가지 주요 구성 요소를 포함한다. 먼저 정서 조율(Affective Attunement)은 양육자가 영아의 정서를 인지하고, 이에 대해 조화로운 행동으로 반응하는 과정이다. 예를 들어, 영아가 기뻐하며 웃을 때, 양육자는 미소를 짓거나 긍정적인 음성 억양으로 반응함으로써 영아의 정서를 반영한다. 다음으로 공유된 경험의 틀(Shared

Frameworks of Experience)은 영아와 양육자가 특정 경험을 통해 상호 작용하며 형성하는 공통된 의미의 틀이라고 본다. 이는 시간이 지남에 따라 강화되며, 애착 관계의 질에 직접적으로 영향을 미친다.

상호주관성은 애착 이론과 밀접하게 연결되는데, 특히, 안정 애착 관계는 상호주관성이 원활하게 작동할 수 있는 기반을 제공하며, 이는 영아의 정서적, 사회적 발달에 중요한 영향을 미친다. 예를 들어, 안정 애착을 형성한 영아는 정서적 조율을 통해 자신의 감정을 조절할 수 있는 능력을 더 잘 발달시킨다. 애착관계는 단순히 영아의 생존을 위한 신체적 안전을 제공하는 역할을 넘어서, 영아가 자신의 정서적 세계를 이해하고 타인과 공유할 수 있는 기회를 제공한다. 이를 통해 상호주관성은 영아의 자아 형성과 사회적 관계 형성에 필수적인 요소로 작용한다

(5) 성찰기능

성찰기능(reflective function)은 포나기와 동료들(2002)이 개발한 개념으로, 인간이 자신과 타인의 행동을 내적 심리 상태와 연관 지어 이해하고 해석하는 정신적으로 생각해 보는 능력을 뜻한다. 포나기와 동료들은 성찰기능이 초기 애착 경험을 토대로 발달한다고 보았다. 초기 애착 관계에서 민감하고 일관된 양육자는 영아의 감정을 조율하고, 이를 통해 영아가 자신의 내적 상태를 이해하고 표현할 수 있도록 돕는다. 이러한 경험은 성찰 기능의 발달에 필수적이다. 안전한 애착을 형성한 아동은 자신과 타인의 감정을 이해하고 조절하는 능력을 잘 발달시킨다. 반면, 불안정한 애착을 가진 아동은 성찰 기능이 약화될 가능성이 크다.

이러한 성찰기능의 발달에는 타인의 행동과 내적 상태를 이해하는 능력의 신경적 기반인 거울 신경(mirror neuron)이 작용하고 있다. 애착 관계에서 양육자가 영아의 정서적 신호를 민감하게 반영하고 조율할 때, 거울 신경은 영아가 자신의 감정을 이해하고 조절하는 과정을 지원한다. 거울 신경은 양육자의 행동과 정서를 영아가 내적으로 모의(simulate)하도록 돕고, 정서적 공명(emotional resonance)을 통해 안정된 애착 관계를 형성하게 한다. 그리고 이는 성찰 기능의 기반을 형성하며, 영아는 자신의 심리 상태와 타인의 정서를 연결짓는 능력을 발달

시킨다. 이 과정은 추후 정서적 안정과 사회적 관계 형성을 위한 기초가 된다.

포나기와 동료들은 초기에 '성찰기능'이라고 했던 것을 나중에 '정신화(mentalization)'라는 용어로 확장하였다. 성찰기능은 주로 애착 연구와 초기 발달 맥락에서 설명되었다. 이와 달리, 정신화는 초기 애착 경험을 넘어, 복잡한 대인 관계, 정서 조절, 그리고 다양한 정신병리적 문제를 다룰 수 있는 이론적·임상적 틀로 발전하였다. 정신화 기반 치료(Mentalization-Based Treatment, MBT)는 성찰 기능과 정신화 능력을 회복 및 강화하는 데 초점을 맞춘 치료적 접근으로, 특히 경계선 성격 장애(BPD) 치료에서 효과적으로 활용된다.

(6) 정서조절

쇼어는 영아와 양육자 간의 초기 애착 관계가 정서조절능력의 발달에 결정적 역할을 한다고 설명한다. 정서조절은 내적 및 외적 자극에 대한 생리적, 심리적 반응을 조절하는 능력으로, 이는 개인의 정서적 안정과 적응에 핵심적이다. 정서조절은 자율신경계(ANS)와 중추신경계(CNS)의 협력으로 이루어지며, 뇌의 특정 영역, 특히 우반구가 중요한 역할을 한다. 우반구는 비언어적 정서 정보(표정, 몸짓, 음성 톤)를 처리하며, 초기 애착 관계에서 이러한 정보의 조율이 뇌 발달에 중요한 영향을 미친다(Schore, 2003). 민감하고 안정적인 양육자는 영아의 정서 상태를 조율하여 영아가 자신의 감정을 조절하는 법을 배울 수 있도록 돕는다.

쇼어는 정서조절의 발달을 영아기부터 성인기에 이르는 발달적 과정으로 설명한다. 보호자는 영아의 정서를 "공동 조절(co-regulation)"하며, 영아가 자기 조절(self-regulation)을 배우는 기반을 제공한다. 예를 들어, 보호자가 영아의 울음에 적절히 반응하면, 영아는 스트레스를 조절하는 경험을 통해 신경 발달을 촉진한다. 성인은 자기조절능력을 통해 정서적 균형을 유지하지만, 이는 초기 애착 경험에 뿌리를 두고 있다. 정서조절능력이 잘 발달한 성인은 스트레스 상황에서도 안정적으로 대처하며, 건강한 대인 관계를 유지한다.

(7) 신경가소성

신경가소성(Neuroplasticity)은 뇌가 경험에 따라 변화하고 재구성되는 능력을 의미한다. 앞서 살펴보았듯이 영아와 주양육자의 긍정적인 애착 경험은 영아의 정서적 안정과 신경 회로의 조직화에 영향을 미친다. 초기 애착 관계는 뇌의 우반구 발달에 결정적이다. 안정적인 애착 관계는 우반구의 신경 회로를 강화하여 정서적 조절 능력을 증진시킨다. 반대로, 불안정한 애착 경험은 특정 뇌 영역에 부정적인 영향을 미쳐 자기조절능력을 약화시킨다.

하지만 초기 애착 손상이 있을 경우, 이후 신경가소성을 통해 뇌 구조와 기능이 변화할 수 있다. 심리치료는 안전한 관계 경험을 제공하여 손상된 신경 회로를 재구성할 수 있게 한다(Fonagy & Bateman, 2006). 치료적 동맹을 통해 정서적 안정감을 회복하고, 뇌의 정서조절능력을 강화한다. 즉 성인기의 긍정적인 대인 관계(예: 결혼, 우정)는 뇌의 신경가소성을 활성화하여 초기 애착 손상의 영향을 완화할 수 있다는 것이다.

3. 애착기반 부모교육 및 상담

1) 애착기반 부모교육

애착기반 부모교육에서는 부모가 아동과의 안정적인 애착을 형성하고, 이를 유지하기 위한 전략을 학습하는 것을 목표로 할 수 있다. 이러한 교육은 애착 이론의 개념을 기반으로 부모의 민감성, 반응성, 양육 행동을 개선하고, 부모-자녀관계의 질을 높이는 데 초점을 맞춘다. 아래는 애착 기반 부모교육에서 다룰 수 있는 주요 내용이다.

읽어보기 11-2 애착 기반 부모교육 내용의 예

① 애착 이론의 기본 이해
- 애착의 정의와 중요성

- 애착이 아동 발달(정서적, 사회적, 신경학적)에 미치는 영향과 부모의 역할
- 애착 유형과 양육스타일
- 안정 애착, 불안정 애착(회피형, 양가형, 혼란형)의 특징과 부모 행동과의 연관성

② 부모의 역할과 영향
- 민감성과 반응성의 중요성
- 부모가 자녀의 신호를 이해하고, 적절하고 일관되게 반응하는 방법
- 민감한 반응이 안정 애착을 형성하는 데 중요한 이유
- 부모의 정서조절능력
- 부모 자신의 스트레스와 감정을 관리하는 방법
- 부모의 정서적 안정성이 자녀에게 미치는 영향

③ 아동 발달과 애착
- 발달단계별 애착과 양육 전략
- 영아기: 신체적 접촉, 시선 교환, 음성 반응의 중요성
- 유아기: 독립성 촉진과 안전한 기반 제공
- 청소년기: 자율성을 존중하며 정서적 지지 유지
- 애착과 뇌 발달
- 안정 애착이 두뇌 발달(감정 조절, 스트레스 반응)에 미치는 긍정적 효과
- 불안정 애착이 뇌와 행동 문제에 미치는 영향

④ 양육 기술과 상호작용 전략
- 긍정적 의사소통기술
- 놀이 기반 상호작용
- 놀이를 통한 부모-자녀관계 강화
- 놀이가 정서적 연결과 안정감을 지원하는 방법
- 일관된 양육 태도
- 명확하고 안정적인 규칙과 기대 설정
- 부드럽지만 단호한 훈육 방법

⑤ 부모의 과거 애착 경험 탐색
- 부모 자신의 애착 패턴 이해
- 부모가 자신의 성장 과정에서 형성한 애착 유형이 양육 방식에 미치는 영향
- 부모의 자기 치유와 성장

2) 애착기반 부모상담

애착기반 부모상담은 애착관계 형성에 문제가 있는 자녀를 둔 부모를 위한 상담과 부모 자신의 애착문제에 대한 상담으로 나눠볼 수 있다.

먼저 애착관계 형성에 문제가 있는, 즉 불안정한 애착유형을 형성한 자녀를 둔 부모를 위한 상담에서는 자녀의 애착유형에 대한 이해를 증진시키고, 부모와 안정애착을 회복하기 위한 구체적 전략을 제공하는 데 초점을 두어야 한다. 이를 위해 부모-자녀관계에서 불안정한 애착을 형성한 원인을 파악하고, 자녀가 부모-자녀관계에서 안정감을 느끼도록 부모의 민감한 반응성을 개선하고 일관성을 강화하는 과정이 필요하다. 동시에 부모는 정서적 요구를 이해하고 이에 적절히 반응하면서 자녀의 정서적 표현과 조절을 돕는 구체적 양육행동을 배우고 연습할 필요가 있다. 이를 위해 부모는 자신의 어린시절 애착경험과 양육의 역사를 이해하는 것도 도움이 된다. 뿐만 아니라 부모는 자신의 감정과 스트레스를 관리하고 조절하는 기술과 훈련을 받는 것도 부모-자녀관계 개선에 효과적이다. 이를 위해 많이 활용되는 상담 및 훈련 프로그램으로는 안정감 서클(Circle of Security, COS), 쌍방관계 발달 심리치료(Dyadic Developmental Psychotherapy, DDP), 가트만(Gottman) 박사의 감정코칭, 부모-아동 상호작용치료(Parent-Child Interaction Therapy, PCIT) 등 다양한 프로그램과 기법이 있다.

읽어보기 11-3 **애착기반 부모상담 프로그램의 예**

① Circle of Security(COS): 부모가 자녀의 정서적 욕구를 이해하고, 안정적 애착관계를 형성하도록 돕는 프로그램
- 자녀의 정서적 필요를 이해하기 위해 정서적 욕구를 읽는 법을 배운다.
- 자녀가 정서를 성공적으로 관리할 수 있는 능력을 지원한다.
- 자녀의 자존감 발달을 향상시킨다.
- 자녀가 안정감을 느낄 수 있도록 돕고, 자녀의 내재된 지혜와 본능적 욕구를 존중한다.

출처: https://www.circleofsecurityinternational.com

② Dyadic Developmental Psychotherapy(DDP): 애착이론에 기반해 부모와 자녀 간 건강한 관계와 의사소통 패턴을 개발해 안전하고 연결된 관계 형성하도록 돕는 것이 목표

- 부모가 자녀와 정서적으로 연결된 상태를 유지하면서 자녀의 문제가 되는 행동을 관리할 수 있도록 지원한다.
- 부모는 일상적인 양육에서 PACE(유쾌함playfulness, 수용acceptance, 호기심curiosity, 공감empathy)의 원칙을 기반으로 한 방법을 배우고, 이러한 기술은 부모와의 심리치료 세션을 통해 강화해 간다.

출처: Huges, D. (2007). Attchment-focused family therapy. pp. 90-139. https://ddpnetwork.org

③ 부모-아동 상호작용치료(Parent-Child Interaction Therapy, PCIT): 부모-자녀관계의 질을 높이고, 부모-자녀관계 패턴의 변화에 중점을 주는 단기치료 기법

- 3세에서 7세 사이의 아동과 그들의 양육자들을 주대상으로 한다.
- 행동치료와 놀이치료의 장점을 선별하여 결합한 코칭 프로그램이다.
- 부모에게 효과적인 양육 기술을 훈련하여 부모-자녀관계를 증진시킨다.
- 부모는 특별한 놀이 기술을 배워 자녀와의 안전한 관계 증진에 활용한다.

출처: http://pcitkorea.org

제12장 행동수정이론

행동주의는 인간 행동을 연구하는 심리학의 주요 세력으로, 20세기 초에 시작하여 20세기에 커다란 영향력을 행사하였다. 인간의 모든 행동은 주어진 환경에 의해 결정된다고 보면서, 바람직한 행동은 물론 잘못된 행동도 학습된다고 믿었다.

행동수정이론의 기초가 되는 학습이론으로 파블로프(Pavlov)의 고전적 조건형성, 스키너(Skinner)의 조작적 조건형성을 들 수 있다. 오늘날에는 더 이상 고전적 조건형성과 조작적 조건형성 이론의 적용이라고 정의할 수 없을 정도로 다양한 발전을 이루었는데, 반두라(Bandura)의 사회학습이론과 인지행동수정이 추가되었다.

1. 발달 배경

행동수정이론은 대부분의 잘못된 행동이 학습에 의하여 획득되고 유지되는 것으로 가정하고, 아이의 잘못된 행동을 수정하기 위해서는 양육환경 변화를 통해 재학습을 시켜야 한다고 설명한다. 이를 부모-자녀관계에 적용하면 아이는 부모의 인정을 받기를 원하고 인정을 받은 행동은 지속되므로 부모는 보상이나 강화를 통해 어떤 행동을 인정하기도 하고, 벌을 통해 인정하지 않기도 한다. 한편 일단 학습된 행동은 하나의 습관으로 자리 잡아 더 이상 부모의 강화가 없어도 지속된다. 따라서 행동수정이론에 입각한 부모역할은 주로 강화, 벌 및 모델링을 통하여 아이의 행동을 학습시키는 데 주안점을 두고 있다.

행동수정이론은 파블로프의 고전적 조건형성(classical conditioning), 스키너의 조작적 조건형성(operant conditioning), 반두라의 사회학습이론(social learning), 그리고 인지행동수정(cognitive behavior modification)의 네 가지 영역에서 발전되었다.[1] 고전적 조건형성은 조건자극과 무조건자극 간의 반복적 연합의 결과로 조건자극으로 무조건 반응을 일으키는 것을 말한다. 고전적 조건형성을 통하여 우리는 인간의 정서나 감정, 공포증 형성에 대해 설명이 가능하다. 조작적 조건형성은 스키너가 제안한 용어로, 인간이 바람직한 결과를 얻기 위해 어떤 자극에 대해 수동적으로 반응하는 것이 아니라 환경을 '조작'한다는 의미에서 나온 것으로 설명하고 있다. 조작적 조건형성의 원리로는 정적 강화, 부적 강화, 소거, 벌 등을 들 수 있다.

한편, 사회학습이론은 반두라에 의해 발달하였다. 반두라는 행동주의 이론이 행동의 결과에만 지나치게 집착하여, 학습을 설명하기에는 많은 제약이 있다고 하면서 사회학습이론을 주장하였다. 인간의 행동은 칭찬이나 강화물을 받음으로써 강화되기도 하지만, 타인의 행동이 어떻게 강화되는가를 관찰함으로써 이루어지기도 한다. 즉 관찰학습 또는 모방학습의 결과로도 형성됨을 설명하고 있다. 최근에 반두라는 사회학습이론을 사회인지이론(social cognitive theory)으로 수정하였다.

마지막은 인지행동수정이다. 이것은 내담자의 사고를 변화시켜 스스로 행동변화를 주도하게 하는 것으로, 이에 대해 마이켄바움(Meichenbaum)은 우리의 사고, 인지를 변화시키는 것을 학습한다면 우리의 신체적 반응과 행동을 더 잘 통제하게 된다고 주장하였다. 따라서 인지행동수정은 '인지 재구조화'를 통해 우리의 행동을 변화시킬 수 있다고 설명하였는데, 이는 행동의 문제를 이해하고 상담하는 데 인지적 요인이 중심역할을 담당하고 있음을 말한다(노안영, 2018; 양명희, 2016).

1) 이에 대한 더 자세한 설명은 2장. 3) 행동주의 및 사회학습적 관점을 참조한다.

2. 주요 개념

행동수정 이론에 근거한 부모교육 및 상담의 목적은 우선 아이의 문제행동을 변화시킬 책임이 부모에게 있다는 것을 부모 스스로 인식하며, 교육을 통해 행동수정에 필요한 기술들을 습득하고 나아가 아이의 행동을 변화시키는 기법들을 적용하도록 돕는 데 있다.

행동수정기법을 적용하려면 우선 아이의 잘못된 문제행동을 정한 후에 문제행동에 대한 행동수정 계획을 세우고 강화물을 선택하여, 그것을 효율적으로 적용하여야 한다. 다음에서는 바람직한 행동을 증가시키기, 바람직하지 않은 행동을 감소시키기, 그리고 새로운 행동을 발전시키는 방법에 사용되는 기법들에 대해 소개하고자 한다.

1) 바람직한 행동을 증가시키기

인간의 행동은 행동의 결과에 따라 미래에 그 행동을 다시 하게 될 가능성이 달라진다. 행동의 결과란 행동 뒤에 따라오는 자극을 말하며, 이 자극은 긍정적일 수도 있고(유쾌자극) 부정적일 수도 있으며(혐오자극), 제시될 수도 있고 제거될 수도 있다. 자극 조절을 어떻게 하느냐에 따라 행동의 미래 발생 가능성은 증가하기도 하고 감소하기도 한다([그림 12－1] 참조). 한편 바람직한 행동이 증가하면, 자기 스스로 보상을 느끼는 자기강화가 이루어질 수 있다. 자기 강화(self-reinforcement)는 아이가 정해진 목표를 달성하거나 자기가 정한 목표를 이루었을 때 스스로 선택한 강화를 자신에게 부여하는 것을 말한다.

	유쾌자극	혐오자극
자극 제시 (+)	정적 강화 행동증가(↑)	정적 벌 행동감소(↓)
자극 제거 (-)	부적 벌 행동감소(↓)	부적 강화 행동증가(↑)

[그림 12-1] 자극 조절이 행동에 미치는 영향

출처: 양명희(2016). p. 321.

(1) 강화의 정의

강화(reinforcement)는 어떤 행동 후에 즉시 자극을 제시하거나 제거함에 따라 그 행동의 발생 가능성을 증가시키는 것을 말한다. 강화라는 개념은 행동주의자들이 실험실에서 어느 날 발명해 낸 것이 아니라, 일상생활에서 쉽게 발생하고 있는 것인데 행동주의자들이 그 과정을 발견하여 원리를 설명한 것이다(양명희, 2016).

예를 들어 민수가 바깥에 나갔다 집에 들어와서 바로 손을 씻는 행동을 보고 엄마가 칭찬했더니, 아이가 집에 들어오면 바로 손을 씻는 행동이 증가했다. 한편 숙제를 잘해온 아이들에게 선생님이 교실 청소를 면제해 주었더니 아이들의 숙제해 오는 행동이 증가했다. 이와 같이 행동 직후에 자극을 제시하거나 제거하는 것처럼 행동 직후에 뒤따르는 결과를 행동의 후속결과라고 한다. 후속결과로 주어지는 자극은 유쾌자극과 혐오자극으로 구분할 수 있는데, 앞선 예에서 민수 엄마의 칭찬은 유쾌자극에 해당하고, 교실 청소는 혐오자극에 해당한다.

강화의 원리를 적용할 때의 주의점을 소개하면 다음과 같다. 첫째는 강화인지 아닌지를 결정하는 것은 자극을 조절하는 사람의 의도가 아니라 아이의 행동 발생 가능성의 증가 여부이다. 예를 들어 아이의 손 씻는 행동을 증가시키고자 엄마가 칭찬하면서 알사탕을 주었는데, 아이는 알사탕을 좋아하지 않는다면 손 씻는 행동이 더 증가하지 않을 수 있다. 강화가 일어나기 위해서는 엄마의 행동을 증가시키려는 의도가 아니라 엄마가 제시하거나 제거하는 자극이 아이에게 유쾌자극으로 또는 혐오자극으로 작용하는지를 확인해야 한다. 따라서 어떤 행동 후에 즉시 자극을 제시 또는 제거함에 따라 미래에 그 행동의 발생이 증가하면 강화된 행동이고, 미래에 그 행동의 발생이 증가하지 않으면 강화된 행동이라고 할 수 없다.

둘째, 강화는 결과적으로 미래 행동 발생을 증가시키는 것이므로 아무 행동에나 적용하는 것이 아니라, 반드시 바람직한 행동에 적용해야 한다. 예를 들어 마트에서 자신이 원하는 장난감을 사지 못하면 울면서 난리를 치는 아이를 종종 본다. 이에 같이 간 부모는 주변을 의식하고 창피하기도 해서 이번에만 사준다는 약속을 하면서 장난감을 사준다. 이러한 상황이 반복되면 아이는 자신이 원하는 장난감을 사기 위해서는 더 큰 소리로 울면 된다는 것을 학습하고, 부모는 아이가 큰 소리로 우는 등의 행동을 중지시키기 위해 장난감을 사주는 행동을 하게 된다. 아이의 울고 난리를 치는 행동은 부모가 장난감이라는 유쾌자극을 제시해 주는 것에 의해 정적강화되고, 부모의 장난감 사주는 행동은 아이의 울음과 난리를 치는 혐오자극을 제거해 주는 것에 의해 부적강화되는 것이다. 따라서 강화의 원리는 반드시 증가시키고 싶은 바람직한 행동에만 적용되어야 한다. 그리고 부적절한 행동이 계속 증가하면, 반드시 그 행동이 어떻게 강화되고 있는지 주의 깊게 살펴보아야 한다.

(2) 강화의 종류

정적 강화(positive reinforcement)는 증가시키고자 하는 바람직한 행동이 발생하면, 즉시 유쾌하고 긍정적인 자극을 제시함으로써 그 행동의 미래 발생률이 증가하는 것이다. 앞에서 제시한 바깥에 나갔다 집에 들어와서 바로 손을 씻는 민수 행동에 대해 엄마가 칭찬했더니, 이후에 민수가 집에 들어와 손을 씻는 행동이 증가한 것이 이에 해당한다.

부적 강화(negative reinforcement)는 행동 후에 즉시 자극을 제거하여 앞으로 그 행동의 발생 가능성을 증가시키는 것을 말한다. 이것은 행동을 감소시키거나 약화시키는 벌과 혼동해서는 안 된다. 앞에서 제시한 숙제를 잘해온 아이에게 선생님이 교실 청소를 면제해 주었더니 숙제해 오는 행동이 증가한 것이 이에 해당한다.

유의할 점은 부적 강화는 '부적(negative)'이라는 용어 때문에 정적강화의 반대 개념으로 생각하여 벌과 혼동할 수 있다. '부적'이라는 표현은 불쾌하거나 나쁘다는 의미가 아니라 자극을 제거한다는 것으로, 행동 뒤에 나타나는 자극이 없어졌다는 것을 말한다. 한편 정적 강화는 '정적'이라는 표현이 유쾌하다거나 좋다는 것이 아니라 자극을 제시, 즉 자극이 주어졌다는 것을 의미한다. 결과적으로 정적강화와 부적강화의 차이점은 정적강화는 행동 후에 유쾌한 자극을 제시하고,

부적강화는 행동 후에 불쾌한 자극을 제거하는 것이다. 이 둘의 공통점은 둘 다 미래 행동 발생 가능성을 증가시키는 것이다.

(3) 강화물

강화물(강화자극, reinforcer)은 행동의 후속결과로 제시되거나 제거되어 이후의 행동 증가에 책임이 있는 자극을 의미하는 용어이다. 즉 어떤 행동 후에 주어지거나 철회되어서 행동을 증가시키는 결과를 가져오는 후속결과(자극)를 말한다. 강화과정은 강화물의 제시 혹은 제거를 통해 바람직한 행동을 증가 또는 유지하게 하는 것이며, 강화물에는 긍정적이고 유쾌한 자극도 있고, 부정적이고 불유쾌한 자극도 있다.

또한 바람직한 행동을 하도록 하기 위해서는 그에 적합한 강화물을 선택해야 한다. 어떤 강화물이 모든 아이에게 효과적인 것은 아니기 때문에 각 아이에게 가장 효과적인 강화물을 찾아내는 것이 무엇보다 중요하다(박성연 외, 2014).

읽어보기 12-1 강화물의 종류

- 물질적 강화: 아이가 좋아하는 물건들(초콜릿, 과자, 음료수, 과일, 옷, 게임기, 인형, 로봇 등)
- 활동적 강화: 아이가 좋아하는 활동을 하도록 기회를 주는 것(TV 보기, 그림책 보기, 자전거 타기, 게임하기 등)
- 사회적 강화: 여러 가지 방법으로 아이를 인정해 주는 것(칭찬, 안아주기, 미소 등)
- 간접적 강화: 토큰, 점수, 별표 등

(4) 강화계획

강화물이 효과가 있으려면 행동이 발생하였을 때 즉각적으로 제시되어야 한다. 이를 강화의 즉각성이라고 하는데, 행동을 습득하는 시기에는 행동 뒤에 즉시 강화물을 제공하는 것이 중요하다. 따라서 강화계획이 필요한데, 강화계획(reinforcement schedule)이란 어떤 행동을 했을 때 임의로 강화를 해주는 것이 아니라 강화물을 제공하는 시기에 대한 규칙을 세우는 것이다.

일반적으로 학습 초기에는 바람직한 행동 뒤에 즉시 주어지는 즉각적이고 연속적인 강화가 필요하다. 연속적인 강화는 행동 후에 즉각 강화물을 제시하는 것이다. 이러한 방법은 아이의 행동에 대해 많은 강화가 주어지기 때문에, 아이가 새로운 행동을 습득하는 시기에 가장 유용하다. 연속적인 강화가 새로운 행동을 습득하는 데 매우 유용한 방법이기는 하지만, 강화를 계속적으로 실행하는 것이 어려울 뿐만 아니라 강화를 받는 아이도 곧 포화를 경험하여 강화물이 효력을 잃게 될 수도 있다. 따라서 행동을 유지하기 위해서는 연속적 강화에서 간헐적 강화로 옮겨가는 것이 필요하다. 간헐적 강화는 아이가 바람직한 행동을 했을 때 가끔 강화해 주는 것이다. 바람직한 행동을 했지만 어떨 때는 강화가 주어지고, 어떨 때는 강화가 주어지지 않는 것을 말한다. 아이의 입장에서 보면 강화 받기 위해 바람직한 행동을 더 많이 해야 한다. 간헐적 강화로 유지된 행동은 언제 강화가 주어질지 모르므로 바람직한 행동을 할 가능성이 크다.

강화계획을 수립할 때는 처음 시행 시에는 즉각적인 강화를, 그리고 점차 강화 빈도를 줄여가다가 가끔 강화물을 제공하는 간헐적 강화의 방법을 사용하는 것이 필요하다. 그러나 이러한 강화계획은 아동 또는 문제의 특성에 따라 다를 수 있음을 알아야 한다.

(5) 토큰 강화

토큰 강화는 바람직한 행동을 한 후에 즉시 아이에게 강화물을 줄 수 없을 때 쓰이는 간접적인 강화 방법으로, 바람직한 행동의 질이나 양에 따라 강화의 양을 증감시킬 수 있어 일반적인 정적 강화 방법보다 더 유용한 방법이 될 수 있다. 또한 아이 입장에서는 토큰의 양을 세어 봄으로써 자신의 행동이 어떻게 진척되고 있는지 알 수 있어 효과적인 방법이다. 토큰은 원래 직접적으로는 아이의 행동을 강화할 수 있는 힘(또는 자극)은 없으나 다른 매력적인 강화물과 교환이 가능하므로 강화의 가치를 갖게 되는 자극을 말한다. 예를 들어 아이가 한 바람직한 행동에 대해 부모가 스티커나 별표를 주게 되고 그것이 몇 개 모이면 자기가 원하는 것을 얻거나 활동을 하는 기회를 얻을 수 있는 것이다. 이러한 토큰 강화

방법을 통해 부모는 매번 즉시 아이에게 강화물을 제공하지 않아도 되는 한편, 아이에게는 바람직한 행동을 지속시키는 동기를 부여할 수 있다. 때로는 자기가 한 선행에 대해 자기 스스로 토큰을 주게 함으로써 스스로 자신을 관리하는 능력도 길러줄 수 있다(박성연 외, 2014).

2) 바람직하지 않은 행동을 감소시키기

바람직하지 않은 행동을 감소시키는 방법에서는 소거원리에 의한 방법, 벌, 포화의 원리를 이용한 방법, 그리고 대체행동 강화방법을 소개하고자 한다.

(1) 소거

소거(extinction)란 이전부터 강화되어 온 행동이 발생해도 더 이상 강화하지 않음으로써 그 행동의 미래 발생 가능성을 감소시키는 것이다. 즉 바람직하지 못한 행동을 유지하게 하는 강화요인을 제거함으로써 문제행동을 감소시키는 기법이다. 소거 방법을 사용하기 위해서는 우선 행동 관찰을 통해 얼마나 자주, 어떤 상황에서 어떤 행동이 나타나는지를 분석하고, 소거 과정 수행에 어려움이 없는지를 검토하여 소거시키고자 하는 구체적인 행동을 선정하여야 한다. 일단 소거 행동이 선택되면 바람직하지 않은 그 행동에 대해서는 무시해야 한다. 다시 말하면 아이의 행동에 대해 관심을 보이지 않고 무시함으로써 문제행동을 감소시키는 원리이다. 특히 소거는 낮은 수준의 다소 덜 심각한 문제행동을 감소시키고자 할 때 적절한 방법이다. 예를 들어 아이가 우는 것을 무시하는 것과 같이 소거는 칭얼대는 행동, 짜증 내는 행동, 욕하는 행동 등에 적합하다.

소거원리를 적용할 경우, 부모가 예전 방식대로 반응하리라 기대한 아이는 일시적으로 더욱 악화된 행동을 보이기도 하는데, 이를 소멸저항(extinction burst)이라고 한다. 따라서 소멸저항이 있을 수 있음을 부모가 미리 인식하여야 하며, 모든 사람이 일관성 있게 수행하도록 협조해야 한다. 예를 들어 부모는 소거하고자 하는 아이의 행동을 무시한다고 하더라도 조부모 등의 다른 사람이 이러한 행동에 대해 관심을 보이면 아이의 문제행동은 소거되기가 어렵다. 또한 바람직하지 않은 행동을 소거하면서 문제가 되는 행동과 상반되는 다른 바람직한 행동을 했을 때 강화해 주는 방법을 병행하여 사용하면 더 효과적이다.

(2) 벌

벌(punishment)은 어떤 행동에 뒤따르는 결과가 그 행동을 다시 야기할 가능성을 감소시키는 것을 말한다. 혐오자극 제시나 유쾌자극 제거가 행동에 뒤따를 때 반응의 빈도가 감소하는 것을 말한다. 아이가 엄마 지갑에서 몰래 돈을 훔쳤다가 엄마한테 들켜 벌을 주었더니, 이후에 돈을 훔치는 행동이 감소하였다. 한편 식사 시간에 제때 오지 않은 아이에게 좋아하는 간식을 주지 않았더니 식사 시간에 늦지 않았다. 즉 행동 뒤에 주어지는 결과에 따라 미래에 그 행동을 발생시킬 가능성을 낮춰 준 벌이 주어진 것이다. '엄마 지갑에서 돈을 훔치기'라는 행동 뒤에 '벌'이라는 혐오자극이 주어져서 행동이 감소하였으므로 정적 벌이 일어난 것이고, '제때 와서 밥을 먹지 않은 행동' 뒤에 '좋아하는 간식'이라는 유쾌 자극을 주지 않았더니 밥을 늦게 와서 먹는 행동이 감소하여 부적 벌이 일어난 것이다. 정적 벌이든 부적 벌이든 행동이 감소하는 결과를 가져오는 것을 벌이라고 한다. 이때 자극이 주어지면 정적(positive: 더해졌다는 의미) 벌이라고 하며, 자극이 철회되면 부적(negative: 뺐다는 의미) 벌이라고 한다(양명희, 2016).

아이의 어떤 좋지 않은 행동을 덜 하는 것이라면, 벌 관련 기법이 매우 효과적일 수 있다. 그러나 벌이 늘 바람직하지 않은 행동을 영원히 제거할 수 없다는 것을 기억해야 한다(Bradley, 2015). 많은 부모가 벌을 사용하고 있으나, 벌을 줄 때 정서적으로 격해지고 흥분하면 새로운 행동을 가르칠 수 없어 효과가 작게 나타난다(읽어보기 12-2 참조).

유쾌자극을 제거하여 미래 행동 발생율을 낮추는 부적 벌에 해당하는 반응대가와 타임아웃을 소개하면 다음과 같다.

읽어보기 12-2 벌의 한계

- 아동은 벌하는 부모를 피하게 된다.
- 벌은 일시적으로 그 행동을 멈추게 하나, 벌주는 사람이 없을 때는 다시 그러한 행동을 하게 된다.
- 벌은 사용할수록 그 효과가 약해져서 점차 더 강한 벌을 사용하게 된다.
- 벌의 경우는 아동이 그 행동을 모방하여 공격적이 된다.
- 벌은 아동으로 하여금 부모가 싫어하는 것이 무엇인지를 알게 해주나, 어떻게 해야 좋은지는 알려주지 못한다.

출처: 박성연 외(2014). p. 181.

① 반응대가

반응대가(response cost)란 아이가 문제행동을 했을 때 그 대가로 이미 지니고 있던 강화물을 잃게 하여 문제행동의 발생률을 감소시키는 것을 말한다. 아이가 좋아하고 즐길 수 있는 권리를 미리 준 후에 약속을 어길 때 주어진 권리 일부를 박탈함으로써 문제행동을 수정하는 방법이다. 예를 들어 부모는 자녀들에게 정해진 시간 동안 서로 사이좋게 게임을 하면, 게임을 할 수 있는 시간을 각자에게 10분씩 더 줄 것이라고 약속했다. 그러나 서로 더 하겠다고 싸울 때마다 추가 게임시간에서 5분씩 없애는 방법을 사용하는 것이 이에 해당한다. 또한 자동차 속도나 주차위반을 하면 벌금을 내는 것, 도서관에서 대출한 책을 반납기한을 넘기면 연체료를 지불하는 것과 같은 것은 일상생활에서 발견할 수 있는 반응대가의 예이다.

반응대가를 사용하는 과정에서 유의할 점은 다음과 같다(정옥분, 정순화, 2016; 양명희, 2016). 첫째, 대가가 타당하다고 받아들여야 하므로 문제행동을 했을 때 사전에 아이에게 잃게 될 대가를 미리 제시하고 합의하는 것이 효과적이다. 둘째, 대가가 적정한 수준이어야 한다. 아이가 지불해야 하는 대가의 수준이 지나치게 높으면 아이는 행동을 수정하려는 의욕을 상실하게 된다. 셋째, 반응대가를 적용하기로 한 구체적 행동에 대해서만 적용해야 한다. 미리 결정되지 않은 여러 행동에 대해 부모의 기분에 따라 즉흥적으로 대가를 치르게 해서는 안 된다.

② 타임아웃

타임아웃(time-out)이란 아이가 현재 처해 있는 상황이 문제행동을 유발하는 요인이라고 생각되면 아이를 문제행동이 일어나는 즐거운 상황으로부터 일시적으로 격리하는 방법이다. 이 방법은 효과적인 것으로 보고되고 있지만, 부모가 잘못 사용하면 문제가 될 수 있다.

타임아웃은 잘못된 행동을 한 후 즉시(10초 이내) 즐겁게 놀던 장소에서 아이를 격리하여 재미없고 지루한 장소에 잠깐 있게 하는 방법으로, 아이가 정해진 규칙을 지키지 않았을 때 또는 아이 스스로 자신의 행동을 조절할 수 없을 때 효과적인 방법이다. 일반적으로 떼쓰기, 손가락 빨기, 그리고 물건을 부수거나 다른 아이를 괴롭히는 등 충동적이거나 공격적인 행동에는 쉽게 적용되나, 숙제하지 않기, 방 정리 안 하기, 토라지기, 무서워하는 행동 등에는 적절하지 않다.

타임아웃 방법은 2세에서 12세 아동에게 사용할 수 있으나, 아이의 연령에 따라 다르게 적용되며 그 효과도 다르다. 아이를 어느 정도 타임아웃을 시킬지는 상황이나 행동에 따라 다르다. 특히, 타임아웃에서 중요한 조건은 부모가 감정적으로 격해지지 않고 담담하게 그러나 단호하게 지시하는 것이다. 또한 Erford(1999)는 타임아웃의 효과성을 높이기 위해 타임아웃과 함께 바람직한 행동을 가르치기 위한 정적강화를 사용하라고 권유하였다. 상세한 타임아웃 단계는 『SOS Help for Parents』(Clark, 1996)를 참고하기 바란다.

읽어보기 12-3 타임아웃 단계

1. 문제행동을 정한다.
2. 문제행동의 빈도를 확인한다.
3. 지루한 장소를 선정해 둔다.
4. 아이에게 타임아웃 방법에 대해 미리 말해 둔다.
5. 문제행동이 나타날 때를 기다린다.
6. 즉시(10초 이내), 단호하고 간단한 말로 타임아웃 장소에 가도록 지시한다.
7. 타이머를 2~12분으로(각 연령에 1분씩) 설정하여 아이가 들을 수 있는 거리에 둔다.[2)]

8. 타이머가 울릴 때까지 아이에게 전혀 관심을 두지 않는다.
9. 타이머가 울린 후, 왜 타임아웃 장소에 있었는지 아이에게 묻는다.
* 2단계와 9단계는 중요하나 필수적인 단계는 아님.

(3) 포화의 원리

포화의 원리(satiation principle)란 어떤 행동에 싫증이 날 때까지 계속하도록 내버려 두거나 하도록 요구함으로써 아이의 바람직하지 않은 행동을 감소시키는 데 쓰이는 방법이다. 이러한 원리는 아무리 좋은 것도 지나치면 싫증이 난다는 원리에 근거한 행동수정 방법이다. 이 방법은 아이 스스로 경험을 통해 그 행동의 결과를 배우는 것이므로, 부모에게 가르침을 받아 행동의 변화를 꾀하는 것보다 더 효과적이다. 그러나 이 원리는 어떤 행동이 아이 자신이나 다른 대상에게 크게 해가 되지 않거나 위험하지 않은 경우에만 적용될 수 있다. 예를 들어 학생으로서 바람직하지 않은 염색을 하고 싶어 하는 아이에게 자기 뜻대로 하게끔 내버려 두는 것은 아이에게 크게 해가 되지 않으며, 스스로 자기 행동의 잘못을 터득하고 그 행동을 하지 않게 되는 계기가 된다. 그러나 어린 동생에게 난폭한 행동을 하는 형의 행동에 대해 포화의 원리를 적용할 수는 없다(박성연 외, 2014). 따라서 포화의 원리를 적용하고자 하는 행동은 수정하고자 하는 행동과 정확하게 일치해야 한다.

(4) 대체행동 강화

대체행동 강화(reinforcement of other behavior)는 아이의 바람직하지 않은 행동과 상반되는 행동을 하게 하거나 다른 행동을 강화함으로써 바람직하지 않은 행동을 감소시키는 데 적용된다. 대개 대체행동을 강화하면 바람직하지 않은 행동이 감소할 뿐만 아니라 바람직한 행동이 증가한다는 이점이 있다. 예를 들어 공격적인 행동을 보이는 아동에게 공격적인 행동과 상반되는 바람직한 행동, 즉

2) 최근에는 최대 5분 동안 사용하는 것이 좋다는 보고(Larzelere & Kuhn, 2016)가 있다.

다른 아동에게 호의적이고 협동적인 행동을 보였을 때 이에 대한 보상을 주면 공격적인 행동은 감소하는 반면, 호의적인 행동은 증가한다. 또한 바람직하지 않은 행동으로부터 주의를 다른 곳으로 돌리게 하는 행동에도 적용할 수 있는데, 특히 논리적인 결과를 이해하기 어려운 어린아이에게 효과적이다. 예를 들어 한 장난감을 두고 서로 싸우는 아기들에게 다른 흥밋거리를 제공하거나, 깊은 물에 들어가려는 아이에게 낮은 물에서 놀게 하는 것이다.

3) 새로운 행동을 발달시키기

아이의 바람직한 행동을 증가시키고 싶으면 강화의 방법을 사용하면 된다. 그러나 강화는 아이가 바람직한 행동을 적게라도 할 수 있다는 것을 전제로 한다. 아이가 할 줄 몰라서 바람직한 행동을 할 수 없다면, 부모는 바람직한 좋은 행동을 강화하고 싶어도 강화할 기회가 주어지지 않는다. 이런 경우는 새로운 행동을 습득할 수 있도록 가르쳐야 한다. 새로운 행동을 발달시키기 위해서는 점진적 접근원리를 이용(예: 행동형성법과 행동연쇄법)하거나 모델링을 사용할 수 있다.

(1) 행동형성법

점진적 접근원리란 이전에는 하지 못했던 행동을 기초부터 차근차근 계속 강화해 감으로써 원하는 목표행동을 하게 하는 방법이다. 여기에 해당하는 행동형성법(shaping)은 아이에게 원하는 바람직한 행동이 전혀 나타나지 않을 때 사용할 수 있는 적절한 방법이다. 한 번에 도달하기 힘든 새로운 행동을 가르칠 때 목표행동에 근접하는 행동을 보일 때마다 강화하여 점진적으로 목표행동을 학습시키는 것이다. 이 방법은 목표행동이 동일계열의 행동이면서 양적으로 증가시킴으로써 도달할 수 있는 경우에 사용한다.

행동형성의 경우 부모는 아이의 친구관계 형성을 도와주기 위해 1~2명의 친한 친구와 어울리기, 3~4명의 친한 친구와 어울리기, 친구 집에 놀러 가기, 새로운 친구와 어울리기, 여러 명의 친구와 어울리기 등의 계획을 세우고 각 단계가 이루어질 때마다 강화를 제공한다. 따라서 부모는 각 행동이 일정한 행동 습관으로 완성되기까지 한 단계, 한 단계 강화를 계속해 주는 것이 필요하다. 행동형성법을 효과적으로 사용하기 위해서는 목표행동을 명확히 정의해야 하고, 아이가 좋아하는 강화물을 선택하여 사용해야 한다.

(2) 행동연쇄법

행동연쇄법(chaining)은 학습할 행동을 여러 단위행동으로 단계별로 나누어서 가르치는 방법이다. 행동연쇄(behavior chain)는 고리를 하나씩 한 줄로 연결하면 사슬이 되듯이 단위행동을 하나씩 연결하면 하나의 행동 사슬이 된다는 개념에서 나온 용어다. 행동연쇄는 행동형성과 달리 동일 행동계열이 아닌 여러 행동계열로 구성되어 있는 행동을 단계별로 세분화하여 처음부터 마지막까지 단계별로 목표행동에 점차적으로 접근하도록 강화물을 제시하는 방법이다.

예를 들면 행동연쇄의 예로는 아이에게 손 씻기를 가르치는 것이 해당된다. 즉 다음과 같은 순서(손에 물을 묻혀요, 비누칠을 해요, 손을 문질러요, 손을 헹구어요, 손을 수건에 닦아요)로 아이에게 손 씻기를 가르칠 수 있다. 각 단계의 구분은 아이의 발달수준에 따라 적절하게 세분화하는 것이 필요하며, 아이가 수행하는데 어려움을 보이면 단계를 더 세분화시키는 것이 효과적이다(정옥분, 정순화, 2016).

(3) 모델링

모델링(modeling)은 아이가 다른 사람의 행동을 관찰하고 따라 함으로써 새로운 행동의 학습이 이루어진다는 반두라의 사회학습이론에 근거하고 있다(Bigner & Gerhardt, 2019). 사회학습이론은 아이가 환경이나 자극에 대해 수동적으로 반응하는 개체로 보는 전통적인 학습이론과는 다르다. 반두라(1977)는 관찰을 통해 학습이 이루어지려면 먼저 관찰자가 주어진 모델 행동에 주의를 기울여야 한다(주의집중 단계). 주의집중한 자극을 내면화하기 위해 모델의 행동을 심상이나 말로 기억해 두며(저장 단계), 기억된 상징을 통한 행동의 내적모델이 형성되면 관찰한 행동을 실제로 해본다. 이때 신체적으로나 운동적으로 그 행동을 할 수 있는 능력이 있어야 한다(운동재생 단계). 그리고 마지막 단계는 관찰을 통해 학습한 행동이 강화를 받아서 실행되는 단계이다(동기화 단계). 즉 그 행동을 하고자 하는 동기가 유발되어야만 관찰한 행동을 그대로 따라 하게 된다는 것이다.

모델링의 성공에 영향을 미치는 변인은 모델의 성별, 연령, 동기, 인지적 역량, 이전 사회학습 등이다. 특히 강화가 영향을 미치는데, 아이가 목표행동을 했을 때 직접적인 강화를 주거나, 모델이 목표 행동을 했을 때 강화받는 것을 관찰(간접적 강화)하는 방법으로도 이루어진다. 대체로 관찰자는 강화받는 모델을 더 모방하고 벌받는 모델을 덜 모방한다. 한편, 아이들은 모델링을 통해 바람직한 행동을 배울 수 있는데, 이 경우 아이에게 영향력이 있는 부모나 교사의 행동이 중요한 모델로 인식된다. 특히 아이들은 따뜻하고 애정적인 사람 그리고 능력이 있다고 생각하는 사람의 행동을 모방하게 되므로, 부모나 교사는 아이와 애정적인 관계를 발달시키는 것이 중요하다.

3. 상담목표

행동수정 이론에서의 상담목표는 명료하고, 구체적이며, 이해하기 쉽고, 내담자와 상담자에 의해 합의된 것이어야 한다. 행동수정 이론에 근거한 상담은 단지 증상을 완화하는 데만 그치지 않고, 내담자의 문제행동을 수정하고, 보다 새롭고 적절한 행동으로 대치시킴으로써 문제행동을 없애는 것이다.

따라서 행동수정이론에 근거한 부모상담의 목표는 학습된 문제행동을 소거하고, 보다 효율적이고 바람직한 행동을 새롭게 학습하도록 아이를 도와주는 것이다. 이를 위해 상담자는 행동수정이론에 대한 철저한 이해를 바탕으로 아이가 갖는 문제행동이 무엇인가를 정확히 평가하여 구체적이고 체계적인 계획에 따라 행동 변화를 가져오도록 도와준다.

4. 상담과정 및 기법

1) 상담과정

(1) 자녀의 문제행동 탐색

우선 아이의 잘못된 행동이 무엇인지를 정확하게 인식하여 구체적인 문제행동을 정한다. 이 과정에서 어떤 문제가 아이의 부적응에 가장 심각한 영향을 미치는지와 다른 문제행동들을 파생시키는지를 탐색한다.

읽어보기 12-4 구체적인 문제행동의 예

- "우리 아이는 숙제를 하기 싫어해요."(막연함)
  → "우리 아이는 숙제하라고 엄마가 말하면 큰 소리를 질러요."(구체적임)
- "우리 아이는 부모의 말을 듣지 않아요."(막연함)
  → "우리 아이는 학교가 끝나면 바로 집에 오지 않아요."(구체적임)

(2) 문제행동의 평가와 분석

우선 아이의 문제행동이 정해지면, 문제행동이 어떤 상황, 어떤 때, 어떤 장소에서 어느 정도로 얼마나 일어나는지를 관찰하고 기록하여야 한다. 이를 통해 그 행동을 유발하는 선행자극과 그 행동 뒤에 따른 후속반응 또는 자극이 무엇인지를 발견해 내는 행동분석 과정 및 행동수정 계획을 순조롭게 구성할 수 있다.

읽어보기 12-5 행동분석과정의 예:

선행자극 (행동유발 자극)	⇨	행동 (문제행동)	⇨	후속자극 (강화 또는 벌)
아이가 원하는 것을 안 사준다		사달라고 떼를 쓴다		아이를 즉시 달래준다 (또는 야단친다)

- 분석 결과: 아이가 떼를 쓰면 언제나 달래 주었기 때문에 아이는 계속해서 떼를 쓴다.

(3) 목표 설정

문제행동에 대한 평가와 분석을 통해 상담자는 아이(또는 부모)와 함께 구체적인 상담목표를 설정한다. 상담목표는 명확하고 구체적이며, 목표 달성 여부를 객관적으로 파악할 수 있는 측정 가능한 형태로 정하는 것이 바람직하다. 예를 들어 스마트폰 게임을 2시간씩 하는 초등학생 자녀의 게임 시간을 주중에는 30분 이내, 토요일과 일요일에는 1시간 이내로 줄이기와 같이 문제행동의 지속시간을 일정 수준 감소시키거나 학교와 학원의 등교 시간 지키기와 같이 바람직한 행동을 실천하는 방식으로 목표를 세울 수 있다.

(4) 상담계획의 수립 및 실행

상담자는 아이의 행동 변화를 위한 효과적인 상담계획을 수립한다. 아이의 현재 상태 파악과 목표 설정 단계에서 수집된 정보를 바탕으로 문제행동의 특성에 가장 적절한 기법을 선택하고, 이를 실행할 구체적인 절차를 정한다. 특히 아이의 적극적인 참여와 협조가 필수적이므로 상담의 원리를 설명하여 이해시키면서 진행하는 것이 필요하다.

(5) 상담효과의 평가

지속적으로 상담이 진행되는 동안 문제행동의 개선 정도를 평가한다. 긍정적인 평가가 나오면 성공적인 측면을 강화하고, 부정적인 평가가 나오면 상담계획을 점검하고 수정한다.

(6) 재발방지 계획 수립

목표행동의 성취 여부에 대한 평가가 긍정적일 때 재발방지 계획을 수립하면서 상담을 종결한다. 이때 상담자는 아이가 학습한 행동을 유지하고, 변화된 행동의 학습원리가 다른 행동에까지 영향을 미치도록 도와준다. 그리고 아이와 부모가 함께 상담목표를 달성하였음을 인식시켜 자신감을 가지도록 하는 것도 중요하다. 한편 문제행동이 언제든 다시 나타날 수 있으므로 재발 방지를 위한 방법과 지침을 마련하여 아이가 부모의 도움을 받아 상담효과를 유지할 수 있도록 교육하고, 추후 다시 상담할 수 있음을 알려준다.

2) 상담기법

행동수정이론에 기반을 두고 있는 상담기법은 상당히 많은데, 여기서는 앞에서 제시한 주요 개념과 중복되지 않으면서 일반적으로 사용되는 몇 가지 기법을 중심으로 소개하고자 한다.

(1) 체계적 둔감법

체계적 둔감법(systematic desensitization)은 불안과 공포증을 치료하는 데 가장 널리 사용하고 있는 기법 중 하나이다(Corey, 2015). 조셉 울프(Joseph Wolpe)에 의해 개발된 이 기법은 이완된 상태에서 불안을 유발하는 상황들을 생각함으로써 불안과 병존할 수 없는 이완을 연합시켜 불안을 감소 또는 소거시키는 것이다. 공존할 수 없는 새로운 반응(신체적 이완)을 통해 부적응적 반응(불안, 공포)을 억제하는 상호억제의 원리를 이용한다(천성문 외, 2015).

이것을 부모-자녀관계에 적용하면, 뚜렷한 이유 없이 특정한 대상에 대해 불안반응을 보이는 아이에게 불안의 대상이 되는 자극에 갑자기 직면시키면, 아이에게 심리적 부담감을 줄 수 있으므로, 아이가 유쾌한 활동을 하는 동안에 점진적으로 직면시키는 방법이다. 체계적 둔감법을 사용하는 과정에서 고려해야 할 사항은 다음과 같다(정옥분, 정순화, 2016).

첫째, 체계적 둔감법을 사용하기 이전에 먼저 이러한 반응에 대한 정확한 원인 규명과 함께 예방이나 차단이 가능한 것인지를 먼저 생각해야 한다. 즉 체계적 둔감법을 사용하는 것이 주된 목적이 아니라, 아이가 불안을 가지지 않도록 예방 혹은 차단하는 방법을 고려하는 것이 우선 중요하다.

둘째, 아이가 불안을 느끼는 상황이나 대상에게 서서히 단계적으로 노출시킨다. 다음 단계로 넘어가기 전에 이전 단계에서 불안을 느끼지 않고, 성공적으로 직면할 수 있도록 도와주어야 한다.

셋째, 아이에게 불안감을 유발하는 대상과 편안함을 유발하는 대상을 동시에 짝지어 제시함으로써 불안감이 상쇄되도록 해야 한다.

(2) 자기관리

자기관리(self-control)는 읽기와 쓰기가 가능하고 어느 정도 판단 능력이 있는 아이의 행동수정에 적절한 방법으로, 자신의 행동을 변화시키기 위한 행동수정 전략이다. 행동수정의 성패는 자신의 의지에 좌우되므로, 일단 수정이 된 이후에는 효과가 오래 지속되는 장점이 있다.

자기관리의 목표는 미래의 자신의 삶에 긍정적 영향을 줄 것으로 예상되지만 현재는 부족하게 하고 있는 자신의 행동을 증가시키고, 미래의 자신의 삶에 부정적인 영향을 줄 것으로 예상되지만 현재는 지나치게 많이 하고 있는 자신의 행동을 감소시키는 것이다(Miltenberger, 2008). 예를 들어 미래에 일어나게 될 행동(예: 성적향상 및 성적하락)의 통제를 위한 행동(예: 꾸준한 공부)을 외부 통제에 의해서가 아니라 스스로 하는 것이 자기관리이다. 자기관리는 자신의 행동을 더 바람직하게 변화시키려는 의도를 가지고 자신에게 행동의 원리를 적용하는 것이다. 이는 자신의 삶을 더 잘 살고 싶거나, 좋은 습관을 형성하고 싶거나, 힘든 과제를 완수하거나, 어떤 목표를 세우고 달성하고 싶을 때 적용할 수 있다.

자기관리 기술에는 자기기록(self-recording), 자기평가(self-evaluation), 자기강화(self-reinforcement), 그리고 자기교수(self-instruction) 등이 있다. 자기기록은 자기 행동의 양이나 질을 관찰하고 측정하여 스스로 기록하도록 하는 방법으로, 자기점검(self-monitoring)이라고도 한다. 자기기록은 행동변화를 확인할 수 있는 근거자료가 되고, 행동의 관찰 및 기록 자체가 내담자의 행동 변화에 대한 동기를 증진시키기도 한다. 자기평가는 자신의 행동을 사전에 선정된 기준에 근거하여 스스로 평가하는 방법이다. 자기교수는 어떤 과제의 수행 순서를 스스로 말해가면서 실행하도록 하는 것이다.

한편 자기강화는 내담자가 정해진 목표를 달성하거나 자신이 정한 목표를 이루었을 때 스스로 선택한 강화물을 자신에게 제공하는 것이다. 이 방법은 궁극적으로 자기관리에 대한 동기를 높여주고 촉진시키는 역할을 하기 때문에 자기관리 과정에서 특히 중요하다. 반면 자기처벌은 자신의 바람직하지 않은 행동에 대해 고통스럽고 혐오적인 자극을 자신에게 제공하거나 스스로 강화물을 없애는 것이다.

제13장 교류분석 이론

교류분석 이론은 에릭 번(Eric Berne, 1910~1970)에 의해 1950년대 후반에 개발된 심리치료와 개인 성장 이론으로, 인간의 행동과 의사소통 패턴을 분석하고 이해하는 데 초점을 둔다. 교류분석은 사람들의 사고, 감정, 행동을 이해하고 변화시키기 위해 사용되며, 개인의 정신적, 감정적 문제뿐만 아니라 대인 관계의 개선을 목표로 한다. 에릭 번의 이론은 그가 기존의 정신분석 이론에 대한 불만에서 출발하여, 좀 더 단순하고 이해하기 쉬운 심리치료 방법을 개발하고자 했던 노력의 산물이다. 오늘날에는 심리학의 새로운 분야로서 심리치료뿐 아니라 의사소통이 중요시되는 어떤 상황에서나 적용되고 있다.

1. 발달배경

번은 캐나다 출신의 정신과 의사로, 1930년대와 1940년대에 걸쳐 정신분석을 공부했다. 그는 특히 프로이트의 이론을 기반으로 한 전통적 정신분석적 접근을 따랐으나, 이러한 접근이 상담 과정에서 제한적이라고 느꼈다. 프로이트의 이론은 무의식적 충동과 과거 경험의 중요성을 강조했지만, 번은 정신분석의 추상적이고 복잡한 이론이 실제 상담 현장에서 내담자에게 효과적으로 전달되지 않는다고 판단했다.

1950~60년대 교류분석 이론이 발달한 시기는 정신건강 분야에서 큰 변화가 일어났던 시기였다. 기존의 정신분석적 접근이 점차 실용성과 간결함을 요구받고 있었고, 사람들은 보다 효과적이고 단기적인 심리치료 방법을 찾기 시작했다. 번

의 교류분석 이론은 의사소통과 인간 상호작용을 중심으로 발전했다. 그는 사람들이 서로 교류할 때 자아 상태가 어떻게 영향을 미치는지, 그리고 이 교류가 반복적인 행동 패턴과 심리적 상태를 어떻게 형성하는지를 분석했다. 이 과정에서 교류분석은 사람들의 심리적 문제를 분석하는 것뿐만 아니라, 일상적인 대화 속에서 반복되는 문제를 해결할 수 있는 실용적 방법을 제공했다.

번은 당시 유행하던 행동주의 이론과도 다른 접근을 시도했다. 행동주의는 인간 행동의 관찰 가능한 부분에 집중하였으나, 인간 내면의 심리적 상태를 다루는 데 한계가 있었다. 번은 인간의 내면 세계를 탐구하면서도, 보다 쉽게 이해할 수 있는 개념적 틀을 제공하는 심리치료를 원했다. 이는 행동의 분석뿐만 아니라 감정과 사고 과정의 분석을 포함하는 교류분석 이론의 개발로 이어졌다.

번의 주요 저서 "심리치료에서의 교류분석(Transactional Analysis in Psychotherapy)"(1961)에서 그는 자신의 이론이 정신분석과 어떻게 다른지 제시하면서 자신의 이론적 개념들을 통합하고 핵심용어의 의미를 설명하였다. 그리고 "심리적 게임(Games People Play)"(1964)에서 상호작용의 전형적인 진행과정인 게임으로 분류된 행동목록들을 제시해 사람들의 행동 패턴을 이해하고 분석하는 데 있어 큰 기여를 했고, 이 책은 대중들의 많은 관심을 끌었다.

이후 번은 활발한 연구, 강연, 임상 활동을 이어나갔으나 1970년 건강에 문제가 발생하였고, 60세의 비교적 이른 나이에 심장마비로 생을 마감하였다.

2. 인간관

번의 교류분석 이론은 인간의 심리적 상태와 상호작용을 이해하고 변화시키기 위해 개발된 심리치료 이론으로, 교류분석의 주된 목적은 개인이 자신의 삶에 대해 책임지고 스스로를 지도할 수 있는 자율성(autonomy)을 갖도록 하는 것이다(정성란, 2000). 교류분석에서는 인간을 긍정적이면서 희망을 가진 존재로 보고 있다. 특히 인간의 자율, 자유, 선택과 결정능력, 책임감을 강조하고 있다. 즉 인간은 각성, 자발성, 친밀성을 가진 자율적 존재로, 그 무엇에 의해 결정되지 않은 자유로운 존재라고 보았다. 그리고 인간은 어릴 때 선택되거나 결정한 대로 계속 살아가는 것이 아니라, 언제든지 그것이 적절하지 않다고 여기면 다른 대안을 선택해 새롭게 결정할 수 있는, 선택할 수 있는 존재라고 보았다. 그리고 동시에 인간은 어릴 때는 부모의 영향을 받아 성장, 발달하지만 궁극적으로는 자신과 자신의 삶에 대해 책임질 수 있는 존재라고 보았다.

1) "모든 사람은 괜찮다"

교류분석의 기본 철학적 입장은 "I'm OK, You're OK."로 표현된다. 이는 모든 사람이 근본적으로 괜찮고 존중받을 가치가 있다는 개념으로, 모든 인간은 본질적으로 인종, 성별, 연령, 직업 등과 무관하게 긍정성을 지니고 있음을 전제로 한다. 이 입장은 심리치료에서 내담자와 치료자 간의 관계에 있어서 중요한 역할을 한다. 즉 모든 개인은 누구나 긍정적인 상태로, 누가 누구보다 잘나지도 못나지도 않은 "I'm OK, You're OK."라는 것을 강조한다(김미례 외, 2024). 번은 사람들이 자신에 대한 "OK"의 입장을 형성할 때, 내적 안정감과 심리적 성장 가능성을 더욱 높일 수 있다고 보았다(Harris, 1969).

2) 자율성의 회복

자율성(Autonomy)이란 개인이 자신의 감정, 사고, 행동을 자유롭게 선택하고 결정할 수 있는 능력을 말한다. 번은 자율성을 구성하는 세 가지 주요 요소로 인식(Awareness), 자발성(Spontaneity), 친밀감(Intimacy)을 제시했다.

인식(Awareness)은 개인이 자신의 현재 상황을 정확히 인식하고, 과거의 경험과 무의식적인 각본에 얽매이지 않고 현재에 기반하여 행동할 수 있는 능력을 의미한다. 번은 사람들이 자신의 내적 상태와 외부 세계를 명확히 인식할 수 있을 때, 보다 자유롭고 자율적인 삶을 살 수 있다고 보았다(Berne, 1972). 자발성(Spontaneity)은 타인의 기대나 강요 없이, 자유롭게 한 자아상태에서 다른 자아상태를 선택해 이동할 수 있음을 의미한다. 교류분석은 사람들이 자신의 자발성을 회복함으로써 더 창의적이고 만족스러운 삶을 살아갈 수 있다고 주장한다(Berne, 1964). 마지막으로 친밀감(Intimacy)은 게임을 하지 않고 상대방을 이용하겠다는 마음 없이 정서적 표현을 자유롭게 교환하는 것으로, 진실되고 개방적인 관계를 통해 사람들과의 원만한 거래가 지속되도록 하는 것을 의미한다. 번은 친밀한 상호작용이 사람들 간의 진정한 의사소통을 촉진하고, 심리적 건강과 만족을 높이는 데 중요한 역할을 한다고 강조했다(Berne, 1961).

3) 인간의 변화 가능성에 대한 신뢰

번의 교류분석 이론은 인간의 변화 가능성에 대한 깊은 신뢰를 바탕으로 한다. 그는 사람들이 어릴 때 형성된 고정된 인생 각본에서 벗어나, 새로운 선택을 하고 자신의 삶을 재구성할 수 있는 능력이 있다고 믿었다. 이러한 변화에 대한 결단은 스스로 가능하기도 하지만 일정한 자극이 주어질 때 더 용이해진다(Berne, 1972).

3. 주요개념

TA의 주요 개념은 자아 상태, 의사거래, 게임, 인생 각본 등을 포함하며, 이러한 개념들은 인간의 행동 패턴을 분석하고 건강한 대인관계를 구축하는 데 중요한 역할을 한다. 아래에서는 TA의 주요 개념을 자세히 정리하였다.

1) 자아 상태

자아 상태(Ego States)는 교류분석의 기본 개념으로, 사람들이 생각하고 느끼며 행동하는 양식을 종합한 하나의 체계로 정의된다. 여기서 상태라는 의미는 고정된 것이 아니라 유동적이고 이동이 가능하다는 것을 강조한다.

번은 프로이트의 정신구조 모델(id, ego, superego)을 단순화하여, 인간의 마음을 세 가지 자아 상태로 구분하는 모델을 제시했다. 그는 이를 부모 자아(Parent Ego), 성인 자아(Adult Ego), 아동 자아(Child Ego)라고 명명했다. 이 개념은 사람들이 서로 교류하는 방식과 그들의 내적 상태를 설명하는 데 유용한 도구로 자리 잡았다.

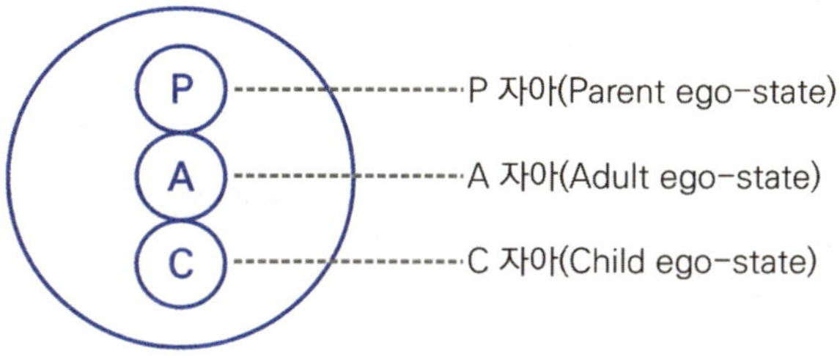

[그림 13-1] 자아상태 모델

(1) 부모 자아

부모 자아(Parent Ego, P)는 사람이 어린 시절에 부모나 부모역할을 하는 인물로부터 배운 태도, 행동, 가치관 등을 반영하는 자아 상태이다. 즉 이 자아 상태는 다시 통제적 부모(Controlling Parent, CP)와 양육적 부모(Nurturing Parent, NP)로 나뉜다. 부모자아는 긍정적인 측면과 부정적인 측면을 동시에 지니고 있어, 이를 OK CP, OK NP와 Not-OK CP, Not-OK NP로 부르기도 한다.

① 통제적 부모 자아

통제적 부모 자아(Controlling Parent, CP)는 주로 비판하고 질책하면 타인을 관리하고 통제하며 규칙과 도적적 기준을 강조하는 성향을 지닌 자아이다. 이는 어린 시절 부모나 보호자로부터 받은 훈육이나 교육방식을 내면화한 결과로 나타난다. 비록 엄격하게 느껴질 수 있지만, 통제적 부모 자아의 목적은 타인이 올바른 길을 가도록 지도하는 데 있다. 이에 따라 긍정적 CP는 타인을 보호하거나, 가족이나 조직 내에서 질서와 안정성을 유지하는 역할을 할 수 있다. 반면, 부정적 CP는 다른 사람의 행동을 비판적으로 바라보며, 자신의 기준에 맞지 않을 경우 지적하거나 교정하려는 경향을 보인다. 그래서 "이렇게 해야 해.", "그렇게 하면 안 돼."와 같은 말투를 자주 나타낸다.

② 양육적 부모 자아

양육적 부모 자아(Nurturing Parent, NP)는 부모 자아 상태 중에서 따뜻하고 지원적인 성향을 가진 자아 상태로, 타인에 대한 이해와 돌봄을 바탕으로 상호작용을 이끌어가는 것이다. NP(양육적 부모 자아)는 주로 타인에게 위로와 격려를 제공하고, 심리적·정서적 지원을 통해 도움을 주려는 태도를 보이는 것이다. 예를 들어, "잘할 수 있어.", "힘들지만 내가 옆에 있어줄게."와 같은 말투를 자주 사용한다. 하지만 부정적 NP의 경우, 타인의 의사를 고려하지 않고 과보호하거나 지나치게 개입해 의존성을 높이고 자율성을 제한하는 경향을 보이며 관계의 균형을 깨트리기도 한다. 그리고 타인의 감정과 고통을 지나치게 받아들여, 도와주는 사람 자신에게도 스트레스가 되기도 한다.

(2) 성인 자아

성인 자아(Adult Ego State)는 이성적이고 현실적인 사고와 판단을 기반으로 하는 자아 상태이다. 현재 상황에 대한 객관적 평가와 분석을 통해 문제를 해결하고 결정을 내리는 역할을 한다. 성인 자아는 감정적 반응보다는 객관적 사실과 논리를 바탕으로 결정을 내린다. 이를 통해 문제를 명확하게 분석하고 최적의 해결책을 찾으려 한다. 그리고 과거의 경험이나 미래에 대한 걱정보다는 현재 상황과 정보를 바탕으로 적절하게 반응한다. 이를 통해 현실적인 선택을 하고 현재 문제를 효율적으로 다룬다. 또한, 상황을 파악하는 데 필요한 정보를 찾고 분석하며, 이를 근거로 판단을 내린다. 따라서 자아 상태 중 가장 논리적이고 현실적인 의사결정을 할 수 있다. 뿐만 아니라, 성인 자아는 감정에 치우치지 않고 중립적인 태도를 유지하며, 감정적 대처보다는 현실적인 접근을 우선시하는 태도로 나타난다. 그러나 성인 자아 상태가 지나치게 냉정하고 논리적인 기능만을 발휘하면 감정이 결여되는 경우도 있으므로 문제가 될 수 있다.

(3) 아동 자아

아동 자아 상태(Child Ego, C)란 아동기 때 느끼고 행동했던 것과 똑같은 감정이나 행동을 나타내는 상태이다. 이 자아 상태는 감정적, 충동적이고 자유로운 표현을 통해 나타나며, 창의성과 호기심뿐 아니라 불안과 두려움도 포함된다. 아동 자아는 어린 시절의 욕구와 반응을 재현하기 때문에 사람들의 행동에서 자연스럽고 본능적인 면모가 드러나는 상태이다. 아동 자아 역시 긍정적인 측면과 부정적인 측면을 동시에 지니고 있으며, 이를 OK FC, OK AC와 Not-OK FC, Not-OK AC로 부르기도 한다.

① 자유로운 아동 자아

자유로운 아동 자아(Free Child, FC)는 자신이 느끼는 감정을 솔직하게 표현하며, 억압하거나 숨기지 않는다. 기쁨, 슬픔, 분노 등의 감정이 있는 그대로 드러나며, 이를 통해 타인과 감정적으로 연결될 수 있다. 그리고 FC는 일상에서의 즐거움을 찾고, 놀이를 통해 삶을 즐기려는 성향이 강하다. 또한, FC는 풍부한 상상력과 창의성을 바탕으로 새로운 아이디어와 방법을 찾는다. 이러한 창의적인 사고는 틀에 얽매이지 않고 자유롭게 발현된다.

긍정적 FC는 사람들에게 활력을 주고, 창의성과 행복감을 증진시킬 수 있다. 그리고 자아실현과 만족감을 느끼는 데 기여하며, 타인과의 친밀한 관계 형성에도 도움을 준다. 이로 인해 성인이 되어도 삶의 에너지와 활력을 유지할 수 있게 하며, 건강한 대인관계와 자기 성장에 긍정적인 영향을 준다. 반면, 부정적 FC는 충동적이거나 책임감 없는 행동으로 이어질 수 있으며, 상황에 맞지 않는 감정 표현이나 행동으로 타인과 갈등이 생길 수 있다. 또한 부정적 FC의 자기중심적 행동은 타인의 입장 고려하지 않고 자신의 욕구와 필요에만 집중해, 이기적으로 보일 수 있으며, 장기적 계획보다 단기적인 쾌락을 추구하는 성향을 보이기도 한다.

② 순응적인 아동 자아

순응적인 아동 자아(Adapted Child, AC)는 외부의 기대와 규칙에 맞추어 행동하고 타인의 인정을 받고자 하는 성향을 지닌다. AC는 권위 있는 사람이나 규칙을 중요하게 여기며, 그에 맞춰 행동하려는 경향이 있다. AC는 주위 사람들과 조화를 이루며 갈등을 피하고자 노력하는 성향이 강하며, 이로 인해 관계에 안정감을 주지만, 과도하게 순응할 경우 자기 자신을 잃거나 스트레스를 느낄 수 있다.

긍정적 AC는 팀워크와 협력 속에서 타인과 잘 어울리며 갈등을 줄이고자 노력하고 규칙과 질서를 잘 따른다. 또한 타인의 감정이나 필요를 잘 이해하고 존중하며, 타인의 입장에서 생각하고 행동하려는 경향이 있으며, 맡은 일에 대해 책임감을 가지고 성실하게 노력한다. 반면, 부정적 AC는 지나치게 타인의 기대에 맞추려 하거나 자신의 감정과 욕구를 억제하는 성향이 강해 자기주장이 부족하고, 자기결정을 내리기보다 타인의 의견에 의존하려는 성향이 강하다. 이러한 타인 중심적 행동과 지나친 자기억압은 부정적 감정을 누적해 자존감이 쉽게 저하될 수 있다.

한편, 번은 모든 인간들은 세 가지 자아상태를 가지고 있으나, 각 자아상태를 활용하는 정도는 개인마다 다르다고 보았다. 외부세계에 잘 적응하기 위해서는 느끼고 생각하고 행동하는 세 가지 자아상태가 융통성 있게 유연하게 활용되어야 한다.

이와는 다르게 자아상태의 경계가 지나치게 경직되어 이들 간에 심리적 에너지의 자유로운 이동이 어려워, 하나 또는 둘 이상의 자아상태를 제외시키는 것은 배타(exclusion)라고 한다. 이는 각 자아상태의 경계가 마치 두꺼운 벽과 같아서 에너지를 한 곳에서만 작용시키므로 한 자아상태가 개인의 행동을 지배하게 되는 경우를 말한다. 이러한 자아상태는 강박적이거나 유연성이 부족한 경우, 그리고 심리적으로 심한 스트레스 상황이나 불안에 시달릴 때 나타나기 쉽다.

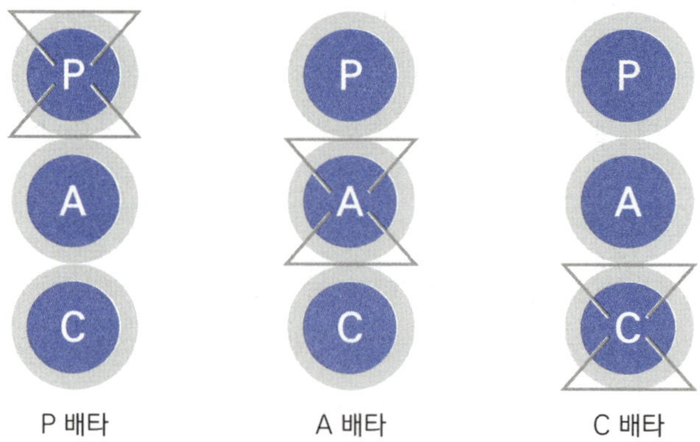

[그림 13-2] 배타의 자아상태

이와 달리, 자아상태의 경계가 지나치게 이완되어 다른 자아구조로 침범하는 경우를 오염(contamination)이라고 한다. 특히 부모자아가 성인 자아를 오염시킨 경우에는 현실을 도덕적이거나 가치 판단적 관점에서만 해석해, 자기 자신이나 타인을 통제하고 엄격하게 행동하는 경향이 있으며 지나치게 일을 하기도 한다. 반대로 아동자아가 성인 자아를 오염시킨 경우는 성인 자아가 아동 자아의 감정과 충동에 영향을 받아 비합리적이거나 현실에 맞지 않는 기대와 믿음을 가지게 된다. 예를 들어, "모든 사람이 나를 좋아해야 한다."는 생각을 고수할 수 있다. 또는 성인 자아가 아동 자아의 불안, 공포, 충동적 욕구에 영향을 받아 감정적이고 즉각적인 반응을 보이기 쉽다.

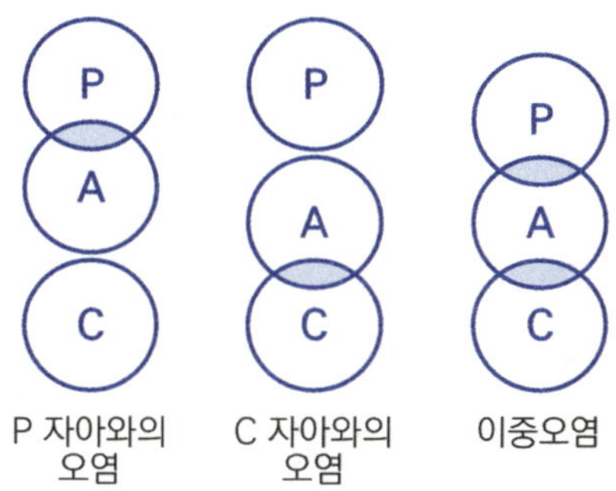

[그림 13-3] 오염된 자아상태

2) 교류

교류(Transaction)는 개인의 특정 자아 상태에서 출발하여 상대방의 자아 상태와 연결되는 의사소통의 기본 단위로, 메시지(자극, Stimulus)와 그에 대한 응답(반응, Response)으로 이루어진다. 이를 통해 사람들은 서로를 이해하고 감정적 유대를 형성하며, 사회적 관계 속에서 다양한 역할을 수행하게 된다. 교류에는 보완적 교류, 교차적 교류, 잠재적 교류의 세 가지 주요 유형으로 나뉜다.

(1) 보완적 교류

보완적 교류(Complementary Transaction)는 의사소통에서 기대하는 자아 상태가 일치하여 원활한 상호작용이 이루어지는 상태로 두 개의 자아상태가 상호보완적으로 관여하는 교류이다. 예를 들어, 한 사람이 성인 자아로 질문하면 상대방이 성인 자아로 응답하는 경우가 이에 해당한다. 이러한 교류는 상호 이해와 협력이 잘 이루어져 긍정적인 관계 형성을 이루어 준다.

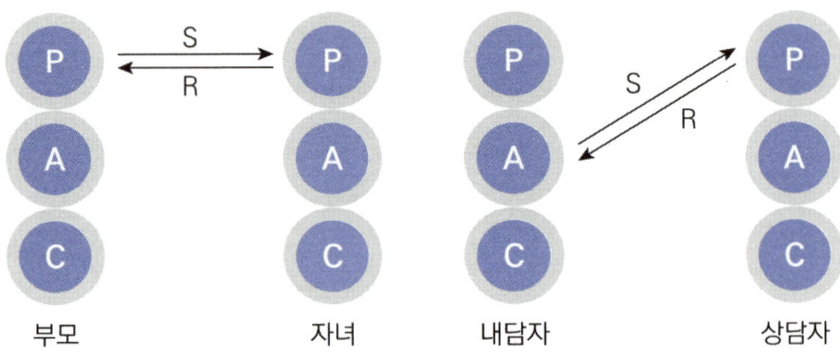

[그림 13-4] **보완적 교류**

(2) 교차적 교류

교차적 교류(Crossed Transactions)는 두 대화의 기대와 실제 반응이 엇갈려 의사소통이 끊기거나 갈등이 발생하는 상태로, 네 개의 자아상태가 관여하며 두 개의 의사소통 방향이 교차되는 교류이다. 예를 들어, 한 사람이 성인 자아에서 논리적으로 질문을 했는데, 상대방이 아동 자아에서 감정적으로 반응하는 경우가 있다. 이러한 경우, 의사소통이 단절되거나 갈등이 발생할 수 있다.

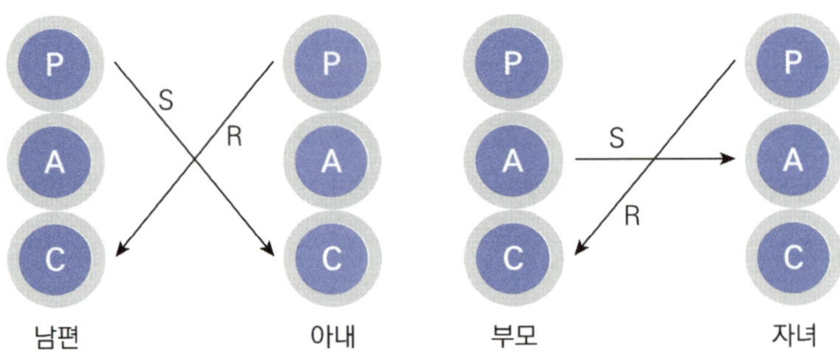

[그림 13-5] **교차적 교류**

(3) 이면적 교류

이면적 교류(Ulterior Transaction)는 겉으로 드러난 자아 상태와 실제 의도가 다른 자아 상태에서 나오는 경우로 가장 복잡한 교류형태이다. 이는 간접적인 표현이나 이중적인 메시지에서 나타나며, 흔히 의도적으로 감추어진 의사소통을 포함한다. 이때, 겉으로 나타난 메시지는 언어적으로 전달되며, 이를 사회적 메시지라고 한다. 한편 감추어진 메시지는 언어 이면에 작용하고 있는 것으로, 심리적 메시지라고 한다. 예를 들어, 부모 자아가 아동 자아에게 지시를 하면서도 성인 자아의 논리적 설명을 덧붙이는 경우가 해당된다.

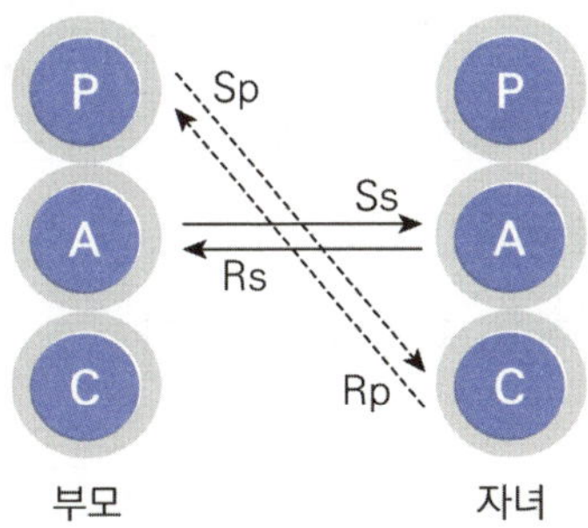

[그림 13-6] 이면적 교류

3) 인생태도

인생태도(Life Position)는 사람들이 세상과 자신을 바라보는 근본적인 관점과 신념 체계로, 이는 개개인이 대인관계 속에서 자신의 역할을 설정하고 행동하는 방식을 결정짓는 심리적 기반이다. 어린 시절, 아이들은 부모나 양육자와의 경험을 통해 자신과 타인에 대한 기본적인 신념을 형성하게 된다. 예를 들어, 부모가 일관되게 애정과 지지를 제공할 경우 아이는 자신과 타인을 긍정적(OK)으로 여기게 되고, 이는 "나는 괜찮고, 너도 괜찮다."라는 인생태도로 이어질 가능성이 높다. 반면, 부모가 일관되지 않거나 부정적인 대우를 한다면 아이는 자신이나 타인에 대해 부정적(Not OK)인 신념을 가지게 되어, 이후 대인관계에서 부정적 패턴을 반복할 수 있다.

인생태도는 개인의 감정, 대인관계, 그리고 자기 효능감에도 큰 영향을 미친다. 번은 사람들이 성인이 되어서도 인생태도를 변화시킬 수 있다고 보았다. 교류분석을 통해 자기 인식이 증가하고, 기존의 부정적 인생태도를 수정하면서 "I'm OK, You're OK."라는 건강한 태도로 전환할 수 있다는 것이다.

(1) 자기 긍정 - 타인 긍정

"I'm OK, You're OK."는 가장 건강한 인생태도로, 자신과 타인 모두에 대해 긍정적인 시각을 가진 상태이다. 이 태도를 가진 사람은 자신을 존중하면서도 타인을 신뢰하며, 상호작용에서 자율성과 상호 존중을 기반으로 하는 대인 관계를 형성한다. 특히 아동에게 성인 자아 상태가 형성되기 시작하면, 자신과 타인, 그리고 세상에 대한 합리적이고 객관적인 태도를 가지는 데 도움이 된다. 따라서 자신과 타인 모두에 대해 긍정적인 삶의 입장을 가져, 자신과 타인의 가치를 인정하고 존중하며 친밀한 관계를 유지할 수 있다.

(2) 자기 긍정-타인 부정

자신은 긍정적으로 바라보지만 타인에 대해서는 부정적인 시각을 가지는 태도(I'm OK-You're not OK)로, 다른 사람을 부족하고 가치 없다고 생각하는 입장이다. 부모로부터의 사랑이나 애정결핍 정도가 심각하거나, 심한 학대를 경험한 경우, 자신에 대해서는 긍정적인 자세를, 그리고 타인에 대해서는 부정적인 자세를 지니게 된다. 이러한 인생태도를 지닌 사람은 타인을 존중하지 않고, 대화를 주도하거나 지시하려는 태도로 인해 갈등을 야기하기 쉽다. 하지만 자신에게는 매우 관대하여 일이 잘 해결되지 못한 경우, 자신은 잘못이 없다고 보는 한편, 타인에게 모든 책임을 전가한다. 번은 이 태도를 가진 사람이 비판적이거나 권위적인 부모 자아 상태에 고착될 가능성이 크다고 보았다.

(3) 자기 부정-타인 긍정

자기 부정-타인 긍정(I'm not OK-You're OK)의 태도는 자신에 대한 부정적 감정을 가지고 있고 타인에 대한 열등감을 느끼며, 자신에 대한 느낌은 다른 사람의 손에 달려있다고 생각한다. 특히 아이들은 출생 후 무력하므로 부모에게 전적으로 의존하게 되고, 따라서 타인의 도움을 받아야만 자신의 욕구가 충족된다고 보므로 자신에 대해서는 부정적인 입장을, 그리고 타인에 대해서는 긍정적인 입장을 가지게 된다. 이 태도를 가진 사람은 자기 존중감이 낮고 타인에게 의존하려는 경향이 강하며, 스스로를 열등하게 평가하는 경우가 많다. 번은 이 태도가 사람들을 주로 우울감이나 불안에 빠뜨리고, 자아존중감을 손상시키며 관계 의존성을 높이는 경향이 있다고 보았다.

(4) 자기 부정-타인 부정

자신과 타인 모두에 대해 부정적인 시각을 가진 상태(I'm not OK-You're not OK)로, 자신과 다른 사람 모두를 믿지 못하며, 비판적이고 냉소적인 시각을 유지한다. "I'm not OK, You're not OK." 인생태도는 종종 유년 시절에 지속적으로 부정적 경험을 겪은 결과로 형성되는 경우가 많다. 예를 들어, 부모나 양육자로부터 일관되지 않은 양육 방식, 비난과 거부감, 신체적 혹은 심리적 학대를 경험한 아이들은 자신과 타인을 모두 부정적으로 바라보게 된다. 번에 따르면, 이러한 인생태도를 변화시키기 위해서는 자신의 부정적 신념을 인식하고, 그 이면에 있는 무의식적인 감정과 상처를 치유하기 위해 주변 사람들의 지속적인 관심과 격려의 노력이 필요하다.

4) 스트로크

스트로크(Stroke)는 본래 신체적 접촉을 통해 형성되는 유대감을 의미하였으나, 교류분석에서는 타인과의 상호작용에서 발생하는 모든 형태의 감정적 인정과 피드백을 포함하는 개념을 의미한다. 번은 스트로크를 인간 상호작용의 기본단위로 보았으며, 이는 육체적 접촉뿐만 아니라 언어적, 비언어적, 감정적 표현 모두를 포함한다. 번은 사람들이 상호작용을 통해 긍정적 스트로크(칭찬, 인정, 관심)와 부정적 스트로크(비난, 무시, 거절)를 주고받으며, 이러한 스트로크가 개인의 자아존중감과 정서적 상태에 중요한 영향을 미친다고 설명했다. 스트로크는 긍정적/부정적 스트로크와 조건적/무조건적 스트로크로 구분된다. 각각은 개인의 자아존중감과 대인 관계 방식에 중요한 영향을 미친다.

긍정적 스트로크는 칭찬, 지지, 감사와 같은 긍정적인 반응으로, 상대방에게 안정감과 자기 효능감을 제공한다. 반면, 부정적 스트로크는 비난, 무시, 거부와 같은 부정적인 반응으로, 상대방에게 부정적인 감정을 유발한다.

조건적 스트로크는 특정 행동이나 성취에 대한 피드백을 의미한다. 이는 개인이 특정 기준을 충족했을 때만 인정받을 수 있다는 조건을 내포한다. 예를 들어, "오늘 일기를 잘 썼구나."라는 말은 조건적 긍정 스트로크이며, 특정 행동을 통해서만 인정받을 수 있다는 메시지를 전달한다. 이와 달리, 무조건적 스트로크는 개인의 존재 자체를 인정하는 반응으로, 특정한 행동이나 성과에 관계없이 상대방을 긍정적으로 수용한다. 이는 상대방이 존재하는 것만으로도 가치가 있다고 느끼게 해준다. 예를 들어, "넌 언제나 소중한 친구야."라는 무조건적 긍정 스트로크는 상대방의 존재 자체를 인정해 주는 표현이다.

5) 심리게임

심리게임(Game)은 개인 간의 상호작용에서 나타나는 반복적이고 부정적인 패턴을 의미하며, 상대방을 조작하거나 감정적 이득을 얻기 위해 사용하는 일종의 행동 패턴이다. 심리게임은 표면적으로는 정상적인 의사소통처럼 보이지만, 그 속에는 숨겨진 동기나 의도를 지니고 있어 관계에서 갈등과 오해를 초래하는 경우가 많다.

번은 사람들이 어린 시절부터 형성한 감정적 패턴에 따라 심리게임을 한다고 보았다. 심리게임은 반복적이며 예측 가능하고, 부정적인 결과를 초래하는 경우가 많다. 예를 들어, "왜 항상 나만…"이라는 말로 시작하는 대화는 상대방에게서 동정을 얻기 위한 게임일 수 있다. 번은 이러한 심리게임을 분석함으로써 사람들이 무의식적으로 참여하는 불건전한 대인관계를 파악하고 수정할 수 있도록 도울 수 있다고 보았다.

심리게임은 자신의 욕구를 충족하기 위해 교묘하게 조작하고 그럴듯하게 속이는 교류이므로, 도움이 되지 않는 관계의 패턴을 불러온다. 그럼에도 사람들이 심리 게임을 하는 것은 최선을 원하지만, 최선을 기대하기 어려울 때 어쩔 수 없이 하는 차선의 선택으로 볼 수 있다.

6) 시간의 구조화

인간은 일상생활에서 자신의 감정적, 심리적 필요를 충족시키기 위해 자기가 원하는 방식으로 자신의 환경 또는 생활시간을 계획하고자 하는데, 이를 시간의 구조화(Structuring of Time)로 불렀다. 사람들은 자라면서 배워온 방식에 따라 자신이 선호하는 시간 활용 방식이 다르며, 각 개인이 계획한 시간활용 방식을 통해 상대방으로부터 얻게 되는 스트로크를 최소화하거나 최대화하게 되므로 시간구조화에 따라 스트로크 교환의 양도 달라지게 된다. 번은 시간의 구조화를 폐쇄, 의식, 잡담, 활동, 심리게임, 친밀과 같이 여섯 가지 유형으로 구분하였다. 스트로크의 강도가 폐쇄에서 친밀로 갈수록 스트로크의 강도가 증가할 뿐만 아니라, 상대로부터 거부당할 위험도 커지므로 심리적 위험의 수준 역시 증가한다. 따라서 감정적 두려움, 과거의 상처, 낮은 자아존중감 등이 있을 경우, 스트로크를 원하면서도 친밀로 시간을 구조화하지 않고 폐쇄와 같은 유형으로 시간을 구조화하기도 한다.

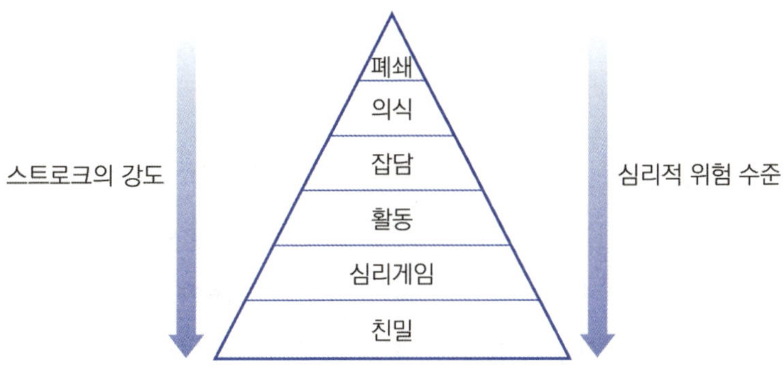

[그림 13-7] 시간의 구조화와 스트로크 피라미드

(1) 폐쇄

폐쇄(Withdrawal)는 사회적 상호작용을 피하고 자신만의 공간에 머무르는 형태로, 심리적으로 자신을 보호하고자 할 때 주로 나타난다. 폐쇄 상태에서는 외부와의 상호작용을 최소화하고 내면에 집중하여 스트로크를 얻지 않는 대신 심리적 안정감을 유지한다.

(2) 의식

의식(Rituals)은 사회적 규범이나 관습에 따라 정해진 방식으로 이루어지는 상호작용을 의미한다. 이는 대개 일정한 형식과 예의에 따라 진행되며, 사람들에게 기본적인 스트로크와 안정감을 제공한다. 예를 들어, 인사나 짧은 대화는 의례적 시간 구조화로, 깊은 관계는 아니지만 기본적인 사회적 유대를 확인하는 역할을 한다.

(3) 잡담

잡담(Pastime)은 일상적이고 가벼운 주제를 다루며, 깊이 있는 상호작용보다는 기본적인 스트로크 교환과 소속감을 느끼기 위해 이루어진다. 잡담은 의식만큼 형식을 갖추지 않고, 주로 날씨, 뉴스 등 가벼운 주제로 진행되며, 사람들은 이러한 상호작용을 통해 심리적 안정과 기본적인 유대감을 형성한다.

(4) 활동

활동(Activity)은 특정 목표를 달성하기 위한 협력적 상호작용을 포함하는 방식이다. 활동을 통해 사람들은 자신의 능력을 표현하고, 상호작용을 통해 성취감을 느끼며 스트로크를 얻는다. 예를 들어, 공동의 프로젝트를 수행하거나 운동, 취미 활동을 함께하는 것이 이에 해당된다. 활동은 목표 지향적인 특성을 가지며, 이 과정에서 참여자들은 서로 긍정적 스트로크를 주고받을 수 있다.

(5) 심리게임

심리게임(Games)은 표면적인 대화나 행동 이면에 감춰진 동기와 심리적 목표가 있는 상호작용으로, 보통 부정적인 패턴이 반복된다. 심리게임을 통해 사람들은 스트로크를 얻지만, 종종 갈등을 유발하며 부정적인 결과로 이어질 수 있다.

(6) 친밀

친밀(Intimacy)은 가장 진솔하고 깊이 있는 감정 교류가 이루어지는 상호작용 방식이다. 이 단계에서 사람들은 자신의 감정을 솔직하게 표현하고, 상대방과 상호 존중 속에서 깊은 유대감을 형성한다. 친밀성은 진정한 긍정적 스트로크를 제공하며, 관계를 심화시키고 상호 만족을 높이는 데 중요한 역할을 한다.

7) 인생 각본

인생 각본(Life Script)은 개인이 어린 시절에 무의식적으로 형성한 삶의 계획이나 이야기로, 성인이 되어서도 행동과 선택에 영향을 미치는 심리적 패턴을 말한다. 각본은 가족, 사회적 환경, 어린 시절의 중요한 경험 등을 통해 형성되며, 개인의 행동 패턴과 관계 방식을 결정짓는 심리적 틀로 작용한다. 어린 시절의 중요한 사건이나 부모로부터 받은 메시지 등이 인생 각본의 기초가 된다. 예를 들어, "너는 아무것도 못해."라는 메시지를 반복적으로 들은 사람은 실패를 각본으로 삼고, 성인이 되어서도 중요한 상황에서 스스로 실패를 예견하거나 그 상황을 피하려는 경향을 보일 수 있다.

각본은 대개 무의식적으로 작동하며, 사람들은 자신의 각본에 따라 특정한 감정적 반응과 행동 패턴을 반복하게 된다. 번에 따르면, 사람들은 삶의 여러 상황에서 각본이 제공하는 익숙한 방식으로 문제를 해결하거나 대인 관계를 맺으려 하며, 이는 자신의 내면에 자리 잡은 무의식적 결정을 재확인하려는 경향으로 나타난다고 보았다.

또한 번은 사람들이 자신의 인생 각본을 인식하고 이를 수정할 수 있는 능력이 있다고 보았고, 이것이 개인의 성숙과 성장에 필수적이라고 보았다.

4. 상담목표

교류분석은 인간의 자아 상태, 상호작용 패턴, 그리고 무의식적인 인생 각본을 분석하고 변화시키는 심리치료 접근법으로, 상담의 목표는 내담자가 자신의 내적 상태와 외적 행동을 더 잘 이해하고, 이를 바탕으로 건강한 삶을 영위할 수 있도록 돕는 것이다. 따라서 교류분석 상담의 목표는 내담자의 자율성을 회복하고, 건강한 의사소통을 촉진하며, 부정적인 행동 패턴을 수정하는 데 중점을 둔다. 이에 대해 아래에서 자세히 살펴보도록 하겠다.

1) 자율성의 회복

교류분석의 가장 중요한 목표는 내담자가 자신의 삶에서 자율성을 회복하는 것이다. 앞에서 살펴본 바와 같이 자율성은 인식(Awareness), 자발성(Spontaneity), 친밀감(Intimacy)의 세 가지 요소로 이루어져 있다. 따라서 상담자는 내담자가 자신의 무의식적인 반응을 인식하고, 현재의 상황에서 보다 명확하고 현실적으로 반응할 수 있도록 돕는다. 그리고 상담자는 내담자가 자신의 감정을 자연스럽게 표현하고, 창의적인 사고를 통해 문제를 해결할 수 있도록 돕는 것을 목표로 해, 내담자가 가식적이지 않고 진정성 있게 타인과 소통할 수 있는 능력을 회복하도록 돕는다.

2) 건강한 자아 상태 통합

또 다른 교류분석 상담의 목표는 내담자가 부모(Parent), 성인(Adult), 아동(Child) 자아 상태를 적절히 인식하고, 이 자아 상태들이 균형을 이루도록 하는 것이다. 자아 상태의 통합을 통해 내담자는 자신의 행동과 감정이 어떤 자아 상태에서 비롯되었는지를 이해하고, 보다 건강한 방식으로 자아 상태를 조정할 수 있다. 그리고 무엇보다 내담자의 성인 자아를 강화하여, 현실적이고 이성적인 사고를 바탕으로 현재의 문제를 분석하고 해결할 수 있도록 하는 것이다.

3) 비생산적 행동 패턴과 게임의 수정

번은 사람들이 무의식적으로 참여하는 건강하지 못한 의사소통 패턴인 심리게임이 타인과의 관계에서 종종 갈등이나 오해를 초래한다고 보았다. 따라서 상담자는 내담자가 자신의 게임 패턴을 인식하고, 그 원인을 탐구하며, 더 건강한 상호작용방식을 선택하도록 지원한다. 이는 내담자가 게임을 사용하지 않고도 타인과의 관계에서 자신의 감정을 솔직하게 표현하고, 보다 긍정적인 상호작용을 촉진하는 데 기여한다.

4) 인생 각본의 재구성

교류상담의 목표는 내담자가 자신의 인생 각본을 인식하고, 이를 의식적으로 수정함으로써 더 건강하고 생산적인 삶을 살 수 있도록 돕는 것이다. 내담자가 자신의 각본을 인식하는 것은 자신이 왜 특정한 행동을 반복하는지, 그리고 그것이 어떤 과거의 경험에서 비롯되었는지를 이해하는 과정에서 시작된다. 이는 내담자가 과거의 부정적 경험에 기반한 무의식적인 결정을 버리고, 현재의 자신에게 적합한 새로운 결정을 내릴 수 있도록 돕는 것이다. 이 과정은 개인이 자기 삶의 주도권을 회복하고, 자신이 원하는 방향으로 삶을 설계할 수 있는 능력을 개발하는 데 중점을 둔다.

5. 상담기법

교류분석에서 사용되는 주요 기법들은 내담자가 자신의 자아 상태와 행동 패턴을 탐색하고 수정할 수 있도록 돕는 데 초점을 맞추고 있다.

1) 질문

질문(Questioning)은 내담자가 자신의 심리적 어려움을 성인 자아로 표현하는 것이 어렵기 때문에 내담자가 성인 자아에서 설정한 계약 목표를 달성할 수 있도록 유의미한 내용을 확인하고 기록하는 기법이다. 이 기법은 내담자가 경험한 것과 관련한 정보수집과 특정 상황에서의 교류 패턴과 대처 방식을 알아내는 데 도움이 된다. 이때 질문 기법은 강압적인 어투와 자세가 아닌 상담자의 성인 자아가 내담자의 성인 자아에게 상호작용하는 형태로 신중하게 사용해야 한다.

2) 구체화

구체화(Specification)는 내담자가 진술한 내용을 분명히 하고, 내담자의 특정 정보를 범주화할 때 또는 정확하게 들었는지 확인할 때 효과적인 기법이다. 이때 상담자의 성인 자아와 내담자의 성인 자아는 내담자의 특정 행동에 관여된 자아 상태를 일치된 관점에서 탐색한다. 구체화 기법의 표현은 질문기법의 표현과 유사한데, 내담자로 하여금 자신이 한 말을 확인하고 자신의 말에 책임질 수 있도록 돕기도 한다.

3) 직면

직면(Confrontation)은 상담자가 내담자가 이전 회기 등에서 언급한 말 등의 구체적 정보를 사용하여 사고나 행동 등의 모순이나 불일치를 지적하여 알아차릴 수 있도록 이끄는 기법이다. 직면은 내담자의 성인 자아를 오염되지 않은 상태로 재배치하기 위한 것으로, 이의 달성 여부는 내담자의 사색적 침묵 또는 통찰적 웃음으로 알 수 있다. 무엇보다 직면은 내담자가 새로운 행동 변화에 도전할 수 있도록 이끌기 위해 사용한다.

4) 해석

해석(Interpretation)은 상담자가 내담자의 인지, 정서, 행동의 주제와 패턴을 지적하고 방어, 저항, 전이를 설명해 주어 내담자가 자신의 인지, 정서, 행동 문제에 대한 이해를 촉진시키는 기법이다. 해석은 내담자의 성인 자아가 활성화되어 보다 현실적 관점을 유지할 수 있도록 접근하는 데 초점을 두는데, 상담자와 내담자 간에 치료적 동맹 관계가 구축되고, 내담자를 심층적으로 이해할 수 있을 때 실시해야 한다. 이때 중요한 점은 상담자의 성인 자아와 내담자의 성인 자아가 교류해야 한다는 것이다.

5) 설명

설명(Explanation)은 상담자가 내담자의 내적인 심리 에너지의 재배치, 자아상태 오염 제거, 성인 자아의 재조명과 재교육을 위해 사용하는 기법이다. 이는 내담자의 성인 자아에게 상담자의 성인 자아가 가르치는 기법이기에 현실 직면이 어려운 내담자에게 적용할 필요가 있는 기법이다. 설명 기법은 내담자가 성인 자아 상태로 들을 준비가 되어 있을 때, 한두 개의 간단한 평서문 형식으로 가능한 짧게 사용해야 한다.

6) 예시

예시는 내담자에게 가족원의 상호작용 정도나 변화가능성을 예를 들어 은유적으로 설명하는 기법이다. 예시의 목적은 직면의 효과성을 높이고, 직면을 통한 상담자와 내담자의 어색한 분위기나 내담자의 자아상태가 부모 자아나 아동 자아로 이동하지 않도록 내담자의 성인 자아를 활성화시키는 기법이다. 예시를 통해 내담자는 통찰의 웃음을 보이게 되고, 내담자는 마음이 이완되고 성인 자아의 알아차림이 촉진된다.

7) 확증

확증(Confirmation)은 상담자가 직면을 확인하기 위해 내담자에게 여러 자료를 제공해 자아경계와 성인 자아를 활성화시켜, 내담자의 성인 자아의 안정화를 조력하는 기법이다. 확증 기법은 내담자의 부모 자아가 아동 자아에 대항하거나 아동 자아가 상담자에 대항하는 것을 막을 정도로 내담자의 성인 자아가 강하게 형성되었을 때 사용해야 한다.

8) 결정화

결정화(Crystallization)는 내담자의 성인 자아에게 필요한 스트로크를 더 효과적으로 추구하는 방법을 알려주는 기법이다. 이 과정은 내담자가 부정적이거나 비효율적인 방식으로 스트로크를 얻으려는 행동 패턴을 인식하고, 이를 긍정적이고 자율적인 방식으로 전환하는 것이다. 만일 상담자가 부모의 위치에서 충고를 제공하며 내담자의 선택은 성인 자아에서 나온 것이 아니라면, 아동 자아의 반항이나 욕구불만에서 나온 결심에 불과하므로 오래 가지 못한다. 따라서 결정화 기법은 내담자가 성인 자아에서 결정할 수 있도록 내담자가 적절하게 준비되었을 때 사용해야 한다.

제4부 부모상담의 실제

현대 사회의 부모들은 바람직한 부모-자녀관계를 형성하고, 더 나은 부모가 되기 위해 부모교육에 높은 관심을 가지고 배우고자 한다. 이들은 부모교육뿐만 아니라 부모상담을 통해 자녀의 발달적 특성을 이해하고, 상황에 맞는 부모 역할에 대한 맞춤형 조언을 얻기를 희망한다. 이에 제4부에서는 부모교육과 부모상담의 실제적인 내용을 다루고자 한다.

14장에서는 '효과적인 양육을 위한 체계적인 훈련(STEP)', '부모 효율성 훈련 프로그램(P.E.T.)', '부모코칭 프로그램: 적극적인 부모역할, Now!(AP Now!)', 그리고 감정코칭을 소개하며, 15장에서는 부모상담자의 태도와 역할, 부모상담의 유형 등에 대하여 알아보고자 한다. 마지막으로 16장에서는 자녀의 발달 단계별 문제 유형과 부모상담에 활용될 실질적인 기술과 적용 가능한 전략들을 제시한다.

제14장 부모교육 프로그램의 실제

오늘날 부모들은 부모역할을 잘 수행하여 자녀의 발달에 도움이 되고 좋은 부모-자녀관계를 형성하기 위하여 부모교육에 관심이 많고 배우길 희망한다. 많은 부모교육 프로그램은 부모에게 양육과 훈육에 더 효과적인 방법을 가르치는 동시에 의사소통과 관계 개선을 다루고 있다. 현재 많은 프로그램은 관계 기반(relationship-based)에 근거하고 있는데(Bunting, 2010), 관계에 기반한 프로그램은 경청과 의사소통기술에 초점을 맞추며, 상담에서 사용하는 기본 원칙을 부모-자녀 간 의사소통에 적용하고 있다(Bigner & Gerhardt, 2019).

이에 본 장에서는 관계에 기반한 부모교육 프로그램에 해당하는 '효과적인 양육을 위한 체계적인 훈련 프로그램(STEP: Systematic Training for Effective Parenting)', '부모효율성훈련 프로그램(P.E.T.: Parent Effectiveness Training)', '부모코칭 프로그램: 적극적인 부모역할, Now!(Active Parenting Now!)', 그리고 감정코칭을 소개하고자 한다. 이러한 프로그램들은 기본 개념이나 원리에서 부분적으로 중복되는 부분이 많으며, 특히 최근에 개발된 프로그램의 경우에는 기존의 여러 양육이론과 기술을 통합한 것임을 알 수 있다.

1. 효과적인 양육을 위한 체계적인 훈련 프로그램

1) 이론적 근거

알프레트 아들러(Alfred Adler)나 루돌프 드라이커스(Rudolf Dreikurs)는 격려와 상호존중, 엄격하면서도 민주적인 의사결정과정을 중시하는 민주적인 가정 분위기에서 사회적으로 책임 있는 행동을 하는 자녀로 키우는 것을 중요시하였다. 이들 이론에 근거한 부모교육은 부모-자녀 간 사랑의 감정과 존중의 태도가 중요시되는 민주적인 양육방식을 기초로 하고 있다. 민주적 자녀양육방식은 평등과 상호존중의 원리에 근거한다. 여기서 말하는 평등이란 인간의 가치와 존엄성에서의 평등을 말한다. 또한 민주적인 부모는 한계 내에서 아이에게 결정할 기회를 제공하고 이러한 결정에 책임을 지도록 한다. 그리고 자녀를 격려할 줄 아는 부모이다. 이는 아이를 사랑과 존경을 받을 수 있는 독특한 존재로서 가치 있게 여긴다는 것을 의미한다.

아들러와 드라이커스에 근거를 둔 평등성 이론은 드라이커스를 도와 부모교육을 위해 함께 일하던 딩크메이어(Dinkmeyer)와 맥케이(Mckay)에 의해 '효과적인 양육을 위한 체계적인 훈련(STEP: Systematic Training for Effective Parenting)' 프로그램으로 개발(Dinkmeyer & Mckay, 1982)되었다. STEP 프로그램에서 사용하는 기본과정은 잘못된 행동의 목표를 이해하기, 반영적 경청, 격려하기, 자연적 결과 또는 논리적 결과 및 가족회의로 요약될 수 있다.

2) 주요개념

(1) 잘못된 행동의 목표 이해하기

STEP 프로그램에서는 모든 행동에는 사회적인 목적이 있다는 것을 전제로 한다. 인간은 기본적으로 소속감을 얻고자 하며, 아이의 잘못된 행동 이면에 어떤 목적이 있음을 확인하면 아이를 더 잘 이해할 수 있다고 한다. 대체로 잘못을 저지르는 아이는 좌절하기 마련이다. 그들은 좋은 방법으로 인정받거나 어딘가에 소속될 수 없다고 생각할 때 오히려 잘못된 행동을 함으로써 집단에 소속되려고 한다. 한편 아이가 성장해 가면서 소속되고자 하는 집단은 가족에서 또래, 지역사회로 확대, 변화되므로(Dreikurs & Soltz, 1964), 연령에 따라 소속감을 얻지 못해서 느끼는 절망감의 정도나 잘못된 행동의 목표 및 그 논리도 점차 달라진다고 할 수 있다.

드라이커스는 아이의 잘못된 행동은 소속감을 얻고자 하는 심리적 욕구에서 비롯된 4가지 목표를 가지고 있으며, 아이의 행동 자체보다는 잘못된 행동의 결과를 관찰함으로써(아이의 잘못된 행동에 대한 부모 자신의 반응과 잘못된 행동을 고치려는 부모의 태도에 대한 아이의 반응을 관찰) 잘못된 행동의 목표를 이해할 수 있다고 한다. 드라이커스가 말하는 아이의 잘못된 행동의 4가지 목표는 관심끌기, 힘 행사하기(힘겨루기), 보복하기(앙갚음), 무능함 보이기로 구분된다.

① 관심끌기

모든 아이는 관심을 끌고 싶어 한다. 아이는 좋은 방법으로 관심을 받고 싶어 하지만, 그러한 방법으로 관심을 받지 못할 때는 나쁜 방법을 써서라도 관심을 끌려고 한다. 아이들은 관심을 받을 때만 소속되어 있다고 생각하기 때문에 무시되기보다는 부정적인 행동을 해서라도 관심을 얻으려고 한다. 이러한 아이들은 가족으로부터 소외되어 있다고 생각하여, 부모로부터 관심과 돌봄을 받아야만 안정된 지위를 차지할 수 있다는 잘못된 목표를 가지게 된다.

따라서 부모는 아이의 목표 행동이 관심을 얻으려는 것인지를 알기 위해 아이의 행동 결과를 점검해야 한다. 예를 들어 부모가 일하는데 아이가 계속 칭얼대는 상황에서 단순히 귀찮아서 아이에게 관심을 보이고 달래 주면서 잘못된 행동을 수정한다면, 아이는 자신이 바라던 관심을 얻은 것이 된다. 아이는 일시적으로 칭얼대는 잘못된 행동을 그만두어 관심을 받음으로써 자신의 목표를 달성하였다. 나중에 아이는 주의를 끌기 위해서는 칭얼대는 행동을 반복하거나 다른 행동을 하게 될 것이다. 이때 부모의 반응을 변화시키는 것이 중요한데, 부모는 아이의 건설적인 행동에 관심을 보여야 하고, 아이의 잘못된 행동을 무시해야 한다. 이러한 경우 아이의 생각과 행동, 그리고 부모의 일상적인 반응 및 적절한 대처 방안을 요약하면 다음과 같다.

〈표 14-1〉 관심끌기 행동

아이의 생각	자신이 관심의 초점이 될 때만 자신이 중요하다고 생각한다.
아이의 행동	관심끌기 기술을 점점 더 교묘하게 사용하고, 성가실 정도로 관심끌기 행동을 나타내기 시작하며, 자신이 원할 때는 언제든지 관심을 받고자 한다.

부모의 일상적 반응	아이가 지나친 관심을 끌려고 해서 귀찮다고 느끼지만, 우선 충동적으로 아이가 요구한 관심을 주게 된다. 즉 부적절한 관심끌기 행동을 들어줌으로써 결과적으로 부모는 집단에 대한 소속감을 얻는 방법에 대한 아이의 잘못된 생각을 강화해 준다. 때에 따라서는 아이를 꾸짖거나 큰소리로 야단치기도 하는데, 이것은 일시적으로 그러한 행동을 멈추게 하는 효과가 있는 것처럼 보이나, 아이에게는 또 다른 관심끌기 욕구를 충족시켜 주므로 관심끌기 행동은 지속된다. 결국 부모의 일상적인 반응양식은 아이의 관심끌기 행동을 강화한다.
대처방안	부모는 지나친 관심끌기 행동에 관한 일상적인 반응방식을 변화시킴으로써 아이가 관심의 초점이 되려고 애쓰지 않아도 소중한 가족 구성원이 될 수 있다는 것을 알려주어야 한다. 즉 관심끌기 행동에 반응하려는 부모의 즉각적인 충동을 누르고 아이의 요구를 알아주되, 스스로 그 요구를 충족할 수 있도록 배려하고 격려해 준다.

출처: 박성연 외(2014). p. 124.

읽어보기 14-1 관심끌기 행동의 예

- 상황: 엄마가 바쁘게 저녁 준비를 하고 있는데 아이가 놀아달라고 조른다.
- 엄마의 일상적인 느낌 및 반응과 그에 따른 결과:

  반응 1: 귀찮다고 느끼며 잠시 놀아 준다. → 다음번에도 아이는 그런 식으로 자신의 요구를 충족하면 된다고 생각한다.

  반응 2: 귀찮다고 느끼며 바쁜데 놀아달라고 하면 어떡하냐고 야단친다. → 아이의 행동은 일시적으로 중단된다. → 엄마가 놀아 주지는 않았지만, 아이는 엄마에게 관심을 받고 싶었던 목표가 달성되어 아이의 행동을 강화해 주었다.
- 과제: 바람직한 반응은?

  예: 아이에게 눈을 돌려 관심을 보이고 "엄마가 지금 바쁘니까 혼자 놀고 있으면, 일 다 끝나고 같이 놀아 줄게."라고 말하며 아이가 스스로 놀 때 격려해 준다.

② 힘겨루기

아이는 항상 우세한 입장에 있어 자신이 우두머리가 되었을 때만 가치가 있다고 느낀다. 아이는 자기가 하고 싶은 것을 마음대로 하는 상황에서 소속감을 느끼거나 자신이 중요하다는 생각을 하기 때문에 잘못된 행동을 한다. 아이가 부모 말에 순종하지 않으면 부모는 흥분하고 화를 낸다. 아이는 부모에게 순종하지 않고 잘못된 행동을 계속하거나, 잠시 중단했다가 더 심한 행동을 한다. 이때 부모는 아이를 야단침으로써 자신이 이겼다고 생각하나, 결과적으로는 아이에게 조종당한 셈이 된다. 아이가 힘겨루기를 계속하는가 아닌가는 부모의 반응 방법에 따라 좌우된다. 힘겨루기를 하는 아이를 다룰 때 부모는 화를 내지 말아야 한다. 또한 주도권을 누가 잡느냐에도 초연해야 한다. 힘겨루기를 하는 아이에게 부모가 힘을 더 행사하면 아이는 힘의 가치를 실감하여 힘겨루기를 더 하게 된다.

〈표 14-2〉 힘겨루기 행동

아이의 생각	부모에게 고집을 꺾이면 자신의 존재 가치는 없다고 생각한다.
아이의 행동	부모를 화나게 해서 힘겨루기에 끌어들이고 이에 필요한 여러 가지 기술들을 발달시킨다.
부모의 일상적 반응	자신의 권위가 위협당한다고 느껴져서 화가 나고 당황하여 고함을 지르거나 때리는 등 충동적인 반격을 가한다. 이러한 싸움을 통해 결과적으로 부모는 아이의 힘겨루기 행동을 강화해 주고 힘겨루기에 필요한 여러 가지 기술을 습득하게 도와주는 결과를 가져온다.
대처방안	부모는 일상적인 반응방식을 변화시켜 아이에게 집단 구성원이 될 수 있는 보다 긍정적인 방법을 가르쳐 주어야 한다. 또한 반격을 가하려는 충동을 누르고, 아이가 하려는 행동이 힘겨루기라는 것을 알려줌으로써 직접적인 갈등을 피하는 것도 한 방법이다.

출처: 박성연 외(2014). p. 125.

읽어보기 14-2 힘겨루기의 예

- 상황: 아이는 한 번만 더 자전거를 타겠다고 약속해 놓고, 계속 빙빙 돌며 그만 타고 들어오라는 엄마 말은 들은 체도 하지 않는다.
- 엄마의 일상적인 느낌 및 반응과 그에 따른 결과:

  반응 1: 계속 잔소리를 한다. → 계속 못 들은 체하며 힘겨루기를 한다.

  반응 2: 잔소리에 지쳐서 화가 난 엄마는 "들어오지 못하겠니?"라고 야단치며 아이의 팔을 잡아당긴다. → 아이는 "싫어요."라고 말하면서 부모를 피해 다니며 힘겨루기를 더욱 교묘하게 사용한다.
- 과제: 바람직한 반응은?

  예: 담담한 어조로 "엄마랑 너랑 누가 이기는지 해보자는 거야? 엄마는 집에 들어가서 … 해야겠다."라며 더 이상 아이에게 관심을 보이지 않는다.

③ 보복하기(앙갚음)

앙갚음하려는 아이들은 다른 사람의 관심을 구할 수 없거나 힘을 행사할 수 없다고 생각하면 자신이 사랑받지 못한다고 생각하여 잘못된 목표인 보복행동을 하게 된다. 이러한 보복행동은 아이 자신이 고통을 받은 만큼 자기도 상대방에게 고통을 줌으로써 자신의 감정을 표현할 수 있고, 소속감을 갖게 된다는 잘못된 생각에서 비롯된다. 이런 아이는 심술궂거나 밉게 행동함으로써 자신의 위치를 찾으려고 한다.

보복하려는 아이의 부모 역시 깊이 상처를 받으며, 부모 또한 무의식적으로 아이에게 앙갚음한다. 그러면 아이는 좀 더 심술궂게 행동하는 등 부모에게 다시 보복한다. 앙갚음하는 아이를 도우려면 부모는 보복하지 말아야 한다. 아이에게 선의를 보여주면서 부모-자녀관계 개선을 위해 노력해야 한다.

〈표 14-3〉 보복하기

아이의 생각	지금까지의 관계에서 상당한 좌절을 경험한 아이는 자신이 집단 내에서 아무 힘이 없고 가치도 없다고 믿으며, 다른 사람들이 자신을 좋아하지 않는다고 생각한다. 이러한 아이들은 다른 사람들을 괴롭힐 때만 자신이 가치 있는 존재가 된다는 잘못된 생각을 하게 된다.
아이의 행동	아이는 마치 자기가 나쁜 아이라는 것을 보여주려는 것처럼 다른 사람들에게 해를 입히는 행동을 한다.
부모의 일상적 반응	아이에게 공격받은 부모는 마음의 상처를 입고 아이한테서 멀어지거나 아이에게 다시 보복한다. 이러한 행동은 아이의 보복적인 행동을 더욱 강화한다.
대처방안	아이의 보복행동에 대해 설교하거나 맞서서 보복하려는 충동을 누르고 아이의 낮은 자아존중감을 높여 줄 수 있는 방법을 모색하여야 한다. 다른 사람이 자신을 가치 있는 존재로 인정해 줄 때, 아이 역시 다른 사람을 존중하게 되고 파괴적인 행동을 하지 않게 된다.

출처: 박성연 외(2014). p. 127.

읽어보기 14-3 보복하기의 예

- 상황: 아이는 조용히 놀고 있는 동생에게 자꾸 싸움을 걸거나 때린다.
  이러한 행동을 말리는 엄마에게 "엄마는 나만 야단치구... 엄마 미워!"라고 말한다.
- 엄마의 일상적인 느낌 및 반응과 그에 따른 결과:
  반응 1: "왜 그렇게 나쁜 짓만 해! 엄마한테 그게 무슨 말버릇이야!"

반응 2: “그래! 엄마가 미우면 이제 엄마 없이 살아봐! 엄마도 몰라!”

- 과제: 바람직한 반응은?

  예: “엄마가 너만 야단치고 미워한다고 생각하니 속상했구나.”라며 껴안아 준다.

④ 무능함 보이기

무능함을 보이는 아이는 극도로 좌절된 아이로, 성공하려는 희망을 갖지도 않고 아예 포기하기 때문에 다른 사람이 자신에게 기대하지 않게 한다. 아이들이 좌절하거나 매사에 포기하면, 아이가 무능함을 보인다는 것을 알아야 한다.

아이가 이러한 행동을 보이면 부모는 아이를 비난하거나 동정하는 대신, 아이의 장점에 관심을 가져야 한다. 부모는 아이가 좀 더 나아지고자 노력하면 그것이 아무리 작은 것이라도 격려해 주는 것이 필요하다.

〈표 14-4〉 무능함 보이기

아이의 생각	아이는 자신이 속한 집단을 위해 자신이 할 수 있는 일은 아무것도 없다고 믿고 어떠한 노력도 하지 않으려 한다.
아이의 행동	아이는 부모에게 자신이 얼마나 무능한지를 알려줌으로써 부모가 자신에게 아무런 기대를 하지 않게 한다.
부모의 일상적 반응	속이 상하고 당황한다.
대처방안	“혼자 할 수 있도록 가르쳐줄게. 엄마가 하는 것을 잘 봐.”하며 차근차근 정확히 단계적으로 가르쳐주고 스스로 하고자 할 때 격려해 준다.

출처: 박성연 외(2014). p. 128.

읽어보기 14-4 무능함 보이기의 예

- 상황: 아이와 외출하려는데 신발을 신겨달라며 가만히 서 있자 엄마는 혼자 신으라고 하고 아이는 혼자는 못 한다고 말하며 그냥 서 있는다.
- 엄마의 일상적인 느낌 및 반응과 그에 따른 결과:

  반응 1: 아이를 딱하게 생각하고 답답한 마음에 아무 말 없이 신발을 신겨준다.

  반응 2: “그것도 혼자 못 신니?”라고 화가 나서 야단치지만 결국 대신 신겨준다.
- 과제: 바람직한 방법은?

  예: 스스로 하도록 가르쳐주며, 서두르지 않고 기다려 줌으로써 아이의 하고자 하는 노력을 격려해 준다.

앞서 제시된 잘못된 행동이 반드시 위와 같은 순서로 나타나는 것은 아니다. 아이의 인식에 따라 네 가지 행동 중 어떤 행동이라도 먼저 나타날 수 있다. 한편 관심끌기 행동도 낙심으로부터 비롯됨을 알아야 한다. 아이는 자신의 위치를 위협받지 않는 한 잘못된 행동을 하지 않는다. 잘못된 행동의 특정한 목적이 무엇이든지 간에 아이는 그 방법을 통해서만 자신의 위치를 확보할 수 있다고 생각하면 잘못된 행동을 하게 된다. 따라서 부모에 대한 아이의 행동과 의도는 아이에 대한 부모의 대처방안을 바꾸면 변화될 수 있다. 아이 스스로 목표를 변화시키게 하고 싶으면 부모 자신의 행동을 변화시키는 것이 중요하다.

(2) 완벽한 부모와 책임 있는 부모

오늘날 자녀 교육에서 부모의 영향력이 커지면서 부모는 아이에게 많은 것을 해준다. 그러나 아이를 위해 모든 일을 해주는 부모가 과연 아이에게 도움이 되는지는 의문이다. STEP 프로그램에서는 이에 대해 완벽한 부모와 책임 있는 부모로 구분하여 설명하고 있다.

완벽한 부모는 자녀의 시중을 모두 다 들어주는 경향이 있다. 부모는 자녀의 모든 행동을 살펴보는 감독자 역할을 한다. 학교에서 돌아온 아이에게 오늘 학교에서 잘했는지? 옷 갈아입고 공부해라, 학원 갈 준비해라, 씻고 빨리 자라 등 아이에게 이것저것 간섭하는 부모이며, 아이를 위해 모든 일을 해야 한다고 믿는 부모이다. 완벽한 부모는 대체로 그 의도는 좋다. 그러나 그러한 부모 행동은 아이의 자신감과 독립심을 빼앗아 간다. 이들 부모는 아이의 행동은 부모의 능력을 반영한다고 생각하기 때문에, 아이가 행하는 모든 것에 대한 책임은 부모에게 있다고 생각한다. 아이가 약하다고 생각하여 보호하기 때문에 아이 스스로 배울 기회를 얻지 못한다.

결과적으로 자녀가 겪을 수 있는 가장 큰 고통 중의 하나는 완벽한 부모 밑에서 양육되는 것이다. 그리고 이들 부모 밑에서 성장하다 보면 아이는 상호존중의 개념을 학습할 기회를 얻지 못한다. 아이에게 상호존중을 가르치기 위해서는 부모 자신이 지배적이지 않으면서 엄격할 필요가 있다. 이것은 아이의 권리를 침해하지 않으면서 부모의 권리도 주장하는 것을 말한다(예: 아무 곳에 물건을 두면서 매번 찾는 아이를 위해 물건을 찾아주거나 찾도록 도와주는 대신, 스스로 물건을 둘 장소를 정하고, 정해진 장소에 물건을 두지 않아 생기는 불편함을 경험하게 한다).

반면 책임 있는 부모는 사회 속에서 자신의 이미지를 내세우기보다는 자녀가 책임감과 자신감을 갖는 데 관심이 있다. 이들 부모는 자녀가 선택할 수 있도록 하며, 아이의 결정에 대한 결과를 경험할 기회를 주는 것을 중요하게 생각한다.

이에 대해 권경인(2023)은 완벽한 부모가 된다는 것은 높은 불안을 경험하는 것과 연관된다고 하면서, 불안은 어떤 감정보다도 전염성이 강한 정서라고 하였다. 완벽한 부모는 아이에게 높은 불안을 전염시킬 수 있으므로, 건강한 모습으로 존재하는 것이 불가능할 수 있다. 따라서 완벽한 부모가 되지 않아도 된다고 하면서, 다만 그럭저럭 괜찮은 부모면 된다고 설명하였다. 아이에게 '엄마 아빠가 항상 그 자리에 있구나.', '돌아갈 내 편이 있구나.'라는 안정된 믿음만 주어도 충분하다고 하였다.

(3) 격려하기

부모-자녀관계 개선을 위한 또 다른 요소는 격려를 통해 아이에게 자신감을 길러주면서 한 인간으로서의 존재감 또는 가치감을 가지게 하는 것이다. 또한 자신의 힘으로 어려움을 극복할 수 있도록 힘을 북돋워 주는 것이다. 이를 위해 부모는 우선 강압적이고 권위주의적인 의사소통 방식이나 반응방식을 민주적이고 긍정적인 방식으로 변화시켜야 한다. 또한 아이의 노력과 성취 등 긍정적인 행동에 초점을 맞추어 격려해 주고, 아이를 수용해 주며 믿어주는 부모의 태도는 아이에게 부모에 대한 믿음이나 자신에 대한 신뢰감을 갖게 해주며 나아가 자신이 인정을 받고 있다는 소속감이나 자아 가치감을 갖는 데 도움이 된다. 자아 가치감을 얻은 아이는 부정적인 행동대신 스스로 긍정적인 행동을 하고자 하는 내적 동기가 유발되어 바람직한 행동을 하게 된다.

한편 부모들은 아이를 칭찬하면서 격려하고 있다고 생각하는 경우가 많다. 얼

핏 보면 칭찬과 격려는 똑같아 보인다. 이것은 칭찬과 격려가 모두 긍정적인 행동에 중점을 두고 있기 때문이다. 칭찬은 보상의 한 형태로, 경쟁을 근거로 한다. 예를 들어 아이가 부모의 기대 수준에 맞는 일을 하는 경우 칭찬을 하는데, 자녀를 외적인 보상으로 동기화시키려는 것이다. 즉 칭찬은 타인의 의견에 좌우되므로 칭찬받을 때만 협동하고, 칭찬받지 못하면 공헌하는 것을 그만둘지도 모른다.

반면 격려는 비록 작은 것이라도 향상되고 노력한 것에 주어진다. 눈에 보이는 결과보다는 눈에 보이지 않는 과정(아이의 노력과 변화)에 초점을 맞춘다. 격려하는 부모는 아이를 다른 사람과 비교하지 않으며, 아이 자신이 스스로 가치 있게 느끼도록 도와준다. 이는 내적인 수단을 통해 자녀를 동기화시키는 것이며, 부모가 자존감이 높고 감정을 조절할 수 있어야 격려할 수 있다. 격려와 칭찬의 차이는 다음과 같이 정리될 수 있다.

〈표 14-5〉 격려와 칭찬의 비교

차이	격 려	칭 찬
통제 방법	내적 통제(나는 네가 책임감 있고 독립적인 존재임을 믿는다)	외적 통제(네가 내 말을 들을 때만 가치가 있다)
평가 기준	내적 평가(자신과 자신의 노력에 대해 어떻게 느끼는가가 중요하다)	외적 평가(타인을 만족시키는 것이 중요하므로, 타인의 관점을 중요시한다)
향상 기준	노력과 향상(너는 완전할 필요가 없다. 노력과 향상이 중요하다)	잘 완성된 과제에 대한 보상(네가 내 기준을 잘 따를 때만 너는 가치가 있다)
기여	아이의 장점과 공헌, 기여한 점의 가치를 인정(우리는 네가 한 일의 가치를 인정한다)	개인적 이익이 우선(너는 최고다. 항상 너는 남보다 우위에 있어야 한다)

출처: 이경우(1985). p. 56 재구성.

(4) 반영적 경청

부모-자녀관계를 만족스럽게 유지하려면 효과적인 의사소통이 필요하다. 그러나 대부분의 가정에서 아이와 대화하면서 부모는 잔소리하고, 비난하고, 평가하고, 위협하고, 훈계하여 대화를 중단시키는 경우가 많다. 부모는 내 아이가 잘 성장하길 바라는 마음에서 훈계하고 지시하지만, 이러한 유형의 대화는 아이와의 의사소통에 걸림돌이 된다.

의사소통은 상호존중에 기초를 둔 의견교환으로, 상호존중이란 부모와 자녀가 감정적으로 서로 거부된다는 두려움 없이 솔직하게 자신의 신념과 느낌을 표현하는 것을 말한다. 또한 다른 사람이 말한 것을 받아들인다는 것을 의미하는 것으로, 부모가 아이의 의견에 동의하지 않더라도 아이의 감정을 받아들이는 태도를 보여줄 수 있다.

효과적으로 듣기 위해서는 아이의 눈을 바라보며, 아이의 말에 전적으로 주의를 집중하는 자세가 필요하다. 이에 해당하는 듣기가 반영적 경청(Reflective Listening)이다. 반영적 경청을 통해 부모는 아이가 하는 말을 들으며 아이가 말한 것과 말하지 않은 이면에 숨은 감정을 안다는 것을 아이에게 전달해 주어야 한다. 이때 아이가 느끼고 의미하는 것을 파악하여 전달해 주면, 아이는 자신이 부모에게 이해되고 수용되었다고 느낀다.

인간의 의사소통은 폐쇄적 반응과 개방적 반응의 관점에서 살펴볼 수 있다. 폐쇄적 반응은 잘 듣지 않고, 들은 말에 대해서도 이해를 하지 못한다. 반면 개방적 반응은 다른 사람이 말하는 것을 잘 듣는 것이다. 따라서 반영적 경청은 아이의 감정과 의미를 반영하는 개방적 반응을 의미한다. 이를 위해 부모는 다양한 감정에 대응하는 민감성과 그것을 표현하는 능력을 갖출 필요가 있다. 이것은 옳고 그름을 평가하지 않는 '비평가적인 것'이다. 부모가 아이의 감정과 의미를 무비판적으로 받아들이면, 아이와의 공감이나 의사소통은 강화될 수 있다. 반영적 경청을 잘하기 위해 부모의 노력과 연습이 요구된다.

읽어보기 14-5 반영적 경청의 예

- 상황: 유치원에서 돌아온 아이가 "나는 다시는 ○○와 놀지 않을 거야."라고 말했다.
  반응 1: "언제는 ○○가 좋다고 하더니 또 변했어?"
  반응 2: "너는 ○○ 때문에 정말 화가 났구나."
- 상황: 학교에서 만든 것을 엄마에게 보여주면서 "내가 만든 것을 봐봐."
  반응 1: "좋구나. 알았어. 학원 갈 준비해."
  반응 2: "네가 그것을 만들어서 매우 기쁘구나."

: 위의 두 가지 상황에서 반영적 경청은 반응 2에 해당하는 부모의 반응으로 아이는 자신이 부모에게 수용되었다고 느낀다.

(5) 자연적 결과 및 논리적 결과

드라이커스는 아이의 잘못된 행동에 대해 벌하기보다는 잘못된 행동으로 인한 자연적인 결과나 논리적인 결과를 이용하는 것이 좋다고 설명한다. 자연적 결과(natural consequence)란 자신이 한 행동과 관련되어 따라오는 자연스럽고 직접적인 결과를 말하며, 이를 통해 자신이 해야 할 행동과 하지 말아야 할 행동을 알 수 있다. 예를 들어 밥을 먹지 않는 경우 시간이 지나면 배가 고파진다든지, 추운 날 장갑을 끼지 않고 그냥 나가서 놀면 손이 시린 것을 경험하는 것이 이에 해당한다. 즉 부모가 따로 조절할 필요가 없으며, 대체로 아이는 자연적 결과를 통해 다음에는 잘못된 행동을 하지 않는 경우가 많다.

반면에 논리적 결과(logical consequence)란 사회적인 질서 및 상호존중에 근거하여 부모와 아이가 합의하여 논리적으로 부과된 규칙을 어겼을 때 뒤따르게 되는 결과이다. 예를 들어 부모와 아이가 상호합의 과정을 거쳐 아이가 자전거를 길거리에서 타는 경우, 다음 날 자전거를 타지 못하는 규칙을 정하였다. 이후 아이가 규칙을 지키지 않았을 경우, 자전거를 타지 못하는 논리적 결과를 적용하여 잘못된 행동을 하지 않는 것을 말한다. 아이의 연령이나 상황에 따라 적용이 달라지기는 하나 자연적 결과나 논리적 결과를 이용한 행동 지도 방법은 아이에게 무조건적인 복종을 요구하기보다 자신이 선택한 것에 대한 책임을 지도록 하는 능력도 길러주어 효과적이다.

읽어보기 14-6 자연적 결과와 논리적 결과의 예

- 상황: 엄마는 10살 된 자녀에게 야구 글러브를 밖에 두지 말고 집안에 들여다 놓으라고 말했음에도 아이는 잊어버리고 밖에 두고 그냥 들어왔다.
- 그에 따른 결과:
  - 자연적 결과의 예: 그날 밤에 비가 와서 글러브가 젖어 다음날 야구를 하려고 했는데 할 수가 없었다.
  - 논리적 결과의 예: 약속을 안 지켰으므로 엄마는 아이가 다음날 야구를 하지 못하게 한다.

읽어보기 14-7 **자연적 결과와 논리적 결과를 사용하는 기본 원리**

1. 엄격하면서도 친절하게 아이를 대한다: 부모는 적절한 행동에 대해 끝까지 밀고 나아가는 엄격함을 유지하면서 친절하게 아이를 대한다.
2. 완벽한 부모가 되지 않으려고 애쓴다: 아이가 스스로 결정한 일의 결과를 경험할 수 있도록 한다. 과잉보호는 도움이 되지 않는다.
3. 부모의 행동을 좀 더 일관성 있게 한다: 부모의 일관성 있는 행동은 아이에게 다음에 올 일이 어떤 결과를 가져오는지 기대할 수 있게 한다.
4. 행위자와 행위 자체를 분리한다: 사회적으로 바람직하지 않은 행동을 해도 행동이 문제이지, 행위자인 아이가 문제라고 규정하지 않는다.
5. 독립심을 길러준다: 부모는 아이가 할 수 있는 일을 대신해 주지 말아야 한다.
6. 동정심을 남용하지 않는다: 아이가 불쌍하다고 동정하면 아이가 할 일을 부모가 대신하고 과잉보호한다. 자녀를 공감하는 것은 중요하지만, 동정은 인간을 나약하게 만든다.
7. 누구의 문제인지를 인식한다: 부모는 자녀 문제를 자기 문제라고 착각한다. 누가 해결해야 하는 문제인지를 파악하는 것이 중요하다.
8. 싸우거나 포기하지 않는다: 부모는 한계를 정하고 아이가 어떻게 반응할지는 스스로 결정하게 한다. 부모는 아이의 결정을 그대로 받아들이고, 아이가 자신의 행동에 책임을 지도록 도와준다.

출처: 이경우(1985). pp. 97-101 재구성.

(6) 가족회의

민주적 가족관계는 가족 모두가 의사결정 과정에 참여할 기회를 가질 때 가장 효과적이다. 평등성 이론은 드라이커스의 민주적인 양육방식 및 민주적 가족관계에 근거한 것이기 때문에, STEP에서 가족회의(family meeting)는 문제의 예방이나 해결을 위한 중요한 과정이다. 가족회의는 가족 모두에게 동등성을 부여하고 규칙을 준수하도록 하며, 친밀한 관계나 사랑을 바탕으로 가족 구성원 간의 협력을 이끌어내는 좋은 기회가 된다. 가족회의의 목표는 문제해결을 위한 자원을 마련하고, 서로 격려하며 개방적인 의사소통을 통해 모두가 만족하는 의견에 도달하는 데 있다.

2. 부모효율성 훈련 프로그램

1) 배경

일반적으로 P.E.T.(Parent Effectiveness Training)라고 불리는 부모효율성 훈련 프로그램(P.E.T.)은 1962년에 토머스 고든(Thomas Gordon)이 로저스 이론에 입각하여 개발한 부모교육 프로그램이다. 원래 고든은 로저스의 인본주의 자아이론에 근거한 로저스식 상담 전문가 훈련을 받고 모교인 시카고 대학에서 치료자로 일하였다. 임상심리학자 고든은 자녀와 그들 가족에 관한 임상적인 연구를 통해 자녀가 가진 정신적, 정서적 문제는 자녀와 부모의 인성적인 문제라기보다는 대인관계 기술의 부족에서 오는 문제라고 파악하였다. 즉 부모-자녀 간의 문제를 정신의학적 문제로 다룰 것이 아니라, 인간관계에서 생긴 문제로 생각하여 일상생활에서 겪게 되는 인간관계 문제를 해결하는 방법과 기술을 부모에게 훈련시킬 필요가 있음을 강조하면서 P.E.T. 프로그램을 개발하였다.

P.E.T. 프로그램은 가정생활에서 일어나는 많은 갈등 상황에 대처하는 방법과 부모역할 훈련과정의 기초가 되는 의사소통기술과 방법을 구체적으로 학습하도록 개발하였다. 부모에게 자녀교육에 대한 모호한 충고보다는 실생활에서 자녀들을 구체적으로 어떻게 대해야 하는지에 관해 심리학적 이론을 근거로 세부적인 기술과 효율적인 방법을 제공한 것이 프로그램의 장점이라고 할 수 있다.

P.E.T. 프로그램은 세대 간의 갈등을 해결하는 대화의 기술 프로그램으로 주목받으며 미국 전역에 도입되었고, 이후 국제고든훈련센터를 통해 전 세계로 확산되었다. 현재 우리나라에서는 P.E.T. 강사훈련이나 부모 대상의 훈련을 한국심리상담연구소에서 실시하고 있다. 고든은 P.E.T. 이외에도 교사역할훈련(T.E.T.)과 리더역할훈련(L.E.T.)을 개발하였다.

2) 부모-자녀관계에 대한 견해

부모-자녀 간의 문제나 갈등은 대개 각자의 입장에서 자신의 행동이 옳고 그름만을 주장하고, 그로 인해 불만을 가지는 데 있다. 부모의 기준이나 입장에서 생각하면, 자녀가 하는 행동을 수용할 수 없는 경우가 있거나 또는 상황에 따라 수용 여부나 수용 정도가 다르기 때문에 자녀와의 관계에서 갈등을 일으킨다. 한편 자녀도 부모와 마찬가지로 나름대로의 욕구가 있어 자신의 욕구를 충족시키려고 한다. 이러한 상황에서 부모는 의사소통 방법과 양육기술을 터득하여 관계를 개선하고, 자녀를 이해하며 자녀의 욕구충족을 위한 행동을 수용할 수 있는 자세를 갖추는 것이 필요하다. 이를 통해 부모와 자녀는 사회적으로 동등한 상호관계, 상호욕구를 충족하는 관계, 상호 협력적인 관계, 상호의 권리를 존중하는 관계, 그리고 상호성장을 촉진하는 관계로 발전될 수 있다(박성연 외, 2014).

3) 주요 개념

모든 인간관계는 관계의 상호작용이 기본으로, P.E.T.에서도 상호작용 기술을 구체적으로 가르침으로써 부모가 자녀와 상호작용하는 방식을 변화시킬 수 있도록 도와준다. 구체적인 기술에는 수용성 수준 파악하기, 문제의 소유자 파악하기, 반영적 경청, 나-전달법, 무승부법 등이 있다.

(1) 수용성 수준 파악하기

부모가 되면서 많은 부모가 '부모란 마땅히 이래야 한다.'라고 생각하면서 부모 역할에 대한 책임감을 느낀다. 이러한 책임감은 부모가 된 사람들에게 중압감으로 다가온다. 부모는 늘 감정에 흔들려서도 안 되고, 언제나 변함없이 아이를 사랑하고, 무조건적으로 아이를 받아들여야 하며, 부모의 이기적인 욕구는 억누르고 아이를 위해 희생해야 하며, 무엇보다 자신의 부모들이 범했던 실수를 되풀이하지 않겠다고 생각한다. 그러나 이러한 생각은 부모역할을 더욱 힘들게 한다.

부모는 아이를 보며 긍정적, 부정적 감정을 다 느낄 수 있는 인간임을 받아들이고, 반드시 일관성이 있어야 할 필요도 없다. 부모는 아이 행동을 받아들일 수 있을 때가 있고 없을 때도 있다. 아이가 할 수 있는 모든 행동 가운데, 일부는 수용할 수 있고 일부는 수용하지 못할 수도 있다. 수용할 수 있는 행동과 그렇지 않은 행동을 구분짓는 경계의 위치는 부모의 성격(예: 상대적으로 너그러운 부모와 너그럽지 않은 부모)에 따라 달라질 수 있지만, 아이에 따라서도 달라질 수 있다(예: 돌보기가 힘든 아이, 잘 울고 보채는 아이 등). 즉 부모에 따라 각 아이의 수용 정도가 달라질 수 있음을 의미한다([그림 14-1] 참조). 이때 중요한 것은 수용 가능한 영역과 수용 불가능한 영역을 나누는 경계는 고정되어 있지 않고 움직인다는 것이다.

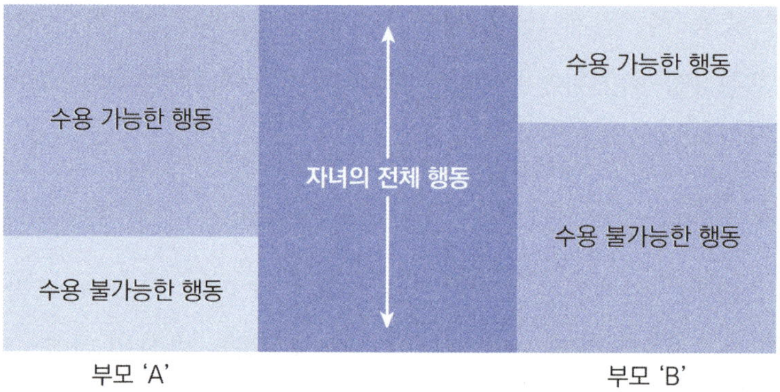

[그림 14-1] 자녀행동의 수용성 수준

출처: 홍한별(역)(2021). p. 38 재구성.

부모는 여러 가지 요인에 의해 아이의 행동을 다르게 수용한다. 일반적으로 아이가 하는 어떤 행동을 부모가 수용하는지 안 하는지의 수용 여부, 또는 어느 정도로 수용하는지에 관한 수용 정도는 다음과 같은 세 가지 요인에 의해 달라진다(박성연 외, 2014).

첫째, 부모 자신의 행동이나 기분 또는 욕구에 따라 아이의 행동을 수용하는 정도가 달라진다. 대체로 우리는 몸이 안 좋거나 피곤할 때는 참을 수 없었던 아이의 소란스러운 행동도 기분이 좋을 때는 수용할 수 있다는 것을 경험한 적이 있을 것이다.

둘째, 자녀의 인성이나 발달적 특성, 또는 아이의 연령에 따라 부모가 수용하는 행동이나 그 정도는 달라진다. 예를 들어 3살 된 유아가 혼자 밖에 나가서 노는 것은 수용할 수 없으나, 초등학교 5학년 자녀가 혼자 나가서 노는 것은 허용할 수 있을 것이다.

셋째, 시간이나 장소와 같은 환경적 조건에 따라 부모가 수용하는 아이 행동의 종류나 수용 정도는 달라진다. 가족이 함께 친구 집을 방문했을 때는 평소 집에 있을 때보다 아이의 행동을 수용할 수 없다. 이러한 요인들에 의해 부모는 아이가 똑같은 행동을 하더라도 상황에 따라 다르게 느낄 수밖에 없다. 따라서 부모가 어떤 상황에서든 아이를 일관되게 대해야 한다는 것은 부모도 각기 다른 인간이고, 상황도 변한다는 사실을 고려하지 않은 설명이다. 부모-자녀관계의 개선을 위해서는 수용여부나 수준에 대한 명확한 이해와 더불어 명확하고 일관성 있는 한계설정 기술이 필요하다.

(2) 문제의 소유자 파악하기(누가 해결할 문제인가?)

누가 해결할 문제인지를 정하는 것은 P.E.T. 프로그램의 핵심 개념 중 하나이다. 문제의 소유자 파악하기 원리에 의하면 아이와 부모 두 사람 중 누가 해결할 문제인지에 따라 아이 행동에 대한 부모의 대처기술이 달라진다. 따라서 누가 해결할 문제인가를 가려내는 일은 부모-자녀관계 개선에 도움이 된다.

첫째, 아이가 하는 어떤 행동은 부모 입장에서 볼 때 부모의 권리를 방해하기 때문에 받아들일 수 없다. 예를 들어 부모가 피곤해서 편히 쉬고 싶은데, 아이가 옆에서 떠들거나 괴롭히는 경우는 부모가 받아들일 수 없는 아이의 행동이다. 이런 경우처럼 부모가 문제를 가지고 있을 때는 부모 스스로가 자신의 문제를 해결하기 위한 기술을 활용해야 한다. P.E.T.에서는 “문제가 있는데 좀 도와주겠니?” 라고 아이에게 이야기할 수 있는 대면 기술인 ‘나-전달법’을 적용해야 한다. 이 기술을 활용하면 아이가 부모의 욕구를 존중하면서 자신의 행동을 수정하게 된다.

둘째, 아이의 어떤 문제나 행동은 부모에게는 괴로움을 주지 않지만, 아이의 욕구가 충족되지 않았거나, 아이가 속상하거나 힘든 일이 있을 수 있다. 부모와는 무관하게 아이가 자신의 삶에서 겪는 문제이므로 아이에게 속하는 문제이다. 예를 들면 친구가 자기를 놀려서 속상하거나 자기 몸이 뚱뚱하다고 불평하는 것 등이다. 이때 아이 스스로 자신의 문제를 해결할 수 있도록, 부모는 “너한테 문제가 있는 것 같구나. 도와줄까?” 하면서 적극적으로 들어주는 '반영적 경청'을 적용해야 한다.

셋째, 아이의 어떤 행동은 부모에게도 문제가 되지 않으며, 아이에게도 문제가 되지 않는다. 이 경우는 모든 일이 제대로 돌아가고 있어 아이와 부모 모두 문제가 없으며, 부모-자녀관계는 평화롭다. 부모들은 P.E.T. 프로그램을 통해 이러한 문제 없는 영역을 최대한 넓히는 것이 필요하다. 이때는 '속마음 털어놓기'와 '듣기 기술'을 적용할 수 있다.

마지막으로, 어떤 관계에서든 갈등은 있을 수밖에 없고 갈등은 당연히 생긴다. 부모와 아이가 아무 갈등 없이 산다는 것은 비현실적인 생각이다. 예를 들어 부모는 연휴 기간에 할머니 집을 방문하고자 하는데, 아이는 놀이공원에 가자고 한다. 이러한 갈등이 생겼을 때 어떻게 해결하느냐가 중요하다. P.E.T.는 부모와 아이가 함께 고민해서 양쪽 다 수용할 수 있는 해결책을 찾는 방법을 제공한다. 이러한 기술을 '갈등해결기술'이라고 한다.

결과적으로 누가 해결할 문제인가를 파악하여 아이의 이야기에 적극적으로 귀를 기울여야 하는지, 부모의 문제를 해결하기 위하여 나-전달법을 사용해야 할지, 갈등해결기술을 사용할지를 결정하는 것이 중요하다.

자녀가 해결할 문제가 있음(반영적 경청)
문제가 없음(속마음 털어놓기와 듣기 기술)
부모가 해결할 문제가 있음(나-전달법)
부모와 자녀 모두의 문제(갈등해결기술)

[그림 14-2] 문제의 소유자에 따른 대처기술

출처: 홍한별(역)(2021). p. 54 재구성.

(3) 반영적 경청(적극적 듣기)

P.E.T.에서는 아이들이 부딪치는 여러 문제를 가장 효율적으로 도와줄 수 있는 방법으로 부모가 아이의 말을 잘 들어주는 것을 강조한다. 들어주는 방법에는 소

극적인 경청, 인정해 주기, 말문 열어주기, 반영적 경청(reflective listening)이 있다. 앞의 세 가지는 간단히 언급하고, 주로 반영적인 경청을 중심으로 설명하고자 한다. 아이가 스스로 이야기를 꺼낼 때도 있지만, 어떨 때는 분명히 하고 싶은 이야기가 있는 것 같은데 주저하는 경우가 있다. 이때 부모는 아이가 말문을 열도록 "그 얘기를 듣고 싶구나. 그 얘기를 좀 더 해주겠니?" 등의 '말문 열어주기' 방법을 통해 말문을 열게 할 수 있다. 그러나 일단 어느 정도 이야기를 하다 보면, 부모가 "왜 그러니?"라는 식의 질문을 해서 아이의 말을 어떤 방향으로 몰아가거나 말문을 닫지 않도록 소극적인 경청이나 인정해 주기 반응을 해준다. 즉 아이의 이야기를 조용히 들어주면서 아이에게 진지하게 듣고 있다는 것을 알려주기 위해 간혹 "음~", "아~" 등의 인정하는 반응을 함으로써 아이가 수용 받고 있음을 느끼게 도와주는 것이 중요하다.

한편, 아이의 욕구가 충족되지 않아 아이가 문제를 해결해야 할 때, 아이의 말을 가장 효과적으로 들어주는 방법은 아이가 한 말의 메시지를 반영해 주는 언어적 반응인 반영적 경청(적극적 듣기)이다. 부모는 반영적 경청 방법을 통해, 가치판단 없이 열심히 들어줌으로써 아이가 말한 것은 물론 말하지 않은 그 이면의 의미를 파악하고 있다는 것을 아이에게 알려주고, 숨은 의미를 끄집어내어 아이에게 확인시켜 주어야 한다.

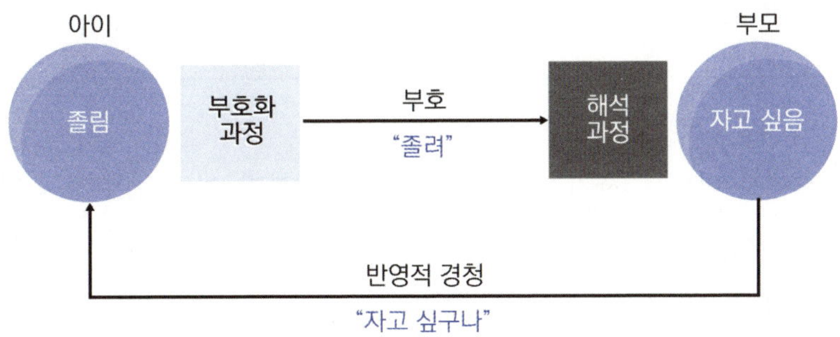

[그림 14-3] **반영적 경청 과정**

출처: 홍한별(역)(2021). p. 82 재구성.

특히 반영적 경청은 아이가 부정적 감정에 대해 죄책감을 느끼지 않게 도와준다. P.E.T.에서는 감정은 어떤 것이든 나쁜 것이 아님을 인식하게 하려고 "감정은 친구다."라는 말을 자주 한다. 즉 반영적 경청을 통해 부모가 아이 감정을 받아들인다는 것을 알려주면, 아이도 자기감정을 받아들일 수 있게 된다. 아이는 부모 반응을 보고 감정은 나쁘거나 좋은 것이 아니라 자신의 일부분임을 알게 된다(홍한별, 2021).

고든에 의하면 부모가 적극적으로 경청하고 성급한 판단을 하지 않으며, 아이에게 아이가 말한 이면의 숨은 의미를 확인시켜 줄 때, 아이는 자신의 감정이 수용되고 있음을 느끼고, 자신의 문제를 좀 더 분명하게 볼 수 있어 스스로 문제 해결책을 찾아낼 수 있다. 이러한 반영적 경청을 통해 자발적이고 책임감 있고 독립적인 아이로 성장하게 된다.

반영적인 경청에서 유의할 점은 아이의 감정을 부인하지 말고, 성급한 판단이나 해결책을 주는 대신 주의 깊게 들어주며, 메시지가 의미하는 바를 이해하려고 노력하는 것이다.

사례

아이가 자전거를 타다가 넘어져서 울면서 아빠에게 달려왔다.

반응 1: "무릎이 긁혔네! 아프겠구나."
반응 2: "뚝! 다 큰 아이가 어린아이처럼 울지 말고."

앞의 사례에서 아이는 자기가 아프다는 것을 아빠가 이해해 주기를 바라는 것인데, 아이의 감정을 인정해 주는 반응 1의 경우와 달리 반응 2의 아빠는 감정을 부인하고 있어 비 반영적인 경청을 하고 있다.

반영적 경청의 필수적인 태도는 읽어보기 14-8과 같다(홍한별, 2021).

읽어보기 14-8 반영적 경청의 필수적인 태도

1. 진심으로 자녀가 말하는 것을 듣고 싶어 해야 한다.
2. 자녀의 문제에 진심으로 도움을 주고 싶어 해야 한다.
3. 자녀의 감정이 어떤 것이든 진심으로 받아들일 수 있어야 한다.
4. 자녀 스스로 감정을 조절할 능력이 있고 스스로 문제를 해결할 능력이 있다는 굳은 신념을 갖고 있어야 한다.
5. 감정은 일시적이며 영원하지 않다는 것을 알아야 한다.
6. 자녀를 하나의 독립된 인격체로 인정해야만 아이가 자신만의 감정과 생각이 있음을 인정할 수 있다.

출처: 홍한별(역)(2021). pp. 93-94 재구성.

(4) 나-전달법

나－전달법(I-Message)은 아이가 부모의 욕구충족을 방해해서 부모가 문제를 해결해야 할 때 부모의 경험이나 감정을 자녀에게 표현하는 방법이다. 이때 부모는 아이를 비난하거나 모욕하는 말을 하는 대신, 부모가 느끼는 감정과 상태를 말하며 아이에게 도움을 구하는 방법을 적용한다. 부모는 아이를 비난하지 않고 자신의 감정을 솔직하게 표현하므로 자녀는 방어적으로 되지 않고 부모를 도와야겠다는 책임감을 느낀다.

나－전달법과 너－전달법의 차이를 살펴보면 나－전달법의 효과를 파악할 수 있다. [그림 14－4]에서 부모가 피곤하거나 괴로울 때, 부모의 상황을 아이가 알게 하려면 적당한 언어 부호를 선택해야 한다. 피곤해서 아이와 놀고 싶지 않은 부모의 경우, 어떤 언어 부호를 사용하느냐에 따라서 결과가 달라진다. 이때 "(너) 힘들게 좀 하지 마."라는 '너' 중심의 부호를 사용하면 아이는 부모가 피곤하다는 것을 이해하지 못한다. 〈너－전달법〉 사용은 부모가 아닌 아이에 대해 이야기하는 것으로 아이는 부모를 힘들게 하는 사람으로 자신을 평가하여 "난 아빠를 힘들게 하는 나쁜 아이구나."로 해석하게 된다.

반면 〈너－전달법〉이 아닌 〈나－전달법〉을 사용하면 상황은 달라진다. 피곤해서 아이와 놀고 싶지 않은 부모의 경우, 아이에게 "힘들어." 또는 "아빠가 지금 피곤해서 쉬고 싶어."라고 말하면서 부모가 느끼는 감정을 표현하면 아이는 부모의 현재 상황에 "아빠가 힘들구나."로 해석하게 된다.

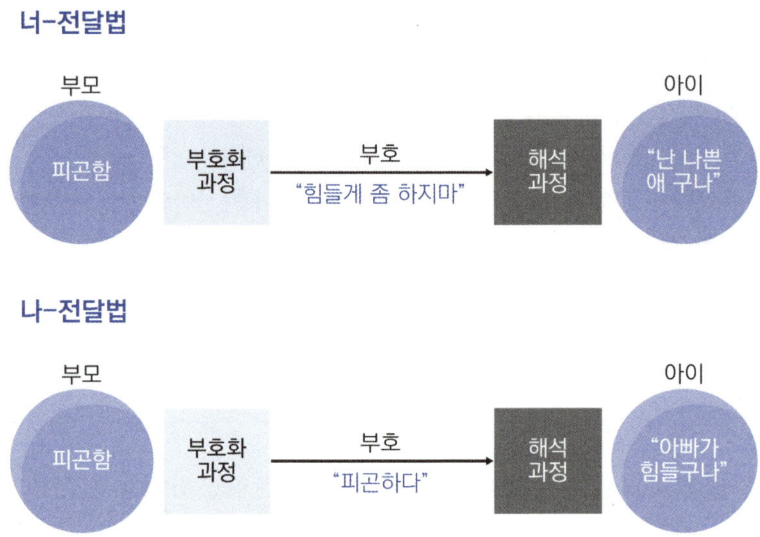

[그림 14-4] 나-전달법과 너-전달법의 과정

출처: 홍한별(역)(2021). pp. 162-163 재구성.

나-전달법의 사용은 부모 자신의 이해를 돕거나 자신의 감정을 솔직하게 표현하는 데 도움이 된다. 나-전달법의 세 가지 구성 요소를 살펴보면 다음과 같다(Gordon, 1975).

첫째, 부모가 받아들일 수 없는 행동이 무엇인지만 말한다. 즉 부모의 욕구 충족을 방해하여 부모를 힘들게 하는 아이의 행동이 어떤 것인지 말한다. 대부분의 경우 아이는 무엇 때문에 부모가 힘들어하는지 추측하기 힘들다. 따라서 부모는 자신에게 문제가 되는 행동을 비난이나 비판하지 않고 아이의 행동을 단순히 묘사하면 된다.

둘째, 아이의 행동으로 부모가 어떤 감정을 느꼈는지에 대해 표현한다. 너-전달법과 달리 나-전달법으로 아이에게 말하려면 부모는 자신의 감정이 어떤지를 알아야 한다.

셋째, 아이는 자신의 행동이 왜 부모에게 문제가 되는지를 이해할 필요가 있으므로, 아이의 행동이 부모에게 어떤 실질적이고 구체적인 영향을 주는지에 대해 말해주어야 한다. 여기서 말하는 실질적이고 구체적인 영향은 아이의 행동으로 부모가 일을 더 해야 한다거나, 마음이 불편해지거나 부모가 하고 싶은 것을 할 수 없는 상황 등을 말한다.

위에서 제시한 3가지 구성 요소에 근거해 나-전달법의 사례를 제시하면 다음과 같다.

사례

엄마는 탁자 위에서 점토를 가지고 논 후 여기저기 점토 부스러기를 흘려두고 치우지 않은 딸에게 화가 났다.

반응 1: "넌 어쩌면 그렇게 야무지지 못하니? 놀고 나서 한 번도 제대로 정리하는 것을 못 봤으니… 정말!"
반응 2: "엄마는 네가 놀고 난 후에 점토 부스러기를 치우지 않으면(행동 서술), 엄마가 일일이 치워야 하니까(구체적 영향 서술) 지치고 짜증난다(감정 서술)."

일반적으로 화가 난 엄마는 반응 1의 경우처럼 일단 아이에게 비난을 퍼붓게 되는데, 이것은 아이의 인격을 모욕하게 되므로 아이 역시 화가 나서 문제해결에 별 도움이 되지 않는다. 점토를 어질러 놓은 것이 아이에게는 힘든 상황이 되지 않지만, 여기저기 떨어진 점토 부스러기로 인해 거실을 치워야 한다고 생각하는 사람은 엄마다. 이때 반응 2와 같은 엄마의 반응은 아이에게 문제가 있다는 반응 1보다 아이의 도움을 유도해 내고, 아이가 자신의 행동에 책임을 지는 법을 배우게 한다.

나-전달법을 사용하는 목적은 아이가 하는 행동을 변화시키기 위함이다. 아이에게 단순히 어떤 행동을 받아들일 수 없고, 그래서 화가 났다거나 기분이 상했다고 감정을 말하는 것만으로는 충분하지 않을 수 있다. 왜 그런지도 함께 알려주어야 한다. 아이의 어떤 행동을 부모가 받아들일 수 없다는 실질적이고 구체적인 이유를 이야기하면 아이에게 행동을 수정할 동기를 준다. 세 가지 구성 요소를 갖춘 나-전달법은 부모에게도 중요한 영향을 미친다. '실질적이고 구체적 영향'을 이야기하려고 하다 보면, 실제로 아무런 구체적인 영향이 없다는 것을 부모가 발견하여 자녀를 통제하려는 부모 자신의 모습을 발견할 수도 있기 때문이다.

앞서 제시한 나-전달법으로 말하려면 상당한 용기가 필요하지만, 결코 노력이 아깝지 않은 성과를 가져온다. 솔직하게 나-전달법으로 말하는 사람은 상대방에게 자신을 있는 그대로 드러낼 용기가 있는 사람이다. 즉 자신이 상대의 행동으로 상처받을 수 있고, 두렵고, 실망스럽고, 마음이 아프고, 화가 나는 감정을 느끼는 한 인간임을 이야기하는 것이다.

특히 부모는 아이에게 약점도 결함도 실수도 없는 사람으로 보이려고 하면 자신을 솔직하게 표현할 수 없다. 그러나 나-전달법으로 부모 자신을 솔직하게 표현하면 서로 간에 친밀감이 생기고, 부모를 있는 그대로의 모습으로 알게 되어, 아이도 자신의 속마음을 스스럼없이 보여줄 수 있다(홍한별, 2021).

(5) 무승부법(무패방법)

어떤 인간관계에서든지 사람들의 욕구가 일치하지 않을 때는 갈등이 나타난다. 고든은 부모가 갈등을 수용하고 그것을 생산적으로 해결하는 방법을 배워야 한다고 주장한다. 일반적으로 갈등이 있을 때, 사용하는 방법에는 내가 이기고 상대방이 지는 방법, 상대방이 이기고 내가 지는 방법의 두 가지가 있는데, 이 두 가지 방법은 모두 한쪽이 이기고 한쪽이 지는 전쟁으로 인식될 수 있다. 따라서 이러한 방법 대신에 고든이 제시한 갈등해결을 위한 제3의 방법인 무승부법(No-lose Method)은 어느 한 편이 이기고 지는 것 없이 부모와 아이가 함께 문제를 해결하도록 의사결정을 하는 방법이다. 양쪽 다 받아들일 수 있는 방법으로 갈등을 해결하므로, 둘 다 이긴다고 할 수 있다. 상호 합의를 통해 궁극적 해결책에 도달하는 갈등해결방법을 말한다.

특히 무승부법을 통해 부모와 아이 사이의 갈등을 해결하면 아이는 자신이 참여해서 얻은 결론이기 때문에 해결책을 따르고자 하는 동기가 있으며, 부모가 일방적으로 지시한 것이 아니기 때문에 적대감이 감소하고 부모-자녀관계도 더 단단해질 수 있다. 또한 무승부법을 통해 더 창의적이고, 갈등 해결에 더 효과적이며, 양쪽의 욕구를 충족시키는, 부모나 아이 혼자서는 생각해 내지 못했을 더 좋은 해결책을 찾아낼 가능성이 크다. 무승부법을 적용하여 문제를 해결하는 방법은 여섯 단계로 구성되어 있다(Bigner & Gerhardt, 2019; Gordon, 1975).

첫째, 갈등을 확인하고 정의한다. 부모는 아이에게 분명하고 확실하게 지금 감정은 어떤지, 부모의 어떤 욕구가 충족되지 않았는지, 무엇이 문제인지 말한다. 이때 나-전달법으로 이야기하는 것이 중요하다. 그리고 아이의 욕구가 분명해지도록 적극적으로 들어준다. 아이와 부모는 이야기하는 과정을 통해 해결해야 할 문제에 대해 이해하고, 갈등해결에 대한 책임을 공유한다.

둘째, 가능한 여러 해결책을 생각해 낸다. 이때 부모가 먼저 해결책을 제시하지 말고 아이의 해결 방법을 먼저 듣는 것이 중요하다. 아이가 제안한 해결책을 평가하거나 비판하지 않아야 한다. 평가는 다음 단계에서 진행할 것이므로, 이 단계에서는 부모와 아이 모두가 생각할 수 있는 모든 해결책을 수집한다.

셋째, 수집해 놓은 각 해결책을 평가한다. 부모와 아이가 함께 의사소통하면서, 각각의 해결방안이 합리적이고 적절한지를 평가한다. 그 해결책이 모든 사람에게 공평한지, 실행이 가능한 것인지, 또는 다른 어떤 문제는 없는지를 서로 정직하게 평가하고 논의한다. 이런 과정을 거치다 보면 해결책이 1~2개로 좁혀지게 되면서 좋은 몇 가지 방법을 선정할 수 있다.

넷째, 최선의 해결책을 결정한다. 이때 아이에게 질문을 하여 해결책에 대한 아이의 생각을 확인해 보고, 결정된 해결책이 최종적이고 절대 바꿀 수 없는 것은 아니라고 설명해 준다. 또한 부모가 강요나 설득을 하지 않는 분위기에서 최선의 해결책을 결정하는 데 합의한다.

다섯째, 결정된 해결책을 실천할 구체적 방법을 결정하고 실행한다. 결정된 해결방안을 누가, 무엇을, 언제부터 시도할 것인지 그 구체적인 절차를 정하고 수행해 본다.

여섯째, 아이의 자율적인 행동을 격려하면서 해결책을 평가한다. 무승부법으로 결정된 해결책들이 언제나 최선은 아닐 수도 있으므로 일정 기간 시행 후 그 방법으로 문제가 잘 해결되었는지, 모든 사람이 다 만족하는지에 대해 평가하는 과정이 필요하다.

무승부법은 부모와 아이 모두가 문제해결에 참여하는 것이 필요하므로, 효과적인 의사소통은 그 전제 조건이 된다고 할 수 있다. 따라서 부모는 반영적 경청을 열심히 사용하고 나-전달법의 형태로 말해야 한다. 이러한 기술을 제대로 습득하면 무승부법에서 좋은 성과를 거둘 수 있다.

3. 부모코칭 프로그램: 적극적인 부모역할, Now!

1) 배경

부모코칭 프로그램인 '적극적인 부모역할, Now!'는 알프레트 아들러와 루돌프 드라이커스의 이론에 근거하여 만들어졌다. 또한 칼 로저스와 토마스 고든 등의 이론도 포함하고 있다. 이에 마이클 팝킨(Michael H. Popkin) 박사는 1983년에 Active Parenting Today(현대의 적극적 부모역할 훈련)를 세계에서 최초로 비디오를 이용한 부모역할 교육 프로그램으로 개발하였다. 이후 2002년에 개정된 Active Parenting Now!는 5~ 12세 아동의 부모에게 실용적인 부모역할을 가르치는 모델로서, DVD를 이용하여 자녀지도에 관한 기술을 학습할 수 있게 만들었다. 프로그램이 시작된 이래로 미국의 각 지역과 일본, 캐나다, 유럽의 몇몇 지역에서 부모교육 지도자들을 위한 프로그램과 워크숍이 지속적으로 이루어지고 있다.

2) 프로그램에서 다루는 주제들

부모코칭 프로그램: 적극적인 부모역할, Now!는 6~8회기(각 회기는 2~3시간 정도)로 구성되어 있고, 10~20명의 소집단으로 운영될 때 최적의 효과가 나타나는 것으로 보고되고 있다. 각 회기에서 다루게 되는 주제들은 읽어보기 14-9와 같다(홍경자, 노안영, 차영희, 최태산, 2007).

읽어보기 14-9 부모코칭 프로그램: 적극적인 부모역할, Now!에서 다루는 주제들

- 적극적인 부모:
  - 부모역할의 목적
  - 자녀의 품성
  - 부모역할의 유형
  - 선택의 방법
  - 상호존경
  - 보살핌을 제공하는 자로서의 자신을 보살피기
  - 가족화목활동(재미있는 시간 가지기)
- 협동심을 구하기:
  - 문제 다루기의 모형
  - 누가 문제를 소유하는가?
  - 의사소통: 협동심으로의 지름길
  - 적극적인 의사소통
  - 가족화목활동(취침 전 일과와 '사랑해'라는 말)
- 책임감과 훈육:
  - 책임감이란 무엇인가?
  - 한계 안에서의 자유
  - 생각하기-느끼기-행동하기 회로
  - 효과적인 훈육
  - 정중한 요청
  - 나-전달법
  - 단호하게 지시하기
  - 논리적 결과
  - 가족화목활동(긍정적 나-전달법)
- 자녀의 그릇된 행동을 이해하고 교정해 주기:
  - 성격의 '형성 요인'에 대한 탐구
  - 행동을 이해하기: 원인이 아니라 목적의 차원에서 이해하기
  - 아동행동의 네 가지 목적
  - 네 가지 목적에 대한 긍정적인 접근방식과 부정적인 접근방식
  - 자녀의 행동목적을 알아내는 방법
  - 힘겨루기를 피하기
  - 부모역할과 분노
  - 가족화목활동(기술을 가르치기)

- 용기, 품성, 자아존중감을 길러주기:
  - 용기-가슴으로부터 오는 것
  - 자아존중감-머리로부터 오는 것
  - 격려하라: 자녀가 긍정적인 행동을 하는 순간을 포착하여 칭찬하라
  - 기를 꺾는 것을 피하기
  - 가족화목 활동(격려의 편지)
- 적극적인 가정, Now!:
  - 가족모임의 중요성
  - 가족회의 모임
  - 가족화목활동(가정이라는 단위를 강조하기)

(1) 적극적인 부모

본 프로그램에서 주장하는 기본 철학 중의 하나는, 가족 내에서 지도자 역할을 할 사람은 자녀가 아니라 부모라는 관점이다. 프로그램의 목적은 부모에게 자녀 지도에 관한 부모의 목표를 명료화시키고, 자녀를 지도하는 데 효과적인 방법을 가르치며, 일관된 부모역할의 모형을 제시해줌으로써 부모역할을 하면서 어려움에 처할 때 확신감을 가지고 분명하게 행동할 수 있도록 도와주는 것이다.

이때 부모역할은 우리의 자녀들이 살고 있는 사회 안에서 그들이 생존하고 번영하도록 보호하고 준비시켜 주는 것을 목적으로 한다. 특히 오늘날의 사회는 매우 복잡하고 상당히 많은 변화가 일어나고 있으며, 과거 사회에서는 나타나지 않았던 문제들(예: 학교폭력, 스마트폰 중독, 과잉된 교육열로 조기교육의 연령 하향화 및 학업 스트레스 증가 등)이 나타나 부모역할을 하기가 과거 그 어느 때보다 더 어려워졌다.

① 자녀가 갖추어야 할 품성

본 프로그램에서는 자녀의 모든 발달단계에 부모가 항상 자녀와 함께 있으면서 자녀가 현명한 결정을 하는지를 지켜볼 수 없기 때문에, 자녀 스스로 자신에게 주어진 일들을 잘 처리하고 성공적인 과정을 개척해 나가는 데 필요한 신념, 태도, 가치관의 기본적인 틀을 개발시켜 주는 것이 중요하다고 설명한다. 이것을

'품성'이라고 하는데, 이러한 품성이 부모역할 훈련에서 강조하는 가장 중요한 개념 중의 하나이다. 특히 현대사회에서 자녀가 성공하기 위해 중요하다고 생각하는 품성에는 용기, 자아존중감(자기 자신에 대해 가지는 관점), 책임감, 협동심, 그리고 존경심을 들 수 있다. 적극적 부모역할 훈련에서는 이러한 다섯 가지 품성들을 자녀가 갖출 수 있도록 도와준다.

② 부모역할 유형

본 프로그램에서는 부모역할 유형을 전제형(독재자), 자유방임형(심부름꾼), 민주형(적극적인 부모)으로 구분한다(〈표 14-6〉 참조). '전제형' 부모는 막강한 힘을 가진 독재자로서 전제적으로 자녀를 지도하려고 한다. 이들 부모는 자녀를 통제해야 한다고 믿는다. '자유방임형' 부모는 거칠고 완고한 독재적 방식에 강력하게 반대하는 사람들로, 자녀들이 제멋대로 하고 싶은 일을 하도록 너무 많이 허용한다. 자녀에게 무제한의 자유를 허용하기에, 가정에서는 질서와 규율을 찾아보기가 힘들다. 그리고 '민주형' 부모는 협동심을 강조하고 학습을 자극하는 지도자로, 이러한 가정에서는 질서와 규칙이 있으며 가족 구성원 모두가 중요한 사람으로 인정된다(Popkin, 1983).

〈표 14-6〉 부모코칭 프로그램: 적극적인 부모역할, Now!에서 제시하는 세 가지 부모역할 유형

	전제형 (독재자)	자유방임형 (심부름꾼)	민주형 (적극적인 부모)
양육 방법	부모는 통제수단으로 보상과 벌을 사용하는 전능한 인물이다.	자녀에게 무제한의 자유를 주어, 자녀가 '제 마음대로 하도록' 허용한다. 통제가 거의 없으므로, 가정에는 질서와 규율이 없다.	부모는 자녀를 존중하며, 협동심을 길러주고, 학습을 자극하는 지도자이다. 가정에는 질서가 있고, 세심한 관심을 보이며 인정해 준다.
자녀	진취적이지 못하며, 기가 죽어 있거나 스스로 포기하거나 또는 부모의 말에 자주 반항한다.	협동이나 소속감을 느끼지 못하기 때문에 안정감이 적고, 다른 사람들과 함께 생활하는 데 어려움을 느낀다.	자기 생각과 감정을 공손하게 표현하며, 자신의 삶의 주인으로 행동한다.

	전제형 (독재자)	자유방임형 (심부름꾼)	민주형 (적극적인 부모)
상징	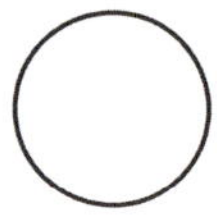	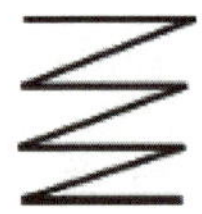	
	자유가 없는 한계	한계가 없는 자유	한계 내에서의 자유

③ 선택의 방법과 상호존경

자녀가 자신의 인생에 영향을 끼칠 중요한 결정을 할 수 있는 선택의 기회가 자신에게 주어지지 않으면 부모에게 저항하므로, 적극적인 부모역할을 하는 부모는 자녀에게 '한계 내에서의 자유'를 허용한다. 여기에서 '자유'란 아동이 선택할 수 있는 자유를 의미하며, 선택은 힘이라고 설명한다. 따라서 부모는 자녀의 연령과 발달단계에 적합한 선택과 책임감의 기준을 정해주는 것이 필요하며, 한계는 자녀의 연령에 따라 확장될 필요가 있다. 즉 자녀에게 주어지는 한계가 고정된 것이 아니라 자녀가 점차 성장하면서 '확장'되어 가는 한계 내에서 선택할 수 있는 자유를 부여하는 것이 요구된다.

또한 본 프로그램에서는 '상호존경'의 개념을 제시하고 있다. 자녀를 존중해 주는 것은 자녀가 부모를 존경하도록 가르치는 좋은 방법이다. 따라서 부모-자녀관계에서 부모가 존경받고 싶으면 자녀를 존중하는 것이 필요하다. 부모가 배우자나 다른 사람들에게 보여주는 존경심이 자녀에게 좋은 본보기가 되면, 자녀는 다른 사람들을 존경하는 습관을 획득할 수 있다.

④ 부모 자신을 보살피기

부모는 부모역할을 잘 수행하기 위해 많은 에너지가 필요하다. 이는 자녀를 보살피는 자로서의 자신을 보살피는 것이 중요함을 의미하는 것으로, 자신의 에너지를 재충전하기 위해서 매일 일정 시간을 자신에게 할애할 때 부모-자녀관계는 더 좋아질 수 있다. 특히 본 프로그램에서 제시하는 보살핌을 제공하는 자로서의 자신을 보살피는 행동은 자녀의 요구뿐만 아니라 부모의 발달적 요구도 중요함을 강조하는 것으로 오늘날 자녀양육이 힘든 부모들에게 필요한 주제라고 할 수 있다. 이와 관련하여 부모 자신은 얼마만큼의 자기 보살핌이 필요한지 검토할 필요가 있다. 예를 들어 자기 보살핌이 너무 많이 이루어지면 자녀의 요구를 무시하는 경향이 나타나며, 너무 적게 이루어지면 부모의 인내심이 사라지고 자녀와 같이 놀아 줄 마음이 생기지 않을 수 있다.

⑤ 가족화목활동(재미있는 시간 가지기)

본 프로그램에서는 매 회기마다 가족화목활동을 하도록 격려하고 있다. 특히 첫 번째 회기에서의 가족화목활동은 자녀와 재미있는 시간을 가지는 것이다. 시간은 가족마다 달리 정할 수 있지만, 중요한 것은 그 시간을 재미있게, 그리고 정규적으로 가지는 것이다. 즉 '날마다 조금씩' 재미있는 시간을 가지는 것이 중요하다. 가족 구성원들이 함께 재미있는 시간을 가진다는 것은 친밀하고 긍정적인 부모-자녀관계 형성에 영향을 미치고, 이는 다시 건강한 가정 구축에 영향을 미친다.

(2) 협동심을 구하기

평등사회에서는 타인과 협동하는 것과 한 팀에 소속될 수 있는 마음가짐을 배운 아동이 지나친 경쟁에 노출된 아동보다 성공할 가능성이 훨씬 더 크다. 협동심이란 두 사람 이상이 공동의 목표를 달성하기 위해서 상호지지적인 방식으로 함께 일하는 것으로, 자녀에게 협동심을 가르칠 수 있는 최선의 방법은 문제해결을 통해서이다. 부모와 자녀가 서로 협동해서 문제를 해결할 때 더 좋은 해결책을 찾을 수 있으며, 협력해서 얻어낸 해결책으로 인하여 자녀는 협동을 더욱 중요하게 생각하고 부모-자녀 간의 관계가 더욱 돈독해지며, 결과적으로 가족 전체의 만족과 행복이 보장될 수 있다.

협동심은 태도와 기술의 산물이다. 부모가 존경심을 가지고 자녀와 타인을 대하고, 합리적인 가족회의와 가족화목활동을 통해 참여를 격려하며, 함께 문제를 해결하는 과정에서 부모는 말과 행동을 통해 협동적인 태도를 자녀에게 전달할 수 있다. 이러한 토대를 형성한 다음에 협동적으로 함께 일하는 데 필요한 의사소통의 기술을 개발하는 것이다.

① 문제의 소유자 파악하기와 적극적인 의사소통

의사소통의 기술을 개발하기 전에 우선 문제의 소유자를 파악하는 것이 필요하다. 문제의 소유자 파악하기 원리는 읽어보기 14-10에 제시되어 있다.

읽어보기 14-10 문제의 소유자 파악하기 원리

1. 문제 행동이 직접적으로 누구에게 영향을 미치는가?(자신의 욕구를 방해받고, 문제를 제기하고 불평을 하는 사람이 문제의 소유자가 된다)
2. 문제가 건강, 안전, 가족의 규칙, 가치관 등과 관련되어 있는가?(이런 경우에는 부모가 문제를 소유한다)
3. 자녀가 합리적으로 처리할만한 나이와 성숙수준 한계 안에 들어 있는 문제인가?(자녀가 처리할만한 나이와 성숙수준에 도달하지 않았다면 부모가 문제를 다루어야 할 책임을 소유한다. 예를 들어 자녀가 학교 수업을 제대로 따라가지 못하는 경우 자녀가 학교에서 성공하기를 바라는 부모의 목표가 달성되지 않았지만, 성적을 올리기 위해 노력을 해야 하는 사람은 자녀이기 때문에 부모와 자녀가 문제를 공유한다고 할 수 있다)

출처: 홍경자 외(역)(2007). pp. 48-50 재구성.

특히 자녀가 문제를 가지고 있을 때 지지하는 첫 번째 단계는 아이의 말문을 막지 말고 적극적인 의사소통을 하는 것이다. 적극적인 의사소통은 자녀의 협력을 얻어내고, 문제를 해결하려고 노력하는 자녀를 지지해 주는 일련의 기술로서, 자녀가 문제를 소유하거나 부모와 자녀가 공동으로 문제를 소유할 때 사용하는 기술을 의미한다.

적극적인 의사소통은 첫째, 자녀의 말을 적극적으로 경청하고, 둘째, 감정에 귀를 기울이며, 셋째, 자녀가 느낀 감정을 반영해 준 다음에 그 감정을 사건의 '내용'과 연결하여 자녀에게 전달해 준다. 넷째, 문제에 대한 대안을 함께 모색하고, 각각의 해결방안이 가져다줄 결과를 자녀가 예견해 보도록 도와준다. 다섯째, 실제로 자녀가 문제를 처리할 기회를 가진 후에는 그 해결책이 자녀에게 어떤 결과를 가져왔는가를 자녀에게 물어봄으로써 추후 지도를 하는 과정을 실천해 본다.

② 가족화목활동(취침 전 일과와 '사랑해'라는 말 전달하기)

두 번째 회기의 가족화목활동에서는 취침 전 일과를 확립하고 '사랑해'라는 말을 자녀에게 전달하여 사랑을 표현하는 것이다. 부모들은 자녀를 재우면서 갈등을 경험할 필요 없이, 취침 시간을 즐거운 시간으로 바꿀 수 있는 것(예: 목욕과 양치질하는 시간을 윽박지르면서 하기보다 자녀에게 놀이의 연장으로 즐겁게 받아들일 수 있는 시간)에 대해 생각하는 시간을 가진다. 또한 부모와 자녀 간에 좋은 관계를 유지하기 위해 서로에 대한 사랑을 표현하는 것이 중요하므로 "사랑해."라고 말해주는 것도 필요하다.

(3) 책임감과 훈육

① 책임감이란 무엇인가?

책임감에 대해 정의를 내리면 첫째, 자신의 의무를 받아들이는 것을 의미한다. 장기적인 이득을 위해서는 단기적인 욕구를 희생해야 할 때가 있음을 자녀에게 가르치는 것이 책임감을 가르치는 것이다(예: 애완동물을 기르는 것은 애완동물을 돌볼 책임을 받아들이는 것을 의미). 둘째, 상황이 요구하는 대로 올바른 행동을 하는 것을 의미한다. 여기에서의 상황은 고정불변의 것이 아니라 사회, 문화, 환경적 맥락의 영향을 받는 상황을 말한다(예: 친구가 잘못된 행동을 할 때를 제외하고는 친구의 편이 되어 주고 친구를 방어해 주는 것). 그리고 마지막으로 책임감은 자신의 행동에 대한 책임을 받아들이는 것이다. 어른이나 아이들은 대체로 자신의 문제에 대한 책임을 지기보다 다른 사람이나 환경의 탓으로 돌리고 변명을 늘어놓는 경우를 종종 본다. 이때 자녀는 변명과 책임 전가를 통해 문제가 되는 난처한 상황을 피할 수는 있으나, 차후에 더 나은 결정을 하는 방법을 배울 수 없다. 따라서 부모는 자녀가 책임감 있는 어른이 되도록 준비시켜야 한다. 이를 위해 자녀가 실수하거나 그릇된 행동을 할 때 부모가 아이를 책망하거나 벌주고 싶은 충동을 자제하는 것이 필요하다. 왜냐하면 사람들은 책망받거나 벌을 받으면 남을 탓하고 자신을 정당화시킴으로써 책임감을 회피하려 하기 때문이다. 그리고 무엇보다 중요한 것은 책임감 있는 아이는 누구로부터 비난받지 않는 상황에서 끊임없이 자신의 행위를 검토하고, 보다 더 현명한 방법으로 살아가는 어른으로 성장할 수 있다.

책임감은 자녀 스스로가 자신의 행동을 선택하고 그 선택의 결과를 수용하는 과정을 통해 획득된다. 따라서 부모는 자녀에게 선택권을 주고, 그들이 선택한 결과를 경험하도록 도와줄 필요가 있다. 이때 선택은 어떤 것을 선택할 수 있는 자유가 주어졌을 경우에만 할 수 있으므로, 선택의 자유만이 책임감의 기본 조건이 된다. 적극적인 부모는 자유에 대한 자녀의 욕구를 인식하는 한편, 적당한 한계를 두고 허용한다. 특히 자녀에게는 성장하면서 확장되어 가는 '한계 내에서의 자유'가 필요하며, 자녀의 연령에 적합한 한계와 책임감을 부여하는 것이 중요하다.

책임감 = 선택 + 결과

② 효과적인 훈육방법

효과적인 훈육을 하기 위해서는 다음과 같은 사항을 유념해야 한다.

읽어보기 14-11 효과적인 훈육 시 유의사항

1. 우리의 목표는 자녀를 가르치는 것이지, 자녀에게 상처를 주는 것이 아니다.
2. 자녀의 부정적인 행동을 교정해 줄 경우에도, 자녀가 조금이나마 좋아진 점을 찾아내서 격려해 주도록 하라.
3. 자녀를 훈육할 때, 가능한 한 강력한 주장적인 표현은 자제하도록 하라.
4. 자녀를 훈육할 때, 사랑하는 마음으로 지도하라.

출처: 홍경자 외(역)(2007). p. 87.

본 프로그램에서 제시하는 세 가지 훈육방법은 부모가 부드러운 주장에서 시작하여 단호하게 주장하는 방식으로 진행되는 기본적인 의사소통의 기술들이다. 첫 번째는 정중한 요청으로, 자녀는 부모가 자신에게 기대하는 것이 무엇인지 정확하게 알지 못하기 때문에 그릇된 행동을 하는 경우가 간혹 있다. 이런 경우에는 정중한 요청만으로도 아이의 행동을 충분히 변화시킬 수 있다(예: 밥을 다 먹고 자신의 그릇을 싱크대에 가져다주기를 원하면 "○○야, 엄마(아빠)는 네가 밥을 다 먹은 후 너의 그릇을 싱크대에 가져다주기를 원해."라고 말할 수 있다).

두 번째 방법은 나-전달법(I-message)이다. 나-전달법은 P.E.T.에서 그 내용을 자세히 다루었다. 나-전달법은 아이의 행동으로 인해 부모의 욕구 충족이 방해를 받아 부모가 문제를 소유한 경우에 사용하는 방법이다. 특히 나-전달법은 단호하나 차분한 어조로 이루어질 때 가장 효과적이므로, 부모가 몹시 화가 난 상태에서는 사용하지 않는 것이 좋다. 나-전달법은 첫째, 부모에게 문제가 되는 행동을 단순히 서술하고, 둘째, 그 행동에 대한 부모의 느낌을 말하며, 셋째, 그 행동이 부모에게 미치는 구체적인 영향을 말하고, 넷째, 더 나아가 부모가 자녀에게 원하는 것을 더 정확하게 말한다(P.E.T.의 나-전달법에서는 앞에서 소개한 세 가지 요소를 제시하였다면, AP Now!에서는 나-전달법의 요소에 부모가 자녀에게 원하는 내용을 포함하고 있다).

마지막 훈육 방법은 앞서 제시한 정중한 요청과 나-전달법에 자녀가 응하지 않을 때 부모가 조치할 수 있는 것으로, 짧지만 단호하게 주의를 주는 것이다(예: ○○야, 그릇을 싱크대에 가져다줘). 이때 아이의 눈을 똑바로 응시하면서 단호하게 부모가 원하는 것을 자녀에게 상기시키는 것이 중요하다.

③ 논리적 결과

자녀에게 논리적인 결과를 부과하는 것은 현대 민주사회의 삶과 좀 더 일치하는 진보된 훈육 방법이다. 논리적인 결과란 자녀가 주어진 한계 상황 안에서 자신이 선택한 것에 뒤따르는 결과를 체험하게 하는 것이다. 이때 부모들은 자녀들에게 그릇된 행동을 하는 것도 그들의 선택이며, 선택에는 논리적 결과가 수반된다는 것을 보여줌으로써 자녀를 도와줄 수 있다. 논리적 결과 적용에 도움이 되는 지침을 소개하면 다음과 같다(읽어보기 14-12〉 참조).

④ 가족화목활동(긍정적인 나-전달법)

세 번째 회기의 가족화목활동에서는 긍정적인 나-전달법을 사용하도록 도와주는 것이다. 나-전달법 자체가 분명하고, 단호하고, 차분한 형태의 대화이기 때문에, 자녀들이 자기방어를 하지 않고서도 부모 말을 잘 듣도록 하는 방법이다. 이러한 특성상 나-전달법은 자녀가 바람직한 행동을 했을 때 자녀를 격려하는 말로도 사용할 수 있다. 따라서 긍정적인 나-전달법은 아이가 지속적으로 자신의 행동을 향상하도록 동기화시켜 준다.

읽어보기 14-12 논리적 결과 적용에 도움이 되는 지침

1. 자녀의 행동에 관한 결과로 치르게 될 대가를 정하는 데 아이를 참여시켜라. 의사소통 과정에 자녀를 참여시키면 아이로부터 더 많은 협조를 얻어낼 수 있다.
2. 자녀에게 선택권을 주어라. 그러면 아이는 긍정적인 행동을 할 가능성이 크다. 이때 양자택일("너는 ~하거나 아니면 ~할 수 있다. 네가 결정해라."라고 말하며, 이 방법은 자녀가 그릇된 행동을 그만두기를 바랄 때 효과적이다)이나 조건부("네가 ~하면, 너는 ~하게 된다."라고 말하며, 이 방법은 자녀의 긍정적인 행동을 시작하도록 동기화시킬 때 유용하다)의 선택 방법을 사용하면 좋다.
3. 반드시 논리적으로 연관성이 있는 결과를 부여해야 한다. 자녀에게 부여된 결과가 정당하다는 것을 아이가 인식하면 부모의 말을 잘 따른다. 그러나 부모가 부여한 결과가 자녀의 행동과 직접적으로 연관이 없다면, 아이는 그것을 별로 생각한다.
4. 부모 자신이 실천할 수 있는 선택권만 주어라.
5. 부모가 단호하고 조용한 어조를 유지하는 것이 중요하다.
6. 일단 자녀에게 선택권을 주고 나서는 그에 따른 결과를 실천해야 한다.
7. 자녀가 부모를 시험해 본다는 사실을 유념해야 한다. 과거에 부모가 자녀들에게 말한 것을 실행하지 않은 경우를 종종 보았기 때문에, 이번에도 자녀는 부모가 말한 것을 정말로 실행하는지 알아보려고 시험할 수 있다는 것을 인식해야 한다.
8. 논리적 결과를 경험시킨 다음에 다시 한번 기회를 주는 것이 중요하다. 아이가 논리적 결과를 통해 교훈을 얻게 하는 것이 우리의 목표이므로, 한 번 더 기회를 주어야 한다. 그러나 반드시 논리적 결과를 경험한 후에만 한 번 더 기회를 주어야 한다.

출처: 홍경자 외(역)(2007). pp. 99-104 재구성.

(4) 자녀의 그릇된 행동을 이해하고 교정해 주기

① 자녀 행동의 네 가지 목적

자녀의 행동을 이해하기 위해서는 행동의 원인보다는 목적을 이해해야 한다. 즉 모든 아이의 행동 이면에는 숨어 있는 기본적인 목적을 알아야 한다. 드라이커스의 이론에 의하면, 인간이 생존하고 번영하는 데는 네 가지 행동목적 내지 심리적 욕구가 있다. 이러한 네 가지 기본적 행동 목적에는 접촉/소속감, 힘, 보호, 물러서기가 있다. 네 가지 목적을 긍정적으로 추구하느냐, 부정적으로 추구하느냐가 중요하다. 일반적으로 높은 자존감과 용기를 가진 아이는 긍정적인 방법을 선택하는 반면, 기가 꺾여서 낮은 자존감을 가진 아이는 부정적인 방법을 더 많이 선택한다.

〈표 14-7〉 네 가지 목적에 대한 긍정적, 부정적 접근 방식

자녀의 목적	긍정적 접근방식	부정적 접근방식
• 접촉/소속감	기여하기, 협동하기	부당한(지나친) 관심 끌기
• 힘	독립성, 능력	반항(힘겨루기)
• 보호	주장하기, 용서하기	앙갚음(보복하기)
• 물러서기	적절한 회피	과도한 회피(물러서기)

출처: 홍경자 외(역)(2007). p. 123.

자녀가 그릇된 행동을 하는 이면에는 어떤 욕구나 목적을 충족하기 위한 동기가 숨어 있는데, 부모들이 이를 알지 못하기 때문에 문제를 더 악화시키는 행동을 한다. 따라서 부모는 자녀의 목적을 알기 위하여 우선 탐색작업을 해야 하며, 자녀의 행동 목적을 알게 되면 자녀가 긍정적인 접근방식을 사용하여 목적을 달성할 수 있도록 도와주는 것이 필요하다. 특히 부정적 접근방식은 STEP(Systematic Training for Effective Parenting: 효과적인 양육을 위한 체계적인 훈련)에서 다루는 네 가지 잘못된 행동목표와 같다.

특히 부모-자녀관계에서 힘겨루기가 발생하면 상황이 어려워진다. 따라서 힘겨루기를 피하는 것이 중요한데, 힘겨루기를 피하는 방법은 자녀와 싸우지도 않고 양보하지도 않으면서 자녀의 생각을 변화시키도록 영향력을 행사하는 것이다. 이를 위해 부모가 먼저 조용한 태도를 유지하고, 자녀의 반항을 감정적으로 받아들이지 않는 것이 필요하다. 이것은 결코 쉬운 일이 아니며, 부모가 자녀에게 화를 내는 순간 부모는 힘겨루기에 휘말려 들어가서 지게 된다는 사실을 명심해야 한다.

그리고 자녀에게 자녀 스스로 결정할 수 있는 능력이 있다는 것을 믿는다고 말해주고, 실제로도 믿어주어야 하며, 선택권을 주어야 한다. 또한 아이가 실수하는 것을 허용하고, 설교하거나 모욕을 주지 말고, 실수에 따르는 결과를 아이가 경험하게 도와주는 것이 중요하다. 즉 부모는 자녀에게 싸우는 것에는 관심이 없다는 것을 알려주어야 하며, 문제 상황에 대해 함께 해결책을 찾는 노력이 필요하다.

그리고 훈육이 필요할 때는 화를 내고 벌하기보다는 논리적 결과를 적용하는 것이 더 효과적일 수 있다.

② 가족화목활동(기술을 가르치기)

가족화목활동에서는 자녀가 자신을 능력 있는 개인으로 볼 수 있도록 도와주는 것이다. 이를 위해 부모가 자녀에게 어떤 기술을 가르치면, 자녀의 유능성을 길러주면서 동시에 힘의 목적을 성취하는 긍정적인 방법을 알려주는 것이다. 자녀에게 기술을 효과적으로 가르치는 단계는 다음과 같다.

첫 번째 단계는 자녀가 기술을 배우는 것이 가치 있다는 것을 설명하면서 아이가 기술을 배우고 싶은 마음이 생기도록 한다(예: "네가 먹을 떡볶이를 만드는 방법을 알면, 매번 엄마가 떡볶이를 만들어 줄 때까지 기다리지 않아도 돼."). 두 번째는 적절한 시간을 선택하고, 세 번째 단계에서는 기술을 작은 단계로 나누어 가르치는 것이다(예: "우선 모든 재료를 준비해 두는 거야. 떡볶이의 재료는 떡, 어묵, 채소, 고추장이야."). 네 번째 단계에서는 실제 부모가 시범을 보여주고, 다섯 번째 단계에서는 부모가 옆에서 지켜보면서 아이가 기술을 수행해 보도록 허용하는 것이다. 이때 도움이 필요하면 도와주고, 실수하면 너그럽게 대하여 재미있는 놀이처럼 만드는 것이 중요하다. 여섯 번째 단계에서는 격려하고, 격려하고, 격려하는 것이다. 즉 격려해 주는 말을 하여 자녀의 노력과 결과를 인정해 주면, 아이의 자존감 형성에 긍정적 영향을 미치며 아이는 계속해서 배우고 싶은 마음을 지니게 된다(예: "잘했어, 그렇게 하는 거야."). 마지막 단계는 함께 작업하고 함께 노는 것이다. 이런 과정에서 부모와 자녀는 같은 활동의 동반자라는 생각을 하면서 긍정적인 부모-자녀관계를 형성할 수 있다.

(5) 용기, 품성, 자아존중감을 길러주기

① 용기

본 프로그램에서는 자녀가 생활 속에서 겪는 많은 도전에 용기 있게 대처하도록 준비시키는 일에 초점을 둔다. 매번 무언가를 선택하면서 살아가야 하는 오늘날, 용기는 너무도 중요한 자질이며 아이의 성격을 형성하는 기초가 된다. 부모코칭

프로그램: 적극적인 부모역할, Now!에서는 용기를 이미 알고 있는 목표를 위하여 어느 정도 예상하는 위험을 감수하려는 확신감으로 정의하고 있다. 우리에게 용기란 성공할 가능성이 크다는 것과 설령 실패한다고 하더라도 위험을 감수할 만한 가치가 있음을 알고, 위험을 감수하도록 동기화시켜 주는 자신감을 의미한다.

② 자아존중감

자아존중감은 스스로가 능력 있고 사랑스러운 인간으로서 성공할 것이라는 신념에서 비롯된다. 특히 자녀는 자신을 좋게 생각하며, 능력 있는 인간으로서 성공하게 될 것이라는 신념인 '자아존중감'을 가질 때, 위험을 감수할 용기를 지닌다. 이러한 용기는 더욱 긍정적인 행동을 하게 하며, 난관에 부딪혀도 계속해서 시도한다. 그 결과로 아이들은 성공을 맛보며 주변에서 긍정적인 피드백을 받는다. 이러한 순환적인 과정이 성공회로 안에서 다시 자아존중감과 용기를 불러일으킨다는 점에서 중요하다([그림 14-5] 참조). 반면, 실패회로 안에서 아이들은 자아존중감이 낮을 때 위험 상황을 긍정적으로 감수하려는 용기가 부족하고, 따라서 어떤 노력도 시도도 하지 않으며, 자신의 욕구 충족을 위해 그릇된 행동을 한다. 그러한 부정적인 행동은 실패를 가져오고 다른 사람들에게 부정적인 피드백을 받게 되며, 이러한 순환적인 과정은 아이의 자아존중감을 감소시키고 기가 꺾여서 실패회로를 반복하게 된다([그림 14-6] 참조).

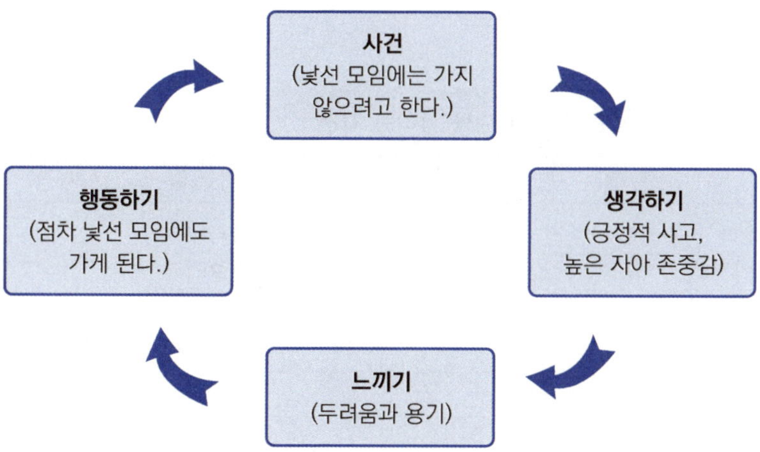

[그림 14-5] 성공회로

출처: 홍경자 외(역)(2007). p. 161 재구성.

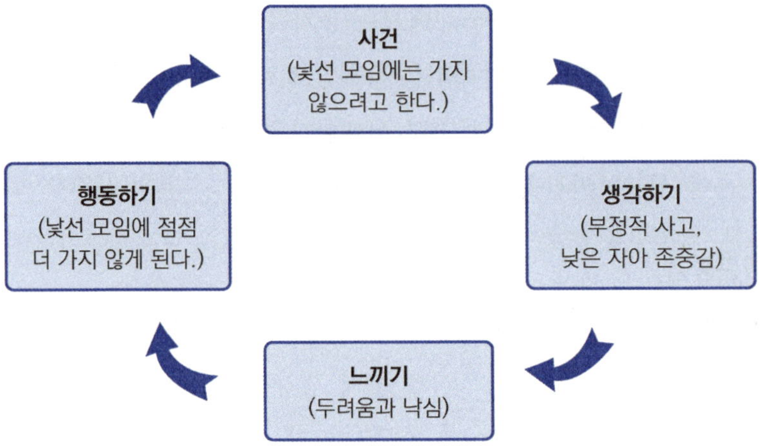

[그림 14-6] 실패회로

출처: 홍경자 외(역)(2007). p. 162 재구성.

이처럼 적극적인 부모역할 훈련에서는 생활 속에서 부딪히는 여러 사건들에 대해 어떤 생각을 하고 어떻게 느끼는가에 따라 행동이 달라진다는 '생각하기-느끼기-행동하기 회로'를 소개하면서, 성공회로와 실패회로를 설명하고 있다. 따라서 부모는 자녀가 성공회로 안으로 들어와 머물도록 도와주어야 한다.

③ 자녀의 기를 꺾는 사건과 기를 살리는 사건

부모는 자녀의 자아존중감과 용기를 북돋아 주기 위하여 자녀를 격려해 주는 것이 중요하다. 〈표 14-8〉은 자녀의 기를 꺾는 사건과 기를 살리는 사건을 소개하고 있다.

〈표 14-8〉 자녀의 기를 꺾는 사건과 기를 살리는 사건

기(氣)를 꺾는 사건	기(氣)를 살리는 사건
• 과잉보호하고 응석 받아주기 • 실수를 지적해 주기 • 기대하지 않기 • 완벽주의(과잉기대)	• 독립심을 자극하기 • 장점을 살려주기 • 신뢰를 보여주기 • 아동의 가치를 인정하기

출처: 홍경자 외(역)(2007). p. 170.

자녀의 기를 살리는 첫 번째 방법은, 자녀에게 독립심을 자극하고, 아이를 과잉보호하거나 응석을 받아주어서는 안 된다. 대신 자녀가 다른 사람들과 협동하도록 격려해서 함께 어울려 사는 기쁨과 혜택을 체험할 수 있게 도와준다. 즉 자녀가 상호의존성을 가질 수 있게 도와주는 것이 중요하다. 또한 자연적인 결과를 체험하게 하는 것은 아이의 독립심을 가르치는 데 효과적이다. 이때 중요한 것은 자녀를 위험한 상황에서 구출하고 싶은 행동을 자제하고, 잔소리하지 않음으로써 어떤 사건에 대해 자연적으로 일어나는 결과를 아이가 스스로 경험하게 하여 교훈을 얻게 하는 것이다. 예를 들어 자신의 물건을 아무 곳에 두면 잃어버리게 된다는 것을 알게 하는 것이다. 그러나 자연적 결과가 교훈을 줄 수 없는 상황도 있음을 알아야 한다. 첫째, 자연적 결과를 통하여 교훈을 얻기에는 너무 위험부담이 클 때는 자연적 결과 적용이 어렵다. 예를 들어 복잡한 도로에서 아이가 뛰어놀도록 방치하여 사고가 일어나는 상황에서는 적용할 수 없다. 둘째는, 자연적 결과로 나타나는 행동이 당장 눈에 보이지 않기 때문에 아이가 인과관계를 이해할 수 없을 때이다(예: 양치질을 하지 않으면 당장 충치가 생기는 것이 아니고, 몇 년 후에 충치가 생기는 경우). 마지막으로, 자녀의 행동이 다른 사람에게 피해를 줄 때도 자연적 결과를 적용하기 어렵다(예: 아이가 식당의 옆 테이블에 가서 방해하는 경우나, 가족 모두가 사용하는 물건을 사용하고 아무 데나 두는 행동으로 다른 사람에게 피해를 주는 경우).

기를 살리는 두 번째 방법은 자녀의 장점을 구축하는 것이다. 반대는 실수를 지적하는 것이다. 부모가 아이의 잘못만 지적하면 자신은 나쁜 점이 많다고 믿으며, 이러한 믿음은 아이를 더 걱정하게 만든다. 또한 의욕을 잃고 일의 수행 능력도 떨어진다. 따라서 부모는 자녀의 좋은 점을 발견하여 아이가 옳게 행동한 것에 대해 집중적으로 긍정적인 피드백을 보내주면 아이의 자존감이 향상되며, 이는 다시 용기와 긍정적인 행동을 가져온다.

세 번째 방법은 자녀에게 신뢰를 보여주는 행동이 아이의 기를 살릴 수 있다. 신뢰를 보여주는 방법으로는, 자녀에게 책임감을 부여하는 것이다. 이때 부모는 자녀가 할 수 있는 능력의 범위 안에서 책임감을 부여하는 것이 중요하다. 또한 부모가 개입하고 싶은 충동을 물리쳐야 한다. 예를 들어 아이에게 어렵게 보이는 문제가 부모에게는 쉬운 일처럼 보일 수 있다. 부모가 개입하여 문제를 해결해 주면 그러한 부모의 행동이 아이를 신뢰하지 못하고 있음을 의미한다. 또한 아이가 성공하고 긍정적인 행동을 하리라고 기대하는 것도 아이를 신뢰하는 행동이다. 이때 부모의 아이에 대한 기대가 현실적인 수준에서 이루어지면 아이는 더 발전하게 된다.

마지막으로, 아이의 기를 살리는 방법은 아이를 있는 그대로 존중하는 것이다. 이를 위해 인간의 가치와 성취의 개념을 구별하는 것이 중요하다. 자녀의 가치는 자녀가 이루어 놓은 업적으로 평가받는 것이 아니라 자녀가 인간이라는 사실 자체에 있다. 한편 인간의 가치와 그릇된 행동의 개념을 구별해야 한다. 자녀의 그릇된 행동과 아이 자신의 가치는 무관하다. 만일 아이에게 '나쁜 아이'라거나 '별 볼 일 없는 아이'라는 꼬리표를 붙이면, 아이는 그 꼬리표를 사실로 믿고 나쁜 행동을 할 가능성이 있다. 부모는 자녀의 성공과 그릇된 행동으로 아이를 판단해서는 안 되고, 자녀를 있는 그대로 사랑하고 있다는 사실을 아이가 느끼게 해줄 필요가 있다. 당신의 자녀가 이 세상에서 오직 하나뿐인 독특한 존재이기 때문에 당신이 사랑한다는 것을 말과 행동으로 자녀에게 보여주는 것이 중요하다.

④ 가족화목활동(격려의 편지)

가족화목활동에서는 격려의 편지를 작성하여 자녀에게 전달하는 것이다. 편지 안에는 자녀가 완벽한 수준은 아니더라도 어느 정도 발전된 사항에 대해 적는다. 발전 상황을 구체적으로 적고, 아이 행동이 다른 사람에게 어떻게 도움이 되었는지도 기술한다. 이때 좋아지지도 않았는데 좋아졌다고 쓰는 것은 도움이 되지 못한다.

(6) 적극적인 가정, Now!

본 프로그램에서 강조하고 있는 주제 중의 하나는 자녀의 삶에 영향을 미치는 의사결정에 자녀도 발언권을 갖도록 허용해야 한다는 것이다. 자녀들이 예의 바른 토론을 통해서 가족의 의사결정에 참여하고 자신의 발언과 의견이 존중된다고 느끼면 자녀는 협동심과 책임감이 생기고, 부모로서의 권위도 더 잘 유지될 수 있다. 이를 위해 부모는 의사소통의 기회를 제공하는 가족모임과 가족회의를 자주 가지도록 노력한다.

마지막 회기의 가족화목활동에서는 가족은 이 세상에서 가장 중요하다는 것을 자녀의 마음에 심어주는 것이다. 다양한 형태의 가족이 존재하는 오늘날, 어떤 형태의 가족이든지 간에 부모는 자녀가 가족의 구성원임을 알게 하는 것이 중요하다. 이를 위해 가족이 함께하는 활동을 자주 계획하고, 자주 "우리 가족은 …"이라는 문구를 사용하도록 하며, 각 가족만의 독특한 전통이나 의식을 개발하는 것이 필요하다. 부모코칭 프로그램: 적극적인 부모역할, Now!에서는 자녀가 가정을 통해서 인류라는 큰 가족에 속해 있다는 사실을 알게 하며, 자기 가족에 공헌함으로써 인류의 미래가 결정된다고 보았다. 따라서 오늘날 부모역할은 그 어느 때보다 어렵지만 부모역할의 중요성은 더 강조되고 있다.

4. 감정코칭[3)]

1) 배경

감정코칭은 하임 기노트(Haim Ginott)의 감정을 중시하는 정서를 기본철학으로, 부모가 아이의 감정에 반응하고 수용하는 태도에 대한 임상사례 연구로 시작되었다. 이후 존 가트맨(John Gottman)은 부모-자녀관계 연구에서 기노트의 철학적 가치를 재발견하여 부모의 초감정(metaemotion: 감정 뒤에 있는 감정)과 감정수용 및 반응이 자녀양육에 미치는 영향을 과학적으로 검증하였다. 가트맨은 '감정코치(emotion coach)'라는 신교육개념을 개발하였으며, 우리나라에서는 최성애 박사가 처음으로 방송에서 소개하였다(김우미, 2012; 최문정, 2017).

감정코칭의 목표는 감정을 있는 그대로 자연스럽게 이해하고 받아들이되 감정을 표현하는 방식인 행동에는 명확한 한계를 주고, 그 안에서 좀 더 바람직하게

3) 감정코칭에 대한 설명은 존 가트맨, 남은영(1997)의 『내 아이를 위한 사랑의 기술 감정코치』, 최성애, 조벽, 존 가트맨(2020)의 『내 아이를 위한 감정코칭』에 근거하고 있다.

행동할 수 있도록 이끌어 주는 것이다. 이때 일방적으로 부모 말을 따르게 하는 것이 아니라 아이 스스로 문제 상황을 좀 더 폭넓게 보고 바람직하게 대처할 수 있도록 이끌어 준다.

2) 자녀양육 유형

부모 자신이 어떤 부모가 되고 싶은지, 아이 감정에 어떻게 반응하는지를 보면 자신이 어떤 유형의 부모인지 알 수 있다. 네 가지 유형의 자녀양육 유형을 소개하면 다음과 같다.

(1) 축소 전환형 부모("별 것 아니야")

축소 전환형 부모는 자신의 감정을 적절하게 표현하는 것을 어려워한다. 사기 내부의 감정을 인지하지 못하므로 아이가 느끼는 감정 또한 인지하지 못하고, 아이 감정을 대수롭지 않게 여기거나 무시한다. 때로는 비웃거나 경시하기도 한다. 그리고 좋은 감정과 나쁜 감정이 있는데, 나쁜 감정은 사람이 살아가는 데 아무 도움이 되지 않는다고 생각한다. 그래서 아이가 부정적 감정을 보이면 불편해서 아이의 관심을 빨리 다른 곳으로 돌리고자 한다. 또한 아이의 감정은 비합리적이어서 중요하지 않고, 시간이 지나면 저절로 사라진다고 생각한다.

이런 부모 밑에서 자란 아이는 자신의 감정을 무시당하며 살아왔기 때문에 각 상황에서 느낀 감정이 옳은 것인지 잘못된 것인지도 혼란스러워하고 자신감이 없다. 진짜 자기감정이 어떤 것인지 알지 못하기 때문에 좀 더 쉽고 즉각적인 방법으로 감정을 전환하거나 문제를 회피하려 한다.

(2) 억압형 부모("그럼 못 써")

축소 전환형 부모처럼 아이 감정을 무시하고, 심지어 잘못된 것이라고 비판한다. 아이 감정보다는 행동에 초점을 맞추어, 아이가 울면 왜 우는지 감정을 읽어주기보다는 울음을 그치라고 야단친다. 부정적 감정은 나쁜 성격, 나약한 성격에서 나오므로 억제해야 한다고 믿기 때문에, 아이의 부정적 감정은 매를 들어서라도 없애야 하고 올바른 행동을 가르쳐야 한다고 생각한다.

이런 부모 밑에서 자란 아이는 자존감이 낮으며, 부정적인 감정을 올바르게 조절하는 방법을 배울 기회가 없어 자신의 감정을 조절하는 능력도 부족하다. 또한 지나치게 감정이 억눌리며 살아왔기 때문에, 오히려 엇나가기도 쉬워 청소년 비행에 가담하는 비율이 높다.

(3) 방임형 부모("뭐든 괜찮아")

축소 전환형과 억압형 부모와는 달리, 방임형 부모는 아이 감정을 인정한다. 좋은 감정과 나쁜 감정으로 감정을 구분하지도 않고, 어떤 감정이든 허용한다. 그러나 방임형 부모는 아이 감정을 인정하고 공감해 주지만, 아이 행동을 좋은 방향으로 이끌어 주거나 한계를 제시하지 않는다. 아이가 슬퍼서 울 때 충분히 울게 할 수는 있지만, 문제는 슬픔을 표현하는 행동을 무제한 허용하여(예: 소리 지르기, 물건 던지기 등) 자신과 타인에게 바람직하지 않은 영향을 미칠 수 있다는 것이다.

이런 부모 밑에서 자란 아이는 자신의 감정을 마음껏 표출하며 살았으므로, 자신의 감정 조절을 잘할 것 같지만 사실은 그렇지 않다. 왜냐하면 감정 조절은 행동의 한계를 인식해야 가능하기 때문이다. 부모가 행동의 한계를 주지 않았기에 아이는 자기중심적인 행동을 하면서도 어떻게 행동하는 것이 적절한지 알 수 없어 불안해하고 문제해결능력도 떨어진다. 또한 화나거나 슬플 때 마음을 진정시키는 능력이 부족하고 마음을 다스리는 새로운 방법을 배우지도 못한다. 결과적으로 타인의 감정을 헤아리지 못해 대인관계에 어려움이 있을 수 있다.

(4) 감정코칭형 부모("함께 찾아보자")

감정코칭형 부모와 방임형 부모는 아이 감정을 다 받아주고 공감한다는 측면에서는 같지만, 아이 행동에 한계를 주는 것에는 차이가 있다. 감정코칭형 부모는 감정을 모두 수용해 주면서 좋은 감정과 나쁜 감정 모두는 삶의 일부라고 인정한다. 그러나 행동에는 분명한 한계를 준다. 한계를 정할 때는 타인에게 해로운 행동과 자신에게 해로운 행동은 해서는 안 된다는 원칙에 근거한다. 또한 아이 감정을 존중하고, 아이와의 정서적 교감을 중요하게 생각하며, 아이가 감정을 표현할 때 인내심을 갖고 기다려 준다.

이런 부모 밑에서 자란 아이와 부모는 신뢰할 만한 관계와 유대감을 형성한다. 아이의 독립성을 존중하므로, 아이는 문제를 해결할 때 부모에게 의견을 묻고 경청하며 스스로 해결 방법을 찾는다. 이런 과정을 통해 아이는 자기효능감과 자존감이 높아진다.

3) 감정코칭의 5단계

감정코칭은 아이에게 삶에 대처하는 방법을 가르쳐주는 것으로 부모에게는 상당한 인내심이 요구된다. 아이 자신의 감정을 표현하게 하면서 아이 감정이 격앙되기 전에 행동의 한계를 정해주어야 한다. 따라서 감정코칭을 받은 아이들은 자신이 느끼는 감정이 무엇이며, 어떻게 조절해야 하는지를 알기 때문에 행복하게 살아간다.

(1) 1단계: 아이의 감정 인식하기

감정코칭의 1단계는 '아이의 감정을 인식하는 것'이다. 아이의 감정 인식은 생각보다 쉬운 일이 아니다. 감정도 보려고 노력하지 않으면 놓치는 것이 많다. 아이의 모든 감정을 다 읽어주는 것은 불가능하지만, 아이가 누군가 자신의 감정을 알아주기를 원할 때 놓치지 않도록 노력할 필요가 있다.

① 작은 감정을 보일 때 빨리 알아차려라

아기는 자신의 불편한 감정을 울음으로 표현한다. 자신의 답답한 사정(예: 배가 고프거나, 아프거나, 기저귀가 젖었을 때 등)을 울음으로 표현하는데, 이때 부모(또는 주양육자)가 자신의 감정을 제때 읽어주지 않으면 울음소리는 더 커지게 된다.

일단 아이의 감정이 격해지면 감정을 다스리는 데 시간이 오래 걸리므로, 부모와 아이 모두 힘이 든다. 따라서 아이가 작은 감정을 보일 때 재빨리 알아차려서 아이의 감정이 격해지는 것을 예방할 필요가 있다.

② 행동 속의 숨은 감정에 주목하라

아이 행동은 바로 보이지만 감정은 그 안에 내재되어 있어, 부모는 감정보다는 행동에 대해 먼저 말을 하게 된다. 예를 들어 부모는 물건을 집어 던진 아이의 화가 난 감정을 읽어주기보다는 물건을 던진 행동에 대해 야단치면서 화를 낸다. 이러한 과정이 반복되면, 부모-자녀관계는 더욱 힘들어지면서 악순환의 연속이 된다. 행동 속에 내재된 숨은 감정을 포착하는 것이 감정코칭의 1단계이다.

③ 감정에도 다양한 색깔이 있다.

인간은 누구나 느낄 수 있는 보편적인 감정이 있는데, 기쁨, 슬픔, 화, 놀람, 공포, 경멸, 혐오 등이 이에 해당한다. 이러한 보편적인 일곱 가지 감정은 생존에 필요한 최소한의 감정이다. 그러나 일곱 가지 감정만으로는 삶을 풍요롭고 다채롭게 꾸미기 어렵다. 이때 좋은 감정을 느끼고 사는 것이 중요하지, 부정적인 감정까지 경험할 필요가 있느냐고 생각할 수 있다. 그래서 아이들이 동생이 밉다고 말하면, 부모들은 "동생을 미워하면 안 되지."라고 말하면서 아이의 감정을 부인하는 경향이 있다. 경험해도 좋은 감정과 그렇지 않은 감정은 없고, 모든 감정은 소중하다. 아이들이 다양한 여러 감정을 느끼고 살아갈 수 있도록 도와주어야 한다.

④ 아이의 감정을 인식하기 어려우면 물어본다.

아이의 표정만으로 아이 감정을 분명하게 알 수 있을 때가 있다. 예를 들어 아이가 주사를 맞고 눈물을 흘리면 "많이 아팠구나."라고 말하면서 감정을 인식하면 된다. 그러나 표정이나 몸짓만으로 상대방 감정을 정확하게 파악하기란 쉽지 않다. 표정만으로 아이 감정이 어떨 것이다라고 확신하면 오히려 감정코칭이 어려울 수 있다. 아이에게 직접 물어보아 감정을 알고 싶을 때는 폐쇄적 질문(또는 닫힌 질문)이 아닌 개방형 질문(또는 열린 질문)을 적용해야 하며(예: "지금 화났어?"가 아니라 "지금 기분은 어때?"), 개방형 질문에서는 여러 감정이 포함된 대답을 할 수 있다(예: "짜증이 나.", "답답해.", "걱정돼.").

(2) 2단계: 감정적 순간을 좋은 기회로 삼기

아이 감정을 알아차리면, 감정코칭을 할지 아니면 모른 척하고 그냥 넘어갈 것인지를 선택하는 것이 필요하다. 대체로 부모들은 아이의 감정이 격해지면 대화를 해도 소용이 없으므로 감정이 어느 정도 진정된 다음에 대화를 하려고 한다.

그러나 가트맨 박사는 감정코칭은 감정을 보이는 순간에 하는 것이 좋고, 특히 강한 감정을 보일 때가 감정코칭을 하기 좋은 때라고 한다. 아이들은 부모(또는 주양육자)에게 자신의 감정이 너무 격해져서 어떻게 해야 할지 모르니 도와달라는 신호를 보내는 것이다. 힘든 시기에 아이 감정이 가라앉을 때까지 기다린다면 아이는 더 힘들어할 수 있다. 아이가 감정을 보이는 순간을 부모가 아이와 친밀한 관계를 맺고 아이가 감정을 조절하도록 도와줄 수 있는 좋은 기회로 생각하고 감정코칭을 해보는 것이 필요하다.

① 감정이 격할수록 좋은 기회이다.

실제 아이가 이성을 잃고 파괴적 행동을 보이면 선뜻 감정코칭을 하는 것이 쉽지 않지만, 강한 감정을 보일 때가 감정코칭을 적용할 적절한 때이다. 격하게 감정을 표현하는 순간에 아이에게 해준 감정코칭으로 많은 변화가 일어날 수 있다. 쉽지 않지만 해볼 만한 가치가 있는 중요한 일이다.

② 작은 감정의 변화를 포착하라.

감정코칭으로 아이의 작은 감정부터 하나씩 읽어주면, 좀 더 강렬하고 큰 감정을 만났을 때의 충격을 최소화할 수 있다. 동생이 밉다는 아이를 미워해서는 안 된다고 야단치고 아무렇지 않게 아이의 기분을 방치하다 보면 아이는 동생에 대한 미움이 쌓이고, 어느 순간 동생만을 예뻐하고 자신의 감정은 읽어주지 않는 부모에게 폭발한다. 따라서 이런 상황이 오기 전에 미리 감정코칭을 해서 미움이 쌓이지 않도록 하는 것이 현명하다. 단서는 아이 표정, 음성, 몸짓에서 찾을 수 있으며, 단서에서 감정이 느껴지면 “지금 기분이 어때?”라고 물으면서 3단계로 들어가야 한다.

(3) 감정코칭 3단계: 아이가 감정을 말할 수 있게 도와주기

1, 2단계는 부모의 마음 안에서 일어나는 단계, 즉 아이와의 실제적인 대화를 시작하기 전 단계이다. 아이와의 본격적인 대화는 3단계부터 시작되며, 아이가 자신의 감정을 말할 수 있게 도와주는 단계이다.

① 감정에 이름 붙여주기

우뇌에서는 무언가 감정을 느끼고 신호를 보내면, 좌뇌는 그 신호를 받아들여 어떻게 대응할지를 준비한다. 그런데 감정에 분명한 이름이 없으면 좌뇌는 우뇌가 보내는 신호가 무엇인지 알아차리기 어렵다. 결과적으로 감정을 어떻게 처리해야 하는지 몰라 혼란스럽다. 감정에 이름을 붙여주면 감정을 알아차리고 대처하기가 쉽다.

이에 대해 가트맨 박사는 감정에 이름을 붙여주는 것은 '감정이라는 문에 손잡이를 만들어주는 것'으로 비유했다. 문에 손잡이가 없으면 문을 열거나 닫기가 힘들다. 방이 싫어 문을 열고 나가고 싶은데 손잡이가 없으면 문이 열리지 않아 나갈 수가 없다. 손잡이가 있으면 감정의 문을 열고 닫기가 편해진다.

감정도 마찬가지이다. 아이가 자신의 감정을 모르면 어떻게 처리해야 하는지 모르므로, 감정에 이름을 붙여주는 작업이 필요하다. 문에 손잡이를 달아주듯 아이 감정에 이름을 붙여주면 자신의 감정을 어떻게 처리해야 할지 명료해진다. 이런 경험이 누적되면 아이는 어떤 감정이 나타나든 현명하게 대처할 수 있게 된다.

② 아이 스스로 자신의 감정을 표현할 수 있도록 돕기

아이가 자신의 감정이 무엇인지 모를 때는 부모가 대신 감정에 이름을 붙여주어도 좋다. 그러나 아이가 자신의 감정을 표현할 단어를 찾도록 도와주는 것이 필요하다. 감정코칭을 할 때 부모가 아이에게 "지금 기분이 어때?"라고 물으면 아이는 자신의 감정에 적합하다고 생각하는 단어로 감정을 표현한다.

아이가 학교에서 돌아왔는데 기운 없이 풀이 죽어 있었다. 부모가 아이에게 무슨 일이 있었는지 물어보니, 아이는 친구들이 자신만 빼고 게임 이야기를 했다고 말했다. 이때 부모는 "너만 빼고 친구들이 게임 이야기를 했구나. 그때 너 기분은 어땠니?"라고 물어볼 수 있다. 아이는 나만 빼고 이야기해서 거부당한 느낌이 들고, 소외당한 것 같아 속상하다고 하면, 그런 감정이었구나 하면서 아이가 말한 상황과 감정을 연결해 준다. 그렇게 하면 아이는 자신의 감정을 인정받았다고 생각하며, 자신의 언어로 감정을 말해서 좀 더 쉽고 빠르게 진정이 된다.

(4) 4단계: 아이의 감정을 공감하고 경청하기

아이의 감정을 공감해 줄 때는 어떤 감정이든 공감해 주는 것이 중요하다. 아이의 감정에 편견을 두어서는 안 된다. 예를 들어 동생이 미워 집에서 없어졌으면 좋겠다는 큰아이 말을 들으면, 동생인데 어떻게 저런 말을 할 수 있나 하는 생각에 아이를 다그치는 경향이 있다. 그래서 부모도 모르게 "동생한테 그렇게 하면 안 되지. 누가 그렇게 못된 생각을 하니." 등과 같은 말을 하게 된다. 그러면 감정코칭은 시작도 하기 전에 실패한다. 아이가 다소 심한 말로 동생에 대한 감정을 나타내도 큰아이의 감정 그 자체를 공감해 주는 것이 필요하다(예: "엄마와 아빠가 동생만 예뻐하는 것 같아서 ○○가 많이 억울하고 짜증이 났구나.").

아이의 감정을 먼저 공감해 주지 않으면, 아이는 어떤 것이 옳은지 그른지를 알 수 없고 자신의 마음을 몰라주는 부모를 원망하여 더 화를 낼 수 있다. 그런데도 부모가 감정을 있는 그대로 공감해 주는 것을 어려워하는 이유는 감정을 좋은 감정과 나쁜 감정으로 구분하기 때문이다. 좋은 감정(기쁨, 즐거움, 행복, 편안함 등의 감정)은 아이에게 도움이 되지만, 나쁜 감정(슬픔, 외로움, 미움, 분노, 화, 질투, 공포 등)은 아이를 힘들게 하고 도움이 되지 않는다고 생각한다. 이에 대해 정혜신(2018)은 좋은 감정이든 나쁜 감정이든 모든 감정은 옳다고 하면서, 모든 감정은 그 자체로 존중받아야 한다고 하였다.

① 아이 자신도 모르는 복합적인 감정도 받아준다.

감정이 분명한 형태가 아닌, 여러 가지 감정이 복합적으로 섞여 나타날 때가 많다. 성인들은 그동안의 경험으로 다양한 감정이 동시에 나타날 수 있음을 알지만, 아이들은 그런 상황이 익숙하지 않다. 새로운 동네로 이사하여 전학하게 되었을 때 새로운 친구들에 대한 기대와 설렘도 있지만, 새로운 환경에 대해 낯섦과 불안이 공존할 수 있다. 이때 부모는 아이에게 그런 복잡한 감정이 일어날 수 있다는 것을 공감해 주어야 한다(예: " ○○가 새로운 학교에 가게 되어 들뜨고 설레기도 하면서, 다른 한편으로는 두렵고 불안하기도 하겠다."). 이렇게 공감해 주면 아이는 여러 감정을 느껴도 괜찮다고 생각하면서 안심한다.

② 감정을 공감할 때는 진정성 있게 공감해 준다.

감정을 공감할 때는 아이는 지금 어떤 감정을 느끼는지 생각하면서 진지하게 공감을 해주는 것이 중요하다. 말로는 공감한다고 하면서 아이가 느끼는 감정을 받아들이지 않는 경우도 있다. 예를 들어 산책하다 만난 강아지 때문에 무서워 우는 아이에게 말로는 "정말 무섭구나."라고 하지만, 실제 부모는 강아지가 얼마나 귀여운데 뭐가 그리 무섭겠어라고 하면서 아이의 감정을 진지하게 받아들이지 않는다. 말로만 공감하는 것이 아니라, 아이 마음속에서 지금 무엇을 느끼고 있는지를 파악하여 아이 감정을 있는 그대로 인정하고 공감해 주는 노력이 필요하다.

③ "왜?"라는 질문은 공감의 맥을 끊는다.

길을 가다 보면 아이와 부모가 실랑이하는 순간을 종종 목격한다. 이때 부모가 "왜 우는데?", "왜 화를 내는데?"라고 말하는 것을 보게 된다. "왜"라는 질문이 인지적인 사고를 요구하기에 아이들이 성인처럼 그 질문에 논리적으로 설명하는 것은 어렵다. 아이의 감정은 감정으로 읽어주는 것이 필요하다. 우는 아이한테 왜 우냐는 질문은 적절하지 않다. "왜"라는 질문 대신에 "○○가 슬픈 일이 있나 보다."와 같은 감정코칭이 도움이 된다.

아이 기분 상태를 모르면 "지금 기분이 어때?"라고 물어보는 것도 좋다. 아이 감정을 물어보는 것으로 아이는 "동생이 미워."와 같이 표현할 수 있다. 이때 부모는 "동생이 네 물건을 함부로 가져가서 밉구나."와 같이 공감해 주면 아이는 부모가 자기 마음을 알아준다고 생각한다. 그러나 공감을 받지 못하면 아이는 자신이 소중한 존재가 아니라고 생각하고 이는 자아존중감 감소로도 이어진다.

④ '왜' 대신 '무엇'과 '어떻게'로 접근하라.

아이에게 '왜'라는 질문은 이성적인 사고를 요하기에 어려운 질문이다. 그러나 현재 아이의 감정을 읽어주고 풀어주려면 왜 그런지 알아야 하는데, '왜'라는 질문이 적절하지 않으므로 대신 '무엇'과 '어떻게'를 사용하여 대화하면 된다.

동생이 밉다는 아이에게 "동생이 왜 미운데?"라고 질문하기보다 "동생이 너에게 어떻게 했길래 미워?"하고 물어보는 것이 효과적일 수 있다. 따라서 처음 감정코칭을 할 때는 좀 어색할 수 있지만, 의식적으로 '왜' 대신 '무엇'과 '어떻게'를 사용해 보는 것이 필요하다.

⑤ 아이가 하는 말을 미러링하면 감정 공감이 쉽다.

부모가 아이 감정을 완전히 이해하고 공감하지 못하면 아이는 더 스트레스를 받는다. 아이 감정을 정확하게 이해하고 공감하는 것이 중요한데, 이때 '거울식 반영법(mirroring)'을 사용하면 좋다. 아이가 감정을 이야기하면 그대로 따라서 한번 말해주는 방법으로, "그래서 기분이 나쁘고 속상했구나."처럼 아이 말을 따라 해주면 아이는 자신의 감정을 인정받았다고 생각하며 안도한다. 이 방법을 사용하면 부모는 아이 감정이나 상황을 올바르게 이해했는지 확인할 수 있다. 아이는 그냥 화가 나서 속상했던 것인데 부모가 "화나서 친구가 미웠구나."라고 거울식 반영법을 사용하면 아이는 "아니에요. 친구가 미운 것은 아니고, 그냥 화가 났어요."라며 정정을 할 수도 있다.

거울식 반영법은 아이 감정을 공감하고 있다는 강력한 표현 방법이다, 그러나 아이 말을 따라 하는 거울식 반영법을 계속 사용하면, 아이는 부모가 자신의 말을 따라 한다고 하면서 거부감을 나타낼 수도 있다. 감정적으로 아이와 충분히 공감하지 않고 앵무새처럼 아이가 한 말을 따라 하면 부모가 자신을 공감하지 못한다고 느낄 수 있기 때문이다. 이 방법의 핵심은 아이 감정을 공감할 수 있도록 조율해가는 '과정'이지 단순 모방의 '기술'이 아님을 알아야 한다.

(5) 5단계: 아이 스스로 문제를 해결할 수 있도록 하기

감정코칭을 하면 아이는 자신이 처한 문제 상황에 적절한 해결책을 찾기가 쉬워진다. 5단계가 잘 실행되지 않으면 4단계로 돌아가 아이 감정을 공감해 주는 과정이 필요하다. 문제를 해결할 주체는 '아이'임을 잊지 말고, 은연중에 부모의 생각을 강요하지 않는 것이 중요하다.

① 먼저 공감하고 행동의 한계를 정해준다.

아이의 감정은 다 받아주어야 하지만 행동까지 모두 받아주어서는 안 된다. 동생이 자신의 장난감을 마음대로 가지고 놀아 동생이 밉고 화가 나는 감정을 충분히 공감해 주어야 한다. 그러나 화가 난다고 해서 동생을 때리는 행동은 허용해서는 안 된다. 때리는 행동이 잘못되었음을 분명하게 알려주어야 한다. 행동에 한계를 정해줄 때는 아이 감정이 아니라 행동이 잘못되었다는 것을 깨닫게 해주어야 한다. 이를 위해 부모는 아이 행동에 대해 이야기하기 전에 감정부터 공감해 주어야 한다(예: "동생이 ○○의 장난감을 마음대로 가지고 놀아서 동생이 밉고 화가 나는구나. 그렇지만 동생을 때리는 것은 안 돼. 다른 방법은 없었을까?").

감정을 공감해 주고 행동을 지적해 주어야 아이는 거부감 없이 자신의 행동이 잘못되었음을 받아들인다. 공감하지 않은 채 잘못된 행동에 대해서만 지적하고 야단치면, 아이는 감정이 문제인지, 행동이 잘못된 것인지 몰라 더 상처를 받는다.

따라서 아이가 쉽게 이해하고 다양한 상황에서도 일관되게 적용할 수 있는 단순한 원칙을 제안하면 된다. 어떤 형태로든 자신과 타인에게 피해를 주는 행동은 안 된다는 원칙만으로도 아이는 해도 괜찮은 행동과 그렇지 않은 행동을 구분할 수 있다. 앞에서 제시한 "동생이 밉다고 때리는 것은 안 된다."와 같은 간단한 한계를 제시해 주는 것이다. 아이가 성장하면서 가정이나 학교에서 기대하는 최소한의 기준이나 한계를 말해준다. 때리지 않고도 자신의 감정을 표현할 수 있는 행동은 얼마든지 있을 수 있고, 그중에서 아이의 연령과 상황에 적합한 방법을 선택하면 된다.

② 아이가 원하는 욕구 확인하기

자신의 장난감을 마음대로 사용해 망가뜨린 동생이 밉다는 아이에게 어떻게 하면 좋은지 물어보았을 때 여러 대답을 들을 수 있다. 이때 동생을 마음껏 때리고 싶다거나 ○○네 집에 데려다주라는 방법은 안 된다는 한계를 분명하게 알려준다. 한계를 정한 다음 아이가 원하는 바를 확인해야 한다. 예를 들어 큰아이는 '동생이 앞으로 내 장난감을 가지고 놀고 싶으면 우선 내 허락을 받고, 장난감도 망가뜨리지 않게 노는 것'이 자신이 원하는 것이라고 할 수 있다. 욕구를 확인해야 그 욕구를 충족하기 위한 해결책을 찾을 수 있다. 그러나 언제나 해결책을 찾을 수 있는 것은 아니다. 강아지가 죽었을 때, 좀 더 오래 그 강아지와 살고 싶은 것은 이해하지만 살아나게 하는 것은 불가능하다. 다른 강아지를 사줄 테니 그만 울라는 이야기는 도움이 되지 않는다. 이런 경우에는 슬픈 아이의 감정을 위로해 주고 강아지를 소중하게 기억하는 방법을 찾는 것도 욕구 충족이 될 수 있다.

③ 해결책 찾아보기

아이와 함께 문제에 대한 해결책을 찾아보는 것인데, 아무리 좋은 방법을 부모가 생각했더라도 아이보다 먼저 해결책을 제시하지 않는 것이 중요하다. 이를 위해 아이 스스로 여러 해결책을 찾도록 질문만 하는 것이 좋다. 그러나 아이는 여러 해결책을 제시하지 못하고, 적당한 해결책을 찾지 못할 수도 있다. 이때 부모가 2~3개의 해결책을 제시할 수도 있다. 그동안 부모가 감정코칭을 잘했다면 부모와 아이 사이에 유대감이 형성되어, 부모의 제안에 거부감을 가지지 않고 따를 수 있다. 그러나 유대감이 형성되어 있지 않으면, 아이는 부모의 제안을 강요로 받아들일 수도 있다.

아이가 스스로 해결책을 찾을 수 있도록 "다른 방법은 없을까?"라고 물어볼 수 있다. 아이가 해결책을 제시할 때마다 "그것도 좋은 생각이다." 또는 "그런 방법도 있을 수 있겠다."라는 긍정적 반응을 보여주는 것이 좋다. 부모가 생각하기에 말이 안 되는 해결책을 아이가 제시해도 무시하는 태도를 보이지 말아야 하며, 아이의 해결책을 일단은 경청하고 해결책 목록에 넣어두는 것이 바람직하다.

④ 해결책 검토하기

아이와 함께 해결책을 생각했다면, 제시된 해결책을 검토할 필요가 있다. 해결책을 최종 선택하기 전에 모든 해결책을 하나하나 살펴보며 평가하는 작업이다. 아이에게 "이 방법을 실제 할 수 있겠니?", "그 방법으로 하면 성공할 수 있을까?" 등 해결책의 성공 가능성, 실현 가능성, 효과 등을 살펴보도록 질문하면, 아이는 해결책에 대해 다시 한번 검토하는 시간을 가질 수 있다.

⑤ 아이가 스스로 해결책을 선택하도록 돕기

해결책에 대해 부모의 의견을 제시할 수는 있지만, 최종 선택은 아이가 온전하게 하는 것이 중요하다. 감정코칭으로 공감해 주면 아이의 마음이 편해져서 보다 나은 해결책을 선택할 수 있다. 아이가 스스로 해결책을 선택할 수 있게 하려면 아이를 믿어주는 것이 무엇보다 중요하다. 아이를 믿어주지 않으면 아이는 해결책을 선택하려 할 때마다 어른의 눈치를 살피고, 설령 선택한다고 하더라도 선택이 무언가 부족하다고 느끼면서 점차 자신감이 적어져 나중에는 선택하는 것을 포기할 수 있다.

아이에게 최선의 선택을 하지 않아도 괜찮고, 실수 또한 성장의 과정임을 알려주는 것이 필요하다. 아이는 자신의 선택이 어떤 결과를 가져왔는지를 확인하고, 선택의 결과가 좋지 않았다면 다음에 다른 방법을 시도하면 된다는 것과 문제해결 방법에는 여러 가지가 있을 수 있음을 알게 된다.

⑥ 감정코칭을 하지 말아야 할 때

다른 사람이 있을 때는 감정코칭을 하지 말아야 한다. 감정코칭을 제대로 하기 위해서는 부모와 아이가 진심으로 마음을 열고 소통을 하는 것이 중요한데, 다른 사람이 있으면 자기도 모르게 다른 사람을 의식하게 되어 부모와 아이 모두 소통하기가 어렵다. 부모는 아이가 다른 장소(예: 할머니 집)에 가면 그동안 집에서 떼쓰지 않았던 일(예: 스마트폰 게임)도 더 하게 해달라고 요구하는 경우가 있다고 말한다. 즉 다른 사람이 있거나 지하철 안과 같은 공공장소에서는 감정코칭을 하기가 어렵다.

시간에 쫓길 때도 감정코칭을 하기가 어렵다. 출근하는 엄마를 보고 떨어지기 싫어 우는 아이에게 감정코칭을 해주고 가는 것이 맞는지, 아니면 그냥 출근해야 하는지로 고민하는 엄마들이 있다. 이런 상황에서는 아이를 안 보고 그냥 출근하기보다 아이 감정을 읽어주고 공감해 주는 것이 필요하다. 오랜 시간이 걸리지 않음에도 감정코칭을 하는 것이 어렵다는 것은, 시간에 쫓겨 마음의 여유가 없을 때는 감정코칭을 하지 않는 편이 좋다는 것을 의미한다. 출근 시간을 늦춰 여유를 갖고 감정코칭을 하든가, 아니면 퇴근 후에 여유 있게 아이와 말하는 것이 나을 수 있다.

또한 위험한 상황으로 아이 안전이 최우선인 상황에서는 감정코칭을 할 수 없다. 예를 들어 운전할 때 뒷 좌석에 앉은 아이들이 안전벨트를 매지 않고 일어나 장난을 치는 상황에서는 감정코칭을 할 수 없다. 감정코칭을 해야 할 사람이 몹시 흥분하면, 알게 모르게 흥분된 감정을 담아 전달하므로 역효과가 날 수 있다. 따라서 감정코칭을 하기 전에 자신의 흥분된 마음을 가라앉히는 것이 필요하다.

아이가 격한 감정을 보이면 부모는 더욱 세심하게 감정을 읽어주고 공감해 주어야 한다. 그러나 자해 또는 타해와 같이 극단적인 행동을 하는 등 아이의 행동이 너무 지나칠 때는 감정코칭을 해서는 안 된다. 감정이 지나쳐 다른 사람을 해치는 극단적인 행동 등을 하면, 그때는 감정코칭이 아니라 단호하게 대처하는 것이 필요하다.

그리고 부모가 자신이 원하는 방향으로 아이를 이끌어 부모의 목적을 달성하려는 의도가 있을 때 하는 감정코칭은 바람직하지 않다. 상담 현장에서 청소년 아이들이 부모와 이야기하다 보면 결국은 부모의 이야기에 설득된다고 말하는 경우가 종종 있다. 아이는 부모가 자기 감정을 읽어주는 것인지, 아니면 어떤 다른 의도를 가지고 있는 것인지 알게 된다. 이런 과정이 반복되면 아이는 부모의 다른 좋은 행동들도 오해할 수 있다. 감정코칭은 진정성을 근거로 이루어져야 한다.

마지막으로 아이가 자기 감정을 위장하는 경우이다. 거짓으로 자신의 감정을 꾸며서 어른들도 속아 넘어가는 경우가 있다. 아이의 이런 행동에 부모가 너무 심각하게 생각하는 것보다 아이가 성장하면서 자연스럽게 나타나는 과정 중의 하나로 생각하면 좋다. 거짓 감정임을 알았을 때는 공감해 주지 말고, 아이의 감정이 꾸민 감정임을 알고 있다는 점을 분명히 알려주어야 한다. 예를 들어 학습지를 풀지도 않았는데도 풀었다고 한 후, 그 사실을 안 엄마에게 혼나는 일이 여러 번 발생한 경우가 있다고 가정하자. 이때 아이는 울면서 다시는 거짓말을 안 한다고 하면서 울지만, 이후 이런 일이 또 발생하면 이에 대해 엄마가 힘들다는 것을 알려줄 필요가 있다(예: ○○가 학습지를 다 풀지 않았는데 풀었다고 말하고, 거짓말한 것이 드러나면 억지로 울기까지 하잖아. 엄마를 속였다고 생각하니 슬프고 속상해). 부모의 속상한 감정을 전달하면 아이는 부모의 진심을 느낄 수 있다. 이후에 아이가 자신이 잘못했다고 하면 그때는 감정코칭을 할 수 있다. 감정을 읽어주면서 아이에게 정직이 중요하다는 것과 거짓말하고 반성하지 않는 것이 더 나쁘다는 것을 알려준다.

제15장 부모상담의 이해

부모는 가정을 꾸리며 행복과 보람을 느끼는 순간이 많지만, 예상치 못한 크고 작은 시련들도 함께 마주하게 된다. 따라서 좋은 부모가 되고 싶은 마음가짐이나 의욕만으로는 부족하고, 여러 중요한 지식과 방법을 익혀야 한다(전현민, 2019). 부모는 자녀의 성장과 발달에 중요한 영향을 미친다. 바람직한 부모역할을 수행하기 위해서는 자녀의 발달에 대한 다양한 지식과 정보가 필요하며, 경우에 따라서는 전문가의 조언이 도움이 되기도 한다.

본 장에서는 부모상담 과정의 전반적인 이해를 돕기 위해 부모상담자의 태도 및 역할, 상담자 윤리, 부모상담의 유형 및 아동상담과 동반되는 부모상담에 대하여 살펴보고자 한다.

1. 부모상담자의 태도 및 역할

1) 부모상담자의 태도

부모가 자녀의 문제로 상담을 받으러 온 경우 초반에 긴장하고 의사표현을 잘하지 못할 수 있다. 상담자는 부모를 공손하게 대하고, 신뢰감을 주는 자세가 필요하다. 이에 부모상담자의 태도를 소개하면 다음과 같다(홍길회 외, 2022).

(1) 진실성

상담자는 스스로 꾸밈없이 있는 모습 그대로를 나타내는 것이 중요하다. 상담자가 자신을 진솔하게 드러낼 때 부모 역시 자신의 약점을 공개하고 자신의 현재 상태를 수용할 수 있다.

(2) 경청

상담자의 경청은 상담에서 무엇보다 중요하며, 가장 기초가 되는 기술이다. 경청은 내담자가 전달하려는 메시지를 상담자가 포착하고 이해하는 능력(Egan, 1999)으로, 내담자가 전하는 말의 내용뿐 아니라 내면의 동기나 정서를 읽으면서 사려 깊은 태도로 듣고, 그 의미를 이해하는 것이다(천성문 외, 2023).

부모상담을 할 때 흔히 하는 실수는 상담자가 일방적으로 말을 하는 것이다. 이렇게 되면 부모의 기대나 요구를 알 수가 없고, 부모가 만족할 만한 정보를 제공하기 힘들다. 상담을 잘하려면 우선 상대방의 말을 듣고 상대방의 기대와 요구하는 바를 알아야 한다. 이를 위해서 '잘 듣는 것', 즉 경청하는 것이 필요하다. 상담할 때 상담자는 부모에게 경청하고 있음을 비언어적인 의사소통수단으로 전달하는 모든 것(얼굴표정, 몸짓, 자세, 목소리)까지 전달하도록 한다. 상담자가 경청하는 태도를 보일 때 부모는 자신이 지지받는 느낌을 갖게 된다.

(3) 공감적 이해

공감은 상담자가 직접 경험하지 않고도 내담자의 감정을 거의 같은 내용과 수준으로 이해하는 것이다(천성문 외, 2023). 또한 상담자가 내담자와 완전히 동일하게 되거나 상담자의 느낌이나 생각을 내담자에게 주입하는 것이 아닌, 상담자가 마치 내담자가 된 것처럼 그의 심정을 느끼고 생각하는 것이며, 내담자 입장에서 그의 경험 세계를 정확하고 깊이 있게 이해하는 것이다.

힘들고 외로운 경험 속에 있는 부모의 마음을 이해하고 공감해 주는 것은 강력한 효과가 있다. 상담자는 부모와 강력한 유대감을 형성하여 믿을 만한 동반자 관계를 구축해야 한다. 단순히 부모의 말을 그대로 따라하기보다는 상담자의 마음 속에 비춰진 부모의 모습을 전달해 주는 것이 좋다. 예를 들어, "제가 이해하기로는 어머니께서 많은 혼란을 느끼고 계신 것 같아요."와 같은 표현이 도움이 된다.

(4) 존중

부모상담자는 부모가 아이에게 취하는 행동이나 교육, 양육 방식에서 잘못된 점이 발견되었을 때 마치 탓하듯이 이를 지적하지 않도록 주의한다. 잘못하였을 때라도 공격적인 지적을 받으면 사람은 누구나 기분이 불쾌해지고 상대방에 대해 불만을 갖게 된다. 특히 부모는 상담을 받을 때 자신의 양육 방식을 인정받고 싶어하므로, 이러한 마음을 상하게 하지 않도록 주의해야 한다.

부모에게 조언이나 충고를 하더라도 상대를 존중하는 마음을 가지고 한다. 상담할 때 아무리 부모가 맥락에 맞지 않거나 무리한 요구를 하더라도 이를 무시하지 않고 하나의 의견으로 수용하고 받아들이도록 한다.

존중을 구체적으로 표현하는 방법은 다음과 같다. 첫째, 상담 시간을 정확히 준수하고, 둘째, 상담이 다른 일로 인해 방해받지 않도록 주의하며, 셋째, 부드러운 목소리와 친절한 표정, 올바른 자세, 적절한 눈맞춤, 자연스러운 제스처, 그리고 알맞은 거리를 유지함으로써 상대방에게 안정감과 따뜻함을 전달하는 태도를 보여주는 것이다.

(5) 명료화

명료화는 상대방과의 대화 내용을 분명히 하고, 상대방이 표현한 바를 정확히 지각하였는지를 확인하는 대화기술이다. 대화를 하다 보면 애매모호한 어휘, 다중의미를 가진 어구, 논리의 비약 등으로 혼란스러워질 수 있는데, 이때 명료화가 필요하다(홍길회 외, 2022).

상담자는 부모와의 상담에서 대화 내용을 정확히 이해하기 위해, 부모의 표현을 요약하여 그 의미가 맞는지 확인할 수 있다. 만약 부모의 표현이 애매하거나 논리적으로 비약이 있어 이해하기 어려울 경우, 구체적인 예를 들어 설명해 달라고 요청할 수 있다. 상담자는 부모와의 대화 시 이야기의 의미가 무엇인지를 정확하게 이해하는 것이 필요하며, 섣부른 가정이나 결론으로 결말을 짓지 않도록 해야 한다.

명료화는 부모의 말 속에 있는 속뜻을 요약하여 상대방에게 다시 전달하는 방법이다. 모호한 내용을 분명하게 하여 부모의 의도를 분명히 하여야 한다. 이는 또 다른 욕구가 있는지 확인하는 기회가 되기도 한다.

2) 부모상담자의 역할

부모상담자의 역할에 대해 다음의 세 가지로 설명될 수 있다(강영식 외, 2023).

(1) 조력자 역할

부모상담자는 문제상황이 발생할 때 조력을 할 수 있는 조력자의 역할을 해야 한다. 현재 부모의 문제 상황이나 감정이 어떠한 상태인지 파악하고 조속한 도움을 주어야 한다. 이와 같은 도움은 부모의 긴장을 완화해 주고 심리사회적인 지지감을 줄 수 있다.

(2) 안내자 역할

부모상담은 상담자가 부모 개인의 가치와 존엄성을 존중하고 부모 자신의 힘으로 문제를 해결해 나아갈 수 있다는 신념에서 시작되어야 한다. 상담자는 부모가 현재 인식하지 못하고 있는 문제나 상황에 관해 주의 환기를 하면서 부모 스스로 자각하고 해결해 나갈 수 있도록 안내자의 역할을 해야 한다.

(3) 중재자 역할

부모상담자는 상황에 따라서는 중립적인 자세로 중재자의 역할을 해야 한다. 자녀를 키우는 데 있어 가족 구성원의 의견 마찰로 인하여 문제의 심각성이 더 발생하는 경우가 있다. 상담자는 가족들의 행동, 태도, 가치관 등을 객관적으로 평가해야 하며, 어떠한 문제에 대해 일방적인 판단이나 비판을 하지 않아야 한다.

읽어보기 15-1 부모상담 시 주의할 점

① 부모에 대해 평가/비판하는 태도
상담 시 부모의 양육 방법이나 교육을 지적하거나 평가하는 태도는 바람직하지 않다. 부모를 평가하거나 비판하지 않는 자세로 말의 의미와 맥락을 파악해야 한다. 자녀에 대해 누구보다도 잘 알고 있는 사람은 부모이기 때문에 교사가 가르치듯이 평가하는 말투로 이야기하다 보면 부모의 반감을 살 수 있다.

② 부모에 대해 편견을 갖는 태도
부모에 관한 사전 정보를 듣고 편견을 가지는 태도는 부모를 공감적으로 이해하고 경청하는 것에 방해가 될 수 있다. 이러한 편견은 부모에 대한 자신의 주관적 이미지로 부모의 말을 경청하지 않고 섣부르게 판단을 내리게 할 수 있다.

③ 지나친 감정이입 태도
부모의 감정과 말에 대해 공감하고 이해하는 것은 중요하다. 그러나 부모의 감정에 대해 지나친 감정이입으로 자신의 주관적인 감정을 표현하는 것은 바람직하지 않다. 상담자는 부모의 이야기에 공감하면서도 적절하게 반응하는 것이 필요하다.

④ 중간에 말을 끊는 태도
부모와의 상담 시 부모가 적절한 말이 떠오르지 않거나 대화를 잘 이끌어가지 못하는 경우, 부모의 말을 끝까지 듣지 않고 중간에 끊어버리는 태도는 바람직하지 않다. 부모와 대화 도중 갑자기 침묵이 흐를 때도 대화를 급하게 마무리 지으려고 하면 안 된다. 이런 경우 상담자는 편안하게 이야기할 수 있는 분위기의 말과 표정을 통해 부모를 안심시키는 것이 바람직하다.

출처: 홍길회 외(2022). pp. 76-77.

2. 상담자 윤리

상담윤리에 대해 이장호(1995)는 상담윤리요강의 기능을 다음과 같이 제시하였다.

첫째, 상담자가 직무수행 중의 갈등을 어떻게 처리해야 할지에 관한 기본 입장을 제공한다.

둘째, 내담자에 대한 상담자의 의무를 분명히 하고 이러한 임무를 이행하도록 함으로써 내담자를 보호한다.

셋째, 각 상담자의 활동이 전문직으로서의 상담의 기능 및 목적에 저촉되지 않도록 보장한다.

넷째, 상담자의 활동이 사회윤리와 지역사회의 도덕적 기대를 존중할 것임을 보장한다.

다섯째, 상담자로 하여금 자신의 사생활과 인격을 보호하는 근거를 제공한다.

상담자는 윤리적인 책임과 의무가 있다. 이러한 윤리적 의무와 기본적인 원칙은 내담자의 권리를 보호하는 것이다(강영식 외, 2023).

한국카운슬러협회에서는 다음과 같은 상담윤리를 제정하여 윤리강령을 지키도록 하고 있다(http://hanka.co.kr/sub_01_06.php).

1) 개별원칙

상담자는 내담자가 자기 및 타인에 대한 이해를 통하여 보다 바람직한 사회생활을 할 수 있도록 돕는다. 이러한 역할을 수행하는 과정에서, 상담자는 자기의 도움을 청하는 내담자의 복지를 보호한다. 내담자를 돕는 과정에서 상담자는 문의 및 의사소통의 자유를 갖되, 그에 대한 책임을 지며 동료의 관심 및 사회 공익을 위해 최선을 다한다.

2) 일반원칙

(1) 사회관계에서의 원칙

첫째, 상담자는 자기가 속한 기관의 목적 및 방침에 모순되지 않는 활동을 할 책임이 있다. 만일 그의 전문적 활동이 소속 기관의 목적과 모순되고, 윤리적 행동 기준에 관하여 직무수행에서의 갈등을 해소할 수 없을 경우에는 그 소속기관과의 관계를 종결해야 한다.

둘째, 상담자는 사회 윤리 및 자신이 속한 지역사회의 도덕적 기준을 존중하며, 사회 공익과 자기가 종사하는 전문직의 바람직한 이익을 위하여 최선을 다한다.

셋째, 상담자는 자기가 실제로 갖추고 있는 자격 및 경험의 수준을 벗어나는 인상을 타인에게 주어서는 안 되며, 타인이 실제와 다른 인식을 가지고 있을 경우 이를 시정해 줄 책임이 있다.

(2) 전문적 태도

첫째, 상담자는 상담에 대한 이론적, 경험적 훈련과 지식을 갖추는 것을 전제로 하며, 내담자를 보다 효과적으로 도울 수 있는 방법에 관하여 꾸준히 연구 노력하는 것을 의무로 삼는다.

둘째, 상담자는 내담자의 성장 촉진 및 문제의 해결 및 예방을 위하여 시간과 노력상의 최선을 다한다.

셋째, 상담자는 자기의 능력 및 기법의 한계를 인식하고, 전문적 기준에 위배되는 활동을 하지 않는다. 만일 자신의 개인 문제 및 능력의 한계 때문에 도움을 주지 못하리라고 판단될 경우에는, 다른 전문직 동료 및 기관에게 의뢰한다.

(3) 개인정보의 보호

첫째, 상담자는 내담자 개인 및 사회에 임박한 위험이 있다고 판단될 때 극히 조심스러운 고려 후에만, 내담자의 사회생활 정보를 적절한 전문인 혹은 사회 당국에 공개한다.

둘째, 상담에서 얻은 임상 및 평가 자료에 관한 토의는 사례 당사자에게 도움이 되는 경우 및 전문적 목적에 한하여 할 수 있다.

셋째, 내담자에 관한 정보를 교육장면이나 연구용으로 사용할 경우에는, 내담자와 합의한 후 그의 정체가 전혀 노출되지 않도록 해야 한다.

(4) 내담자의 복지

첫째, 상담자는 상담활동의 과정에서 소속기관 및 비전문인과의 갈등이 있을 경우, 내담자의 복지를 우선적으로 고려하고 자신의 전문적 집단의 이익은 부차적인 것으로 간주한다.

둘째, 상담자는 내담자가 자기로부터 도움을 받지 못하고 있음이 분명할 경우에는 상담을 종결하려고 노력한다.

셋째, 상담자는 상담의 목적에 위배되지 않는 경우에 한하여, 검사를 실시하거나 내담자 이외의 관련 인물을 면접한다.

(5) 상담의 관계

첫째, 상담자는 상담 전에 상담의 절차 및 있을 수 있는 주요 국면에 관하여 내담자에게 설명한다.

둘째, 상담자는 자신의 주관적 판단에만 의존하지 않고, 내담자와의 협의하에 상담관계의 형태, 방법 및 목적을 설정하고 결과를 토의한다.

셋째, 상담자는 내담자가 이해를 수용할 수 있는 한도 내에서 상담의 방법을 활용한다.

(6) 타 전문직과의 관계

첫째, 상담자는 상호 협의한 경우를 제외하고는 타 전문인으로부터 도움을 받고 있는 내담자와는 상담을 하지 않는다. 공동으로 도움을 줄 경우에는 타 전문인과의 관계와 조건에 관하여 분명히 할 필요가 있다.

둘째, 상담자는 자기가 아는 비전문인의 윤리적 행동에 관하여 중대한 의문을 발견했을 경우 그러한 상황을 시정하는 노력을 할 책임이 있다.

셋째, 상담자는 자신의 전문직 자격이 타 전문분야에서 오용이 되는 것을 피하며, 자신의 이익을 위해 타 전문직을 손상시키는 언어 및 행동을 삼간다.

3. 부모상담의 유형

부모상담은 상담에 참여하는 인원, 상담이 진행되는 기관의 특성 및 진행방식에 따라서 다음과 같이 구분될 수 있다.

1) 개별 부모상담 vs 집단 부모상담

개별 부모상담은 상담자가 부모와 일대일로 만나서 자녀의 발달특성이나 적응 과정, 주호소문제 또는 자녀를 위한 부모역할 등에 대해 진행되는 상담을 의미한다.

한편 집단상담이란 전문적으로 훈련된 진행자와 집단 구성원의 역동적인 상호작용 과정을 통해 문제를 해결해 가는 과정이다(이장호, 1991). 집단 부모상담은 비슷한 문제를 가진 부모들이 구성원들과 상호작용하면서 상호 간의 문제와 감정들을 이해하고 탐구해 가는 역동적인 과정이다(홍길희 외, 2022).

2) 교육기관 부모상담 vs 상담기관 부모상담

교육기관에서 진행되는 부모상담은 자녀가 다니는 영유아 보육기관 또는 초, 중, 고등학교에서의 학부모상담 형식을 의미한다. 일반적으로 교육기관에서는 학기 초와 학기 말에 학부모상담을 진행하며 필요에 따라서 수시로 상담이 이루어지기도 한다.

또한 정부나 지자체가 운영하는 상담기관(가족센터, 정신건강복지센터, 중독관리통합지원센터, 청소년상담복지센터 등)과 개인적으로 운영되는 병원 또는 상담기관 등 다양한 상담기관에서 부모상담이 진행되고 있다.

3) 대면상담 vs 비대면상담(전화, 온라인상담)

부모상담을 진행하는 장소 또는 진행형식을 기준으로 대면상담 또는 비대면상담으로 구분된다. 직접 상담자가 부모와 대면하여 진행되는 상담뿐만 아니라 비대면 상담으로 전화상담, 화상통화상담, 온라인상담 등이 활성화되고 있는 추세이다.

4. 아동상담과 동반되는 부모상담

아동상담은 성인상담과 달리 주로 부모에 의해 상담이 시작되며, 상담의 지속 여부도 부모에 의해 결정된다. 또한 상담과정에서 상담목표를 세우고, 성과를 검토하고, 종결을 합의하는 과정 모두에 부모의 참여가 이루어지게 된다(조미영 외, 2016). 아동상담이 성인상담과 다른 이유는 크게 세 가지로 정리될 수 있다. 즉 아동은 성인에 비해 언어능력이 부족하고, 낮은 상담동기로 자발성이 부족하며, 대부분의 의사결정을 부모가 대신한다는 점이다(박현주, 2019).

아동상담에서 상담자가 부모와 신뢰할 만한 관계를 유지하며 아동의 문제를 협력적으로 다룰 때 효과적이라고 보고되고 있다. 부모는 아동상담 전반에 영향을 미치는 조력자로 참여하기 때문에 아동상담자들에게 부모상담은 매우 중요한 의미가 있다(김나영 외, 2001).

상담자와 부모와의 첫 대면은 주로 접수면접으로 시작된다. 기관에 따라 접수면접의 순서나 방법이 약간 다를 수 있다. 아동과 부모를 별도로 면담하고, 필요한 경우 부모와 아동의 상호작용 패턴이나 분리 시의 반응 등을 보기 위해 부모와 아동을 함께 면담하는 시간을 갖기도 한다(장미경, 2007).

1) 부모상담의 구조화

부모상담 진행시간은 기관이나 상담자에 따라서 다소 차이가 있으며, 일반적으로 아동상담 40분 진행 후 10~20분 정도 진행된다. 상담자와 부모가 아동상담 직후가 아닌 별도의 시간을 내는 것이 가능하다면 별도의 부모상담이 유용할 수 있다. 하지만 현실적으로 별도의 시간을 내기가 어려우므로 아동의 문제, 부모의 여건, 기관의 운영방식 등을 고려해서 부모상담 시간을 계획하게 된다.

부모상담의 대상에는 부모 이외에도 아동의 양육을 담당한 양육자들이 포함된다. 부모가 모두 직장생활을 하고 양육에 도움을 받는 경우 아동을 돌봐주는 조부모, 또는 보조양육자가 부모상담의 대상이 될 수 있다.

상담자는 부모를 면담하면서 부모에게도 개별적인 상담이 필요한 경우인지 또는 가족 전체가 상담이 필요한 경우인지를 적절히 평가해야 한다. 가족의 역기능이나 갈등적 관계 또는 가족의 분위기로 인해 아동에게 문제가 발생한 경우에는 아동 상담뿐 아니라 가족 또는 부부관계에 개입하는 것이 필요하다(장미경 외, 2007).

2) 초기면접

일반적으로 부모와의 첫 상담은 초기면접의 형식으로 진행된다. 이때 상담자는 부모와의 신뢰할 만한 관계 형성에 역점을 둔다. 초기면접은 아동에 관한 정보, 즉 주된 어려움, 발달사, 교육사, 가족배경 등을 다루는 데 1시간 정도 소요될 수 있다. 초기면접에 소요되는 시간은 차이가 있을 수 있으며, 기관이나 내담자의 상황에 따라서 내용이 길어지면 몇 회기로 나누어서 진행될 수도 있다.

전반적으로 부모상담을 체계적으로 진행하기 위해서 상담자는 초기면접에서 아동의 발달사, 주호소문제를 파악하고 사례개념화 및 상담 목표를 잘 세워야 한다.

초기면접은 아동의 발달사에 대해 면담하는 것으로 시작된다. 아동의 발달적 관점에 초점을 두는 면담은 아동의 문제에 집중하기보다 아동의 성장에 초점을 두는 긍정적인 관점을 둔다. 부모가 아동발달의 다각적인 특성을 이해하게 되면 부모가 왜 아이의 문제를 해결하기가 어려운지, 왜 아동의 변화가 천천히 진행될 수밖에 없는지에 대해 알게 된다. 또한 부모의 발달보고는 부모의 주호소문제를 구체적으로 파악하게 해주어 부모상담 시간을 단축할 수 있는 이점이 있다(최영희 외, 2016).

(1) 발달사

발달에 대한 지식은 상담자가 알아야 할 가장 기본적인 사항이다. 상담자는 발달에 대한 일반적인 지식을 갖추는 동시에, 아동의 고유한 발달과정에 대한 구체적인 정보를 파악하고 있어야 한다. 발달과정에는 임신, 출산, 기기, 걷기, 말하기, 대근육 기술, 배변훈련, 식습관, 수면, 읽기, 쓰기, 아동의 대인관계 형성, 병력, 발달시기마다 아동에 대한 부모의 인식 등 아동의 중요한 발달단계나 중요 사건들이 포함된다. 또한 아동의 발달 이정표를 이해하기 위해 가족구성원, 출생과 사망, 가족 이동, 이사, 특별한 가족병력 등과 같은 환경적 요인들에 대해서도 잘 알아야 한다.

특히 상담자는 생후 3년 동안 아동과 주양육자와의 관계가 어떠했는지에 대한 정보를 수집해야 한다. 아동에게 나타나는 문제의 많은 부분이 잠재되어 있던 주양육자와 아동의 초기 관계에서 기인하기 때문이다. 이를 통해 상담자는 아동의 발달에 영향을 미쳤을 위험요인과 보호요인에 대해 이해할 수 있다. 이 밖에도 상담자는 아동의 발달을 이해하는 데 필요한 정보들을 얻기 위해 노력해야 한다(최영희 외, 2016).

(2) 부모의 주호소문제

상담자는 부모의 주호소문제를 정확히 파악할 필요가 있다. 아동의 발달 과정에서 나타나는 어려움이나 적응 문제에 대해 부모의 의견을 수집하고, 아동의 발달 단계에 따라 주호소문제가 어떻게 변화해 왔는지 살펴본다. 경우에 따라서는 부, 모의 입장이 다른 경우도 있으며 부모의 성향이나 민감성에 따라서 주관적인 표현도 있을 수 있다. 부모의 주관적 특성을 이해하기 위해서는 부모 심리평가를 필요로 하기도 한다.

(3) 아동상담 정의하기

상담자는 아동의 발달사와 부모의 주호소문제를 탐색하고 난 후 아동상담에 대해 설명해 준다. 상담에 대한 확신을 갖지 못한 상태에서 상담실을 방문하는 부모가 대다수이고, 아동의 입장이 아니라 부모의 입장에서 아동의 문제를 바라보기 때문에 상담자가 상담의 효과에 대해 자신감을 갖고 부모에게 말할 수 있어야 한다. 예를 들어 놀이치료를 할 경우 놀이치료는 어떤 효과가 있는지, 내담아동에게 필요한 것이 무엇인지 구체적으로 설명해야 한다.

아동상담에 대한 정의를 통해 부모가 아동의 심리적 외상에서부터 부모의 주호소문제까지 이해할 수 있도록 하는 것도 상담자의 중요한 역할이다(최영희 외, 2016).

(4) 초기면접에서 고려할 점

초기면접에서 부모와의 신뢰관계 형성은 중요하다. 부모와 나눈 발달사, 주호소문제, 상담의 구조화(상담시간, 상담비용 등)와 같은 정보를 다루는 것도 관계형성을 위한 맥락에서 이루어진다. 상담자가 부모와의 첫 대면에서 주의할 점은 부모의 양육이나 훈육태도에 대해 함부로 충고하거나 가르치려 하지 말아야 한다는 것이다. 부모 입장에서는 자녀를 어떻게 대해야 하는지, 자신이 호소한 어려움에 대한 상담자의 답을 기대한다. 그러나 초기 상담에서 상담자는 지금까지 부모가 개선을 위해 노력한 점을 이해하고 공감하며, 지지적인 태도를 보여줄 필요가 있다.

상담자는 부모상담의 목적이 부모가 아동상담 과정에서 원활한 파트너 역할을 수행하도록 돕는 데 있음을 유념해야 한다. 부모가 지나치게 적극적이거나 형식적인 부모 역할에 대한 책임감으로 상담자에게 계속해서 질문을 하는 경우, 부모 자신이 심리적 부담을 크게 느낄 수 있다. 이러한 부담감은 상담자의 조언을 제대로 이행하지 못한 데서 오는 자기비난으로 이어질 수 있으며, 결국 다음 회기에 아동을 데리고 오지 않는 상황을 초래할 수도 있다. 따라서 상담자는 부모의 조급한 마음을 다독이고 부모가 여유를 갖고 상담 과정에 참여할 수 있도록 격려하면서 다음 회기에서 다루도록 제안한다.

3) 아동상담(놀이치료) 시 부모상담 과정

아동상담(놀이치료) 초기에 아동상담 세션과 분리되어 진행되는 독립된 개인 부모상담 내용을 소개하면 다음과 같다(조미영 외, 2016).

단계	주범주	하위범주
초기	사례개념화	사례에 대한 이해
		상담목표 설정
	라포르 형성	부모의 정서 다루기
		전반적인 상담과정에 대한 이해
	부모역할 수행	부모교육을 통한 양육방식 개선
		상담협력자로서의 역할수행
중기	상담을 통한 변화 탐색	양육방식 점검
		일상생활 점검
		주호소 점검
	부모역할 수행	부모교육을 통한 양육방식 개선
		상담협력자로서의 역할 수행
		부모의 개인내적 문제에 대한 통찰
		부모 문제의 개인상담적 접근
	상담동기 유지	부모의 정서 다루기
말기	상담을 통한 변화 탐색	주호소 점검
		일상생활 점검
		양육방식 점검
		종료시기 결정
	부모역할 수행	새로운 양육방식의 점검
		상담협력자로서의 역할 수행
종료	상담을 통한 변화의 일반화	주호소 점검
	부모역할 수행	부모교육을 통한 장래 양육계획
		상담협력자로서의 역할 수행
	상담종결 후 자립	부모의 정서 다루기
		지원체계 구축

4) 부모상담 사례 소개

아동의 발달시기 및 주호소문제에 따른 부모상담 과정에 대하여 실제 임상사례들을 바탕으로 재구성한 가상 사례를 소개하고자 한다.[4)]

(1) 유아기 부모상담 사례

<table>
<tr><td>유아 연령 및 성별</td><td colspan="2">만 3세 남아</td></tr>
<tr><td>유아의 특성(주호소 문제)</td><td colspan="2">□ 언어발달이 지연됨.
□ 고집스럽게 떼쓰고 우는 반응이 잦음.
□ 연년생 형과의 거친 다툼이 자주 있음.
□ 발달평가(병원에서 실시) 결과 정서적으로 안정되어 있지 않고, 언어발달 지연이 있는 것으로 보고됨. 아동의 기질적 특성에 맞게 양육하도록 부모상담 권유받음.</td></tr>
<tr><td>부모상담 진행회기</td><td colspan="2">총 10회기</td></tr>
<tr><td rowspan="3">부모상담 내용</td><td>초반
1~3회기</td><td>□ 아동의 발달특성에 대한 객관적 이해
□ 발달평가 필요성 설명하고 권유하기(놀이치료 진행 이후 발달평가 진행됨)
□ 양육의 어려움 공감하기: 아동의 어머니가 복직하게 되어 부담이 커짐.</td></tr>
<tr><td>중반
4~8회기</td><td>□ 어린이집, 일상생활에서 보이는 주호소문제 점검
□ 형제간 갈등 시 대처방법 다루기
□ 맞벌이 부부의 양육방식에 대해 시간 및 역할을 조정함.
□ 모의 정서(우울감, 충동성) 다루기</td></tr>
<tr><td>종반
9~10회기</td><td>□ 수정한 양육방법 유지시키기
□ 모의 양육의 어려움을 공감하고 지속적으로 충동성을 조절하도록 격려하기</td></tr>
<tr><td>부모상담을 통한 변화</td><td colspan="2">아동 놀이치료와 병행하여 아동상담 직후 또는 별도의 시간을 정하여 부모상담을 진행하였음. 부, 모가 적극적으로 참여하였음. 모는 양육관련 도서를 읽었을 때보다 실제적인 상담과 연습이 도움이 되었다고 보고함. 아동은 언어표현이 늘면서 행동화하는 상황이 감소되었고, 모의 대처방법도 향상이 되었음. 특히 아동의 부가 적극적인 역할을 맡게 되면서 양육효능감이 향상되었음.</td></tr>
</table>

4) 제시된 부모상담 회기는 독립된 개별회기 및 아동상담 후 진행되는 상담을 종합하여 50분 진행회기 기준으로 회기를 구분하였다.

(2) 아동기 부모상담 사례

<table>
<tr><td>아동 연령 및 성별</td><td colspan="2">만 8세(초등 3학년) 여아</td></tr>
<tr><td>아동의 특성(주호소 문제)</td><td colspan="2">☐ 학교에서 작은 목소리로 말함. 발표에 대한 두려움이 있음.
☐ 친구들과 같이 놀고 싶은 욕구는 있으나 말을 걸지 못함
☐ 사회적 상황에서는 위축되어 있는 반면, 집에서는 부모 말을 잘 듣지 않고 크게 반항하기도 함.</td></tr>
<tr><td>부모상담 진행회기</td><td colspan="2">총 12회기</td></tr>
<tr><td rowspan="3">부모상담 내용</td><td>초반
1~4회기</td><td>☐ 아동의 발달특성(특히 불안한 특성)에 대한 객관적 이해.
☐ 종합심리평가 필요성 설명하고 권유하기(함묵증 증상이 있어서 상담 초반에는 평가를 받지 못함)</td></tr>
<tr><td>중반
5~9회기</td><td>☐ 일상생활 점검: 아동은 학습관련하여 과제를 하기 싫어하고 이로 인해 부모와 힘겨루기가 많았음.
☐ 담임교사 협조구하기: 아동이 학급활동에 참여할 수 있도록 지원을 요청함.
☐ 친구들과 함께 참여할 수 있는 기회 늘리기.</td></tr>
<tr><td>종반
10~12회기</td><td>☐ 상담 후반부에 심리평가 진행되었음. 평가결과 아동은 불안한 특성과 산만한 특성이 함께 나타나서 약물치료를 권유받았음.
☐ 효율적인 학습방법 탐색: 아동의 주의력 특성을 고려하여 공부하는 시간, 분량 등을 조정하고 적절한 보상을 주는 방법을 제안함.
☐ 어머니의 정서적 특성과 양육방법 다루기: 어머니로 하여금 아동에게 친근하게 다가가고 공감하도록 연습시킴.</td></tr>
<tr><td>부모상담을 통한 변화</td><td colspan="2">아동 놀이치료와 병행하여 부모상담을 진행하였음. 아동은 긴장하고 경직된 반응 특성과 주의 산만한 특성을 동시에 보여서 부모의 민감한 역할이 필요하였음. 특히 어머니는 아동의 정서적 반응보다 학습에 더 관심과 초점이 있었음. 어머니로 하여금 아동의 정서적 특성을 이해하고 아동과 즐거움을 공유하도록 격려하였고, 지속적인 어머니 상담을 통하여 아동의 적응이 긍정적인 변화를 보였음.</td></tr>
</table>

(3) 청소년 부모상담 사례

<table>
<tr><td>청소년 연령 및 성별</td><td colspan="2">만 12세(중학교 1학년) 남자 청소년</td></tr>
<tr><td>청소년의 특성(주호소 문제)</td><td colspan="2">□ 청소년은 초등 6학년 때 같은 반 친구로부터 학교폭력 피해자가 됨. 이 사건으로 인하여 친구관계에 대한 불안이 생기고 학교생활을 적응하지 못하게 됨.
□ 중학교 학교적응 어려움: 초등학교 때의 트라우마가 있고, 자신은 어쩔 수 없다고 스스로 포기하는 태도를 보임.</td></tr>
<tr><td>부모상담 진행회기</td><td colspan="2">총 15회기</td></tr>
<tr><td rowspan="3">부모상담 내용</td><td>초반
1~4회기</td><td>□ 청소년의 주증상에 대한 이해: 청소년은 학교폭력 사건 이후 정신건강의학과 진료를 받고 있었음. 불안한 증상으로 등교를 잘 하지 못하고 불면증을 보였음.
□ 부모역할의 어려움을 공감하고 구체적으로 방법 제시하기: 청소년의 학교폭력사건으로 인하여 어머니의 충격도 오래 지속되어 어머니 상담을 권유함.</td></tr>
<tr><td>중반
5~10회기</td><td>□ 일상생활 점검: 청소년은 우울감을 짜증으로 표현하거나 자기비하적인 반응을 자주 보였음. 청소년의 부정적 정서표출에 대해 부모가 신뢰감을 주면서 지지하는 역할을 제안함.
□ 학교생활 점검: 등교를 하지 못하는 날도 종종 있고, 친구과의 관계에서 트러블이 생김. 친구들의 반응에 매우 민감한 반응을 보임.
□ 어머니 정서에 대한 지지</td></tr>
<tr><td>종반
11~15회기</td><td>□ 학교생활 점검: 청소년이 점차 학교생활에 적응을 하게 됨. 자신 있는 과목에 대해서 유능감을 보이고 학교생활에 대한 긍정적인 경험을 하게 됨.
□ 부모 양육방식 점검: 청소년의 적응이 점차 안정이 되면서 청소년의 학교생활에 대한 기대가 변화하였음. 일관적인 부모역할에 대해 구체적으로 언급함.</td></tr>
<tr><td>부모상담을 통한 변화</td><td colspan="2">청소년 개인상담과 병행하여 부모상담을 진행하였음. 학교폭력으로 인한 청소년 적응의 어려움은 가족 모두에게 영향을 미쳤음. 모든 가족이 청소년에게 지지적인 역할을 해주어서 회복이 빠르게 되었음. 특히 청소년의 적응문제로 어머니가 불안해하는 상황을 다루고, 지지적인 상담을 진행하였음.</td></tr>
</table>

제16장 문제유형별 부모상담

부모상담은 실질적으로 당면한 자녀의 문제를 해결하기 위해 부모와 진행되는 상담이다. 이때, 상담자는 신뢰할 만한 조력자로서 부모와 협력하여 자녀의 문제 해결 방안을 모색하며 부모역할의 구체적인 방법과 전문적인 정보 및 조언을 제공한다. 본 장에서는 발달단계별 문제유형과 부모상담에 활용될 실질적 기술을 소개하고 실제 현장에서 활용될 수 있는 전략을 살펴보고자 한다.

1. 영아기 및 걸음마기

1) 낯가림이 심한 아이

사례

17개월이 된 미선이는 최근 갑자기 손녀를 보러 오신 할머니와 할아버지를 보면 큰 소리로 울기부터 하고 엄마에게 더 꼭 매달리며 쳐다보지도 않으려는 행동을 보여 먼 길 찾아와 주신 할머니, 할아버지께 민망할 정도이다. "예쁘다고 하시잖아. 한번 안겨 봐."라고 말하면서 할머니 품으로 건네려고 하면 공포스럽다는 듯 눈을 꽉 감으며 발버둥을 치며 거부를 한다. 엘리베이터에서도 낯선 사람이 타면 뒤로 숨어서 엄마 옷을 꼭 잡거나 안아달라고 떼를 쓰는 행동을 보인다. 대부분의 아이들은 서슴없이 인사도 하고 미소도 지어 보이는데, 우리 아이만 까다로운 것 같아 고민이다.

낯가림은 인간관계를 배우는 초보적인 발달단계로 친숙한 사람과 아닌 사람, 안전한 사람과 아직 안전이 확보되지 않은 사람을 구별해 내는 능력이다. 낯가림은 안전하고 익숙한 사람과 안전하지 않고 익숙하지 않은 사람을 구별하여 자신을 보호하는 과정에서 생겨난다. 낯가림은 정상발달로 생후 6개월 정도 지나면 시작되지만 정도가 심하거나 다른 아이들은 모두 사라졌는데, 내 아이만 낯가림이 남아있다면 부모의 걱정이 시작된다.

이때, 부모는 먼저 낯을 가리고 있는 아이의 마음을 이해해야 한다. 아이는 '안전하지 않아. 두려워.'와 같이 익숙하지 않은 사람에 대한 근원적인 불안 때문에 두려움과 경계심이 만들어지는 것이다. 따라서 부모는 아이의 두려움과 경계심을 낮춰주기 위한 노력이 필요하며, 행동에 대한 지시는 그 후에 진행되어야 한다. 즉 불안과 두려움이라는 정서를 조절하는 방법을 먼저 학습한 후에 행동으로 실행할 수 있도록 도와야 한다. 대부분 부모는 "할머니가 너를 얼마나 예뻐하시는데, 얼른 가서 안겨봐. 고개 숙여 인사해야지."라고 즉각적인 행동 반응을 원하기 때문에 아이에게는 부모의 행동이 급하고 빠르게 느껴져 두려움이 더욱 커질 수 있다. 이러한 두려움이 증폭되는 경험이 반복되면 아이는 낯가림이 더욱 심해지고 부모의 다그치는 소리까지 연합되어 사람들을 만나는 것을 불편해할 수 있다. 따라서 우선은 아이에게 경계심과 두려움을 낮추는 시간이 필요하므로 안전감을 제공해 주는 대상인 부모의 곁에 머무르도록 해주어야 한다. "오랜만에 만나서(혹은 자주 만나도) 긴장되고 부끄럽구나. 준비될 때까지 잠시 엄마 뒤에 있어도 괜찮아. 준비되면 그때 인사해도 돼."와 같이 반응해 주는 것이 적절하다.

이러한 경험이 반복되면 아이는 그 시간 동안 누구도 자신을 위험하게 하지 않았고, 아무 일도 일어나지 않았다는 것을 경험하여 안정감을 느끼게 된다. 이후 아동은 스스로 두려움을 극복하고 사람들에게 적응하며 편안해진 모습을 보인다. 이와 같이 낯가림은 두려움을 조절하며 안전하다는 경험을 반복하게 하는 것이 중요하다. 안전하다는 경험을 반복하다 보면 아이는 부모가 일상생활에서 편안하게 대인관계를 맺으며 상호작용하는 것을 보고, 아이도 안전감이 생겼을 때 스스로 행동으로 옮겨 시도하게 된다. 따라서 부모는 경비 아저씨 혹은 이웃에게 먼저 인사를 건네는 모습을 아이가 모델링할 수 있도록 자주 보여주어야 한다.

2) 편식하는 아이

사례

36개월 민수는 고기, 두부, 채소, 콩과 같은 음식은 전혀 먹지 않고 김과 생선만으로 밥을 먹으려고 한다. 볶음밥에 들어간 채소도 골라서 몰래 식탁 아래로 떨어뜨리거나 밥 먹기를 거부하여 매번 식사시간에는 김과 멸치 혹은 생선만으로 밥을 먹고 있어 영양소의 불균형으로 건강이 나빠지진 않을지 걱정이다.

편식하는 아이를 가진 부모는 아이의 영양적 부분에 큰 문제가 발생할까 염려하지만, 대부분 건강이나 성장에 별다른 문제가 발생하지는 않는다. 이 시기의 아이는 특정 음식에 대한 선호나 거부가 강하게 나타나는 것이 흔한 일이다. 또한, 아이의 기호는 자주 변하기 때문에 현재 나타나는 편식의 형태를 너무 심각한 일로 받아들이지 않아야 한다. 다만 아이가 자신이 원하는 음식만 섭취하게 되면 성인이 되어서도 올바른 식습관이 형성되지 못할 수 있어 어린 시절에 다양한 음식을 경험할 기회를 제공하여 다양한 맛과 입안에서 느껴지는 촉감에 익숙해질 수 있도록 도와주는 것이 필요하다.

올바른 식습관 지도를 위해서는 아이의 감각적 특성을 먼저 이해해야 한다. 2~5세의 영유아는 음식에 맛을 느끼는 혀의 감각기관인 미뢰가 성인보다 3배 정도 높은 수치를 갖고 있어 음식의 맛을 더욱 강렬하게 느낀다. 이러한 민감한 감각 때문에 영유아는 음식의 질감이나 조리 방법에 따라 자신의 선호를 분명하게 보이고 고집을 피우게 된다. 따라서 부모가 싫어하는 음식을 억지로 먹인다면 오히려 아이는 그 음식에 대한 거부감이 쌓여 더욱 강하게 저항할 수 있다. 영유아 식습관 지도를 위해서는 싫어하는 음식을 억지로 먹이지 말고 스스로 먹을 수 있도록 다양한 방법을 제시하는 것이 좋다. 아이가 먹지 않는 음식이 건강에 도움을 주는 정보를 제공하거나 직접 경험하는 활동을 하는 것도 좋은 방법이다. 예를 들어 두부를 먹지 않는 경우, 콩에서부터 두부로 변화되는 과정을 흥미롭게 알아보는 사진이나 그림책을 보면서 이야기를 나누거나 직접 콩이나 두부를 활용한 재미있는 활동을 함으로써 아이의 흥미를 유발할 수 있다. 아이들은 낯선 음식에 대한 두려움이 있으므로 점진적으로 낯선 음식과 익숙해질 수 있도록 경험을 제공하는 것이 필요하다. 식사시간은 즐겁고 편안한 시간이어야 하며, 싫어하는 음식을 억지로 먹이기 위해 부모와 갈등하는 시간이 되어선 안 된다.

편식을 줄이기 위해 부모와 함께 할 수 있는 활동은 다음과 같다.

① 식사시간 2시간 전부터는 먹는 것을 제한하고 적당한 신체활동을 하여 에너지를 소모하고 식욕을 돋게 하는 것이 좋다.

② 요리 활동에 함께 참여하여 재료를 조리하고 직접 시식하는 경험을 하게 한다.

③ 특별히 싫어하는 재료나 질감은 모양을 바꾸거나 조리 방법을 다양하게 하여 경험하게 한다.

④ 영양소와 건강에 대한 교육적 자료를 통해 필요성을 함께 이야기 나눈다.

아이가 싫어하는 음식을 친숙하게 만드는 방법 중 한 가지로 푸드브릿지(food bridge) 기법이 있다. 푸드브릿지 기법이란 같은 재료를 다양하게 단계별로 제공하여 싫어하는 음식을 친숙하게 만드는 방법이다(보건복지부, 2013).

〈표 16-1〉 푸드 브릿지 기법

단계		내용	예시
1단계	친해지기	싫어하는 재료를 놀이기구나 식기를 활용해 시각적으로 친숙하게 만들기	파프리카를 용기로 하여 계란찜 만들기
2단계	간접노출	재료를 알아볼 수 없게 하되 모양이나 색 등으로 호기심 자극하기	파프리카로 만든 칼국수
3단계	소극적 노출	거부감을 갖지 않도록 다른 재료와 섞어서 주기	파프리카 고기전
4단계	적극적 노출	재료 본연의 맛을 느낄 수 있도록 하기	파프리카 셰이크

출처: 보건복지부(2013). p. 62.

3) 친구를 꼬집고 깨무는 아이

사례

20개월 된 선우는 자신이 좋아하는 자동차 놀잇감을 다른 친구가 타고 있으면 달려가서 그 친구를 밀치거나 친구가 버티면 꼬집거나 물어버린 후에 그 자동차를 차지한다. 이런 행동은 모래놀이터에서 자신이 원하는 장난감을 다른 친구가 가지고 놀고 있을 때나 놀이터에서 순서를 기다려야 할 때도 나타나 공격적인 아이가 될까 걱정되는 상황이다.

영아는 발달단계상 자기의 욕구를 참고 상대방을 배려하는 친사회적 행동을 발달시키지 못하였으며, 동시에 언어발달의 미숙함으로 자신이 원하는 것을 말로 표현하기 어려워 의사 표현의 도구로 밀치거나 꼬집고 무는 행동을 보일 수 있다. 또한, 영아는 어른들이 자신을 귀여워하며 깨물거나 꼬집었던 행동이 자연스럽게 모방으로 학습되어 나타날 수도 있다. 그러므로 영아에게 어떠한 이유로도 물거나 꼬집는 행동을 해서는 안 된다.

영아가 상대방을 공격하는 행동은 예방이 중요하다. 영아의 곁에서 주의 깊게 살피면서 상황이 발생하지 않도록 미리 대비하고 상황이 발생하는 경우 재빨리 격리하여야 한다. 꼬집거나 무는 행동은 안 된다는 것을 인식할 수 있도록 단호하게 반복하여 이야기를 나누어야 하는데, 이러한 행동은 한 번으로 고쳐지지 않기 때문에 인내를 가지고 지도해야 한다. 즉 영아의 꼬집고 깨무는 행동은 허용되지 않는 행동임을 언어와 행동으로 보여주고 적절한 행동을 대안으로 제시해 주어야 한다. 예를 들어, "주세요."라고 손으로 표시하며 말을 하거나 "나도 가지고 놀고 싶어."라고 손으로 가슴을 두드리며 "나도 나도"라고 의사표현을 할 수 있도록 알려주어야 한다.

공격적 행동을 보이는 영아와 부모가 함께 할 수 있는 활동은 다음과 같다.

첫째, 영아의 공격적 행동은 단호하게 제한하며 절대 묵인하지 않는다.

둘째, 영아의 흥분이 가라앉을 때까지 기다리거나 스스로 통제를 못할 경우 상황에서 분리하여 감정을 다스리도록 도와준다.

셋째, 영아의 감정은 공감해 주되 깨무는 행동은 할 수 없음을 정확하게 알려준다.

"○○도 자동차 타고 싶었지. 알아. 그렇지만 친구를 꼬집으면 안 돼."

넷째, 상대방의 마음을 공감할 수 있도록 설명하여 조망수용능력을 기를 수 있도록 한다.

"○○가 꼬집어서 친구가 아프겠다."

(이때 "너도 한번 느껴봐."라고 하면서 아이를 꼬집거나 물어선 안 된다. 무의식중에 자신도 상대방을 물거나 꼬집어도 된다고 학습할 수 있다.)

다섯째, 공격적 행동 대신 수용 가능한 대안 행동을 알려주고 바람직한 행동을 할 때마다 칭찬하며 강화한다.

"친구에게 '나도! 나도! 나도 하고 싶어.'라고 말해보자."(손 모양도 가능)

"친구에게 '나도 빌려죠.'라고 이야기하자."(손 모양도 가능)

2. 유아기

1) 스마트폰에 빠진 아이

사례

5세가 된 예진이는 유치원에 다녀오면 곧바로 엄마의 핸드폰을 달라고 조르고, 저녁 내내 핸드폰으로 영상을 보며 뒹굴뒹굴 누워있는 시간을 가장 좋아한다. 이제는 그만 밥을 먹는 시간이라고 핸드폰을 끄라고 하면 화를 내며 폭발하거나 울어버려 매번 한참 실랑이를 하다가 윽박지르면 핸드폰을 끄게 된다. 어느 날은 기분 좋게 끄다가도 어느 날에는 서로 화를 내며 핸드폰을 끄게 돼서 핸드폰을 아예 주지 않고 싶지만, 집안일을 하다보면 아이가 혼자 놀아야 하기 때문에 어쩔 수 없이 손에 쥐어주게 된다.

현대사회 부모들은 어려서부터 인터넷을 사용하고 스마트폰과 함께 성장하였기 때문에 디지털 미디어를 누구보다 익숙하게 사용하는 세대이다. 교육학자 마크 프렌스키(Marc Prensky, 2001)는 디지털 기기에 익숙해진 '디지털 네이티브(Digital Native)' 세대는 어린 시절부터 디지털 환경에서 자란 세대로 기존의 교육에서 벗어나 새로운 교육 환경이 필요하다고 주장하였다. 최근 스마트폰은 자연스럽게 육아에서 활용되어 교육이나 놀이시간 외에도 아이들에게 스마트폰을 틀어주고 부모가 잠시 육아에서 벗어나 가사일이나 개인적인 업무를 보는 시간으로도 활용되고 있다.

2023년 한국언론진흥재단이 3세 이상, 9세 이하 아동을 대상으로 실시한 미디어 이용조사를 살펴보면([그림 16−1]), 하루 평균 미디어 이용시간이 185.9분으로 하루 약 3시간 6분가량 미디어에 노출되고 있다. 이는 텔레비전이 1시간 13분으로 가장 많았으며, 스마트폰이 1시간 3분, 태블릿 PC가 39분, 컴퓨터가 12분으로 나타났다. 부모가 미디어 이용을 허락하는 이유로, 1순위는 '아이의 스트레스 해소', 2순위는 '아이가 할 일을 다 하거나 말을 잘 들었을 때 보상의 개념'이며, 3순위는 '보호자가 다른 일을 하거나 쉴 때'로 나타났다.

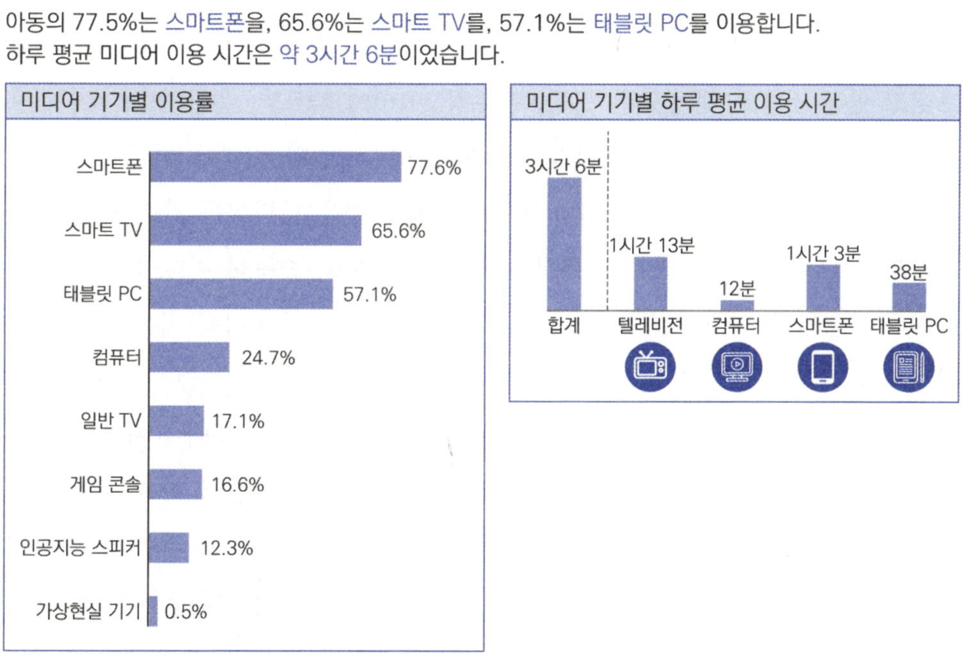

[그림 16-1] 미디어 기기별 아동의 하루 평균 이용시간

출처: 한국언론진흥재단(2023). p. 9.

미국 소아과협회의 영유아를 위한 디지털 미디어 이용 가이드라인(2016)을 살펴보면(〈표 16−2〉), 2~5세 유아들은 스크린 이용 시간을 하루 1시간 이내로 제한해야 한다고 권고한다.

〈표 16-2〉 영유아 미디어 이용 가이드

개월수	내용
0~18개월	영상 통화 이외의 모든 디지털 미디어 노출을 제한한다.
18~24개월	부모가 디지털 미디어를 보여주길 원한다면 양질의 콘텐츠를 선별하고 아이와 함께 보며 이해할 수 있도록 도와준다.
2~5세	하루 1시간 미만으로 양질의 콘텐츠를 선별하여 보여준다. 부모가 아이와 함께 보며 내용을 이해하고, 실제 생활과 연결하여 생각하도록 도와준다.
6세 이상	이용 시간과 디지털 미디어 종류 등 일관된 디지털 미디어 이용 규칙을 정합니다. 미디어 사용이 적정한 수면, 신체활동, 다른 건강에 필수적인 행동을 방해하지 않아야 하며, 미디어 없는 시간과 장소를 함께 정해야 한다(예: 식사시간, 침실 등). 디지털 시민성과 사람 간의 예의 등에 대해 지속적으로 대화해야 한다.

출처: American Academy of Pediatrics (2016). pp. 3-4.

따라서 위의 연구 결과는 아이들이 부적절하게 오랜 시간을 디지털 미디어와 보내고 있는 것으로 해석된다. 또한, 김수정(2016)에 따르면, 유아의 미디어 이용 목적(오락 또는 교육)별 이용 시간이 아동의 학업성취와 발달에 어떠한 영향을 미쳤는지 살펴보았을 때, 유아기와 학령초기에 오락용 미디어를 접한 시간은 10세 때 학업성취와 학교 적응에 부정적 영향을 미쳤고, 중독적 미디어 이용도 높아졌다고 나타난다. 반면, 학령초기인 8세에 교육 목적의 미디어 이용은 이후 학업성취와 학교 적응도를 높였으며, 아동의 컴퓨터 사용 능력도 증진시키는 것으로 나타났다. 따라서 주목할 점은 유아기의 오락용 미디어 이용이 10세의 미디어 중독에 큰 영향을 미친다는 점이다. 이러한 연구 결과는 미디어 이용 시간의 양적 측면뿐 아니라 어떠한 목적으로 미디어를 이용했는지가 이후 학업 및 발달에 영향을 미친다는 것을 보여준다. 그러므로 부모는 유아의 올바른 미디어 이용을 위해 양질의 교육 콘텐츠를 활용(〈표 16-3〉)하여야 하며, 미디어에 관해 이야기를 나누며 유아가 내용을 이해하고 실제 생활과 연결지을 수 있도록 질적 상호작용을 해주어야 한다.

〈표 16-3〉 **양질의 콘텐츠를 고르는 5가지 기준**

	내용
장면과 색깔	아이가 어릴수록 화면 전환 속도가 빠르거나 색채와 효과가 현란하지 않은 것을 고른다. 시각 자극이 강렬할수록 다른 뇌 영역이 함께 소통할 여지가 줄어든다. 아이가 특별히 빛에 민감한 경우 계속 잔상이 남거나 밤에 악몽을 꿀 수 있다.
메시지	영상 콘텐츠가 담고 있는 메시지가 긍정적인지 살펴보자. 주인공의 성장, 위기의 극복, 등장인물끼리의 갈등 해결 등을 통해 아이들이 자신에 대해 더 긍정적인 생각을 가질 수 있도록 돕는 영상인지 생각해 보아야 한다.
폭력성	폭력적이거나 무서운 장면이 있는 영상은 아이들이 좀 더 크면 보도록 한다. 이 부분은 심사 기준에서 많이 반영하기 때문에 시청 가능 연령을 지키면 어느 정도 해결된다. 무서움에 대한 기준은 아이마다 다를 수 있으므로 유행하는 것이라 해도 우리 아이가 무서워한다면 나중으로 미루는 것이 좋다.
유머	건강한 웃음을 주는 영상을 고른다. 약자를 배척하거나 놀리는 것을 재밋거리로 삼는 영상은 피하고, 사회 전반의 어우러짐에 높은 가치를 두는 영상이 좋다.
다양성	등장하는 주인공들의 성별과 인종의 구성을 살펴봐야 한다. 남성이 대다수 문제를 해결하고 여성은 보조적인 역할을 한다거나 남성이 늘 여성을 구출하는 구조는 바람직하지 않다.

출처: 김보경(2003). p. 283.

유아기의 올바른 미디어 습관을 위해 부모가 지켜야 할 사항은 다음과 같다.

첫째, 스마트폰을 하는 아이들의 이야기를 들어보면, 대부분은 "재미있어서…", "특별히 무언가를 할 게 없어서…", "놀고 싶어서…"라고 대답한다. 아이가 스마트폰을 손에서 놓지 못하는 것은 더 재미있는 것을 찾지 못해서이다. 아이가 가장 재미있어하는 것은 놀기인데, 이때 아이는 좋은 장난감을 가지고 혼자 노는 것보다 내 마음을 잘 알아주고 함께 상호작용할 수 있는 누군가와 놀이할 때 즐거워한다. 그러므로 아이에게 스마트폰을 준 채로 혼자 내버려 두기보다는 아이와 상호작용 놀이를 위한 즐거운 수단으로 활용하여야 한다.

둘째, 스마트폰 사용에 대한 규칙을 정해야 한다. 부모의 일방적인 결정보다는 아이와 함께 결정하고 아이가 그 약속을 지킬 수 있도록 돕고 격려해 준다. 시간을 정하고 지키도록 하기 위해서는 반복적인 연습이 필요하다. 먼저 끝나는 시간 10분 전부터 미리 안내해 주어 갑작스럽게 중단되지 않도록 준비하는 시간을 주어야 한다. 이러한 과정을 통해 스마트폰 사용시간을 잘 지켰을 때는 칭찬과 격려를 하고, 지키지 않았을 때는 미리 정해진 제재를 받게 함으로써 책임을 지도록 하여 올바른 습관을 형성하도록 해야 한다. 아이가 울거나 떼를 쓰고 고집을 부려도 일관성 있게 규칙을 적용하여야 하며, 이는 절대 한두 번으로 되지 않기 때문에 아이에게 끊임없이 가르쳐주고 오랫동안 시행착오를 겪으면서 함께 배워나가야 한다.

마지막으로 스마트폰 사용 외에도 다양한 놀이나 즐거운 활동들을 가족들과 충분히 경험할 수 있도록 해야 한다. 스마트폰 없이도 재미있는 경험과 상호작용을 통한 놀이 활동이 주어진다면 스마트폰에 집착하지 않게 된다. 따라서 무조건적으로 스마트폰을 보지 못하게 금지하는 것보다 다른 대안 활동을 제시하는 것이 더 중요하다.

2) 남의 물건을 가져오는 행동

사례

무인 문구점이 많아지면서 6세 민찬이는 좋아하는 캐릭터 카드를 보러 집 앞 무인 문구점으로 구경 가는 일이 많아졌다. 그러던 어느 날 무인 문구점 사장님에게 전화가 와서 나가보니 민찬이가 자신이 좋아하는 캐릭터 카드를 호주머니에 넣고 나가다가 마침 매장을 살펴보러 오신 사장님과 마주친 것이다. 돌이켜 생각해 보니 새 지우개나 작은 딱지들을 친구에게 받았다며 종종 가져온 일이 생각나 마음이 철렁 내려앉았다.

훔치는 행동은 자신의 소유물이 아닌 것을 소유하는 경우로 2~3세 아이는 소유개념이 발달하지 않아 다른 사람의 물건을 갖겠다고 떼를 쓰며 남의 것과 내 것을 명확하게 구분하지 못하여 물건을 빌리는 것과 훔치는 것 그리고 사고 파는 행위의 구별을 못 할 수 있다. 따라서 한두 번 정도는 이러한 일이 벌어질 수 있으며 도덕개념이 완전하게 발달하지 않았기 때문으로 가져오는 행동에 대해 '도둑질'이라고 단정 짓지 말아야 한다. 인지적으로 아직 미성숙하여 자신의 것과 남의 것을 구분하지 못함으로 인해 물건을 가져가는 행동이라면 부모가 기다려주면서 반복적으로 교육과 훈련을 제공하는 것이 필요하다.

그러나 4세 정도가 되면 소유개념을 알고 있어 자신의 물건을 상대방이 만질 때 불편함을 나타내고 공동의 물건은 순서를 지켜 함께 사용하거나 남의 물건을 만지고 싶을 때는 부탁을 해야 하는 등 자신의 것과 남의 것을 구분하기 시작한다. 그러므로 인지적으로 분명한 규칙을 알고 있음에도 불구하고 남의 물건을 가져가는 행동을 보일 때는 원인을 파악해야 한다. 훔치는 행동의 원인은 첫째로 아이가 자신이 가지고 싶은 물건을 소유하고 싶은 욕구에 대한 충동성을 조절하지 못하여 발생하기도 한다. 이는 충동에 대한 조절능력이 완전하게 발달하지 못한 유아기에 한두 번 정도 나타날 수 있는 일로 조절능력을 향상할 수 있도록 지속적인 설명과 연습이 필요하다. 둘째로, 심리적인 결핍감을 보상하기 위해 충족감을 원하여 불만의 해소로 물건을 가져가는 행동이 나타날 수 있다. 이러한 경우는 일상생활 속에서 꾸준한 애정과 격려가 필요하다. 남의 물건을 가져가는 행동은 습관화가 되지 않기 위해 지속적인 관심과 조절 연습이 필요하므로 부모와 함께 지켜야 할 사항은 다음과 같다.

첫째, 훔치는 행동을 알게 되었을 때 부모는 아이의 행동에 대해 수치심을 주지 않아야 한다. 예를 들어, "엄마가 너 때문에 창피해서 못 살겠어!", "내가 널 어쩌면 좋니! 넌 이제 감옥 가야 해. 엄마랑 경찰서 가!"와 같은 강압적이고 부정적인 낙인을 전달하는 방법은 삼가야 한다. 아이가 남의 물건을 가져가는 일이 발생했다면, 이 경험이 아이가 도덕적 조절 행동을 배우기 위해 중요한 경험의 시간이 될 수 있도록 부모의 지혜가 필요하다. 이때 크게 혼내서 무섭게 지도하고자 한다면, 아이는 강렬한 수치심과 부정적 낙인으로 죄책감과 더불어 들킨 것에 대한 불만과 훈육하는 대상에 대한 저항감을 느끼게 된다. 또한, 부정적 정서에 압도당한 아이는 부모의 이야기를 귀담아들으며 자신의 행동을 되돌아보고 반성하기가 어렵다. 부정적 정서를 경험한 아동은 잘못된 행동을 끊어내기보다 반항하거나 자신의 존재를 드러내기 위한 부정적 행동을 반복할 수 있다. 따라서 부모는 감정적인 폭발보다는 아이가 부모의 이야기를 귀담아들을 수 있도록 차분하고 단호한 어조로 설명해 주는 것이 도움이 된다.

둘째, 아이가 남의 물건을 가져가는 행동을 한 자체보다는 왜 그러한 행동을 하게 되었는지 아이의 이야기를 먼저 듣고 근본적인 원인을 해결할 방법을 찾아야 한다. 만약 소유에 대한 개념이 미성숙하다면 나의 것과 남의 것에 대한 명확한 개념을 설명해 주고, 남의 것을 가져오는 것이 바람직하지 않은 행동임을 알려주어 스스로 잘못된 행동임을 느끼게 해주어야 한다.

셋째, 아이와 부모가 함께 가져온 물건을 돌려주며 사과하는 과정을 경험해야 한다. 자신의 잘못한 행동에 대하여 스스로 책임을 지고 해결하는 과정을 통하여 죄책감을 해소하고 잘못에 대해 인정하고 반복하지 않으려는 노력을 함께 해야 한다.

넷째, 성인은 아이에게 바른 모델을 제공하여 돈을 주고 물건을 사는 일상의 경험을 함께 해야 한다. 또한, 가정 내에서 각자의 소유를 존중하고 함부로 타인의 물건을 다루지 않도록 배려하는 행동을 연습해야 한다.

마지막으로 평상시에 부모에게 관심과 사랑을 받고 있다는 심리적 충족감을 충분하게 느낄 수 있도록 해야 하며, 갖고 싶은 충동이 들 때 부모에게 솔직하게 표현하고 절충할 수 있는 민주적 대화 과정을 통해 언제든 소통할 수 있다는 것을 알도록 해야 한다.

그러나 이러한 노력에도 불구하고 아이의 행동이 습관화되고 있다면 전문가와의 상담이 요구된다.

3) 동생으로 인한 퇴행행동

사례

5세가 된 진아의 어머니는 8개월 된 여동생과 함께 진아를 돌봐주고 계신다. 진아는 이전까지 밥도 혼자 잘 먹고 어머니의 이야기를 잘 들어주는 아이였는데, 동생이 태어난 후로 점차 짜증과 신경질이 늘더니 이제는 징징거리며 밥을 먹여달라고 하거나 "응애응애." 하며 우는 행동을 하고 자신도 젖병에 우유를 먹겠다며 조르는 모습도 보인다. 달래도 보고 다 큰 아이가 왜 그러냐고 윽박도 질러보고 사랑한다고 이야기도 해주었는데, 좀처럼 이런 행동은 나아질 기미가 보이질 않아 어머니의 소진도가 높아지고 있다.

아이들이 동생 때문에 스트레스를 받는 것은 임신 시기부터 시작된다. 이전에는 그림책을 읽어주거나 함께 공원에서 뛰어노는 것 등 뭐든 잘 함께 해주었던 엄마이지만, 입덧을 하고 조심해야 하는 시기가 되면 조심하라고 제한하거나 엄마가 힘들다고 밀어내는 일이 종종 있기 때문이다. 아이는 엄마의 임신상태에 대한 인식을 명확히 할 수 없으므로 엄마가 날 밀어내는 느낌이 사랑하지 않는 것으로 느껴져 내적인 불만감과 슬픔이 점차 누적될 수 있다. 이후 동생이 태어나면 아이는 독차지했던 부모의 관심과 사랑을 빼앗겼다는 느낌을 받는다. 부모가 아무리 첫째 아이를 다독이며 사랑한다고 이야기해도 엄마의 몸에는 언제나 동생이 붙어 있고 동생의 울음에 즉각적으로 반응하는 엄마를 보고 있기 때문이다.

따라서 동생을 맞이하는 과정에는 일련의 준비가 필요하다. 동생이 태어나기 전 동생과 관련된 동화책을 보고 동생을 맞이할 물품을 함께 정리하며 태어날 동생에 대해 미리 이야기를 나누는 것이다. 이때 동생으로 인한 희망적, 긍정적 대화뿐만 아니라 힘들고 불편할 수 있다는 이야기도 함께 되어야 한다. 또한, 퇴행 행동을 보이는 첫째 아이의 마음에 대해서 부모는 미리 대비해야 한다. 아이는 동생이 태어남으로 인해 겪는 다양한 환경의 변화를 받아들여야 하므로 불편함이 매우 많다. 첫째 아이는 어머니의 사랑을 상실했다는 결핍감과 동시에 동생과 어머니의 관계를 관찰하게 되는데, 동생이 칭얼거리자 바로 달려가며 안아주는 엄마의 모습도 보게 되고, 동생이 갑작스레 큰 소리로 울자 젖병을 먹여주는 엄마의 행동도 보게 되면 자신도 관심과 사랑을 받고자 퇴행 행동을 보이게 되는 것이다. 애정 욕구를 표현하고 있는 퇴행 행동을 보이는 아이에게 부모가 해주어야 하는 방법은 다음과 같다.

첫째, 자녀의 성장 사진이나 동영상을 보며 아기 시절에 관한 이야기를 나누는 것이다. 예를 들어, "우리 ○○가 아기였을 때 혼자 밥을 먹지 못하고 화장실도 가지 못해서 엄마가 우유도 먹여주고 목욕도 시켜주고 했었어."라고 알려주며 과거부터 나누고 있는 애정을 충분히 다시금 경험할 수 있도록 해주어야 한다. 이후 "동생도 아직 어려서 엄마의 도움이 필요해. 동생이 불편한 게 있어도 말을 못 하고 움직일 수도 없거든. 그래서 엄마 아빠랑 우리 ○○가 함께 동생을 도와주는 거야."라고 설명하여 관심과 사랑이 동생에게 몰입된 상태가 아닌 아기이기 때문에 도움이 필요한 상황이라는 것을 알려준다.

둘째, 아이가 밥을 먹여달라고 하거나 엄마에게 옆에 있어 달라고 할 때 "너는

다 커서 혼자 할 수 있는데 왜 그러니?"하고 나무라게 되면 심리적 결핍감이 더욱 커질 수 있다. 따라서 아이의 행동을 야단치거나 이해하지 못하겠다고 부정적으로 대처하기보다는 아이의 마음을 충분히 공감해 주어야 한다. "○○가 혼자서 밥 먹는 게 외로웠나 봐. 엄마랑 같이 있고 싶었나 보다. 엄마가 도와줄게. 오늘은 ○○가 한 입~ 엄마가 한 입~ 먹어보자. 엄마가 옆에서 ○○ 지켜보고 있을게."처럼 아이에게 함께하고 있음을 전달해야 한다. 또한, 충분한 애정적 스킨십을 전달하고 질적인 대화시간을 통해 정서적 친밀감을 안정적으로 유지할 수 있도록 애써야 한다. 이때 아이가 밥을 스스로 먹으려고 하거나 원하는 바를 징징거림 없이 언어로 표현할 때에는 놓치지 않고 칭찬해 주며 충분하게 요구를 들어주기 위해 노력해야 한다. 예를 들어, 아이가 징징거리지 않고 "나도 안아줘." 하고 이야기한다면 아이와 눈을 맞춰주고 꼭 안아주며 사랑을 속삭여주는 것이 좋다.

셋째, 아이에게 동생에 대한 긍정적 관심과 자신의 존재감을 드러낼 수 있도록 책임감을 주는 것도 도움이 된다. "동생 기저귀 갈 때 엄마랑 같이하자. 엄마 물티슈만 뽑아줄 수 있어?"와 같이 동생을 돌보는 과정을 함께 하여 가족 구성원으로 서로를 도와주고 돌보는 역할에 참여하는 경험을 주는 것도 도움이 된다.

4) 산만한 아이

사례

5세가 된 준수는 유치원에서 대그룹 활동에 집중하길 어려워하며 의자에 앉아서 읽고 쓰고 색칠하는 시간을 힘들어한다는 담임선생님의 평가를 받았다. 그러나 자유놀이시간이나 야외활동시간에는 즐겁게 어울리는 모습이다. 집에서는 엄마가 시키는 학습지 등과 같이 관심 없는 활동이나 정적인 시간에는 집중하지 못하며 이곳저곳을 둘러보거나 꼼지락거리고 몸을 이리저리 움직이는 행동이 많다. 그렇지만 자신이 좋아하는 레고나 조립장난감을 할 때에는 오랜시간 집중하며 완성해 내는 모습도 보인다.

유아는 호기심이 많고 활동성이 높은 경우 구조화된 수업에 흥미를 느끼지 못해 주의집중이 어려운 경우가 있다. 유아의 집중시간은 부모들의 기대보다는 정상발달 범주에서도 짧은 편으로 2세는 5분, 3~4세는 10~15분, 5~6세는 15~20분 정도의 주의집중이 가능하다. 2019년 개정된 누리과정에서도 대집단 활동을 지양하고 아이들의 개별 활동을 지향하는 것으로 바뀌었으며, 초등학교 저학년 아이도 집중하는 시간이 약 20분 정도로 40분의 수업시간을 20분 교과개념, 20분 모둠 또는 작업 활동과 같이 나누어 수업을 진행하는 구조이다. 따라서 5세인 아동의 주의집중능력이 염려되는 경우 자신감과 주도성은 증가하지만, 욕구를 참아내는 인내심이 상대적으로 부족한 발달단계임을 이해하고 점진적으로 조절을 연습하도록 도와주어야 한다. 주의집중능력을 향상시키기 위해서는 기다리고 인내하는 과정을 연습해야 하므로 아이가 원할 때 바로바로 즉각 해결해주기 보다는 아이가 스스로 할 수 있는 것이라면 시간이 걸리더라도 옆에서 기다리며 반복적으로 다시 노력하도록 격려해야 한다. 일상생활의 상호작용에서는 아이가 도움을 요청하였더라도 부모가 다른 일을 하고 있는 중이라면 "엄마가 요리를 하고 있어서 이게 끝나면 도와줄게. 잠깐 기다려줘."라고 말하며 기다리는 경험을 할 수 있도록 해주는 것도 방법이다.

그러나 주의가 산만하고 집중하기를 어려워하며 충동을 조절하는 데 어려움을 느끼고 과잉행동이 관찰된다면 좀 더 세심한 관찰이 요구된다. 유아는 내적 불안으로 인하여 어쩔 줄 모르는 부산스러운 회피적 행동이 나타날 수도 있으며, 과잉행동 및 충동성을 보이는 중추신경계의 미세손상으로 인한 ADHD 증상이 나타나는 것일 가능성도 있어 전문적 도움이 요구되는 경우도 있다.

일반적으로 ADHD 유아의 경우 또래의 다른 유아들만큼 주의를 유지하지 못하고 과제와 놀이 활동에 적절하게 반응하지 못하며 규칙이나 지시를 따르기 어려워한다. 또한, 외부 자극에 쉽게 산만해지며 무언가를 계속 만지작거리거나 자리에서 꼼지락거리고 잠시도 가만히 있지 못하는 모습이 관찰된다. 더하여, 상황에 맞지 않게 지나치게 뛰어다니거나 끊임없이 활동하여 마치 무언가에 쫓기는 사람처럼 보이고, 지나치게 수다스럽게 말하기 때문에 정신없이 뭔가를 하는 것 처럼 보인다. 따라서 기분 변화를 예측하기 어렵고 쉽게 화를 내며 부주의하여 사회적 상호작용이 부족하고 타인의 마음을 읽지 못하는 등의 사회적 어려움도 동반한다. 이러한 경우는 전문적 도움이 필요하므로 정확한 진단과 치료가 필요하다.

한편, 정상범주 내에서의 산만한 행동을 보이는 원인으로는 기질적으로 자극추구성향이 높아 호기심이 많고 행동 속도가 빠른 경우로 새로운 매력적 활동에 쉽게 관심이 분산되는 경우다. 이러한 경우 시각적 자극에 쉽게 영향을 받고 주의가 흐트러지기 때문에 주위 환경을 단순하게 정리 정돈해 주는 것이 바람직하며 대화 중에도 짧고 구체적이며 간결하게 말하는 것이 도움이 된다. 아이의 주의집중능력을 길러주고 산만한 행동을 조절하기 위해 부모와 함께 노력해야 하는 행동은 다음과 같다.

첫째, 적절한 환경을 구성하는 것이다. 주의를 분산시킬 수 있는 어지러운 환경은 집중을 방해한다. 또한, 활동적인 영역과 정적인 영역을 명확하게 분리하여 구성하고 공간마다 바람직한 행동을 하도록 연습해야 한다. 예를 들어, 거실은 책을 읽거나 활동지를 하는 조용한 공간이지만 놀이방은 재미있는 놀이를 하거나 볼풀공을 던지고 샌드백을 칠 수 있는 활동적 장소로 분리한다.

둘째, 흥미로운 활동을 제공하여 아이가 좋아하는 놀이를 통해 집중시간을 조금씩 늘려가는 연습을 하는 것이 도움이 된다. 산만한 아이는 부정적인 지적을 당하는 것에만 익숙해져 있으므로 아이가 흥미를 보이는 놀이에 몰입하며 진행할 때에 긍정적 강화와 격려를 제공해 주는 것이 도움이 된다.

셋째, 일관성 있는 단호한 양육 태도를 통해 아이가 심리적인 안정감을 가질 수 있도록 해야 한다. 비일관적인 규칙을 제시하면 떼를 쓰거나 조르는 행동이 강화되고 조절을 연습하기보다는 상대방과의 힘겨루기나 갈등관계로 인식하게 되어 불안정감이 높아지게 되어 산만함을 보일 수 있다. 이렇듯 산만한 행동은 내적 불안으로 인해 발생할 수도 있어 기관과 연계하여 적절한 행동에 대해 일관성 있게 지도하고 예측 가능한 규칙적인 생활을 통해 안정감을 주어야 한다.

넷째, 여러 명의 유아가 단체로 놀이를 할 때 흥분이 높아져 조절이 어려워 부정적 평가만 지속되는 경우는 소규모의 놀이나 게임을 제공하여 구체적인 사회적 기술능력을 촉진시키고 규칙을 지켜나가는 활동을 통해 조절능력을 먼저 연습해야 한다. 이후 점진적인 대그룹 전환을 통해 긍정적 경험을 지속할 수 있도록 도와야 한다.

3. 아동기

1) 공부를 싫어하는 아이

사례

초 2가 된 아진이는 작년까지는 재미있게 학교를 다녔지만 공부나 숙제가 조금씩 시작되고 단원평가도 실시되면서 점차 학교에 흥미를 잃고 공부하기 싫다는 이야기를 반복하고 있다. 공부를 엄마와 같이 하면 화를 내게 되고 서로 기분만 안 좋게 끝나 학원을 보냈는데, 수업태도는 나쁘지 않다고 하는데도 딴 생각을 하는지 진도가 잘 나가지 않고 숙제를 스스로 하지 못해 답답할 뿐이다. 공부에 흥미를 갖고 스스로 할 수 있는 아이가 되게 하려면 어떻게 해야 하는지 궁금하다.

초등학교 시기는 근면성이 발달하는 단계로 자기주도적인 학습 습관을 형성하는 시기이다. 자기주도학습(self-directed learning)은 '학습자가 스스로 목표와 계획을 세우고 효과적인 전략에 따라 학습과정을 능동적으로 조절하는 상태'이다. 즉 자기주도학습은 자신의 학습과정에 대한 메타인지(meta-cognition)를 기반으로 자신에 대한 객관적 이해와 효과적인 학습전략을 위한 실제적 방법을 고안해 내는 능력이다. 짐머만(Zimmerman & Martinez-Pons, 1992)은 자기주도학습의 핵심요소를 다음과 같이 제시하였다(〈표 16-4〉). 총 9단계로 학습의 목표설정-계획수립-자기동기화-주의조절-학습전략 적용-자기점검-도움의 탐색-자기평가-자기반성의 과정이다.

〈표 16-4〉 **자기주도학습의 핵심요소**

단계	개념	내용
1	목표설정	무엇을 달성하기 위해 학습을 하는지 명확히 하기
2	계획수립	학습을 위한 시간을 효율적으로 사용하기 위한 방법 찾기
3	자기동기화	학습을 완수하기 위한 동기와 자기효능감 및 만족지연능력의 발달
4	주의조절	학습에 최대한 주의를 기울이며 불필요한 요소 제거
5	학습전략 적용	학습을 하기 위한 효과적 전략을 구성하여 활용 (예: 읽기전략, 이해전략, 요약전략, 기억전략 등)

단계	개념	내용
6	자기점검	학습과정 중에 지속적으로 점검하고 필요한 경우 학습전략 수정
7	도움의 탐색	학습을 촉진시키기 위한 도움을 적극적으로 탐색
8	자기평가	노력한 최종 결과를 평가하여 스스로의 목표에 도달했는지 판단
9	자기반성	학습전략과 목표가 어느 정도 성공적이고 효과적인지 판단

출처: 김미례 외(2022). p. 281.

아이의 자기주도학습을 지원하기 위해 부모가 해야 하는 방법은 다음과 같다. 첫째, 자녀 스스로 계획하고 실천하며 평가하는 습관을 익히도록 학습환경을 조성해 주어야 한다. 둘째, 부모의 조급함을 내려놓고 아동 스스로 시행착오를 거쳐 자기점검하는 시간을 갖도록 해야 한다. 셋째, 아동의 학습동기 유발을 위해 꿈과 목표를 세우는 작업을 해야 한다. 넷째, 생각하고 이해하는 연습, 즉 스스로 공부하는 방법을 배울 수 있도록 도와야 한다. 다섯째, 실현 가능한 목표를 세우고 실천하는 자기관리능력을 기르도록 도와야 한다.

또한, 자기주도적 학습태도를 기르기 위해서는 초등 저학년과 고학년에게 접근 방법이 다르다. 초등학교 1~3학년을 위해서는 집중력 기르기, 매일 공부습관 기르기, 학습스타일에 맞는 환경 갖추기가 필요하다. 따라서 부모는 평소 아동이 일정한 시간 공부하는 습관을 익히도록 도와야 한다. 초등학교 4~6학년을 위해서는 해야 할 것을 스스로 정하게 하고 공부시간과 방법을 계획하며 점검과 마무리를 직접 해낼 수 있도록 한다. 특히 공부를 효율적으로 하는 아이들은 마지막 단계에서 자신이 공부한 내용을 확인하며 제대로 한 부분, 이해가 잘 안 되는 부분, 암기가 부족한 부분을 표시하고 이후에 더 중점적으로 공부하기 위한 계획을 한다(대구광역시교육청, 2016).

한편, 아이의 자기주도적 학습 태도 형성을 저해하는 요인은 학원에 대한 과도한 의존이다. 이는 선행학습에만 치중하여 깊이 있는 학습을 하지 못해 사고력과 문제해결능력을 미숙하게 만들 수 있다. 또한, 넘치는 부모의 관심과 선행 위주의 학습은 아이를 수동적으로 만들어 주도적 학습을 방해한다. 따라서 부모는 아이의 학습에 대한 조급함을 버리고 적성과 흥미를 찾아 적절한 진로정보를 아이에게 전해주고 개개인이 자율적으로 자신의 잠재능력을 발휘할 수 있도록 해야 한다. 그리고 아이 스스로 결정하도록 선택권을 주어야 하며 부모의 기준으로 강요하지 말아야 한다. 즉 아이의 내적동기가 발현되어 자기주도적 학습태도를 형성하도록 도와야 한다.

2) 또래 관계 괴롭힘

사례

초 4 재민이와 민성이는 자주 갈등이 생기는 친구 사이이다. 재민이는 얌전한 편이고 민성이는 활동적인 편인데, 민성이는 친구들에게 장난을 많이 치는 아이로 재미있어서 좋아하는 친구도 많지만 부담스러워하는 친구들도 있다. 한편 재민이는 민성이와 어울려 다니는 친구로 민성이가 재민이를 놀리고 툭툭 치거나 장난을 치는 모습이 자주 관찰된다. 그렇지만 재민이는 민성이랑 놀 때 즐거워하고 재미있다고 표현하면서도 민성이가 놀리고 장난치는 행동에 상처를 받기도 한다. 어느 날은 재민이가 통통하다고 놀림을 당하다가 갑자기 소리를 지르며 책상을 발로 차버려 큰 소리가 나서 반 친구들이 모두 놀라고 당황한 일이 있었다. 매번 놀린 건 민성이지만 재민이의 돌발행동으로 담임선생님께 둘 다 크게 혼나게 되었다.

아동기가 되면서 또래 관계가 확장되고 다양한 갈등 및 상호작용을 경험하면서 아이들은 정교한 사회적 기술능력을 향상시키게 된다. 아동기 아동은 또래 간 상호작용의 양이 증가하며, 욕이나 위협 등의 언어적 공격성도 증가하고 놀이 대신 규칙이 있는 게임, 운동 등을 통한 또래 간 경쟁 관계의 상호작용도 늘어난다. 따라서 아이들은 쉽게 갈등상황에 놓이거나, 가십, 또래 괴롭힘이 시작되기도 한다. 또한, 초등학교 고학년이 될수록 장난과 괴롭힘의 경계가 명확하지 않은 일들이 빈번하게 나타나게 된다. 장난과 괴롭힘의 차이는 미묘하여 그것을 제대로 구분하지 못할 때 가해아가 되거나 혹은 분위기 파악을 제대로 하지 못해 따돌림을 당하는 아이가 될 수도 있다. 예를 들어 친구가 복도를 지나가다가 반가워서 한 대 툭 친 상황일 때 어떤 경우에는 장난스럽게 자신도 한 대 치며 인사를 건넬 수도 있지만, 어떤 경우에는 아프다고 짜증을 내며 왜 때리냐고 따지면서 반가워하는 친구에게 되려 화를 내게도 된다. 따라서 아동기는 복잡하고 다양한 인간관계에서의 조망수용능력과 문제해결능력을 갖추어야 한다. 장난스러운 상황에서도 다양한 문제해결방법이 존재한다. 상대방의 의도를 명확하게 알아차린 후 반가움의 인사라면 장난스럽게 넘어갈 수 있다. 이후 "아, 근데 너무 아퍼."와 같이 분위기를 헤치지 않는 범위 내에서 자신의 불편감을 전달하는 방법도 있다. 그러나 상대방의 의도에 대해 왜곡해서 해석하거나 사회적 문제해결이나 대처 방식이 미숙할 경우 상대가 주는 감정적인 자극과 말, 행동을 부정적으로 인식하여 자신의 불편감을 상대방이 자신을 공격하거나 비난했다고 해석하며 괴롭혔다고 생각할 수도 있다.

① 재민이의 경우, 재민이는 민성이와의 관계에서 적절하게 자신을 보호하고 주장할 수 있는 방법을 알지 못하여 억울함이 누적되고 이를 억압한 채로 지내다가 충동적으로 보두에게 피해를 주는 방식으로 강하게 폭발시키고 있다. 이렇듯 장난과 괴롭힘을 구분하지 못해 스트레스 받는 아이들은 지나치게 불안이 높고 예민하여 상황을 부정적으로 해석할 수 있으며 경직된 성향으로 인하여 융통성이 없기 때문에 상황에 대한 문제해결능력이 다양하지 못하고 미숙할 수 있다. 이러한 아이들은 장난스러운 상황에서 불쾌감을 느끼나 표현하지 못하고 억압하며 참는 모습으로 누적된 부정적 정서는 이후 폭발적 행동으로 표현될 수 있다. 또한, 이러한 방법이 이후 또래 관계에 긍정적인 결과를 가져오지 않음에도 불구하고 자신이 썼던 방법을 고집스럽게 지속하는 경우가 많다.

융통성 있는 아이는 또래 관계에서 이전에 사용했던 방법이 좋은 결과가 생기지 않았다면 다양한 문제해결방법을 활용해 본다. 예를 들어, 지난번에 화를 내며 책상을 발로 차버렸더니 반 분위기만 안 좋아지고 서로 민망해서 더 관계가 어색해졌다고 판단된다면 다음엔 다른 방법으로 해야겠다고 생각하는 것이다. 이러한 다양한 방법으로의 전환이 어려운 경직된 아이라면 사회적 기술능력의 발달을 위한 노력이 요구된다. 매번 같은 방법으로 친구들을 대하고 있는 자신에 대해 인식하게 하고 다양한 방법들을 활용할 수 있도록 해야 한다. 이를 위해서는 부모도 한 가지 방법만 강요하며 다그치기보다는 내가 아는 방법이 틀릴 수도 있다는 개방적 사고의 모델링이 되어주어야 한다. 예를 들어 부모-자녀의 대화 중에 "내가 이 얘기를 여러 번 말했는데도 네가 매번 화를 내는 걸 보면 엄마의 방법이 잘못된 거 같아. 엄마도 너와 대화하는 방법을 바꿔봐야겠어. 엄마가 어떻게 이야기 하는 게 좋을까?"와 같이 상호소통을 통해 바람직한 방법을 찾아 나가는 질적 대화가 필요하다.

또한, 관계 내에서 자기표현과 주장성의 결여로 인해 심리적 불만감이 누적되고 있다면 자연스럽게 자신의 불편감을 표현할 수 있도록 격려하는 것이 좋다. 아이가 자신의 주장이나 의견을 말할 때 말대꾸를 한다고 지적하며 부모의 지시를 강요하기보다는 "너의 생각을 구체적으로 이야기해 줘서 고마워.", "너의 마음을 명확하게 알려줘서 이해가 되었어."와 같이 아이가 표현하는 진솔한 생각을 있는 그대로 수용해 주는 소통을 가정 내에서 충분하게 경험하여야 아이가 사회적 상황에서 자기표현을 주저하지 않을 수 있다.

② 민성이의 경우, 장난을 치며 친구들과 즐겁게 노는 행동과 괴롭힘 행동에 대한 경계를 명확하게 세워야 한다. 아이는 도덕관이나 윤리관이 아직 분명하지 않고 조절능력이 미숙하여 어느 날은 세게 부딪히면서 장난을 치거나 어느 날은 그렇지 않을 수 있다. 따라서 아이의 장난은 자칫 괴롭힘이나 선을 넘는 행동으로 발전될 수 있으므로 짓궂은 장난과 인격적으로 불편하게 만드는 비하적인 놀림에 대한 명확한 기준을 알려주어야 한다. 또래들과의 장난이라도 상대방이 싫다고 의사를 분명히 표현하면 하지 말아야 한다. 상대가 싫다고 하는데도 계속하는 것은 괴롭힘이기 때문이다.

또래 괴롭힘(bullying) 행동은 유전적인 성향에 기인할 수도 있으나, 가해아나 피해아 모두 체벌이나 거부적 행동, 지나친 통제 또는 방임 등 양육 행동과 밀접한 관련이 있다(Olweus, 1993). 또한, 어렸을 때 정서조절 및 자제력을 길러주지 못했거나 형제간 적대감, 불안정 애착 등으로 취약했던 아동은 외현적 공격성을 발달시키고 그 결과 또래 괴롭힘의 가해자나 피해자가 될 수 있다(Turner et al., 2012). 또래 괴롭힘의 형태는 주로 신체적 괴롭힘(때리고, 꼬집고, 세게 밀치기, 발로 차기 등), 언어적 괴롭힘(놀리기, 조롱하기, 별명 부르기), 관계적 괴롭힘(소외시키거나 따돌리기), 사이버 괴롭힘(휴대폰, 컴퓨터 등을 이용한 괴롭힘)의 네 가지 유형으로 나뉜다. 특히 앞의 세 가지 유형, 즉 신체적, 언어적, 관계적 괴롭힘은 초등학교 또는 그 이전에도 나타난다. 괴롭힘 행동에 대해서는 절대 묵인하지 않아야 하며 직접적인 개입이 필요하다. 공격적 행동을 제한하고 친구의 마음을 상하게 했을 때는 잘못이 무엇인지 깨닫게 도와야 하며 상황을 객관적으로 보도록 필요한 질문을 던져주어야 한다(예: 주변에 있던 다른 사람이라면 어떻게 생각했을까?). 현재는 학교폭력위원회 등을 통하여 학교 내 괴롭힘이나 폭력, 따돌림과 같은 사건의 경우 법규를 어기고 잘못을 저지른 것으로 엄격하게 교육하고 있어, 부모도 친구의 마음과 몸을 괴롭히고 친구의 감정을 불편하게 하는 상황은 절대 해서는 안 되는 행동이라는 것을 인식시켜 주어 도덕적 판단기준이 명확하게 확립되도록 알려주어야 한다.

부모는 자녀의 또래 관계에 직접적, 간접적으로 영향을 미친다([그림 16−2]). 부모의 가치관, 자녀와의 관계 및 상호작용 양식, 부부관계 갈등을 다루는 방법 등은 자녀의 또래관계에 간접적인 영향을 준다. 예를 들어 부모의 강압적 훈육방식과 가정 내의 관계 갈등이 높은 경우 친구들의 행동을 적대적으로 해석하는 경향을 갖게 되기도 한다. 따라서 부모는 가정 내의 갈등을 올바르게 해결해 나가는 모델링이 되어주어야 하며 의사소통기술을 직접적으로 알려주는 대상이어야 한다. 여성가족부(2017)에서 개발한 초등학생 부모를 위한 매뉴얼을 살펴보면, 부모가 자녀의 또래 관계 증진을 위한 역할을 크게 3가지로 구분하였다.

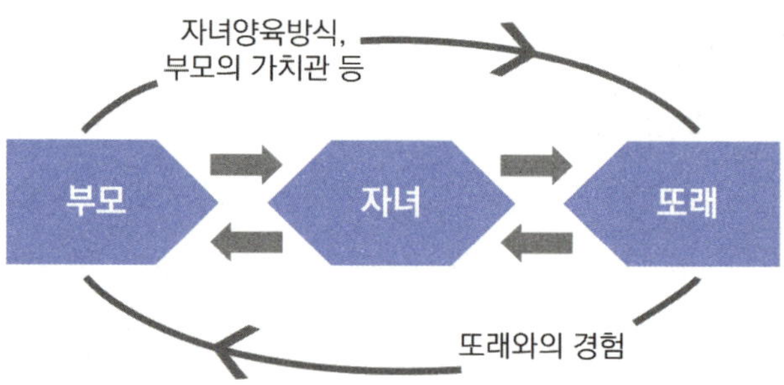

[그림 16-2] 또래관계 증진을 위한 부모의 역할

출처: 여성가족부(2017). p. 83.

첫째, 환경의 설계자이다. 자녀가 다니는 학교, 학원, 가족의 주거 지역 등을 또래 관계를 위하여 부모는 의도적으로 선택하여 자녀의 또래 관계를 증진할 수 있다. 예를 들어 축구교실과 같은 곳에서 또래 남아들과 활동적으로 어울리는 시간을 마련해 주거나 아파트 단지 내의 놀이터에서 놀이하는 시간을 주어 동네 또래들과의 만남을 확장시켜 줄 수 있다.

둘째, 또래와의 접촉 기회를 적극적으로 제공해 줄 수 있다. 자녀 생일에 친구를 초대하거나 자녀의 운동, 취미, 여가시간 등을 통하여 또래와의 접촉 기회를 다양한 상황에서 가족들이 함께 충분히 제공할 수 있다. 예를 들어 여가시간에 함께 나들이를 가거나 아이가 좋아하는 활동을 친구들과 함께하며 시간을 보내도록 하는 등 즐거운 다양한 체험을 그룹으로 경험하게 하는 것이다.

셋째, 부모는 감독자로 모니터링을 통한 지원과 가르치는 역할을 할 수 있다. 자녀가 또래와 언제 어디서 무엇을 하는가를 지속적으로 모니터링하고 자녀가 도움을 요청하는 경우 적극적으로 지원하며, 갈등을 관찰하고 실제적인 사회적 기술을 알려주는 감독의 역할을 해야 한다.

4. 청소년기

1) 반항하는 자녀

사례

중 3 선호의 부모는 요즘 아이에게 말을 걸기가 무섭다. 집에서는 하루 종일 핸드폰을 하거나 게임 하는 소리만 방에서 들려오고 대화라도 하려고 노크를 하고 방문을 조심스럽게 열면 쳐다보지도 않거나 "아, 왜!"라고 쏘아붙이기 일쑤라서 어떻게 대화를 해야 하는지 망설여진다. 그러다 답답해진 날에는 "언제까지 이러고 있을거야! 숙제는 했어! 학생이 공부는 대체 언제 하는거야!"라고 소리를 지르게 된다. 그러면 아이도 무서운 표정으로 화를 내며 "나가"라고 소리친다. 이후 다시 선호의 입과 방문은 굳게 닫히고 다시금 후회와 답답함이 몰려오지만 어떻게 대화를 시작해야 하는지 모르겠다.

청소년기는 혼란과 격동, 압박감과 동요의 시기로 부모는 단지 자녀가 십대가 되어 권위에 대해 반항한다고 생각하지만, 청소년기는 실존적 질문에 휩싸이거나 자신의 독립된 정체성을 확립하기 위해 고민하며 다양한 또래 관계 경험 등으로부터 배움과 성장을 해나가는 혼돈의 시기이다. 부모에게 10대의 반항은 어른의 요구에 제때 순응하지 않는 모습에서부터 과제나 일을 제대로 마무리하지 않거나 규칙을 따르지 않는 행동 등 일상생활에서 다양하게 나타난다. 문제는 자녀의 반항을 부모 자신의 문제는 하나도 없고 자녀만의 문제라고 생각하면 관계 회복이 어렵고 이러한 시각으로 부모가 대화를 시작한다면 아이는 더욱 저항적인 모습을 보일 수 있다.

반항은 상대방과의 소통과정에서 오는 하나의 반응으로 어떤 대상과 잘 맞지 않는 참을 수 없는 상황에서 일어나는 상호작용의 결과이다. 부모가 반항을 자녀만의 문제행동이 아닌 상호작용에서 나온 행동으로 이해한다면 자녀가 먼저 변화하기보다 부모가 먼저 변화하여야 한다는 것을 알아차리게 된다. 대부분 청소년의 반항은 엄마의 잔소리를 피할 수 있고 부모의 관심을 끌 수도 있는 도구이기 때문에 긍정적인 사회적 행동방식을 배우지 못하고 부정적인 소통방식을 습득하게 되어 자연스럽게 나타나는 결과이다. 이때 부모가 자녀의 부정적인 행동에 반응을 보이거나 자녀의 목적이 이루어지는 행동을 보인다면 아이는 자연스럽게 그 전략을 계속해서 사용할 것이다. 반복되는 자녀의 반항적 행동에 부모는 견디지 못하고 쉽게 항복해 버려 올바른 소통방식으로 전환되기는 쉽지 않다. 또는 위의 사례에서처럼 부모는 긍정적인 대화방식을 자녀에게 보이기보다는 강압적이거나 부정적인 소통방식을 사용하여 자녀가 더욱 적대적이거나 위협적인 반응을 보이는 모습이 반복되고 있다.

청소년의 반항을 이해하기 위해서는 그들의 행동에 영향을 미치는 요인을 먼저 알아야 한다. 청소년의 반항은 첫째로 청소년기 발달적 특성 및 기질적 성향과 관련이 있다. 청소년기는 부모에게서 독립하여 정체성을 찾아가기 위한 시기로 사생활을 추구하려는 욕구가 강해진다. 즉 자기 스스로 판단하고 행동하려는 독립의 욕구가 크기 때문에 부모가 자신의 의사나 가치와 다른 행동을 강요할 경우 반발하거나 비판하며 부모에게서 벗어나려고 하므로 저항하는 행동을 보이게 된다. 또한, 기질적으로 어떤 아이는 또래에 비해 쉽게 좌절하고 더 빨리 화를 내고 반응의 강도를 더 크게 보이기도 한다. 더하여 청소년기 호르몬이 더해지면서 더욱 충동적이고 자제력이 부족하며 감정적으로 변하기 쉽다. 따라서 반항적이고 공격적인 행동이 더욱 빈번하게 나타나게 된다.

둘째로 청소년의 반항은 부모의 특성과 부모-자녀관계의 질에 영향을 받게 된다. 강압적이고 지시적인 부모의 경우 독립적 욕구를 가진 청소년과 갈등이 발생 될 가능성이 높고, 매번 순응하던 자녀가 자기 주장성이 높아지면서 부모도 불편감이 생겨나 더욱 강하게 억압하고 제한할 가능성이 있다. 또한, 가정 내의 다양한 갈등상황에서 부적절하게 문제를 해결해 나가는 방법이나 자녀들에게 노출되어 온 부모의 대화방식이 아이들에게 영향을 미쳤을 수 있다. 따라서 부모-자녀관계에서 서로를 존중하는 대화 방법을 갖추는 것이 중요하며, 자녀와의 효과적인 의사소통 방법을 강구하고 자녀를 강제로 억압하거나 매사에 간섭하기보다는 자율적인 의사결정을 내릴 수 있는 기회를 제공해 주어야 한다.

자녀의 반항을 줄이기 위해 부모가 노력해야 할 부분은 다음과 같다.

첫 번째는, 분노를 자연스러운 현상으로 받아들이고 인정하는 것이다. 청소년이 독립과 사적인 영역을 주장하며 부모의 기분을 상하게 하고 격분하게 하는 것은 자연스러운 현상이라는 사실을 인정하고 화를 표현하는 것은 그들의 권리라는 것을 인정하는 것이다. 예를 들어, "내 방에 들어오지 말라고!"라며 소리치는 자녀에게 "어디서 큰 소리야!"라고 반응하며 화를 내는 행동을 나무라기보다는 "앗, 방해받아서 화가 났구나. 미안. 노크하고 기다렸어야 했는데, 너무 급하게 문을 열었나 보다."라고 이해를 전달해야 한다. 한편, 부모들도 일정한 한계 안에서 감정을 표현할 권리가 있으며, 바람직하게 화를 표현하는 방법을 알려주는 모델링이 되어야 하는 점이 중요하다. 이때 주의할 점은 자녀의 개성과 인격을 모욕하는 표현은 쓰지 않아야 한다는 것이다. 따라서 '나-전달법(I-message)'을 통해 부모의 감정을 전달하는 방법을 사용해야 한다. 예를 들어, 주말 아침부터 친구들과 큰 소리로 통화하며 시끄럽게 구는 자녀에게 "조용히 해! 넌 가족에 대한 배려도 없니!"라고 소리치기보다는 "엄마는 주말 아침에는 늦잠을 자면서 쉬고 싶었는데 네가 큰 소리로 친구들이랑 통화하는 소리 때문에 잠을 깨버렸어. 정말 더 자고 싶었거든."이라고 전달하는 것이 바람직하다. 이러한 표현들은 긴장감이 덜

한 상태에서 서로의 입장을 헤아려보는 시간을 갖게 하여 자신의 행동이 상대방에게 미친 영향에 대해 생각해 볼 수 있는 기회가 된다.

두 번째는, 10대 자녀에 대해 좀 더 융통성을 발휘한 합리적인 신념을 가질 필요가 있다. 모든 세대는 자신의 부모세대로부터 세대 차이에 대한 이야기를 들으며 혼돈의 시기를 거쳐 성인이 되었다. 그 시절의 갈등에 대해 좀 더 여유롭고 너그럽게 대처할 필요가 있다. 예를 들어, "옷이 그게 뭐니! 신발은 왜 그렇게 신어!"라고 지적하기보다는 불필요한 갈등을 줄이고 그들의 경험과 문화를 인정하고 이해하기 위한 노력을 보여야 한다. "요즘은 그렇게 입는 게 유행이구나. 편해 보이더라."와 같은 긍정적 표현이 바람직하다.

세 번째는, 부모가 가정에서 서로의 의견을 통합하고 협조하여 갈등을 중재해 나가는 적절한 모델링이 되어주어야 한다. 예를 들어, 부부간의 대화에서도 서로를 무시하거나 다툼을 하는 모습을 자주 보인다면 자녀들도 자신의 의견을 굽히지 않으며, 서로 의견을 조율하는 방법을 배우지 못하게 된다. 대화 과정 중 비난, 부정, 위협, 명령은 모두 부정적인 의사소통 습관이다. 자녀와의 관계에서는 물론이며, 부부간의 대화에서도 서로의 의견을 존중하며 협조해 나가는 모습을 통해 바람직한 의사소통에 대한 노력을 보여야 한다.

마지막으로 청소년 자녀에게 맞는 현실적 기대를 바탕으로 구체적인 노력을 할 수 있도록 도와야 한다. "넌 정말 머리가 좋은데, 노력을 안 해.", "넌 정말 속이 깊은 아이야. 정말 착해. 근데 오늘은 왜 그래."와 같은 현실적이지 못한 추상적인 칭찬과 지시는 자녀에게 구체적인 문제해결 방법을 찾는 데 도움이 되지 않는다. 부모는 자녀의 어려움을 객관적으로 파악하여 현실에서 도움을 줄 수 있는 방법을 찾기 위한 노력을 함께 해야 한다. 예를 들어, "수학 도형 단원은 어렵지 않은데 함수가 나오면 힘들구나. 그래프나 수식을 이해하고 써내려 가는 게 어려운가 보다.", "영어단어 외우는 건 어렵지 않게 하는데 사회나 역사 암기는 어려운가 보네. 어떤 부분이 너에게 다르게 느껴지는지 살펴보자." 혹은 "주말에는 동생이 투정 부려도 받아줄 만한 여유가 있었는데 오늘은 너도 힘들어서 짜증이 났나 보네."와 같이 구체적인 상황을 알아차리는 노력과 격려를 통해 현실에서의 어려움이나 문제를 해결하기 위한 방법을 찾을 수 있으며, 실제적인 목표를 세울 수 있다.

2) 스트레스로 인해 불안하고 우울한 자녀

사례

고 1 민아는 학교 성적도 상위권이고 학교생활도 모범적인 밝은 아이였으나 최근 들어 밥맛이 없다며 끼니를 거르거나 혼자 멍하니 있는 모습이 많이 보인다. 아무 말 없이 무표정하게 생활하고 무기력한 모습이 많아지고 있어 친구들도 민아를 걱정하여 말을 걸어보지만 별다른 반응이 없다. 학원 선생님들도 요즘 민아에게 걱정이 있는 것 같다로 전화를 주셔서 부모의 염려가 높아지고 있다. 아이에게 스트레스를 받는 일이 있는지 물어도 없으니 신경 쓰지 말라고만 대답할 뿐이다. 그러나 일상생활에서는 작은 일에도 신경질이나 짜증을 쉽게 내는 모습으로, 속을 알 수가 없어 답답하고 속상한 상황이다.

청소년기는 감정의 뇌로 불리는 변연계의 발달이 주로 이루어지는 시기로 사춘기가 끝나갈 즈음에 변연계 발달이 거의 완성이 된다. 따라서 사춘기 청소년들은 공포, 불안, 수치심, 죄책감 등 감정적 상처에 취약하며 마음의 안정을 주는 세로토닌이라는 신경전달물질도 뇌에서 분비가 줄어들면서 우울이나 불안을 쉽게 경험할 수 있다. 또한, 청소년들은 진로와 학업 및 또래 관계 등과 같은 다양한 스트레스 상황에 노출되어 정서적 불안정감을 겪을 가능성이 높다. 우울로 인한 일상생활의 변화가 두드러지고 부모와의 대화를 통한 해결에 어려움이 있다고 판단될 때에는 전문기관에 도움을 요청해야 한다.

고등학생이 된 자녀들은 미래에 대한 생각과 고민이 많아지고 입시와 진로에 대한 스트레스에 시달리게 되면서 공감을 위한 뇌 활동은 감소하게 되는 한편, 평가와 칭찬에 반응하는 보상영역이 눈에 띄게 발달하게 된다. 중학교 시기는 불안이나 스트레스에 대해 폭발적인 반응을 보이며, 고등학생 시기는 정서적으로 여전히 불안정하지만, 폭발적으로 부정적인 정서를 표출하기보다는 우울이나 잦은 신경질과 짜증으로 표현될 수 있다. 그러나 이러한 고민과 복잡한 생각 또는 스트레스와 관련된 불안을 부모와 공유하고 싶어하지 않는다. 독립성과 자기주장이 더욱 강해지면서 부모로부터 독립하여 자율적으로 자신의 문제를 해결하고자 하기 때문이다. 어른들의 도움을 필요로 하면서도 부모가 도와주려는 것을 간섭이라고 생각해 부모의 관심과 배려에 대해 거부감을 드러내기도 하며 통제로부터 벗어나기 위해 노력한다. 따라서 이 시기의 자녀들을 부모가 도와주기 위해서는 적절한 경계를 존중해 주어야 한다.

청소년기 자녀의 우울과 불안을 회복시키기 위해 부모가 노력해야 할 부분은 다음과 같다.

첫 번째는 자녀가 안전하게 대화하고 토론하기 위한 분위기를 만들어주는 것이다. 그러기 위해서는 부모가 감정적으로 대처하거나 아이에게 경직된 신념을 전달하지 않기 위해 부모의 정서조절 및 스트레스에 대한 체크가 우선되어야 한다. 자녀와의 대화에서 부모가 감정적으로 대처하여 부모와 대화를 거부하게 만들지 않기 위해 부모는 자신이 자녀에게 가지고 있는 고정된 신념이나 부정적인 낙인을 확인하고 자녀와 대화할 때는 부모의 솔직한 감정이나 기대하는 바를 차분하게 설명해 주는 것이 좋다.

두 번째는 부모가 자녀의 걱정, 근심, 부정적 감정을 충분히 듣고 담아주어야 한다. 대화에서 부모는 자녀 대신 생각을 해주거나 결정을 하는 것이 아니라 자녀가 먼저 생각하고 선택할 수 있는 기회를 주는 것이 중요하기 때문에 경청하고 수용해 주는 자세가 필요하다. 자녀가 내면에 억눌린 부정적인 감정이나 생각이 있을 때 더욱 불안하고 우울이 심화되기 때문에 걱정이나 답답함을 충분히 쏟아내고 해소할 수 있도록 도와야 한다. 이때 부모는 안전하게 부정적 정서들을 받아주고 담아주는 대상으로 "그럴 수 있지.", "충분히 이해가 된다."는 수용적 자세를 유지하는 것이 좋다.

세 번째는 자녀의 불안과 우울을 유발하는 구체적인 상황과 생각을 점검해야 한다. 대부분 학생들은 시험 결과를 받고 나서, 학습에서의 어려움이 반복될 때, 친구와 관계 갈등을 경험할 때 등 스트레스를 받는 사건이 있으며, 대체로 지나간 일로 고민하거나 다가올 일이 걱정되어 힘들어한다. 이때 부모는 과거에 몰입된 아이는 후회와 상실감 및 불편한 감정들을 표현하여 해소하고 현재에 집중할 수 있도록 도와주어야 한다. 다가올 미래에 대한 걱정으로 두려움과 불안이 높아진 경우에는 비합리적인 막연한 생각들을 멈추고, 지금 해야 할 일에 집중하여 다시금 노력하도록 도와야 한다. 구체적인 방법들로는 우울감, 가치 없다는 느낌, 좌절과 실패에 대해 두려움과 후회의 감정들이 반복되며 비합리적인 신념이 계속

될 때에는 이에 반발하고 생각을 끊어낼 방법을 찾아야 한다. 예를 들어, 불안과 우울에서 벗어나기 위한 5단계 질문을 통해 자기 성찰과 행동 계획을 통해 감정을 이해하고 개선할 수 있도록 돕는다(황양밍 외. 2022). 1단계는 '내가 왜 그럴까? 어떤 감정인가?'이다. 이 단계에서는 자신의 감정을 명확하게 인식하고 정의하는 것이 중요하다. 불안, 우울, 좌절, 슬픔 등 어떤 감정을 느끼고 있는지 구체적으로 표현해 보도록 한다. 감정을 명확히 규정함으로써 그 감정에 대해 좀 더 객관적이고 냉철한 시각을 가질 수 있다. 2단계는 '이 감정을 느끼는 이유가 무엇인가? 무슨 일이 발생했는가?'이다. 감정을 유발한 구체적인 원인이나 사건을 파악하는 단계이다. 예를 들어, 어떤 상황이나 사람과의 갈등, 지나친 스트레스, 혹은 외부 환경의 변화 등이 원인일 수 있다. 이를 객관적으로 바라보는 것이 중요하다. 3단계는 '나의 바람은 무엇인가, 달성하고자 하는 목표는 무엇인가?' 이다. 지금 현재 내가 원하는 것이 무엇인지를 고민하며 구체적인 목표를 설정하는 단계입니다. 예를 들어, "건강한 인간관계를 형성하고 싶다", "나만의 시간을 가지기 원한다", "이번 시험은 지난번 결과보다 나아지길 원한다." 등의 목표를 구체적으로 설정하는 것이다. 4단계는 '이제 무엇을 해야 하는가, 어떻게 행동해야 하는가?'이다. 목표를 달성하기 위해 어떤 행동을 취할지 구체적인 계획을 세우는 단계로 이때 중요한 점은 지금 이 순간에 집중하고, 작은 한 걸음부터 시작하는 것입니다. 예를 들어, 오늘 해야 할 과제, 친구와의 대화, 휴식 등이 될 수 있다. 5단계는 '마지막 결과는 무엇인가?'이다. 이 단계에서는 지금, 여기에 몰입하여 해야 하는 일을 하고 있을 때 나의 정서적 상태와 만족감을 점검하고 불필요한 불안과 우울에서 벗어나기 위한 노력을 지속하는 것이다. 이 단계에서 지속적인 피드백과 성찰을 통해 목표를 조정할 수 있다.

마지막으로 부모는 자녀의 긍정적인 모습을 적극적으로 찾아주며 격려해야 한다. 불안이나 우울로 힘들어하는 청소년들은 대부분 스스로에 대한 좌절감과 실패감으로 인한 무기력과 두려움이 높아진 상태로 자기비하, 동기결여, 낮은 포부, 걱정, 근심에 쉽게 휩싸여 긍정적인 자기를 알아차리지 못하고 있을 가능성이 높다. 따라서 부모가 그들의 긍정적인 면을 일깨워 주고 자기 효능감을 회복할 수 있도록 도와야 한다.

참고문헌

강수현(2019). 어머니의 온정적 양육행동이 아동의 행복감에 미치는 영향에 대한 자아존중감 및 학교적응의 매개효과 : 초등학교 1학년을 중심으로. 유아교육·보육복지연구, 23(2), 165-194.

강영식, 오경숙, 박창옥(2023). 부모교육. 서울: 공동체.

강혜선(2019). 아동음악치료에서의 부모상담에 대한 부모의 인식 및 욕구. 이화여자대학교 대학원 석사학위논문.

건강 in magazine(2015). 기쁘지만 웃을 수 없는 임신 우울증. 10월호 국민건강보험.

고기정(2023). 작년 학폭 피해자 10명 중 7명이 초등학생...낮아지는 학폭연령. 아시아경제. https://www.asiae.co.kr/article/2023103016201871949

권경인(2023). 관계의 힘을 키우는 부모심리수업. 서울: 라이프 앤 페이지.

김근혜(2020). 아버지의 자아존중감과 행복감이 양육효능감에 미치는 영향. 제10회 한국아동패널국제 학술대회, 98-110.

김나영, 이승희(2001). 아동임상 및 상담심리. 서울: 동문사.

김미례, 김장회, 문영주, 이영호, 전우경, 정원철(2024). 교류분석의 이해와 상담의 적용. 서울: 학지사.

김미례, 정현주, 이성직, 김희숙, 박동혁, 조난숙, 황매향(2022). 부모교육 및 상담. 서울: 학지사.

김미정, 노성향, 신용연(2015). 경기도 영유아기 부모교육 개발. 경기도여성가족연구원.

김민정, 김정원(2010). 어머니의 행복감과 유아의 애착안정성 및 또래유능성 간의 관계. 유아교육·보육복지연구, 14(2), 5-28.

김보경(2003). 0-5세 골든 브레인 육아법. 서울: 웨일북.

김상희, 김지신, 박응임, 이사라, 한세영, 이주연, 박선영, 박민선, 송승민(2018). 영유아발달. 서울: 파워북.

김수정(2016). 부모의 양육행동, 미디어 사용유형, 유아의 정서 및 행동문제의 구조 관계. 육아정책연구, 10(1), 73-93.

김영경, 이헌주, 류성준(2022). 초심상담사를 위한 아동 및 청소년 상담. 서울: 학지사.

김우미(2012). 자녀양육방식의 변화를 위한 감정코치 부모교육 프로그램: Gottman의 이론을 중심으로. 서울신학대학교 상담대학원 석사학위논문.

김정유, 황병주, 강민주, 이민순, 안동현(2012). 외동이의 정서행동 문제와 부모의 양육 관련 변인. 대한소아청소년정신의학회 학술대회논문집, 149.

김진숙(2013). 애착이론의 내적 작동 모델과 상담적 적용점. 상담학연구, 14(4), 2485-2507.

김춘경(2006). 아들러 아동상담: 이론과 실제. 서울: 학지사.

김춘경(2018). 아들러의 인간관계론. 서울: 학지사.

김향은, 정옥분(1999). “자녀의 힘을 북돋우는 부모” 프로그램이 어머니와 자녀에게 미치는 효과-어머니의 역할만족, 의사소통 및 자녀의 자아존중감, 사회적 능력을 중심으로-. 아동학회지, 20(4), 179-193.

나우뉴스(2015). 흡연 임산부의 '태아반응' 초음파영상 충격. https://nownews.seoul.co.kr/news/newsView.php?id=20150324601006

노안영(2018). 상담심리학의 이론과 실제(2판). 서울: 학지사.

노안영, 오익수, 강만철, 김광운, 강영신, 정민, 임수진, 유리향(2021). 개인심리학적 상담 –아들러 상담–. 서울: 학지사.

대구광역시교육청(2016). 현명한 부모, 행복한 자녀. 대구광역시교육청.

도미향, 윤지영(2004). 외동이와 형제아가 지각한 부모양육태도와 사회정서발달. 아동학회지, 25(3), 75-85.

류재연(2019). 부모교육이 부모효능감과 정서적 표현 변화에 미치는 효과: 교류분석에 기초한 집단상담을 중심으로. 교류분석상담연구, 9(1), 149-169.

류정희, 이주연, 정익중, 송아영, 이미진(2017). 생애주기별 학대경험의 상호관계성 연구. 한국보건사회연구원 연구보고서 2017-49. 세종: 한국보건사회연구원.

민병배, 오현숙, 이주영(2021). 기질 및 성격검사 통합 매뉴얼 개정판. 서울: 마음사랑.

박성연, 김상희, 김지신, 박응임, 전은다, 임희수(2014). (자녀와의 진정한 만남을 위한) 부모교육(3판). 파주: 교육과학사.

박성연, 도현심, 안지영(1997). 어머니의 육아 실태에 관한 연구. 대한가정학회지, 35(3), 47-62.

박성연, 이은경(2023). 아동발달 제2판. 파주: 교문사.

박잎새, 남은영(2015). 부부 공동양육, 아버지 양육 참여 및 유아의 정서적 조절능력간의 관계. 한국심리학회, 28(4), 135-153.

박재희(1997). 십대의 적극적 부모역할훈련이 비행청소년 가족의 의사소통과 가족기능에 미치는 영향. 전남대학교 대학원 석사학위논문.

박정민(2016). 인터넷 육아 커뮤니티에 나타난 만 1세 미만 영아 부모의 관심사. 중앙대학교 석사학위논문.

박현주(2019). 아동을 위한 접수상담. 서울: 학지사.

박현진, 이주영, 문경주, 권정혜(2010). 자녀의 기질, 어머니의 기질 및 성격이 양육 태도에 미치는 영향. 한국심리학회지: 여성, 15(1), 25-44.

방은주(2018). 영아기 자녀를 둔 어머니의 양육스트레스, 양육지식, 양육효능감의 관계. 영유아교육: 이론과 실천, 3(2), 61-81.

보건복지부(2020). 제2차 아동정책 기본계획 '20~'24. 보건복지부.

보건복지부(2013). 영유아문제행동지도를 위한 어린이집 보육교사지침서. 보건복지부.

보건복지부, 육아정책연구소(2013). 영유아 문제행동지도 프로그램 개발–영유아 문제행동 지도를 위한 부모교육용 안내서. 보건복지부, 육아정책연구소.

서수정, 김태련, 이경숙, 신의진(2007). 어머니-영아 안정애착 형성을 위한 예방부모교육프로그램 실시 효과. 한국심리학회지: 여성, 12(1), 21-42.
서진영, 이주연(2013). 영아기 자녀를 둔 어머니의 양육지식 및 양육스타일에 관한 연구. 한국보육지원학회지, 9(6), 369-389.
선우현정, 도현심(2009). 유아의 기질 및 어머니의 양육행동과 만족지연능력간의 관계. 아동학회지, 30(5), 179-193.
세계일보(2024). 미혼남녀 "무자녀 희망"...왜?. https://www.segye.com/newsView/20240326511561?OutUrl=naver
신용주, 김혜수(2021). 미래를 여는 부모교육. 서울: 학지사.
신의진(2002). 조기교육과 발달병리적 문제: 한국조기교육의 현황과 과제. 한국아동학회 춘계학술대회 자료집, 29-42.
양명숙, 김동일, 김명권, 김성회, 김춘경, 김형태, 문일경, 박경애, 박성희, 박재황, 박종수, 이영이, 전지경, 제석봉, 천성문, 한재희, 홍종관(2013). 상담이론과 실제. 서울: 학지사.
양명희(2016). 행동수정이론에 기초한 행동지원(2판). 서울: 학지사.
여성가족부(2017). 부모교육 매뉴얼 제5권 영아부모. 서울: 여성가족부.
여성가족부(2017). 부모교육 매뉴얼 제7권 초등학생 부모. 서울: 여성가족부.
여성가족부(2019). 부부로서 부모역할 하기. 여성가족부 블로그. https://blog.naver.com/mogefkorea/221537212893
여성가족부(2024). 2024 청소년 통계. 서울: 여성가족부.
여성가족부(2024). 2024 통계로 보는 남녀의 삶. https://blog.naver.com/mcst_pr/223596093199
여성가족부, 교육과학기술부, 문화체육관광부, 행정안전부, 방송통신위원회(2011). 청소년 언어사용 실태 및 건전화 방안. 서울: 여성가족부.
여성가족부, 대한산부인과의사회(2017). 임신·출산 좋은 부모 되기 강사용 매뉴얼. 여성가족부, 대한산부인과의사회.
염은선(2020). 상담자와 부모의 부모상담경험에 대한 질적연구. 신라대학교 대학원 박사학위논문.
염은선, 전영주(2019). 상담거부 자녀의 문제해결을 위한 부모상담 모형 제안 -다중사례분석을 중심으로-. 상담학연구, 20(1), 249-268.
유미숙, 장경선, 한영신(2013). 놀이치료자의 부모상담 경험에 대한 질적 연구. 상담학연구, 14(2), 951-971.
이숙, 우희정, 최진아, 이춘아(2002). 부모교육-훈련중심-. 서울: 학지사.
이경선(2017). 아버지의 공동양육행동(coparenting) 관련 변인: 결혼생활의 질과 정서적 특성. 유아교육연구, 37(4), 421-434.
이규미(2017). 상담의 실제: 과정과 기법. 서울: 학지사.
이미나, 차기주, 정미라(2016). 어머니의 원가족 기능성, 성인애착, 공동양육과 유아의 사회적 유능성 간의 구조적 관계. 한국여성심리학회, 21(2), 229-251.

이상영(2015). 한국사회의 사회-심리적 불안의 원인과 대응방안. 한국보건사회연구원. 보건복지, 304, 1-8.

이선경(2020). 영아의 수면 특성. 수면정신생리, 27(2), 33-40.

이승아, 정경미(2023). 개정판 한국 과보호 양육척도(K-POS-2)의 개발 및 타당화. 한국심리학회지: 일반, 42(2), 179-203.

이원영(1983). 아동의 사회적 특성과 어머니의 양육방법 및 태도에 관한 연구: 서울 시내 유치원을 중심으로. 대한가정학회지, 11(3), 329-344.

이윤진(2017). 아버지 양육지원 실태와 양육역량 증진방안. 서울: 육아정책연구소.

이인복(2023). "임신 전후 엽산제 반드시 먹어라" USPSTF 강력 권고. 메디컬타임즈 2023.08.02., 2024. 07.20 인출.

이장호(1991). 상담면접의 기초: 카운슬러를 위한 카운슬링 총서. 서울: 중앙적성출판사.

이장호(1995). 상담심리학. 서울: 박학사.

이재연, 김경희(1992). 부모교육. 서울: 양서원.

이해나, 이해림(2022). '고딩엄빠' 화제…청소년기 임신, 몸에 독된다. 헬스조선.

이현정, 조성연(2002). 형제, 자매관계에 따른 아동의 사회적 능력. 아동학회지, 23(3), 139-148.

전현민(2019). 부모상담-아픔을 딛고 자유와 성숙으로. 서울: 학지사.

전혜리(2010). 아동 청소년 상담에서의 부모상담의 유형과 효과에 대한 질적 연구. 청소년시설환경, 8(4), 3-20.

정성란(2000). 자기긍정-타인긍정 생활자세 확립을 위한 프로그램 개발. 학생생활연구, 21, 145-174.

정옥분, 정순화(2016). 부모교육(2판). 서울: 학지사.

정현숙(2016). 가족생활교육 2판. 서울: 신정.

정현숙, 유계숙(2001). 가족관계. 서울: 학지사.

정현숙, 유계숙, 어주경, 전혜정, 빅주희(2002). 부모학. 서울: 신정.

정혜신(2018). 당신이 옳다(정혜신의 적정심리학). 서울: 해냄출판사.

조미영, 김광웅(2016). 놀이치료 진행단계에 따른 부모상담 내용 연구. 열린부모교육연구, 8(3), 59-86.

조운주, 최일선(2023). 유아교육기관에서의 유아생활지도. 서울: 창지사.

조윤진, 임인혜(2016). 한국판 어머니 문지기역할 척도 개발 및 타당화 연구. 육아지원연구, 11(2), 33-57.

존 가트맨, 남은영(1997). 내 아이를 위한 사랑의 기술 감정코치. 서울: 한국경제신문.

질병관리청 국가건강정보포탈(2019). 자연분만과정. https://health.kdca.go.kr/healthinfo/biz/health/gnrlzHealthInfo/gnrlzHealthInfo/gnrlzHealthInfoView.do

천성문, 박은아, 이정아, 이지영, 정세영, 차윤희, 김지숙, 김현정(2023). 초심상담자를 위한 상담 기술의 실제. 서울: 학지사.

천성문, 이영순, 박명숙, 이동훈, 함경애(2015). 상담심리학의 이론과 실제(3판). 서울: 학지사.

최문정(2017). 감정코칭의 교육적 효과에 따른 정서교육 프로세스 구축에 관한 연구-감정코칭의 정량적 정서반응을 중심으로. 상명대학교 대학원 박사학위논문.

최성애, 조벽(2012). 최성애・조벽 교수의 청소년 감정코칭. 서울: 해냄출판사.

최성애, 조벽, 존 가트맨(2020). 내 아이를 위한 감정코칭. 서울: 해냄출판사.

최연수, 김명순, 배선영(2016). 만 2세 영아의 상징놀이 수준과 어머니의 반응성 및 언어유형 간의 관계. 가정과삶의질연구, 34(5), 83-98.

최영희, 김영희, 심희옥, 심미경(2021). 아동상담의 이론과 실제(2판). 서울: 창지사.

최외선, 박충선, 김갑숙, 도미향, 최선남, 김영희(2008). 부모교육. 서울: 양서원.

최이선(2016). 심리치료에서 상호주관성 개념의 의미 탐색. 한국콘텐츠학회논문지, 16(4), 569-581.

최일선, 김형미, 김영아(2022). 위험군 영유아 지도를 위한 교사안내자료: 아이의 발달속도에 맞춘 러닝메이트. 육아정책연구소.

통계청(2023). 2022년 인구동향조사 출생·사망통계 보도자료. 통계청.

통계청(2023). 혼인・이혼통계. 통계청.

표준국어대사전(2024).

한경자, 방경숙, 권미경, 김정수(2001). 영아건강증진을 위한 부모역할 교육 프로그램개발과 그 효과에 관한 연구. 아동간호학회지, 7(1), 96-107.

한경자, 방경숙, 권미경, 김정수(2001). 영아건강증진을 위한 부모역할교육 프로그램의 개발 및 그 효과에 관한 연구 -생후 6개월의 결과를 중심으로-, 대한간호학회지, 31(3), 417-431.

한국부모교육학회 편(1997). 부모교육학. 서울: 교육과학사.

한국언론진흥재단(2023). 2023 어린이 미디어 이용조사. 서울: 한국언론진행재단.

한국정보화진흥원(2016). 나와라 스마트폰 세상 밖으로: 스마트폰 바른사용 안내서. 미래창조과학부.

한국카운슬러협회 홈페이지(http://www.hanka.or.kr/sub_01_06.php).

한누리, 문혁준(2014). 유아의 문제행동, 아버지의 양육참여, 가정환경이 유아의 학습행동에 미치는 영향. 육아지원연구, 9(3), 25-49.

한단비, 최지은, 김현경(2023). 영유아기 아버지의 직장 내 가족친화제도 이용이 초기 청소년기 집행기능에 미치는 영향: 아동기 부모 공동양육 수행의 매개효과. 육아정책연구, 17(1), 223-246.

한영숙(2020). 영아기 자녀를 둔 어머니의 양육방식 및 양육스트레스가 기본생활습관에 미치는 영향. 한국콘텐츠학회논문지, 20(5), 398-409.

한지현(2015). 잠재성장모형을 적용한 영유아 기질의 변화궤적 및 예측요인 분석. 육아정책연구, 9(2), 187-210.

홍강의(2014). DSM-5에 준하여 새롭게 쓴 소아정신의학. 서울: 학지사.

홍길회, 최정화, 홍찬영(2022). 영유아교육기관 부모상담. 서울: 동문사.

황양밍, 장린린(2022). 심리학이 불안에 답하다 (감정을 다스리는 심리수업). 서울: 미디어숲.
황혜정, 김경희, 이혜경, 어주경, 나유미(2008). 아동과 환경. 서울: 학지사.

Adamson, L. B., & Frick, J. E. (2003). The still face: A history of a shared experimental paradigm. *Infancy, 4*(4), 451-473.

Adler, A. (2013). *The Science of Living* (행복해지는 관심, 박일귀 역, 2015). 서울: 리베르.

Adler, A. (1929/2009). *Understanding human nature: The psychology of personality*. NY: Oneworld Publications.

Adolph, K. E., & Berger, S. E. (2005). Physical and motor development. In M. H. Bornstein & M. E. Lamb (Eds.), *Developmental science: An advanced textbook 5th ed.* (pp. 223-281). NJ: Erlbaum.

Adolph, K. E., Cole, W. G., Komati, M., Garciaguirre, J. S., Badaly, D., Lingeman, J. M., ... & Sotsky, R. B. (2012). How do you learn to walk? Thousands of steps and dozens of falls per day. *Psychological Science, 23*(11), 1387-1394.

Adolph, K. E., Hoch, J. E., & Cole, W. G. (2018). Development (of walking): 15 suggestions. *Trends in Cognitive Sciences, 22*(8), 699-711.

Agusniatih, A., & Suwika, I. P. (2022). The Effectiveness of Toilet Training on Children's Independence Through Demonstration Methods. *Journal Pendidikan Usia Dini, 16* (2), 240-248.

Ainsworth, M. D. S. (1982). The development of infant-mother attachment, In J. Belsky (Ed.), *In The Beginning-Readings on Infancy* (pp. 135-143). NY: Columbia Univ. Press.

Ainsworth, M. D. S. (1989). Attachments beyond infancy. *American Psychologist, 44*(4), 709-716.

Ainsworth, M. D. S. (2015). *Patterns of attachment*. UK: Routhledge.

Ainsworth, M. D. S., Bell, S. M., & Stayton, D. F. (1974). Infant-mother attachment and social development: Socialization as a product of reciprocal responsiveness to signals. In M. P. M. Richards (Ed.), *The integration of a child into a social world* (pp. 99-135). UK: Cambridge University Press.

Ainsworth, M. D. S., Blehar, M. C., Waters, E., & Wall, S. (1978). *Patterns of attachment: A psychological study of the strange situation*. NJ: Lawrence Erlbaum.

Ainsworth, M. D. S., Blehar, M. C., Waters, E., & Wall, S. N. (2015). *Patterns of attachment: A psychological study of the strange situation*. Psychology press.

Albright, M. B., & Tamis-LeMonda, C. S. (2002). Maternal depressive symptoms in relation to dimensions of parenting in low-income mothers. *Applied Developmental Science, 6*(1), 24-34.

Allen, J. G. (2005). *Coping with Trauma- Hope Through understanding* (트라우마의 치유, 권정혜 등 공역, 2010). 서울: 학지사.

Allen, J. G. (2013). *Restoring mentalizing in attachment relationships: Treating trauma with plain old therapy* (애착 정신화하기 인간중심의 상담, 최희철 역, 2019). 서울: 학지사.

Allen, S. M., & Hawkins, A. J. (1999). Maternal gatekeeping: Mothers' beliefs and behaviors that inhibit greater father involvement in family work. *Journal of Marriage and Family, 61*(1), 199-212.

Almeida, D. M., Wethington, E., & Chandler, A. L. (1999). Daily transmission of tensions between marital dyads and parent-child dyads. *Journal of Marriage and Family, 61*(1), 49-61.

American Academy of Pediatrics. (2016). Media and young minds. *Pediatrics, 138*(5).

Anderson, S. A., & Sabatelli, R. M. (1999). *Family interacyions: A multigenerational developmental perspective*. Boston: Allyn and Bacon.

Andreadakis, E., Joussemet, M., & Mageau, G. A. (2019). How to support toddlers' autonomy: Socialization practices reported by parents. *Early Education and Development, 30*(3), 297-314.

Archer, K., Wood, E., & De Pasquale, D. (2021). Examining joint parent-child interactions involving infants and toddlers when introducing mobile technology. *Infant Behavior and Development, 63*, e101568.

Armfield, J. M., Gnanamanickam, E. S., Johnston, D. W., Preen, D. B., Brown, D. S., Nguten, H., & Segal, L. (2021). Intergenerational transmission of child maltreatment in South Australia, 1986-2017: A retrospective cohort study. *Lancet Public Health, 6*(7), 450-461.

Arslan, İ. B., Lucassen, N., Keijsers, L., & Stevens, G. W. (2023). When too much help is of no help: Mothers' and fathers' perceived overprotective behavior and (mal)adaptive functioning in adolescents. *Journal of Youth & Adolescence, 52*(5), 1010-1023.

Bandura, A., Caprara, G. V., Barbaranelli, C., Gerbino, M., & Pastorelli, C. (2003). Role of affective self-regulatory efficacy in diverse spheres of psychosocial functioning. *Child Development, 74*(3), 769-82.

Bandura, A. (1989). Human agency in social cognitive theory. *American Psychologist, 44*(9), 1175-1184.

Bandura, A. (1977). *Social learning theory*. Englewood Cliffs, NJ: Prentice Hall.

Barr, R., Kirkorian, H., Coyne, S., & Radesky, J. (2024). *Early childhood and digital media.* UK: Cambridge University Press.

Bates, J. E. (1987). Temperament in infancy. In J. D. Osofsky (Ed.), *Handbook of infant development*. NY: Wiley.

Bates, J. E., Viken, R. J., Alexander, D. B., Beyers, J., & Stockton, L. (2002). Sleep and adjustment in preschool children: Sleep diary reports by mothers relate to behavior reports by teachers. *Child Development, 73*(1), 62-75.

Baumrind, D. (1967). Child care practices anteceding three patterns of preschool behavior. *Genetic Psychology Monographs, 75*(1), 43-88.

Baumrind, D. (1971). Current patterns of parental authority. *Developmental Psychology, 4*(1), 1-103.

Baumrind, D. (1991). The influence of parenting style on adolescent competence and substance use. *Journal of Early Adolescence, 11*(1), 56-95.

Baumrind, D., & Black, A. (1967). Socialization practices associated with dimensions of competence in preschool boys and girls. *Child Development, 38*(2), 291-327.

Belsky, J. (1984). The determinants of parenting process model. *Child Development, 55*(1), 83-96.

Belsky, J., & Barends, N. (2002). Personality and parenting. In M. H. Bornstein (Ed.), *Handbook of parenting, Vol. 3: Being and becoming a parent 2nd ed.* (pp. 415-438). NJ: Lawrence Erlbaum.

Belsky, J., & Pluess, M. (2009). Beyond diathesis stress: Differential susceptibility to environmental influences. *Psychological Bulletin, 135*(6), 885-908.

Belsky, J., Friedman, S. L., & Hsieh, K. H. (2001). Testing a core emotion-regulation prediction: Does early attentional persistence moderate the effect of infant negative emotionality on later development?. *Child Development, 72*(1), 123-133.

Bem, S. L. (1981). Gender schema theory: A cognitive account of sex typing. *Psychological Review, 88*, 354-364.

Berne, E. (1961). *Transactional analysis in psychotherapy: A systematic individual and social psychiatry*. Cambridge: Broadway House.

Berne, E. (1972). *What do you say after you say hello?*. NY: Grove Press.

Bernier, A., Calkins, S. D., & Bell, M. A. (2016). Longitudinal associations between the quality of mother-child interactions and brain development across infancy. *Child Development, 87*(4), 1159-1174.

Bernier, A., Tétreault, É., Bélanger, M. É., & Carrier, J. (2017). Paternal involvement and child sleep: A look beyond infancy. *International Journal of Behavioral Development, 41*(6), 714-722.

Bigelow, K. M., & Morris, E. K. (2001). John B. Watson's advice on child rearing: Some historical context. *Behavioral Development Bulletin, 10*(1), 26-30.

Bigner, J. J. (2005). *Parent-child relations: An introduction to parenting* (부모-자녀관계: 부모교육의 이해, 박성연 외 편역, 2007). 파주: 교문사.

Bigner, J. J., & Gerhardt, C. (2019). *Parent-child relations: An introduction to parenting.*

NY: Pearson.

Bornstein, M. H., & Cote, L. R. (2004). "Who is sitting across from me? Immigrant mothers' knowledge of parenting and children's development. *Pediatrics, 114*(5), 557-564.

Bornstein, M. H., Cote, L. R., Haynes, O. M., Hahn, C., & Park, Y. (2010). Parenting knowledge: Experiential and sociodemographic factors in European American mothers of young children. *Developmental Psychology, 46*(6), 1677-1693.

Bowlby, J. (1982). Attachment and loss: retrospect and prospect. *American Journal of Orthopsychiatry, 52*(4), 664-678.

Bowlby, J. (1983). *Attachment: Attachment and loss*. NY: Basic Books.

Bowlby, J. (1988). *A secure base: Parent-child attachment and health human development*. NY: Basic Books.

Boyle, M. A., & Morris, D. H. (1999). *Community nutrition in action: an entrepreneurial approach 2nd ed.* (pp. 17-616).

Bradley, T. E. (2015). *40 techniques every counselor should know* (2nd ed., 상담자가 반드시 알아야 할 40가지 상담기법, 김은하 역, 2021). 서울: 학지사.

Bretherton, I. (1985). Attachment theory: Retrospect and prospect. In I. Bretherton & E. Waters(Eds.), Growing pints of attachment theory and research. *Monographs of the Society for Research in Child Development, 50* (No. 1-2, pp. 11-318). MA: Blackwell, Malden.

Bronfenbrenner, U. (1977). Toward an experimental ecology of human development. *American psychologist, 32*(7), 513-531.

Brown, J., & Errington, L. (2024). Bowen family systems theory and practice: Illustration and critique revisited. *Australian and New Zealand Journal of Family Therapy, 45*(2), 135-155.

Brownell, C. A. (2013). Early development of prosocial behavior: Current perspectives. *Infancy, 18*(1), 1-9.

Bugental, D. B., & Happaney, K. (2002). Parental attributions. In M. H. Bornstein (Ed.), *Handbook of parenting: Vol. 3. Status and social conditions of parenting 2nd ed.* (pp. 509-535). NJ: Erlbaum.

Bunting, L. (2010). Parenting programmes: The best available evidence. *Child Care in Practice, 10*(4), 327-343.

Burger, J. M. (2018). *Personality*. NY: Wadsworth.

Buss, A. H., & Plomin, R. (1984). *Temperament: Early developing personality traits*. NJ: Erlbaum.

Cabrera, N. J. (2019). Father involvement, father-child relationship, and attachment in the early years. *Attachment & Human Development, 22*(1), 134-138.

Cain, D. J. (2010). *Person-Centered Psychotherapies*. Washington, DC: American Psychological Association.

Campos, J., Caplovitz, K., Lamb, M., Goldsmith, H., & Sternberg, C. (1983). Socio-emotional development. In M. M. Haith, & J. J. Campos (Eds.), *Handbook of child psychology: Infancy and child development psychobiolog 4th ed.* (Vol. 2, pp. 783-915). NJ: Wiley.

Capone, N. C., & McGregor, K. K. (2005). The effect of semantic representation on toddlers' word retrieval. *Journal of Speech, Language, and Hearing Research, 48*(6), 1468-1480.

Cattuzzo, M. T., dos Santos Henrique, R., Ré, A. H. N., de Oliveira, I. S., Melo, B. M., de Sousa Moura, M., ... & Stodden, D. (2016). Motor competence and health related physical fitness in youth: A systematic review. *Journal of Science and Medicine in Sport, 19*(2), 123-129.

Chae, S. M., Han, S. Y., Kim, C. H., Hwang, J. H., & Kim, H. J. (2022). Assessment of Sleep Quality of Infants and Their Mothers Using Actigraphy. *Journal of Sleep Medicine, 19*(3), 125-132.

Chao, R. K. (1994). Beyond parental control and authoritarian parenting style: Understanding Chinese parenting through the cultural notion of training. *Child Development, 65*(4), 1111-1119.

Chaudron, L. H. (2013). Complex challenges in treating depression during pregnancy. *American Journal of Psychiatry, 170*(1), 12-20.

Chess, S., & Thomas, A. (1978). Temperament and the parent-child interaction. *Pediatric Annals, 6*(9), 574-582.

Chester, C. E., & Blandon, A. Y. (2016). Dual trajectories of maternal parenting stress and marital intimacy during toddlerhood. *Personal Relationships, 23*(2), 265-279.

Clark, L. A., Kochanska, G., & Ready, R. (2000) Mothers' personality and its interaction with child temperament as predictors of parenting behavior. *Journal of Personality and Social Psychology, 79*(2), 274-285.

Clark, L. (1996). *SOS Help for parents.* KY: Parents Press.

Clearfield, M. W., & Jedd, K. E. (2021). Exploring the effects of an enriched environment on infant cognitive development. *Infancy, 26*(1), 128-145.

Cloninger, C. (1994). *The temperament and character inventory (TCI): A guide to its development and use.* MO: Center for Psychobiology of Personality, Washington University.

Cohen, S., & Janicki-Deverts, D. (2012). Who's stressed? Distributions of psychological stress in the United States in probability samples from 1983, 2006, and 2009 1.

Journal of Applied Social Psychology, 42(6), 1320-1334.

Colwell, C., Memmott, J., & Meeker-Miller, A. (2014). Music and sign language to promote infant and toddler communication and enhance parent-child interaction. *International Journal of Music Education, 32*(3), 333-345.

Conger, R. D., Wallace, L. E., Sun, Y., Simons, R. L., McLoyd, V. C., & Brody, G. H. (2002). Economic pressure in African American families: A replication and extension of the family stress model. *Developmental Psychology, 38*(2), 179-193.

Corey, G. (2016). *Theory and Practice of Counseling and Psychotherapy* (10th ed.). CA: Cengage Learning.

Crnic, K., & Low, C. (2002). Everyday stresses and parenting. In M. Bornstein (Ed.), *Handbook of parenting: Vol. 5. Practical Issues in parenting* (pp. 243-267). NJ: Erlbaum.

Crouter, A. C., McHale, S. M., & Tucker, C. J. (1999). Does stress exacerbate parental differential treatment of siblings? A pattern-analytic approach. *Journal of Family Psychology, 13*(2), 286-299.

Cullen, K. W., Ash, D. M., Warneke, C., & De Moor, C. (2002). Intake of soft drinks, fruit-flavored beverages, and fruits and vegetables by children in grades 4 through 6. *American Journal of Public Health, 92*(9), 1475-1477.

Danielle, D. (2021). *The Child code:understanding your child's unique nature for happier, more effective parenting.* NY: Penguin Random House.

Davidson, A. (1999). *Beestings, The Oxford Companion to Food.* UK: Oxford University Press.

De Carvalho Mrad, F. C., da Silva, M. E., Lima, E. M., Bessa, A. L., de Bessa Junior, J., Netto, J. M. B., & de Almeida Vasconcelos, M. M. (2021). Toilet training methods in children with normal neuropsychomotor development: A systematic review. *Journal of Pediatric Urology, 17*(5), 635-643.

De Loache, J. S. (2004). Becoming symbol-minded. *Trends in Cognitive Sciences, 8*(2), 66-70.

Deci, E. L., & Ryan, R. M. (2012). Self-determination theory. *Handbook of Theories of Social Psychology, 1*(20), 416-436.

Deci, E. L., & Ryan, R. M. (2000). The 'what' and 'why' of goal pursuits: Human needs and the self-determi-nation of behavior. *Psychological Inquiry, 11*(4), 227-268.

Denham, S. A., Workman, E., Cole, P. M., Weissbrod, C., Kendziora, K. T., & Zahn-Waxler, C. (2000). Prediction of externalizing behavior problems from early to middle childhood: The role of parental socialization and emotion expression. *Development & Psycho*pathology, *12*(1), 23-45.

Di Giorgio, E., Rosa-Salva, O., Frasnelli, E., Calcagnì, A., Lunghi, M., Scattoni, M. L., ... &

Vallortigara, G. (2021). Abnormal visual attention to simple social stimuli in 4-month-old infants at high risk for Autism. *Scientific Reports, 11*, e15785.

Di Prete, A., Del Grosso, D., Focaroli, V., Paoletti, M., Pecora, G., Hodges, E. A., ... & Addessi, E. (2023). Complementary feeding approach and maternal responsiveness in 8-and 12-month-old Italian infants: A longitudinal study. *Appetite, 190*, e107028.

Dinkmeyer, D., & Mckay, G. D. (1982). *The Parents' Handbook: STEP (Systematic Training for Effective Parenting)*. MN: American Guidance Service.

Dinkmeyer, D., & Mckay, G. D. (1982). *Systematic training for effective parenting* (당신도 유능한 부모가 될 수 있다, 이경우 편역, 1985). 서울: 창지사.

Dittman, C. K., Sprajcer, M., & Turley, E. L. (2023). Revisiting gendered parenting of adolescents: understanding its effects on psychosocial development. *Current Psychology, 42*(28), 24569-24581.

Dowdall, N., Melendez-Torres, G. J., Murray, L., Gardner, F., Hartford, L., & Cooper, P. J. (2020). Shared picture book reading interventions for child language development: A systematic review and meta-analysis. *Child Development, 91*(2), 383-399.

Dreikurs, R. (1967). *Psychodynamics, psychotherapy, and counseling: The collected papers of Rudolf Dreikurs*. Chicago: Alfred Adler Institute.

Dreikurs, R., & Soltz, V. (1964). *Children: The challenge*. NY: Meredith Press.

Driano, A. N., Staheli, L., & Staheli, L. T. (1998). Psychosocial development and corrective shoewear use in childhood. *Journal of Pediatric Orthopaedics, 18*(3), 346-349.

Dumka, L. E., Stoerzinger, H. D., Jackson, K. M., & Roosa, M. W. (1996). Examination of the cross-cultural and cross-language equivalence of the parenting self-agency measure. *Family Relations, 45*(2), 216-222.

Eagan, G. (2013). *The Skilled Helper* (유능한 상담사, 제석봉, 유계식, 박은영 공역, 2013). 서울: 학지사.

Edwards, C. P., & Liu, W. (2002). Parenting toddlers. In M. H. Bornstein (Ed.), *Handbook of parenting Vol. 1. Children and parenting 2nd ed.* (pp. 45-71). NJ: Erlbaum.

Eisenberg, N., Spinrad, T. L., & Knafo-Noam, A. (2015). Prosocial development. In M. E. Lamb & R. M. Lerner (Eds.), *Handbook of child psychology and developmental science, Vol. 3: Social, emotional and personality development 7th ed.* (pp. 610-656). NY: Wiley.

Erford, B. T. (1999). A modified time-out procedure for children with noncompliant or defiant behaviors. *Professional School Counseling, 2*(3), 205-210.

Erikson, E. H. (1950/1993). *Childhood and society*. NY: Norton & Company.

Farber, B. A., Brink, D. C., & Raskin, P. M. (1996). *The Psychotherapy of Carl Rogers: Cases and Commentary* (칼 로저스의 심리치료: 사례와 해설, 주은선 역, 2017). 서울:

학지사.

Feldman, R., Greenbaum, C., & Yirmiya, N. (1999). Mother-infant affect synchrony as an antecedent of the emergence of self-control. *Developmental Psychology, 35*(1), 3-19.

Feldman, R., Weller, A., Sirota, L., & Eidelman, A. I. (2002). Skin-to-Skin contact (Kangaroo care) promotes self-regulation in premature infants: sleep-wake cyclicity, arousal modulation, and sustained exploration. *Developmental Psychology, 38*(2), 194-207.

Findlay, L. C., & Coplan, R. J. (2008). Come out and play: Shyness in childhood and the benefits of organized sports participation. *Canadian Journal of Behavioural Science, 40*(3), 153-161.

Fine, M. J., & Henry, S. A. (1991). Professional issues in parent education. In M. J. Fine (Ed.), *The second handbook on parent education-Contemporary perspectives* (pp. 3-20). San Diego: Academic Press.

Fonagy, P., & Bateman, A. W. (2006). Mechanisms of change in mentalization-based treatment of BPD. *Journal of Clinical Psychology, 62*(4), 411-430.

Fonagy, P., & Target, M. (1997). Attachment and reflective function: Their role in self-organization. *Development and Psychopathology, 9*(4), 679-700.

Fonagy, P., Gergely, G., Jurist, E. L., & Target, M. (2002). *Affect regulation, mentalization, and the development of the self* (정서조절, 정신화, 그리고 자기의 발달, 황민영 역, 2022). 서울: 학지사.

Forehand, R., Thigpen, J. C., Parent, J., Hardcastle, E. J., Bettis, A., & Compas, B. E. (2012). The role of parent depressive symptoms in positive and negative parenting in a preventive intervention. *Journal of Family Psychology, 26*(4), 532-541.

Fox, N., Henderson, H., Rubin, K., Calkins, S., & Schmidt, L. (2001). Continuity and discontinuity of behavioral inhibition and exuberance; Psychophysiological and behavioral influences across the first four years of life. *Child Development, 72*(1), 1-21.

Franchak, J. M., & Adolph, K. E. (2024). An update of the development of motor behavior. *Wiley Interdisciplinary Reviews Cognitive Science,* e1682.

Franks, D. D., & Gecas, V. (1992). Autonomy and Conformity in Cooley's Self-Theory: The Looking-Glass Self and Beyond. *Symbolic Interaction, 15*(1), 49-68.

Freud, S. (1923/1960). *The ego and the id.* NY: Norton & Company.

Galinsky, E. (1987). *The six stages of parenthood.* MA: Addison-Wesley.

Gameiro, S., Boivin, J., Canavarro, M. C., Moura-Ramos, M., & Soares, I. (2010). Social nesting: Changes in social network and support across the transition to parenthood in couples that conceived spontaneously or through assisted reproductive technologies.

Journal of Family Psychology, 24(2), 175.

Gardner, H. (2006). *Multiple intelligence: New horizons.* NY: Basic Books.

Gartstein, M. A., & Iverson, S. (2014). Attachment security: The role of infant, maternal, and contextual factors. *International Journal of Psychology and Psychological Therapy, 14*(2), 261-276.

Gibson, E. J., & Pick, A. D. (2000). *An ecological approach to perceptual learning and development.* Oxford: Oxford University Press.

Ginsburg, K. R., & Committee on Psychosocial Aspects of Child and Family Health. (2007). The importance of play in promoting healthy child development and maintaining strong parent-child bonds. *Pediatrics, 119*(1), 182-191.

Goldfield, G. S., Harvey, A. L., Grattan, K. P., Temple, V., Naylor, P. J., Alberga, A. S., ... & Adamo, K. B. (2016). Effects of child care intervention on physical activity and body composition. *American Journal of Preventive Medicine, 51*(2), 225-231.

Goleman, D. (1995). *Emotional intelligence.* New York: Basic Books.

Golombok, S., Zadeh, S., Freeman, T., Lysons, J., & Foley, S. (2021). Single mother by choice: Parenting and child adjustment in middle childhood. *Journal of Family Psychology, 35*(2), 192-202.

Gonzales, N. A., Pitts, S. C., Hill, N. E., & Roosa, M. W. (2000). A mediational model of the impact of interparental conflict on child adjustment in a multiethnic, low-income sample. *Journal of Family Psychology, 14*(3), 365-379.

Gordon, T. (2000). *P.E.T.: Parent effectiveness training*. NY: Three Rivers Press.

Gordon, T. (1975/2000). *Parent effectiveness training* (부모 역할 훈련, 홍한별 역, 2021). 서울: 양철북.

Gottman, J. M., & De Claire, J. (1997). *The heart of parenting: How to raise an emotionally intelligent child.* NY: Simon & Schuster.

Grossmann, K., & Grossmann, K. E. (2020). Essentials when studying child-father attachment: A fundamental view on safe haven and secure base phenomena. *Attachment & Human Development, 22*(1), 9-14.

Guarrella, C., van Driel, J., & Cohrssen, C. (2023). Toward assessment for playful learning in early childhood: Influences on teachers' science assessment practices. *Journal of Research in Science Teaching, 60*(3), 608-642.

Gunnar, M. R., & Quevedo, K. M. (2007). Early care experiences and HPA axis regulation in children: a mechanism for later trauma vulnerability. *Progress in brain research, 167*, 137-149.

Guyon-Harris, K. L., Taraban, L., Bogen, D. L., Wilson, M. N., & Shaw, D. S. (2022). Individual differences in symptoms of maternal depression and associations with parenting behavior. *Journal of Family Psychology, 36*(5), 681-691.

Hamner, T., & Turner, P. H. (2001). *Parenting in Contemporary Society* (현대사회와 아동양육, 이유갑 외 번역, 2002). 서울: 교육과학사.

Harlow, H. F. (1958). The nature of love. *American Psychologist, 13*(12), 673-685.

Harlow, H. F. (1971). *Learning to love*. MA: Jones & Bartlett Learning.

Harris, T. A. (1969). *I'm ok you're ok: A practical guide to transactional analysis*. NY: Harper & Row.

Hart, B., & Risley, T. (1995). *Meaningful differences I everyday experience of young American children. Baltimore*, MD: Paul Broodes.

Hart, C. H., Newell, L. D., & Olsen, S. F. (2003). Parenting Skills and Social Communicative Competence in Childhood. In J. O. Greene & B. R. Burleson (Eds.), *Handbook of communication and social interaction skills* (pp. 753-797). NJ: Erlbaum.

Harter, S. (2013). *The development of self-esteem. In Self-esteem issues and answers*(pp. 144-150). NY: Psychology Press.

Hawk, B. N,, Mccall, R. B., Groark, C. J., Muhamedrahimov, R. J., Palmov, O. I., & Nikiforova, N. V. (2018). Caregiver sensitivity and consistency and children's prior family experience as contexts for early development within institutions. *Infant Mental Health Journal, 39*(4), 432-448.

Hazan, C., & Shaver, P. (1987). Romantic love conceptualized as an attachment process. *Journal of Personality and Social Psychology, 52*(3), 511-524.

Heath, P. (2013). *Parent-child relations: Context, research, an Application* (3rd Ed.). NY: Pearson Higher.

Hess, C. R., Teti, D. M., & Hussey-Gardner, B. (2004). Self-efficacy and parenting of high-risk infants: The moderating role of parent knowledge of infant development. *Journal of Applied Developmental Psychology, 25*(4), 423-437.

Hirsh-Pasek, K., Adamson, L. B., Bakeman, R., Owen, M. T., Golinkoff, R. M., Pace, A., ... & Suma, K. (2015). The contribution of early communication quality to low-income children's language success. *Psychological Science, 26*(7), 1071-1083.

Hnatiuk, J. A., Dwyer, G., George, E. S., & Bennie, A. (2020). Co-participation in physical activity: perspectives from Australian parents of preschoolers. *Health Promotion International, 35*(6), 1474-1483.

Hoehl, S., Fairhurst, M., & Schirmer, A. (2021). Interactional synchrony: signals, mechanisms and benefits. *Social Cognitive and Affective Neuroscience, 16*(1-2), 5-18.

Hoff, E. (2013). Interpreting the early language trajectories of children from low-SES and language minority homes: implications for closing achievement gaps. *Developmental Psychology, 49*(1), 4-14.

Holden, G. W. (2020). *Parenting: A dynamic perspective*. Thousand Oaks: Sage.

Howe, Tsu-Hsin, Ching-Fan Sheu, Tien-Ni Wang, & Yung-Wen Hsu. (2014). Parenting Stress in Families with Very Low Birth Weight Preterm Infants in Early Infancy. *Research in Developmental Disabilities, 35*(7), 1748-1756.

Hsieh, W. H., Chen, Y. K., Lee, W. C., & Hsieh, R. L. (2023). Feasibility of Family-Centered Workshops for Children Aged 18-36 Months with Language Developmental Delay. *Pediatric Neurology, 143*, 26-33.

Huges, D. A. (2007). *Attachment-focused family therapy* (애착 중심 가족치료, 노경석 외 공역, 2017). 경기도: 눈출판그룹.

Huges, D. A. (2009). *Attachment-focused parenting*. NY: Norton & Company.

Ichiro K., & Fumitake, K. (2013). 미움받을 용기(전경아 역, 2014). 서울: 인플루엔셜.

James, M., & Jongeward, D. (1975). *Born To Win: Transactional Analysis with Gestalt Experiments*. Addison-Wesley.

Johnston, C., & Mash, E. J. (1989). A measure of parenting satisfaction and efficacy. *Journal of Clinical Child Psychology, 18*(2), 167-175.

Johnstone, A., McCrorie, P., Cordovil, R., Fjørtoft, I., Iivonen, S., Jidovtseff, B., ... & Martin, A. (2020). Nature-based early childhood education for child health, wellbeing and development: a mixed-methods systematic review protocol. *Systematic reviews, 9*, 1-6.

Jose, K., Banks, S., Hansen, E., Jones, R., Zubrick, S. R., Stafford, J., & Taylor, C. L. (2020). Parental perspectives on children's school readiness: An ethnographic study. *Early Childhood Education Journal, 50*, 1-11.

Juffer, F., Bakermans-Kranenburg, M. J., & Van IJzendoorn, M. H. (2023). *Promoting positive parenting: An attachment-based intervention*. NY: Taylor & Francis.

Kagan, J. (1994). *Galen's Prophecy: Temperament In Human Nature*. Oxford: Westview Press.

Kanter, J. B., & Proulx, C. M. (2019). The longitudinal association between maternal parenting stress and spousal supportiveness. *Journal of Family Psychology, 33*(1), 121-131.

Karimah, I., & Tedjasaputra, M. S. (2023). Behavior Modification Intervention with Antecedent Control Technique to Improve Toilet Training in Toilet-Resistant Children. *Psikostudia: Journal Psikologi, 12*(3), 446-453.

Kassim, J., Hutagalung, F., & Leng, C. H. (2020). Relationship between parenting styles and social skills among preschoolers. *In The social sciences empowered* (pp. 79-84). Oxon: CRC Press.

Kerig, P. K., Cowan, P. A., & Cowan, C. P. (1993). Marital quality and gender differences in parent-child interaction. *Developmental Psychology, 29*(6), 931-939.

Khaleque, A., & Rohner, R. P. (2002). Perceived parental acceptance-rejection and psychological adjustment: A meta-analysis of cross-cultural and intracultural studies. *Journal of Marriage and Family, 64*(1), 54-64.

Kiel, E. J., Kalomiris, A. E., & Buss, K. A. (2021). Maternal accuracy for children's fearful distress in toddlerhood and kindergarten: moderation of a serial indirect effect by toddler fearful temperament. *Parenting, 21*(4), 277-303.

Kiff, C. J., Lengua, L. J., & Zalewski, M. (2011). Nature and nurturing: Parenting in the context of child temperament. *Clinical Child and Family Psychology Review, 14*, 251-301.

Kim, S., & Kochanska, G. (2021). Family sociodemographic resources moderate the path from toddlers' hard-to-manage temperament to parental control to disruptive behavior in middle childhood. *Development & Psychopathology, 33*(1), 160-172.

Kim, S., & Kochanska, G. (2012). Child temperament moderates effects of parent-child mutuality on self-regulation: A relationship-based path for emotionally negative infants. *Child Development, 83*(4), 1275-1289.

Kirschenbaum, H. (2007). *The life and work of Carl Rogers*. Florida: PCCS Books; American Counseling Association.

Kucirkova, N., & Radesky, J. (2017). *Digital media and young children's learning: How early is too early and why? In Review of research on 0-2-year-olds. Education and New Technologies.* NY: Routledge.

Kuhl, P. K. (2004). Early language acquisition: cracking the speech code. *Nature Reviews Neuroscience, 5*(11), 831-843.

Kuppens, S., & Ceulemans, E. (2019). Parenting styles: A closer look at a well-known concept. *Journal of Child & Family Study, 28*(1), 168-181.

Lamb, M. E. (1975). Fathers: Forgotten Contributors to Child Development. In J. M. Schaffer (Ed.), *Parenting and the Child's World* (pp. 245-266). New York: Wiley.

Lamb, M. E. (1995). The changing roles of fathers. In M. Lamb (Ed.), *The father's role: Applied perspectives* (pp. 3-28). NY: Wiley.

Landry, S. H., Smith, K. E., & Swank, P. R. (2006). Responsive parenting: establishing early foundations for social, communication, and independent problem-solving skills. *Developmental Psychology, 42*(4), 627-642.

Lansky, V. (2002). *Toilet training: A practical guide to daytime and nighttime training.* AB: Book Peddlers.

LaRossa, R. (1986). *Becoming a parent.* CA: Sage.

Larzelere, R. E., & Kuhn, B. R. (2016). Parental discipline. *In Encyclopedia of Family*

Studies. NY: John Wiley & Sons, Inc.

Leaper, C. (2002). Parenting boys and girls. In M. H. Bornstein (Ed.), *Handbook of parenting, Vol. 1: Children and parenting 2nd ed.* (pp. 189-225). NJ: Lawrence Erlbaum.

Leathers, H., Summers, P., & De Sollar, A. (2013). *Toddlers on technology: A Parents' guide*. IN: AuthorHouse.

Leinonen, J. A., Solantaus, T. S., & Punamaki, R. (2003). Social support and the quality of parenting under economic pressure and workload in Finland: The role of family structure and parental gender. *Journal of Family Psychology, 17*(3), 409-418.

Lerner, R. M., Dowling, E. M., & Abbasi-Asl, R. (2024). The development of positive character: A relational developmental systems perspective. *In Handbook of moral and character education* (pp. 60-83). NY: Routledge.

LeVine, R. A. (1988). Human parental care: Universal goals, cultural strategies, individual behavior, In R. A. Levine, P. M. Miller, & M. M. West (Eds.), *Parental behavior in divers societies. New directions for child development, No. 40* (pp. 3-12). San Francisco: Jossey-Bass.

Lewis, M., & Kreitzberg, V. S. (1979). Effects of birth order and spacing on mother-infant interactions. *Developmental Psychology, 15*(6), 617-625.

Lillard, A. S., Lerner, M. D., Hopkins, E. J., Dore, R. A., Smith, E. D., & Palmquist, C. M. (2013). The impact of pretend play on children's development: a review of the evidence. *Psychological Bulletin, 139*(1), 1-34.

Lindsey, E. W., Caldera, Y., & Colwell, M. (2005). Correlates of coparenting during infancy. *Family Relations, 54*(3), 346-359.

Lister-Ford, C. (2002). *Skills in Transactional Analysis Counseling & Psychotherapy* (기법을 중심으로 한 TA 상담과 심리치료, 박의순, 이진선 공역, 2008). 서울: 시그마프레스.

Liu, R. (2023). *The role of gender in parenting styles and their effects on child developmen*t. Proceedings of the 4th International Conference on Educational Innovation and Philosophical Inquiries.

Lundin, J. (2000). *Prekindergarten Learning & Development Guidelines*. CA: CDE Press; California Department of Education.

Luo, R., Jia, F., Yue, A., Zhang, L., Lyu, Q., Shi, Y., ... & Rozelle, S. (2019). Passive parenting and its association with early child development. *Early Child Development and Care, 189*(10), 1709-1723.

Maccoby, E. E., & Martin, J. A. (1983). Socialization in the context of the family: Parent-child interaction. In P. H. Mussen (Series Ed.) & E. M. Hetheringtono (Vol. Ed.), *Handbook of Child Psychology: Vol. 4. Socialization, Personality and Social Development 4th ed.* (pp. 1-101). NY: Wilepy.

Main, M., Kaplan, N., & Cassidy, J. (1985). Security in infancy, childhood, and adulthood: A move to the level of representation. *Monographs of the Society for Research in Child Development, 50*(1-2), 66-104.

Marrone, M. (2014). *Attachment and interraction: From Bowlby to current clinical theory and practice* (2nd ed.), 애착기반상담, 이민희 역, 2022). 서울: 시그마프레스.

Marsh, H. W., & Ayotte, V. (2003). Do multiple dimensions of self-concept become more differentiated with age? The differential distinctiveness hypothesis. *Journal of Educational Psychology, 95*(4), 687-706.

Martorell, G., Papalia, D., & Feldman, R. (2021). *A child's world: Infancy through adolescence*. NY: McGraw Hill.

Mearns, D., Thorne, B. (2007). *Person-centred counselling in action* (인간중심 상담의 임상적 적용, 주은선 역, 2017). 서울: 학지사.

Mesman, J., & Groeneveld, M. G. (2018). Gendered parenting in early childhood: Subtle but unmistakable if you know where to look. *Child Development Perspectives, 12*(1), 22-27.

Miltenberger, R. G. (2008). *Behavior Modification: Principles and Procedures* (4th ed., 최신 행동수정, 안병환, 윤치연, 이영순, 이효신, 천성문 공역, 2009). 서울: 시그마프레스.

Minuchin, P. (1985). Families and individual development: Provocations from the field of family therapy. *Child Development, 56*(2), 289-302.

Mischel, W., & Ebbesen, E. B. (1970). Attention in delay of gratification. *Journal of Personality and Social Psychology, 16*(2), 329-337.

Moore, J. (2013). Methodological behaviorism from the standpoint of a radical behaviorist. *Behavior Analysis, 36*(2), 197-208.

Morawska, A., Dittman, C. K., & Rusby, J. C. (2019). Promoting self-regulation in young children: The role of parenting interventions. *Clinical Child and Family Psychology Review, 22*, 43-51.

Mruzek, D. W., McAleavey, S., Loring, W. A., Butter, E., Smith, T., McDonnell, E., ... & Zanibbi, K. (2019). A pilot investigation of an iOS-based app for toilet training children with autism spectrum disorder. *Autism, 23*(2), 359-370.

Mussen, P. H., Conger, J. J., Kagan, J., & Huston, A. C. (1990). Intelligence and Achievement. In P. Mussen, J. Conger, J. Kagan, & A. Huston (Eds.), *Child Development and Personality* (pp. 325-378). NY: Harper Row Publishers.

NSW Kids and Families (2015). *Having a baby.* NSW: NSW Ministry of Health.

Oddy, W. H,. Sherriff, J. L., & de Klerk, N. H. (2004). The relation of breastfeeding and body mass to asthma and atopy in children: A prospective cohort study ot age 6 years. *American Journal of Public Health, 94*(9), 1531-1537.

Olweus, D. (1993). *Bullying at school: What we know and what we can do.* MA: Blackwell Publishing.

Ornaghi, V., Conte, E., & Grazzani, I. (2020). Empathy in toddlers: The role of emotion regulation, language ability, and maternal emotion socialization style. *Frontiers in Psychology, 11*, e586862.

Pancer, S. M., Pratt, M., Hunsberger, B., & Gallant, M. (2000). Thinking ahead: Complexity of expectations and the transition to parenthood. *Journal of Personality, 68*(2), 253-279.

Panesi, S., & Morra, S. (2021). Executive function, language, and the Toddler's discovery of representational drawing. *Frontiers in Psychology, 12*, e659569.

Park S. Y., Trommsdorff, G. & Lee, E. G. (2012). Korean mothers' intuitive theories regarding emotion socialization of their children. *International Journal of Human Ecology,13*(1), 39-56.

Park, S., Belsky, J., Putman, S., & Crnic, K. (1997). Infant emotionality, parenting, and 3-year inhibition; Exploring stability and lawful discontinuity in a male sample. *Developmental Psychology, 33*(2), 218-227.

Parke, R. D. (1995). Fathers and families. In M. H. Bornstein (Ed.), *Handbook of parenting, Vol. 3*. NJ: Earlbaum.

Parker, G. (1990). The Parental Bonding Instrument: A decade of research. *Social Psychiatry and Psychiatric Epidemiology: The International Journal for Research in Social and Genetic Epidemiology and Mental Health Services, 25*(6), 281-282.

Parker, G., Tupling, H., & Brown, L. B. (1979). A parental bonding instrument. *British Journal of Medical Psychology, 52*(1), 1-10.

Pedro, M. F., Ribeiro, T., & Shelton, K. H. (2012). Marital satisfaction and partners' parenting practices: The mediating role of coparenting behavior. *Journal of Family Psychology, 26*(4), 509-522.

Pherson, K. L., & Robin, C. C. (1990). Parent education: Does it makes difference?. *Child Study Journal, 20*(4), 221-236.

Piaget, J., & Inhelder, B. (1969). *The psychology of the child.* NY: Basic Books.

Pinquart, M., & Kauser, R. (2018). Do the associations of parenting styles with behavior problems and academic achievement vary by culture? Results from a meta-analysis. *Cultural Diversity & Ethnic Minority Psychology, 24*(1), 75-100.

Pleck, J. H. (1987). American fathering in historical perspective. In M. S. Kimmel (Ed.) *Changing men: New directions in research on men and masculinity.* CA: Sage Publications.

Popkin, M. H. (2002). *Active Parenting Now: Leader's Guide* (부모코칭 프로그램: 적극적인 부모역할 Now! 지도자용 지침서, 홍경자, 노안영, 차영희, 최태산 공역, 2007). 서울: 학지사.

Popkin, M. H. (2002). *Active Parenting Now: Parent's Guide* (부모코칭 프로그램 적극적인 부모역할 Now! 부모용 지침서, 홍경자, 노안영, 차영희, 최태산 공역, 2007). 서울: 학지사.

Popkin, M. (1983). *Active Parenting*. GA: Active Parenting.

Prensky, M. (2001a). Digital Natives, Digital Immigrants: Part 1. *On the Horizon, 9*(5), 1-6.

Putnam, S. P., Sanson, A. V., & Rothbart, M. K. (2002). Child temperament and parenting. In M. H. Bornstein (Ed.), *Handbook of parenting: Children and parenting* (pp. 255-277). NY: Lawrence Erlbaum Associates Publishers.

Rayce, S. B., Okholm, G. T., & Flensborg-Madsen, T. (2024). Mobile device screen time is associated with poorer language development among toddlers: results from a large-scale survey. *BMC Public Health, 24*(1), 1050.

Richard, S. S. (2016). *Theories of psychotherapy & counseling: Concepts and Cases* (6th ed., 심리치료와 상담이론: 개념 및 사례, 천성문, 김진숙, 김창대, 신성만, 유형근, 이동귀, 이동훈, 이영순, 한기백 공역, 2019). 서울: 센게이지러닝 코리아.

Rivero, M., Vilaseca, R., Cantero, M. J., Valls-Vidal, C., & Leiva, D. (2023). Relations between positive parenting behavior during play and child language development at early ages. *Children, 10*(3), 505.

Rogers, C. R. (1951). *Client-centered therapy; its current practice, implications, and theory*. Boston: Houghton Mifflin.

Rogers, C. R. (1961). *On Becoming a Person: A Therapist's View of Psychotherapy*. Boston: Houghton Mifflin.

Rogers, C. R. (1980). *A Way of Being* (칼 로저스의 사람-중심 상담, 오제은 역, 2007). 서울: 학지사.

Rogers, C. R. (1992). The necessary and sufficient conditions of therapeutic personality change. *Journal of Consulting and Clinical Psychology, 60*(6), 827-832.

Romeo, R. R., Leonard, J. A., Robinson, S. T., West, M. R., Mackey, A. P., Rowe, M. L., & Gabrieli, J. D. (2018). Beyond the 30-million-word gap: Children's conversational exposure is associated with language-related brain function. *Psychological Science, 29*(5), 700-710.

Root, A. E., Hastings, P. D., & Rubin, K. H. (2016). The parenting behaviors of shy-anxious mothers: The moderating role of vagal tone. *Journal of Child and Family Studies, 25*, 1325-1333.

Rosen, M. L., Amso, D., & McLaughlin, K. A. (2019). The role of the visual association cortex in scaffolding prefrontal cortex development: A novel mechanism linking socioeconomic status and executive function. *Developmental Cognitive Neuroscience, 39*, e100699.

Rothbart, M. K. (1981). Measurement of temperament in infancy. *Child Development, 52*(2),

569-578.

Rothbart, M. K., & Bates, J. E. (2006). Temperament. In W. Damon & R. M. Lerner (Eds.), *Handbook of Child Psychology* (Vol. 3, pp. 99-166). NY: Wiley.

Rowe, M. L. (2012). A longitudinal investigation of the role of quantity and quality of child-directed speech in vocabulary development. *Child Development, 83*(5), 1762-1774.

Schaefer, E. S. (1959). A circumplex model for maternal behavior. *Journal of Abnormal and Social Psychology, 59*(2), 226-235.

Schiffrin, H. H., Liss, M., Miles-McLean, H., Geary, K. A., Erchull, M. J., & Tashner, T. (2014). Helping or hovering? The effects of helicopter parenting on colloege students' well-being. *Journal of Child and Family Studies, 23*(3), 548-557.

Schneider, B., Atkinson, L., & Tardif, C. (2001). Child-parent attachment and children's peer relations: A quantitative review. *Developmental Psychology, 37*(1), 86-100.

Schore, A. N. (2001). The effects of early relational trauma on right brain development, affect regulation, and infant mental health. *Infant Mental Health Journal, 22*(1-2), 201-269.

Schore, A. N. (2003). *Affect regulation and the repair of the self.* NY: Norton & Co.

Schore, A., & J. McIntosh. (2011). Family Law and Neuroscience of Attachment, Part 1. *Family Court Review, 49*(3), 501-512.

Schore, J. R., & Schore, A. N. (2008). Modern Attachment Theory: The Central Role of Affect Regulation in Development and Treatment. *Clinlcal Social Work Journal, 36*(1), 9-20.

Schwarzfischer, P., Gruszfeld, D., Socha, P., Luque, V., Closa-Monasterolo, R., Rousseaux, D., ... & Grote, V. (2020). Effects of screen time and playing outside on anthropometric measures in preschool aged children. *Plos One, 15*(3), e0229708.

Segal, A. E., & Newman, R. S. (2022). Mothers' infant-directed speech and infants' language development: The role of maternal education. *Journal of Speech, Language, and Hearing Research, 65*(1), 195-211.

Sezici, E., & Akkaya, D. D. (2020). The effect of preschool children's motor skills on self-care skills. *Early Child Development and Care, 190*(6), 963-970.

Shaffer, D., & Kipp, K. (2020). *Developmental psychology: Childhood and adolescence.* CA: Wadsworth.

Shonkoff, J. P., Phillips, D. A., & National Research Council. (2000). Nurturing relationships. *In From neurons to neighborhoods: The science of early childhood development.* Washington DC: National Academies Press.

Skinner, B. F. (1976). *About behaviorism.* NY: Vintage.

Slagt, M., Dubas, J. S., Deković, M., & van Aken, M. A. (2016). Differences in sensitivity to parenting depending on child temperament: A meta-analysis. *Psychological Bulletin, 142*(10), 1068-1110.

Sokolovic, N., Rodrigues, M., Gricco, A. C., Dobrina, R., & Jenkins, J. M. (2021). Teaching parents to be responsive: A network meta-analysis. *Pediatrics, 148*(2), e2020033563.

Sperry, L., & Binensztok, V. (2019), *Learning and Practicing Adlerian Therapy*(아들러 심리치료의 실제, 강영신, 유리향, 오익수 공역, 2022). 서울: 학지사.

Spittle, A., & Orton, J. (2014). Cerebral Palsy and Developmental Coordination Disorder in Children Born Preterm. *Seminars in Fetal and Neonatal Medicine, 19*(2), 84-89.

Spittle, A., & Treyvaud, K. (2016). The Role of Early Developmental Intervention to Influence Neurobehavioral Outcomes of Children Born Preterm. *Seminars in Perinatology, 40*(8), 524-548.

Spyreli, E., McKinley, M. C., & Dean, M. (2021). Parental considerations during complementary feeding in higher income countries: a systematic review of qualitative evidence. *Public Health Nutrition, 24*(10), 2834-2847.

Sroufe, L. A. (2005). Attachment and Development: A Prospective, Longitudinal Study from Birth to Adulthood. *Attachment & Human Development, 7*(4), 349-367.

Sroufe, L. A., Egeland, B., Carlson, E. A., & Collins, W. A. (2009). *The development of the person: The Minnesota study of risk and adaptation from birth to adulthood.* NY: Guilford Press.

Stern, D. N. (1985). *The Interpersonal World of the Infant: A View from Psychoanalysis and Developmental Psychology* (유아의 대인관계적 세계_정신분석과 발달심리학적 시각에서 바라본. 한동석 역, 2021). 서울: 도서출판 씨아이알.

Stewart, I. (1992). *Eric Berne* (에릭 번, 박현주 역, 2009). 서울: 학지사.

Stewart, I., & Joines, V. (1987). *TA Today: A New Introduction to Transactional Analysis*. Nottingham: Lifespace.

Streit, C., & Davis, A. N. (2022). The longitudinal links between parenting stress, harsh parenting, and adolescents' social behaviors in Latinx families. *Journal of Latinx Psychology, 10*(2), 128-139.

Stright, A. D., Gallagher, K. C., & Kelley, K. (2008). Infant temperament moderates relations between maternal parenting in early childhood and children's adjustment in first grade. *Child Development, 79*(1), 186-200.

Stronge, S., Shaver, J. H., Bulbulia, J., & Sibley, C. G. (2019). Only children in the 21st century: Personality differences between adults with and without siblings are very, very small. *Journal of Research in Personality, 83*, e103868.

Suellentrop, K., Morrow, B., Williams, L., D'Angelo, D., & Centers for Disease Control and Prevention (CDC). (2006). Monitoring progress toward achieving Maternal and Infant

Healthy People 2010 objectives-19 states, Pregnancy Risk Assessment Monitoring System (PRAMS), 2000-2003. *MMWR Surveill Summ, 55*(9), 1-11.

Talukder, M. (2000). The importance of breast- feeding and strategies to sustain high breast-feeding rates. In A. Costello & D. Manandhar (Eds.), *Improving newborn health in develop- ing countries* (pp. 309-317). UK: Imperial College Press.

Tamis-LeMonda, C. S., Caughy, M. O. B., Rojas, R., Bakeman, R., Adamson, L. B., Pacheco, D., & Pace, A. (2020). Culture, parenting, and language: Respeto in Latine mother-child interactions. *Social Development, 29*(3), 689-712.

Tamis-LeMonda, C. S., Kuchirko, Y., & Tafuro, L. (2013). From action to interaction: Infant object exploration and mothers' contingent responsiveness. *IEEE Transactions on Autonomous Mental Development, 5*(3), 202-209.

Tamis-LeMonda, C. S., Kuchirko, Y., Luo, R., Escobar, K., & Bornstein, M. H. (2021). Power of the parental role: Effects of verbal interactions on brain and behavioral development in the first three years. *American Psychologist, 76*(1), 90-105.

Tehrani, H. D., Yamini, S., & Vazsonyi, A. T. (2024). Effects of parenting program components on parental stress: A systematic review and component network meta-analysis. *Journal of Family Psychology, 38*(2), 320-332.

Tein, J., Sandier, I. N., & Zautra, A. J. (2000). Stressful life events psychological distress, coping and parenting of divorced mothers: A longitudinal study. *Journal of Family Psychology, 14*(1), 27-41.

Tenenbaum, H. R., Winstone, N. E., Leman, P. J., & Avery, R. E. (2020). How effective is peer interaction in facilitating learning? A meta-analysis. *Journal of Educational Psychology, 112*(7), 1303.

Thomas, A., & Chess, S. (1977). *Temperament and development.* UK: Brunne/Mazel.

Thompson, R. A. (2014). Stress and child development. *The Future of Children, 24*(1), 41-59.

Thorne, B. (1992). *Carl Rogers* (칼 로저스, 이영희 외 공역, 2007). 서울: 학지사.

Torres, N., Verissimo, M., Monteiro, L., Ribeiro, O., & Santos, A. J. (2014). Domains of father involvement, social competence and problem behavior in preschool children. *Journal of Family Studies, 20*(3), 188-203.

Turner, H. A., Finkelhor, D., Shattuck, A., & Hamby, S. (2012). Recent victimization exposure and suicidal ideation in adolescents. *American Medical Association, 166*(12), 1149-1154.

Ungar, M. (2009). Overprotective parenting: Helping parents provide children the right amount of risk and responsibility. *American Journal of Family Therapy, 37*(3), 258-271.

Vandell, D. L., & Bailey, M. D. (1992). Conflicts between siblings. In C. Shantz & W.

Hartup (Eds.), *Conflict in child and adolescent development* (pp. 242-269). NY: Cambridge University Press.

Verhage, M. L., Schuengel, C., Madigan, S., Fearon, R. M., Oosterman, M., Cassibba, R., ... & van IJzendoorn, M. H. (2016). Narrowing the transmission gap: A synthesis of three decades of research on intergenerational transmission of attachment. *Psychological Bulletin, 142*(4), 337.

Vygotsky, L. S. (1980). *Mind in society: The development of higher psychological processes*. Cambridge: Harvard University Press.

Wallace, M. A., & Shubert, M. W. (2008). Promoting self-care skills. In O. Thomas, Harrison, P. L (Eds.), *Adaptive Behavior Assessment System-II* (pp. 179-195). CA: Academic Press.

Wallin, D. J. (2007). *Attachment in Psychotherapy* (애착과 심리치료, 김진숙, 이지연, 윤숙경 공역, 2010). 서울: 학지사.

Warmuth, K. A., Cummings, E. M., & Davies, P. T. (2020). Constructive and destructive interparental conflict, problematic parenting practices, and children's symptoms of psychopathology. *Journal of Family Psychology, 34*(3), 301-311.

Watson, J. B. (1913). Psychology as the behaviorist views it. *Psychological Review, 20*(2), 158-177.

Watson, J. B. (1927). Children's fears and how they grow. *McCall's, 55*, 68-74.

Wyndaele, J. J., Kaerts, N., Wyndaele, M., & Vermandel, A. (2020). Development Signs in Healthy Toddlers in Different Stages of Toilet Training: Can They Help Define Readiness and Probability of Success?. *Global Pediatric Health, 7*, 1-6.

Wyndaele, J. J., & Vermandel, A. (2023). Toilet Training. *In Handbook of Clinical Child Psychology: Integrating Theory and Research into Practice* (pp. 689-715). Cham: Springer International Publishing.

Yoon, A. S., Zhai, F., Gao, Q., & Solomon, P. (2023). Parenting stress and risks of child maltreatment among Asian immigrant parents: Does social support moderate the effects?. *Asian American Journal of Psychology, 14*(1), 28-35.

Zimmerman, B. J., & Martinez-Pons, M. (1990). Student differences in self-regulated learning: Relating grade, sex, and giftedness to self-efficacy and strategy use. *Journal of Educational Psychology, 82*(1), 51-59.

Zosh, J. M., Verdine, B. N., Filipowicz, A., Golinkoff, R. M., Hirsh-Pasek, K., & Newcombe, N. S. (2020). Talking shape: Parental language with electronic versus traditional shape sorters. *Mind, Brain, and Education, 14*(1), 31-40.

Zuraikat, F. M., Jelic, S., & St-Onge, M. P. (2023). Wake up! It's time to recognize the importance of sleep in metabolic health. *Obesity, 31*(5), 1188.

찾아보기

저자약력

박응임

〈현재〉
국립경국대학교 사회복지·상담학부 심리상담학 전공 교수
〈자격증〉
아동상담 지도감독전문가(한국아동학회)
놀이상담사 1급(수퍼바이저)(한국부모놀이치료학회)
발달재활서비스 놀이심리재활 제공인력(보건복지부)
Diplomate in Viktor Frankl's Logotherapy
〈학력〉
이화여자대학교 대학원 석·박사

김지신

〈현재〉
김지신아동청소년상담센터 소장
덕성여자대학교 상담산업대학원 겸임교수
국립경국대학교 심리상담학 전공 강사
〈자격증〉
발달심리사 1급(한국심리학회)
놀이상담심리전문가(한국영유아아동정신건강학회)
아동심리상담 수퍼바이저(한국아동심리치료학회)
발달재활서비스 놀이심리재활 제공인력(보건복지부)
〈학력〉
이화여자대학교 대학원 석·박사

전은다

〈현재〉
고려사이버대학교 상담심리학과 강사
한국청소년상담복지개발원 청소년상담사 2급 부모상담 강사
서울시 여성가족재단 우리동네 키움센터, 키즈카페 컨설턴트
서울 연마음클리닉 상담사
〈자격증〉
청소년상담사 1급(여성가족부)
전문상담사 1급(한국상담학회)
AP Now 지도자(AP 한국본부)
〈학력〉
이화여자대학교 대학원 석·박사

안지영

〈현재〉
고려사이버대학교 아동학과 교수
〈학력〉
이화여자대학교 대학원 석·박사

이주연

〈현재〉
전남대학교 생활과학대학 생활복지학과(아동학 전공) 교수
〈학력〉
이화여자대학교 대학원 석사
미국 University of Wisconsin-Madison 박사

이선희

〈현재〉
숭실사이버대학교 아동심리치료학과 교수
〈자격증〉
발달재활서비스 놀이심리재활 제공인력(보건복지부)
〈학력〉
이화여자대학교 대학원 석·박사

이은경

〈현재〉
이화여자대학교 사회과학원 연구원
국립경국대학교 심리상담학 전공 강사
충북대학교 아동복지학과 강사
〈자격증〉
발달재활서비스 놀이심리재활 제공인력(보건복지부)
〈학력〉
이화여자대학교 대학원 석·박사

박서영

〈현재〉
이화봄심리상담센터 센터장
〈자격증〉
청소년 상담사 1급(여성가족부)
아동상담사 1급(한국아동학회)
발달재활서비스 놀이심리재활 제공인력(보건복지부)
〈학력〉
이화여자대학교 대학원 석·박사

부모교육 및 상담

2024년 12월 25일 1판 1쇄 인쇄
2024년 12월 30일 1판 1쇄 발행

저 자 : 박응임 · 김지신 · 전은다
안지영 · 이주연 · 이선희
이은경 · 박서영

저자와의
협의하에
인지생략

발행인 : 한 정 주
발행처 : 교 육 과 학 사

경기도 파주시 광인사길 71
전화 (031)955-6956~8 / 팩스 (031)955-6037
Home-page : www.kyoyookbook.co.kr
E-mail : kyoyookbook@daum.net
등록 : 1970년 5월 18일 제2-73호

낙장 · 파본은 교환해 드립니다.
Printed in Korea.

정가 25,000원
ISBN 978-89-254-2003-5